KB217493

사사기 룻기

ESV 성경 해설 주석

편집자 주

• 성경의 문단과 절 구분은 ESV 성경의 구분을 기준하였습니다.
• 본문의 성경은 《성경전서 개역개정판》과 ESV 역을 주로 사용하였습니다.

ESV Expository Commentary: *Judges·Ruth*
© 2021 Crossway
Originally published as *ESV Expository Commentary*, Volume 2: *Deuteronomy-Ruth*
Published by Crossway
a publishing ministry of Good News Publishers
Wheaton, Illinois 60187, U.S.A.

사사기 룻기

ESV 성경 해설 주석

마일즈 V. 반 펠트 • 메리 윌슨 한나 지음
홍병룡 옮김

국제제자훈련원

추천의 글

성경은 하나님의 생명의 맥박이다. 성경은 사망에서 생명으로 옮겨 주는 생명의 책이다. 성경은 하나님의 창조와 구원 디자인에 따라 삶을 풍요롭게 하는 생활의 책이다. 성경을 바로 이해하고 적용해서 그대로 살면 우선 내가 살고 또 남을 살릴 수 있다. '하나님의 생기'가 약동하는 성경을 바로 강해하면 성령을 통한 생명과 생활의 변화가 분출된다. 이번에 〈ESV 성경 해설 주석〉 시리즈가 나왔다. 미국 필라델피아 웨스트민스터신학교의 이언 두기드 교수와 남침례교신학교의 제임스 해밀턴 교수와 커버넌트신학교의 제이 스클라 교수 등이 편집했다. 학문이 뛰어나고 경험이 많은 신세대 목회자/신학자들이 대거 주석 집필에 동참했다. 일단 개혁주의 성경신학 교수들이 편집한 주석으로 신학적으로 건전하다. 〈ESV 성경 해설 주석〉은 또한 목회와 신앙생활 전반에 소중한 자료다. 성경 내용을 총체적으로 이해하고 적용한 주석으로 읽고 사용하기가 쉽게 되어 있다. 성경 각 권의 개요와 주제와 저자와 집필 연대, 문학 형태, 성경 전체와의 관계, 해석적 도전 등을 서론으로 정리한 후 구절마다 충실하게 주석해 두었다. 정금보다 더 값지고 꿀보다 더 달고 태양보다 더 밝은 성경 말씀을 개혁주의 성경 해석의 원리에 따라 탁월하게 해석하고 적용한 〈ESV 성경 해설 주석〉이 지구촌 각 교회 지도자들과 성도들에게 널리 읽혀서 생명과 생활의 변화를 통해 하나님의 영광이 극대화되기 바란다.

권성수 | 대구 동신교회 담임목사

〈ESV 성경 해설 주석〉은 미국의 건전한 개혁주의 전통에 서 있는 젊고 탁월한 학자들을 중심으로 집필된 해설 주석이다. 이 책은 매우 읽기 쉬운 주석임에도 세세한 부분까지 놓치지 않고 해설을 집필해 놓았다. 성경 전체를 아우르는 신학적 큰 그림을 견지하면서도 난제는 간결하고 핵심을 찌르듯 해설한다. 목회자들이나 성경을 연구하는 이들은 이 주석을 통해 성경 기자의 의도를 쉽게 파악하여 설교와 삶의 적용에 적절하게 활용할 수 있을 것이다.

김성수 | 고려신학대학원 구약학 교수

ESV 성경은 복음주의 학자들이 원문에 충실하게 현대 언어로 번역한다는 원칙으로 2001년에 출간된 성경이다. ESV 번역을 기초로 한 이 해설 주석은 성경 본문의 역사적 의미를 밝힘으로써, 독자가 하나님의 영감된 메시지를 발견하도록 도울 목적으로 기획되었다. 각 저자는 본문에 대한 학문적 논의에 근거하여 일반 독자가 이해하고 적용할 수 있도록 충실하게 안내하고 있다. 또한 성경 각 권에 대한 서론은 저자와 본문을 이해하는 데 큰 도움을 준다. 이 주석은 말씀을 사모하는 모든 사람들, 특별히 말씀을 선포하고 가르치는 책임을 맡은 이들에게 신뢰할 만하고 사용하기에 유익한 안내서다.

김영봉 | 와싱톤사귐의교회 딤임목사

〈ESV 성경 해설 주석〉은 성경 해석의 정확성, 명료성, 간결성, 통합성을 두루 갖춘 '건실한 주석'이다. 단단한 문법적 분석의 토대 위에 문학적 테크닉을 따라 복음 스토리의 흐름을 잘 따라가며, 구약 본문과의 연관성 속에서 견고한 성경신학적 함의를 제시한다. 성경을 이해하는 데 관심 있는 일반 독자들은 이 책을 통해 최신 해석들을 접할 수 있으며, 설교자들은 영적 묵상과 현대적 적용에 통찰을 얻을 수 있을 것이다.

김정우 | 총신대학교 명예교수, 한국신학정보연구원 원장

〈ESV 성경 해설 주석〉은 단락 개요, 주석 그리고 응답의 구조로 전개되기 때문에 독자는 성경의 말씀들을 독자 자신의 영적 형편에 적합하게 적용할 수 있다. 특히 절 단위의 분절적인 주석이 아니라 각 단락을 하나의 이야기로 묶어 해석하기 때문에 본서는 성경이라는 전체 숲을 파악하는 데 더없이 유익하다. 목회자, 성경 교사, 그리고 성경 애호적인 평신도들에게 추천할 만하다.

김회권 | 숭실대학교 기독교학과 구약신학 교수

성경 주석의 가장 중요한 사명은 하나님의 말씀을 바르게 해석하고 오늘날 청중에게 유익하게 적용할 수 있도록 안내하는 일이다. 〈ESV 성경 해설 주석〉은 목회자와 성도 모두에게 성경에 새겨진 하나님의 마음을 읽게 함으로 진리의 샘물을 마시게 할 뿐 아니라 하나님을 더욱 사랑하는 마음을 불러일으킨다. 성경과 함께 〈ESV 성경 해설 주석〉을 곁에 두라. 목회자는 강단에 생명력 있는 설교에 도움을 얻을 것이고 일반 독자는 말씀을 더 깊이 깨닫는 기쁨을 누릴 것이다.

류응렬 | 와싱톤중앙장로교회 담임목사, 고든콘웰신학교 객원교수

주석들의 주석이 아니라 성경을 섬기는 주석을, 학자들만의 유희의 공간이 아니라 현장을 섬기는 주석을, 역사적 의미만이 아니라 역사 속의 의미와 오늘 여기를 향하는 의미를 고민하는 주석을, 기발함보다는 기본에 충실한 주석을 보고 싶었다. 그래서 책장 속에 진열되는 주석이 아니라 책상 위에 있어 늘 손이 가는 주석을 기다렸다. 학문성을 갖추면서도 말씀의 능력을 믿으며 쓰고, 은혜를 갈망하며 쓰고, 교회를 염두에 두고 쓴 주석을 기대했다. 〈ESV 성경 해설 주석〉은 나를 성경으로 돌아가게 하고 그 성경으로 설교하고 싶게 한다. 내가 가진 다른 주석들을 대체하지 않으면서도 가장 먼저 찾게 할 만큼 탄탄하고 적실하다. 현학과 현란을 내려놓고 수수하고 담백하게 성경 본문을 도드라지게 한다.

박대영 | 광주소명교회 책임목사, 《묵상과 설교》 편집장

또 하나의 주석을 접하며 무엇이 특별한가 하는 질문부터 하게 된다. 먼저 디테일하고 전문적인 주석과 학문적인 논의의 지루함을 면케 해주면서도 성경 본문의 흐름과 의미 그리고 중요한 주제의 핵심을 잘 파악하게 해 준다는 점을 들 수 있다. 그래서 분주한 사역과 삶으로 쫓기는 이들의 시간과 에너지를 절약해 준다는 이점이 있다. 또한 본문에 대한 충실한 해석뿐 아니라 그 적용까지 이끌어낼 수 있도록 돕는다는 점이 유익하다. 더불어 가독성이 뛰어나다는 점에서 설교를 준비하는 이들뿐 아니라 성경을 바로 이해하기 원하는 모든 교인들에게 적합한 주석이다.

박영돈 | 작은목자들교회 담임목사, 고려신학대학원 교의학 명예교수

성경이 질문하고 성경이 답변하게 하는 방법을 찾는 것은 이 시대에 성경을 연구하거나 가르치거나 설교하는 이들의 가장 큰 고민거리라고 할 수 있다. 그동안 접했던 많은 성경 주석서들은 내용이 너무 간략하거나 지나치게 방대했다. 〈ESV 성경 해설 주석〉은 이 시대의 목회자들뿐만 아니라 진리를 갈망하는 모든 신자들, 특히 제자

훈련을 경험하는 모든 동역자들에게 매우 신선하고 깊이 있는 영감을 공급하는 주석이다. 첫째, 해석이 매우 간결하고 담백하면서도 깊이가 있다. 둘째, 영어 성경과 대조해서 본문을 폭넓게 이해할 수 있다. 셋째, 성경 원어 이해를 돕기 위한 세심한 배려는 목회자뿐만 아니라 성경의 깊이를 탐구하는 모든 신앙인들에게도 큰 유익을 준다. 넷째, 이 한 권으로 충분할 수 있다. 성경이 말하기를 갈망하는 목회자의 서재뿐만 아니라 말씀을 사랑하는 모든 신앙인들의 거실과 믿음 안에서 자라나는 다음 세대의 공부방들도 〈ESV 성경 해설 주석〉이 선물하는 그 풍성한 말씀의 보고(寶庫)가 되기를 염원한다.

故 박정식 | 전 은혜의교회 담임목사

〈ESV 성경 해설 주석〉는 성경 본문을 통해 저자가 드러내기 원하는 사고의 흐름을 따라가면서 예수님을 중심으로 하는 구원계시사적 관점에서 친절히 해설한다. 《ESV 스터디 바이블》의 묘미를 맛본 분이라면, 이번 〈ESV 성경 해설 주석〉을 통해 복음에 충실한 개혁주의 해설 주석의 간명하고도 풍성한 진미를 기대해도 좋다. 설교자는 물론 성경을 진지하게 읽음으로 복음의 유익을 얻기 원하는 모든 크리스천에게 독자 친화적이며 목회 적용적인 이 주석 시리즈를 기쁘게 추천한다.

송영목 | 고신대학교 신학과 신약학 교수

일반 성도들이 성경을 읽을 때 곁에 두고 참고할 만한 자료가 의외로 많지 않다. 그런 점에서 〈ESV 성경 해설 주석〉이 한국에 소개되는 것을 매우 기쁘게 생각한다. 학술적이지 않으면서도 깊이가 있는 성경 강해를 명료하게 담아내고 있기 때문이다. 성경을 바르고 분명하게 이해하려는 모든 성도들에게 큰 도움이 되리라 확신하며 추천한다.

송태근 | 삼일교회 담임목사, 미셔널신학연구소 대표

본 시리즈는 장황한 문법적 · 구문론적 논의는 피하고 본문의 흐름을 따라 단락별로 본문의 핵심을 파악할 수 있도록 도와주는 매우 간결하고 효율적인 주석 시리즈다. 본 시리즈는 석의 과정에서 성경신학적으로 건전한 관점을 지향하면서도, 각 책의 고유한 신학적 특성을 드러내 보여주는 것도 소홀히 하지 않는다. 특히 본 시리즈는 목회자들이 설교를 준비할 때 본문 이해의 시발점으로 사용하기에 적절하며, 평신도들이 읽기에도 과히 어렵지 않은 독자 친화적 주석이다. 본 시리즈는 성경을 연구하는 모든 이들에게 매우 요긴한 동반자가 될 것이다.

양용의 | 에스라성경대학원대학교 신약학 교수

메시아적 시각을 평신도의 눈높이로 풀어낸 주석이다. 주석은 그저 어려운 책이라는 편견을 깨뜨리고 성경을 사랑하는 모든 이의 가슴 속으로 살갑게 파고든다. 좋은 책은 평생의 친구처럼 이야기를 듣고 들려주면서 함께 호흡한다는 점에서 〈ESV 성경 해설 주석〉은 가히 독보적이다. 깊이에서는 신학적이요, 통찰에서는 목회적이며, 영감에서는 말씀에 갈급한 모든 이들에게 열린 책이라고 할 수 있다. 서사적 구조와 시의 적절한 비유적 서술은 누구라도 마음의 빗장을 해제하고, 침실의 머리맡에 두면서 읽어도 좋을 만큼 영혼의 위로를 주면서도, 말씀이 주는 은혜로 새벽녘까지 심령을 사로잡을 것으로 믿는다. 비대면의 일상화 속에서 말씀을 가까이하는 모든 이들이 재산을 팔아 진주가 묻힌 밭을 사는 심정으로 사서 평생의 반려자처럼 품어야 할 책이다.

오정현 | 사랑의교회 담임목사, SaRang Global Academy 총장

〈ESV 성경 해설 주석〉 시리즈의 특징은 신학자나 목회자들에게도 도움이 되겠지만 평신도 지도자인 소그룹 인도자들의 성경본문 이해에 대한 통찰력을 제공한다. 건강한 교회의 공통분모인 소그룹 활성화를 위하여 인도자의 영적 양식은 물론 그룹원들의 일상을 새로운 각도에서 조명하는 원리를 찾아주는 데 도움을 준다. 서로 마음이 통하는 반가운 친구처럼 손 가까이 두고 싶은 책으로 추천하고 싶다.

오정호 | 새로남교회 담임목사, 제자훈련 목회자네트워크(CAL-NET) 이사장

〈ESV 성경 해설 주석〉은 내용이 충실하여 활용성이 높고, 문체와 편집이 돋보여 생동감을 주기에 충분하다. 이와 함께 본문의 의미를 최대한 살려내는 심오한 해석은 기존의 우수한 주석들과 어깨를 나란히 할 만큼 정교하다. 또한 본 시리즈는 성경 각 권을 주석함과 동시에 성경 전체를 관통하는 그리스도 중심의 구속사적 관점을 생생하게 적용함으로써 탁월함을 보인다. 설교자와 성경 연구자에게는 본문에 대한 알찬 주석을 제공한다는 차원에서 오아시스와 같고, 실용적인 주석을 기다려온 평신도들에게는 설명이 뛰어나다는 점에서 가장 이상적인 해설서로 적극 추천한다.

윤철원 | 서울신학대학원 신약학 교수, 한국신약학회 회장

설교자들은 늘 신학적으로 탄탄하면서도 성경신학적인 주석서가 목말랐다. 학문적으로 치우쳐 부담되거나 석의가 부실한 가벼운 주석서들과는 달리 〈ESV 성경 해설 주석〉은 깊이 있는 주해와 적용에 이르기까지 여러 면에서 균형을 고루 갖춘 해설 주석서다. 한국 교회 강단을 풍성케 할 역작으로 기대된다.

이규현 | 수영로교회 담임목사

ESV 성경은 원문을 최대한 살려서 가장 최근에 현대 영어로 번역한 성경이다. 100여 명의 대표적인 복음주의 학자와 목회자들로 구성된 팀이 만든 ESV 성경은 '단어의 정확성'과 문학적 우수성뿐만 아니라 그 의미를 깊이 있게 드러내는 영어 성경이다. 2001년에 출간된 이후 교회 지도자들과 수많은 교파와 기독교 단체에서 널리 사용되었고, 현재 전 세계 수백만의 그리스도인들이 사용하고 있다. 〈ESV 성경 해설 주석〉은 무엇보다 개관, 개요, 주석이 명료하고 탁월하다. 포스트모던 시대에도 진지한 강해설교를 고민하는 모든 목회자들과 성경공부 인도자들에게 마음을 다하여 추천하고 싶다. 이 책을 손에 잡은 모든 이들은 손에 하늘의 보물을 잡은 감사를 느끼게 될 것이다.

이동원 | 지구촌교회 원로목사, 지구촌 목회리더십센터 대표

〈ESV 성경 해설 주석〉은 '성경'을 '말씀'으로 대하는 신중함과 경건함이 부드럽지만 강렬하게 느껴지는 저술이다. 본문의 흐름과 배경을 알기 쉽게 보여주면서 본문의 핵심을 명확하게 제시하는 묘한 힘을 가지고 있다. 연구와 통찰을 질서 있고 조화롭게 제공하여 본문을 보는 안목을 깊게 해 주고, 말씀을 받아들이는 마음을 곧추세우게 해 준다. 주석서에서 기대하는 바가 한꺼번에 채워지는 느낌이다. 설교를 준비하는 목회자, 성경을 연구하는 신학생, 말씀으로 하나님을 만나려는 성도 모두에게 단비 같은 주석이다.

이진섭 | 에스라성경대학원대학교 신약학 교수

ESV 성경 간행에 이은 〈ESV 성경 해설 주석〉의 발간은 이 땅을 살아가는 '말씀의 사역자'들은 물론, 모든 '한 책의 백성'들에게 주어진 이중의 선물이다. 본서는 구속사에 대한 거시적 시각과 각 구절에 대한 미시적 통찰, 학자들을 위한 학술적 깊이와 설교자들을 위한 주해적 풀이, 그리고 본문에 대한 탁월한 설명과 현장에 대한 감동적인 적용을 다 아우르고 있는 성경의 '끝장 주석'이라 할 만하다.

전광식 | 고신대학교 신학과 교수, 전 고신대학교 총장

〈ESV 성경 해설 주석〉은 처음부터 그 목적을 분명히 하고 집필되었다. 자기 스스로 경건에 이르도록 성장하기 위해서, 또 다른 사람들을 가르치기 위해서, 성경을 진지하게 연구하는 모든 사람들에게 도움을 주기 위해서라고 밝힌다. 목사들에게는 목회에 유익한 주석이요, 성도들에게는 적용을 돕는 주석이다. 또 누구에게나 따뜻한 감동을 안겨주는, 그리하여 주석도 은혜가 된다는 것을 새삼 확인할 것이다. 학적인

주석을 의도하지 않았지만, 이 주석의 구성도 주목할 만하다. 한글과 영어로 된 본문, 단락 개관, 개요, 주해, 응답으로 구성되어 있다. 만약 신구약 한 질의 주석을 곁에 두길 원하는 성도라면, 〈ESV 성경 해설 주석〉 시리즈는 틀림없이 실망시키지 아니할 것이라고 확신한다.

정근두 | 울산교회 원로목사

말씀을 깊이 연구하는 일부의 사람들에게는 원어 주해가 도움이 되겠지만, 강단에 서는 설교자들에게는 오히려 해설 주석이 더 요긴하다. 〈ESV 성경 해설 주석〉은 본문 해설에 있어 정통 신학, 폭넓은 정보, 목회적 활용성, 그리고 적용에 초점을 두었다. 이 책은 한마디로 설교자를 위한 책이다. 헬라어나 히브리어에 능숙하지 않아도 친숙하게 성경 본문을 연구할 수 있다는 점에서 주변 목회자들에게 적극적으로 추천하고 싶다. 목회자가 아닌 일반 성도들도 깊고 풍성한 말씀에 대한 갈증이 있다면, 본 주석 시리즈를 참고할 것을 강력하게 권하고 싶다.

정성욱 | 덴버신학교 조직신학 교수

입고 있는 옷이 있어도 새 옷이 필요할 때가 있다. 기존의 것이 낡아서라기보다는 신상품의 맞춤식 매력이 탁월하기 때문이다. 〈ESV 성경 해설 주석〉 시리즈는 분주한 오늘의 목회자와 신학생뿐 아니라 성경교사 및 일반 그리스도인의 허기지고 목마른 영성의 시냇가에 심길 각종 푸르른 실과나무이자 물 댄 동산과도 같다. 실력으로 검증받은 젊은 저자들은 개혁/복음주의 신학과 신앙의 깊은 닻을 내리고, 성경 각 권의 구조와 문맥의 틀 안에서 저자의 의도를 핵심적으로 포착하여 침침했던 본문에 빛을 던져준다. 아울러 구속사적 관점 아래 그리스도 중심적 의미와 교회-설교-실천적 적용의 돛을 바라보게 함으로써 본문의 지평을 한층 더 활짝 열어준다. 한글/영어 대역으로 성경 본문이 제공된다는 점은 한국인 독자만이 누리는 보너스이리라. "좋은 주석은 두껍고 어렵지 않을까"라는 우려를 씻어주듯 이 시리즈 주석서는 적절한 분량으로 구성된 '착한 성경 해설서'라 불리는 데 손색이 없다. 한국 교회 성도의 말씀 묵상, 신학생의 성경 경외, 목회자의 바른 설교를 향상시키는 데 〈ESV 성경 해설 주석〉 시리즈만큼 각 사람에게 골고루 영향을 끼칠 주석은 찾기 어려울 듯싶다. 기쁨과 확신 가운데 추천할 수 있는 이유다.

허주 | 아세아연합신학대학교 신약학 교수, 한국복음주의신약학회 회장

〈ESV 성경 해설 주석〉은 정확무오한 하나님의 말씀을 전하는 설교자와 전도자들에게 훌륭한 참고서다. 성경적으로 건전하고 신학적으로 충실할 뿐 아니라 목회 현장에 실질적인 도움이 된다. 나 또한 나의 설교와 가르침의 사역에 활용할 수 있기를 고대한다.

대니얼 에이킨(Daniel L. Akin) | 사우스이스턴침례신학교 총장

하나님은 그의 아들에 대해 아는 것으로 모든 열방을 축복하시려는 영원하고 세계적인 계획을 그의 말씀을 통해 드러내신다. 이 주석이 출간되어 교회들이 활용할 수 있게 된 것만으로 행복하고, 성경에 대한 명확한 해설로 말미암아 충실하게 이해할 수 있게 해 준 것은 열방에 대한 축복이다. 물이 바다를 덮음같이 하나님의 영광에 대한 지식이 온 땅에 충만해지는데 이 주석이 사용되길 바란다.

이언 추(Ian Chew) | 목사, 싱가포르 케이포로드침례교회

〈ESV 성경 해설 주석〉은 탁월한 성경 해설과 깊이 있는 성경신학에 바탕한 보물 같은 주석이다. 수준 높은 학구적 자료를 찾는 독자들뿐만 아니라 읽기 쉽고 이해하기 쉽도록 잘 정리된 주석을 원하는 사람들에게도 적합하다. 목회자, 성경교사, 신학생들에게 이 귀한 주석이 큰 도움이 되고 믿을 수 있는 길잡이가 되리라 확신한다.

데이비드 도커리(David S. Dockery) | 사우스웨스턴침례신학교 석좌교수

대단한 주석! 성경을 배우는 모든 학생들에게 도움이 될 수 있도록 최고 수준의 학자들이 성경의 정수를 정리하여 접근성을 높여서 빠르게 참고하기에 이상적인 주석이다. 나 또한 설교 준비와 성경 연구에 자주 참고하고 있다.

아지스 페르난도(Ajith Fernando) | 스리랑카 YFC 교육이사, *Discipling in a Multicultural World* 저자

〈ESV 성경 해설 주석〉은 성경교사들의 기초 자료로서 활용성 높은 최고의 주석 중 하나다. 일반 독자들도 쉽게 이해할 수 있는 동시에 강해설교가들에게 충분한 배움을 제공한다. 이 주석 시리즈는 성경을 제대로 배우고자 하는 전 세계 신학생들에게도 표준 참고서가 될 것이다.

필립 라이켄(Philip Graham Ryken) | 휘튼칼리지 총장

〈ESV 성경 해설 주석〉에 대하여

성경은 생명으로 맥동한다. 성령은 믿음으로 성경을 읽고 소화해서 말씀대로 살아가는 사람들에게 맥동하는 생명력을 전해 준다. 하나님께서 성경 안에 자신을 계시하셨기 때문에 성경은 꿀보다 달고 금보다 귀하며, 모든 부(富)보다 가치 있다. 주님은 온 세상을 위해 생명의 말씀인 성경을 자신의 교회에 맡기셨다.

또한 주님은 교회에 교사들을 세우셔서 하나님의 말씀이 무엇을 의미하는지를 설명해 주고 각 세대에 어떻게 적용해야 하는지를 분명하게 보여주도록 하셨다. 우리는 이 주석이 하나님의 말씀을 진지하게 공부하는 모든 사람들, 즉 다른 사람들에게 가르치기 위해 성경을 연구하는 사람들과 스스로 경건에 이르도록 성장하기 위해 성경을 공부하는 사람들에게 큰 유익을 주길 기도한다. 우리의 목표는 성경 본문을 그리스도 중심적으로 명료하고 뚜렷하게 설명하는 것이다. 모든 성경은 그리스도에 대해 말하고 있으며(눅 24:27), 우리는 성경의 각 책이 우리가 "예수 그리스도의 얼굴에 있는 하나님의 영광을 아는 빛"(고후 4:6)을 보도록 어떻게 돕고 있는지 알려주길 원한다. 그런 목표를 이루고자 이 주석 시리즈를 집필하는 저자들에게 다음과 같은 원칙을 제시했다.

- 올바른 석의를 토대로 한 주석 성경 본문에 나타나 있는 사고의 흐름과 추론 방식을 충실하게 따를 것.
- 철저하게 성경신학적인 주석 성경은 다양한 내용들을 다루지만, 그리스도 안에서 완성된 구속이라는 단일한 주제를 말하고 있다는 점에서 성경 전체를 하나의 통일된 관점으로 볼 수 있게 할 것.
- 전 세계를 대상으로 한 주석 성경과 신학적으로 신뢰할 만한 자료들을 가능한 한 많은 사람들에게 공급하겠다는 크로스웨이(Crossway)의 선교 목적에 맞게 전 세계 독자들이 공감하고 필요로 하는 주석으로 집필할 것.
- 폭넓은 개혁주의 주석 종교개혁의 역사적 흐름 안에서 오직 은혜와 오직 믿음으로 말미암아 오직 그리스도 안에서 오직 성경의 가르침을 따라 오직 하나님의 영광을 위한 구원을 천명하고, 큰 죄인에게 큰 은혜를 베푸신 크신 하나님을 높일 것.
- 교리 친화적인 주석 신학적 담론도 중요하므로 역사적 또는 오늘날 신학적으로 중요한 문제들과 성경 본문에 대한 주석을 서로 연결하여 적절하고 함축성 있게 다룰 것.
- 목회에 유익한 주석 문법적이거나 구문론적인 긴 논쟁을 피하고, 하나님을 경외하는 마음으로 '성경 본문 아래 앉아' 경청하게 할 것.
- 적용을 염두에 둔 주석 오늘날 서구권은 물론이고 그 밖의 다른 세계에서 살아가는 사람들이 처한 상황과 성경 본문이 어떻게 연결되는지를 간결하면서도 일관되게 제시할 것(이 주석은 전 세계 다양한 상황 가운데 살아가는 사람들을 대상으로 하기 때문에).
- 간결하면서도 핵심을 찌르는 주석 성경에 나오는 단어들을 일일이 분석하는 대신, 본문의 흐름을 짚어내서 간결한 언어로 생동감 있게 강해할 것.

이 주석서에서 기본적으로 사용한 영역 성경은 ESV이지만, 집필자들에게 원어 성경을 참조해서 강해와 주석을 집필하도록 요청했다. 또한 무조건 ESV 성경 번역자들의 결해(結解)를 따르라고 요구하지도 않았다.

인간이 세운 문명은 시간이 흐르면 무너져서 폐허가 되지만, 하나님의 말씀은 영원히 서 있다. 우리 또한 바로 그 말씀 위에 서 있다. 성경의 위대한 진리들은 시간과 공간을 뛰어넘어 말하고, 우리의 목표는 전 세계적으로 적용될 수 있는 방식으로 그 진리들을 전하는 것이다.

하나님께서 자신의 말씀을 연구하는 일에 복을 주시고, 그 말씀을 강해하고 설명하려는 이 시도에 흡족해 하시기를 기도한다.

차례

약어표

참고 자료 I

AB	Anchor Bible
ACCS	Ancient Christian Commentary on Scripture
ApOTC	Apollos Old Testament Commentary
AYB	Anchor Yale Bible
FBC	Focus on the Bible Commentaries
HALOT	*The Hebrew and Aramaic Lexicon of the Old Testament*. Ludwig Koehler, Walter Baumgartner, and Johann J. Stamm. Translated and edited under the supervision of Mervyn E. J. Richardson. 5 vols. Leiden: Brill, 1994–2000.
JETS	*Journal of the Evangelical Theological Society*
JHebS	*Journal of Hebrew Scriptures*
JPSBC	The JPS Bible Commentary
KEL	Kregel Exegetical Library
NAC	New American Commentary
NICOT	New International Commentary on the Old Testament
NSBT	New Studies in Biblical Theology
OTL	Old Testament Library
VTSup	Supplements to Vetus Testamentum
WBC	Word Biblical Commentary
WTJ	*Westminster Theological Journal*
ZECOT	Zondervan Exegetical Commentary on the Old Testament

성경 I

구약 ▶

창 창세기
출 출애굽기
레 레위기
민 민수기
신 신명기
수 여호수아
삿 사사기
룻 룻기
삼상 사무엘상
삼하 사무엘하
왕상 열왕기상
왕하 열왕기하
대상 역대상
대하 역대하
스 에스라
느 느헤미야
에 에스더
욥 욥기
시 시편
잠 잠언
전 전도서
아 아가
사 이사야
렘 예레미야
애 예레미야애가
겔 에스겔
단 다니엘
호 호세아
욜 요엘
암 아모스
옵 오바댜
욘 요나
미 미가
나 나훔
합 하박국
습 스바냐
학 학개
슥 스가랴
말 말라기

신약 ▶

마 마태복음
막 마가복음
눅 누가복음
요 요한복음
행 사도행전
롬 로마서
고전 고린도전서
고후 고린도후서
갈 갈라디아서
엡 에베소서
빌 빌립보서
골 골로새서
살전 데살로니가전서
살후 데살로니가후서
딤전 디모데전서
딤후 디모데후서
딛 디도서
몬 빌레몬서
히 히브리서
약 야고보서
벧전 베드로전서
벧후 베드로후서
요일 요한일서
요이 요한이서
요삼 요한삼서
유 유다서
계 요한계시록

사사기

ESV 성경 해설 주석

마일즈 V. 반 펠트

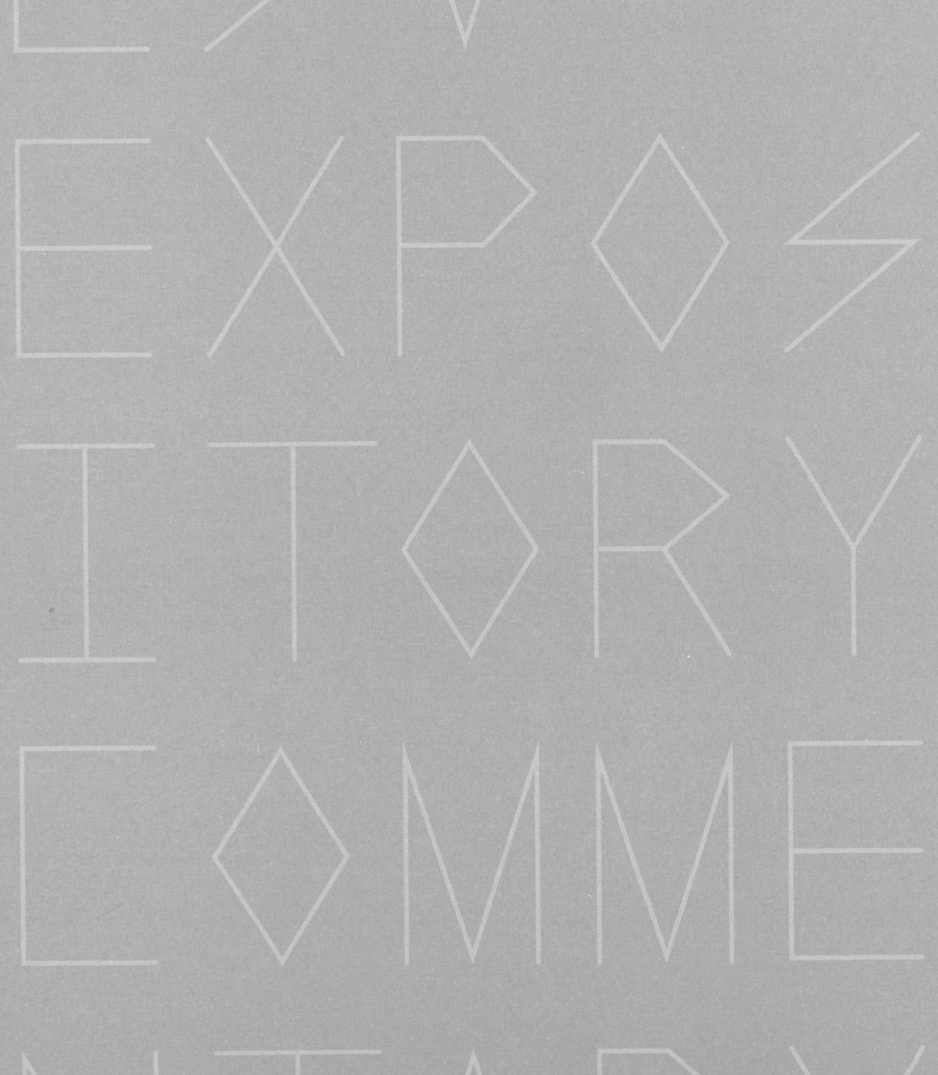

ESV Expository Commentary

Judges

사사기 서론

개관

사사기는 전선지서(the Former Prophets, 여호수아서, 사사기, 사무엘상하, 열왕기상하)로 알려진 책 모음집에 속한 두 번째 책이다. 이 책들은 이스라엘이 요단강을 건너 가나안 땅을 차지하는 시기로부터(수 1-4장) 포로로 잡혀가는 시기까지(왕하 17장; 25장)를 문서로 기록하고 있다.

이 모음집은 주님이 모세를 통해 이스라엘에게 주신 언약의 약속들을 다 지켰다고 그분의 신실하심을 증언한다. 이에 대한 명시적 진술은 먼저 여호수아서와 열왕기하의 전략적 위치에 등장하고 있다. 여호수아가 이스라엘의 모든 지파들 각각에게 유산 분배를 마친 뒤 "주님께서 이스라엘 사람에게 약속하신 모든 선한 말씀이 하나도 어긋남이 없이 그대로 다 이루어졌다"(수 21:45, 새번역)고 기록되어 있다. 이후 솔로몬은 성전 봉헌식에서 이렇게 선언한다. "여호와를 찬송할지로다 그가 말씀하신 대로 그의 백성 이스라엘에게 태평을 주셨으니 그 종 모세를 통하여 무릇 말씀하신 그 모든 좋은 약속이 하나도 이루어지지 아니함이 없도다"(왕상 8:56).

사사기에서는 '주님의 신실하심'이란 주제가 이스라엘이 거듭된 우상숭배로 초래한 적의 예속과 억압에서 이스라엘을 구출하기 위해 주님이 사사들을 일으키실 때 비로소 표현된다.

전선지서에 나오는 주님의 신실하심이란 주제와 대비되는 것은 갈수록 주님에게 불성실한 이스라엘의 모습이다. 이것은 사사기의 대표적인 주제로, 책의 결론을 괄호로 묶어주는 관용적 진술로 잘 표현되어 있다. "그때에는 이스라엘에 왕이 없었으므로 사람마다 자기 소견에 옳은 대로 행하였더라"(삿 17:6; 21:25). 왕이 없었다는 진술은 이스라엘이 그 기간 동안 주님을 왕으로 모시길 거부했다는 뜻이다(참고. 삼상 8:7). 이처럼 주님을 왕으로 모시길 거부한 결과 누구나 자기 소견에 옳은 대로 행한 것이고, 이는 사사기에서 대체로 우상숭배의 모습으로 표현하고 있다. 사실 사사기에 나오는 여섯 편의 큰 사사 이야기들은 다음 진술과 비슷한 말로 시작된다. "이스라엘 자손이 여호와의 목전에 악을 행하여 자기들의 하나님 여호와를 잊어버리고 바알들과 아세라들을 섬긴지라"(삿 3:7, 참고. 3:12; 4:1; 6:1; 10:6; 13:1). 이 두 진술 사이에는 명백한 관계가 있다. 이스라엘의 우상숭배가 곧 여호와의 목전에 악이었다는 것이다.

사사기는 모세와 여호수아의 선지자적 리더십과 군주제의 확립 사이에 속하는 기간의 이스라엘을 기록하고 있다. 신명기에 줄곧 나오는 출애굽을 경험한 모세의 광야 세대와 여호수아의 리더십 아래 있던 정복 세대는 구원하고 구출하는 하나님의 위대한 표적과 기사를 목격한 증인이었다. 그러나 "그 후에 일어난 다른 세대는 여호와를 알지 못하며 여호와께서 이스라엘을 위하여 행하신 일도 알지 못하였[다]"(2:10). 여호수아와 왕들 사이에 속하는 세대들에서는 이스라엘이 "여호와의 목전에 악을 행[했다]"(2:11). 사사기에 묘사된 악은 이스라엘이 점차 우상숭배에 빠지는 모습과 그에 따른 도덕적 타락으로 그려져 있다. 이스라엘 민족은 본래 하나님이 제사장 나라와 거룩한 백성(출 19:6)으로 불렀으나 사사기의 끝에 이르면 주변의 다른 모든 민족과 비슷하게 되고 말았다.

제목

이 책의 이름은 본서에 출현하는 지도자들의 직책, 이른바 사사들(judges)로부터 유래한다. 이 인물들은 하나님께서 그분의 백성을 외국의 압제에서 구출하고, 그 땅을 위해 안식을 확보하며, 언약 준수를 통해 하나님께 신실할 것을 증진하기 위해 일으킨 사람들이었다(삿 2:16-19; 삼상 12:19-25). 사사의 직책은 사무엘 이후 이스라엘에 군주제가 출현하면서 중단되었다.

저자

사사기의 저자는 미지의 인물이다. 일부 전통은 사무엘이 저자라고 주장하지만(바벨론 탈무드, *Baba Bathra* 14b-15a) 이는 검증이 불가능하다. 하지만 사사기는 하나님의 말씀이고 의심할 여지 없이 정경의 일부인 만큼, "그리스도의 영"이 본서를 최종적인 정경의 형태로 생산한 인간 저자 속에서 일했다는 것(벧전 1:11)을 기억하면 도움이 된다. 사사기의 내용 자체가 성경의 저작권에 대한 적합한 유비를 제공한다. 기드온, 입다, 삼손과 같은 사사들에게 주님의 영이 강하게 임해서 그들로 이스라엘을 구출하게 했다. 따라서 주님은 구출의 행위자로 판명되는 한편, 사사들은 인간 도구의 역할을 하는 것이다. 이와 마찬가지로 주님은 성경 계시의 배후에 계신 일차적 행위자인 한편, 인간 저자들은 성령의 능력을 받은 도구의 역할을 한다.

저작 연대와 배경

저자와 마찬가지로 이 책의 저작 연대와 배경도 알려진 바가 없다. 여호수아가 죽은 다음에(1:1; 2:8) 사사기는 여호수아 세대 이후 사무엘상하(주전 1360-1084년경)에 기록된 사무엘의 사역과 군주제의 확립 때까지의 기간을 문서로 기록한다. 입다가 암몬 자손과 협상하는 대목에서 저자는 이스라엘이 분쟁 중인 영토를 이미 약 삼백 년 동안 점령해왔다고 말한다(11:26).

저자가 18:30에서 "그 땅이 사로잡히는 날"을 언급하는 것을 보면 저작 연대가 포로 시절이나 포로 이후 시기임을 시사하는 듯하다. 하지만 이 책이 여러 단계를 거쳐 다 함께 편집되었거나 한 편집자가 이 책의 최종 형태에서 시기 표시와 같은 것을 최신 정보로 약간 손질했을 수도 있다. 아마 이 책의 중간 부분(3:7-16:31)에 담긴 사사들의 이야기는 일찍이 포로 시절 이전에 집필되었고 서론(1:1-3:6)과 결론(17:1-21:25)은 훗날 포로 시절이나 포로 시절 이후에 집필되었을 것이다. 왕권에 대한 네 번의 언급(17:6; 18:1; 19:1; 21:25) 및 서론과 결론에 나오는 강한 친(親)유다/반(反)베냐민 논박은 다윗 왕조의 확립 이후에 집필 되었음을 암시한다. 이런 이유들 때문에 사무엘과 같은 누군가가 매우 초창기에 이 책을 집필했을 가능성이 있다. 사무엘은 최후의 사사였기에 다른 사사들과 그들이 살았던 시기에 대해 알았을 것이다(삼상 12:9-11). 우리는 또한 사무엘이 그 나라의 사건들을 글로 기록했다는 것을 알고 있다(대상 29:29). 이에 덧붙여, 그는 이스라엘에서 군주제의 확립에 관여했고 개인적으로 베냐민 출신의 사울과 유다 출신의 다윗의 대조적인 왕권을 경험한 바 있다.

우리는 사사기의 저자나 집필 연대에 관해 알고 싶은 모든 것을 다 알지 못할 수 있다. 하지만 우리는 "무엇이든지 전에 기록된 바는 우리의 교훈을 위하여 기록된 것이니 우리로 하여금 인내로 또는 성경의 위로로 소망을 가지게 함이니라"(롬 15:4)는 것은 분명히 알고 있다. 이런 측면에서 사사기는 실망을 주지 않는다.

장르와 문학적 특징

사사기는 주로 서술과 담론(발언)을 모두 포함하는 고전적인 히브리식 내러티브로 구성되어 있다. 내러티브와 더불어 드보라의 시적인 승전가(5:2-31), 요담의 우화(9:8-15) 그리고 삼손의 수수께끼와 시(14:14, 18; 15:16)도 들어있다. 반복어구, 수미상관, 언어유희 그리고 신기한 비유적 표현과 같은 것들도 이 주석 곳곳에서 다루고 있다.

사사기의 가장 두드러진 문학적 특징은 책 전체의 구조이다. 사사기의 전반적 구조는 두 편의 서론, 두 편의 결론 그리고 열두 사사들로 구성되어 있다. 열두 사사는 여섯 명의 큰 사사들과 여섯 명의 작은 사사들[그리고 반(反)사사인 아비멜렉]로 구성된다.[1] 대체로 이스라엘의 죄가 점점 나빠짐에 따라 큰 사사들의 기사들도 길어진다. 아울러 이스라엘의 타락상이 심화됨에 따라 사사의 구출에 따르는 대가가 더 커지는 것을 볼 수 있다.

두 편의 서론과 두 편의 결론은 다음과 같은 A-B-B′-A′ 패턴(교차구조)으로 서로를 반영하고 있다.

(A) 이스라엘의 유산이 맞는 위기: 땅(1:1-2:5)
  (B) 이스라엘의 신앙이 맞는 위기: 우상숭배(2:6-3:6)
  (B′) 이스라엘의 신앙이 맞는 위기: 우상숭배(17:1-18:31)
(A′) 이스라엘의 유산이 맞는 위기: 지파(19:1-21:25)

1 큰 사사들과 작은 사사들 간의 기본적인 차이점은 다음 두 가지다. 첫째 차이점은 그들을 다루는 기사의 길이에 있다. 큰 사사의 내러티브들은 그 범위가 다섯 절(옷니엘)에서 약 백 절(기드온과 삼손)에 이른다. 작은 사사의 내러티브들은 단 한 절(삼갈)에서 세 절(야일, 입산, 암돈)로 되어 있다. 둘째 차이점은 큰 사사의 내러티브마다 나오는 공식적인 반복 요소들과 관계가 있다. 예컨대, 큰 사사의 내러티브들은 보통 서문, 백성의 우상숭배에 관한 진술, 주님의 진노 그리고 이스라엘이 적에게 정복당하는 모습 등을 포함한다. 반면에 작은 사사의 내러티브들은 이런 요소들을 포함하지 않는다.

큰 사사 내러티브들 각각의 공식적 서문은 사사들을 세 명씩 두 세트로 묶어준다. 옷니엘, 에훗, 드보라/바락이 첫째 그룹을 이루는 한편, 기드온, 입다, 삼손이 둘째 그룹을 구성한다. 저자는 여섯 편의 큰 사사 기사들 각각에 대해 서문 형식을 약간씩 바꾸면서 이런 두 집단을 형성하고 있다.[2]

(1) 옷니엘: 이스라엘 자손이 여호와의 목전에 악을 행하여(3:7).
(2) 에훗: 이스라엘 자손이 '또' 여호와의 목전에 악을 행하니라(3:12).
(3) 드보라/바락: 이스라엘 자손이 '또' 여호와의 목전에 악을 행하매(4:1).

---

(4) 기드온: 이스라엘 자손이 또 여호와의 목전에 악을 행하였으므로(6:1).
(5) 입다: 이스라엘 자손이 '다시' 여호와의 목전에 악을 행하여(10:6).
(6) 삼손: 이스라엘 자손이 '다시' 여호와의 목전에 악을 행하였으므로 (13:1).

둘째, 셋째, 다섯째 그리고 여섯째 첫 문장의 영어 번역본(개역개정판은 넷째도)은 "again did"(또, 다시)라는 표현을 포함한다. 히브리어에서는 첫 문장들이 하나같이 다른 동사로 시작하기 때문에 그 차이점이 더욱 눈에 띈다.

작은 사사들은 큰 사사들의 구조 내에 맞춰진다. 그들은 강도가 높아지는 가운데 절정을 이루는 큰 사사 내러티브들 앞에 나오고 또 후자를 특징짓는다. 예컨대, 작은 사사에 속하는 삼갈(3:31)은 드보라와 바락의 기사, 곧 세 명의 큰 사사들의 첫째 세트에 속하는, 절정을 이루는 사사 내러티브에 앞선다. 이후 두 명의 작은 사사 돌라와 야일(10:1-5)은 입다 기사 앞에 나오는 만큼 후자를 끝에서 둘째에 해당하는 사사 내러티브로 특징짓는다. 끝으로, 세 명의 작은 사사 입산과 엘론과 압돈(12:8-15)은 삼손 내러티브에 앞서고 후자를 이 책의 최종 절정을 이루는 사사 내러티브로 특징

2 참고. Robert B. Chisholm Jr., "The Chronology of the Book of Judges: A Linguistic Clue to Solving a Pesky Problem," *JETS* 52/2 (2009): 247-255, esp. 251-253.

짓는다.

이 책의 배열은 연대기적이기보다는 신학적이다. 두 편의 서론과 두 편의 결론은 세 명의 큰 사사들로 이뤄진 두 세트와 함께, 사사들의 기사들의 측면에서 필요한 정보를 제공한다(참고. 표1).

두 편의 서론 1:1–2:5 2:6–3:6	
옷니엘 3:7–11	기드온 6:1–8:35
에훗 3:12–30	입다 10:6–12:7
드보라/바락 4:1–5:31	삼손/삼손 13:1–16:31
두 편의 결론 17:1–18:31 19:1–21:25	

표1. 사사기의 문학적 구조

이 책의 전반적인 구조는 창세기 1:1-2:3에 나오는 창조의 날들을 모델로 삼는 듯하다. 창세기에서는 첫 구절들(창 1:1-2)이 서론을 제공하고 이후에 삼일씩 두 세트에 육일이 따라온다(1:3-31). 이어서 이 날들에 결론적인 일곱째 날(창 2:1-3)이 뒤따른다. 창세기 기사에서는 내러티브가 서론에 나오는 무질서로부터 결론에서 주님이 안식일의 왕으로 등극하는 모습으로 움직인다. 하지만 사사기에서는 이와 거꾸로 움직인다. 처음에는 이스라엘 민족이 여호수아의 리더십 아래 비교적 신실한 모습을 보인다. 하지만 종말에 이르면, 이스라엘이 무질서로 되돌아가서 한 지파는 그 유산을 차지할 수 없는 상태이고 또 한 지파는 완전히 가나안처럼 되고 만다. 이에 덧붙여, 창세기 기사에서는 창조의 절정이 주님이 창조세계를 다스리는 안식일의 왕으로 등극하는 모습이다. 하지만 사사기에서는 최종 결론이 이스라엘에 왕이 없는 시기를 묘사하면서 이 기간 동안 이스라엘이 주님을 왕으로 모시길 거부하는 것을 암묵적으로 진술한다.[3] 이런 방식으로 사사기의 전반적 구조는 이스라엘이 하나님의 백성에서 벗어나는 역(逆)창조의 모습을 그린다.

이 책의 전반적 구조의 우아한 구상과 더불어, 여섯 편의 큰 사사 에피소드는 각각 공동의 내러티브 요소들을 지닌 기본 구조를 보여준다. 이 모든 특징이 첫째 큰 사사 내러티브인 옷니엘의 이야기에 나오고, 이는 이후의 사사 내러티브들의 표준 내지는 패러다임이 된다. 이 일곱 가지 특징은 사사기 3:7-11에 대한 개관에서 밝혀지고 또 논의될 것이다. 각각의 큰 사사 내러티브에 이런 요소들이 다 나오지 않는 것은 변형과 각색이 문학적 기술의 중요한 요소이기 때문이다.

3 창조의 육일과 여섯 편의 큰 사사 내러티브 사이에 존재하는 또 하나의 놀라운 구조상의 유사점은 셋째 에피소드와 여섯째 에피소드의 구상이다. 창세기 1장에서 셋째 날과 여섯 째 날은 '이중적인 창조의 날들'이다. 셋째 날에 하나님이 마른 땅(창 1:9-10)과 식물(1:11-12)을 창조하시고, 둘 다 따로따로 "좋은" 것으로 특징지어진다. 여섯째 날에 하나님이 동물(창 1:24-25)과 사람(1:26-31)을 창조하시고, 둘 다 따로따로 "[매우] 좋은" 것으로 특징지어진다. 사사기에서 큰 사사 내러티브들 중 셋째와 여섯째는 '이중적인 사사 내러티브들'이다. 셋째 큰 사사 내러티브는 드보라와 바락이란 두 인물 그리고 두 기사들, 곧 사사기 4장에 나오는 내러티브 기사와 사사기 5장에 나오는 시적인 기사를 포함한다. 여섯째 큰 사사 내러티브에서 삼손 기사는 분명히 두 부분으로 나눠진다. 이는 삼손이 블레셋의 압제 기간 동안 이스라엘의 사사로 이십 년 동안 지냈다고 말하는 마지막 표현의 반복으로 알 수 있다(15:20; 16:31). 마지막 표현의 반복은 창세기 1장이 이중적인 창조의 날들을 표시하려고 사용한 것과 동일한 테크닉이다. 이런 유형의 문학적 유사점을 보면 사사기의 저자가 의도적으로 책의 구조를 창세기 1장에 나오는 창조의 날들의 패턴을 그 본보기로 삼았음을 알 수 있다.

신학

왕권(베냐민과 유다)

사사기에 나오는 중요한 주제는 왕권이고, 보다 일반적으로 말하면 리더십이다. 여호수아의 리더십 아래서는 이스라엘이 번영했고 땅은 안식을 누렸다. 하지만 여호수아가 죽자 다음 세대들은 우상숭배와 타락에 빠져서 주변 나라들에 정복당하는 신세가 되었다. 주님이 사사를 일으키시면 그 사사가 하나님의 백성을 구출하고, 그 땅에 안식을 확보하며, 주님께 대한 신실함을 증진하곤 한다. 그러나 "그 사사가 죽은 후에는 그들이 돌이켜 그들의 조상들보다 더욱 타락하여 다른 신들을 따라 섬기며 그들에게 절하고 그들의 행위와 패역한 길을 그치지 아니하였다"(2:19). 사사의 직책은 왕조가 아니었기에 사사가 죽으면 주님이 또 한 사람을 사사로 섬기도록 일으키실 때까지 백성이 기다려야 했다. 이런 현실이 왕의 직책을 바람직한 것으로 만든 것 같다. 이 직책은 민족이 하나님께 신실하도록 이끌만한 신실한 지도자들을 연속적으로 배출할 수 있기 때문이다.

이는 이 책의 여러 결론부에 다음과 같은 사중적인 후렴이 나오는 하나의 이유다. "그때에는 이스라엘에 왕이 없었으므로"(17:6; 18:1; 19:1; 21:25). 이런 진술들은 우리로 하여금 사무엘상하에 기록된 대로 이스라엘에 군주제가 출현하는 모습을 대비하도록 해준다. 사사기는 또한 이스라엘의 군주제가 특히 이 책의 서론들과 결론들에 집중되어 있는 색채, 즉 친(親)유다적(다윗)이고 반(反)베냐민적(사울)인 색채를 띨 것으로 내다본다. 예컨대, 첫째 서론에서 유다가 전투를 이끌도록 선택받고, 유다가 그 영토를 차지하고, 주님이 유다와 함께하신다(1:1-20). 유다의 총애를 자세히 얘기하는 스무 구절 이후 바로 다음 구절(1:21)은 베냐민이 점령의 법을 위반하여 여부스 족속을 쫓아내지 못한 것을 기록한다. 베냐민과 여부스 족속의 동거는 둘째 결론에 기록되어 있는 베냐민의 종국적인 타락, 즉 베냐민 지파가 도덕적으로 타락하여 가나안 족속처럼, 심지어 소돔처럼 된 모습을 예상케 한다. 이 때문에 그 지파가 금지 대상이 되고, 다시 한 번 유다가 전투를 이끌도록 선택된다. 사무엘상과 사무엘하에서는 왕권에 대한 주제가 더욱 심화되고 베냐민과 유다 간의 갈등과 대조가 계속 이어진다.

언약과 구속사(救贖史)

모세 언약은 이스라엘의 삶을 지배했던 은혜 언약의 집행이므로, 주님은 이스라엘에게 가나안 땅의 선물을 유산으로 주셨다. 그 땅에 대한 이스라엘의 소유권은 이 언약에 대한 이스라엘의 순종에 달려 있었고, 불순종하는 경우에는 그 땅에서 추방될 것이다. 우리는 그들이 언약에 대한 순종을 지킬 수 없어서 결국 그 땅에서 포로로 잡혀간 것을 알고 있다(왕하 17장; 25장). 하지만 그 땅과 이스라엘 국가 모두 그들 자신을 넘어 더 나은 유산과 다른 종류의 백성을 가리키고 있었음을 이해하는 것이 중요하다. 가나안 땅은 그 이전의 에덴동산처럼 새로운 하늘과 새로운 땅의 그림자, 이미지 또는 모형의 역할을 한다. 후자는 도무지 잃어버릴 수 없는 유산인데, 이유인즉 죄와 불순종의 문제가 이제는 유대인과 이방인을 모두 포함하는 새로운 종류의 백성과 함께 해결되었기 때문이다. 하나님의 백성은 그들의 믿음을 사사기가 기대한 참된 왕, 곧 왕이신 예수님에게 둔 사람들이다. 예수님이야말로 궁극적인 적을 무찌르고, 궁극적인 안식을 제공하고, 영원한 유산을 확보한 분이다.

그 옛날 아브라함조차 그가 그 땅에 처음 발을 디뎠을 때 이 진리를 깨달았다. "믿음으로 그[아브라함]가 이방의 땅에 있는 것같이 약속의 땅에 거류하여 동일한 약속을 유업으로 함께 받은 이삭 및 야곱과 더불어 장막에 거하였으니 이는 그가 하나님이 계획하시고 지으실 터가 있는 성을 바랐음이라"(히 11:9-10). 하나님께서 아브라함과 맺은 언약이 두 단계로 성취된다고 생각하면 도움이 된다. 첫째 단계는 모세 언약의 한시적이고 모형론적인 집행이었다. 둘째 단계는 새로운 언약의 영구적이고 실질적인 집행이다(골 2:17; 히 8:5; 10:1). 이런 식으로 우리는 은혜 언약의 두 가지 집행 사이의 중요한 연속성과 불연속성을 구별할 수 있다. 전자는 후자를 가리키고 또 준비시키는 역할을 한다. 사사기를 공부할 때 연속성과 불연속성을 구별하는 능력이 우리가 몸담은 교회와 세계의 맥락에서 그 책을 해석하고 적용하는 데 필요한 열쇠다.

성경의 다른 본문 및 그리스도와의 관련성

개관에서 말했듯이, 사사기는 히브리 성경에서 전선지서로 알려진 모음집에 속한 두 번째 책이다. 이 책들은 전부 모세를 통해 그분의 백성에게 주신 모든 언약의 약속들을 지키신 주님의 신실하심을 증언한다(수 21:45; 왕상 8:56). 이 약속들은 그 언약의 조건에의 순종에 대한 복과 그 조건에의 불순종에 대한 저주를 모두 포함했다. 이스라엘 민족의 삶은 모세 언약, 곧 은혜 언약의 한시적이고 모형론적인 집행인 그 언약의 조건에 의해 지배를 받고 또 평가되었다. 후선지서(이사야서, 예레미야서, 에스겔서 그리고 열두 소선지서)는 언약을 위반한 백성에 대해 주님의 소송을 제기할 때 전선지서를 증거로 삼았다. 달리 말하면, 전선지서에 담긴 기사들이 유배에 대한 정당화와 해명을 제공하는 것이다.

사무엘은 이스라엘이 그들의 왕이신 주님을 인간 왕으로 대체하려는 모습에 대해 판단할 때 사사들의 시대를 되풀이해서 말한다(삼상 12:6-12). 이 맥락에서, 사무엘은 주님이 그분의 백성을 적의 손에서 구출하기 위해 사사들을 일으키신 것은 "여호와께서 너희와 너희 조상들에게 행하신 모든 공의로운 일"(삼상 12:7)의 또 하나의 본보기일 뿐이라고 설명한다.

시편 105편에서 시편 저자는 주님이 "여러 나라의 땅을 그들에게 주시며 민족들이 수고한 것을 소유로 가지게 하셨으니 이는 그들이 그의 율례를 지키고 그의 율법을 따르게 하려 하심이로다"(시 105:44-45)라고 설명한다. 사사기는 주님이 "여러 나라의 땅"을 선물로 주신 것이 백성으로부터 의도된 반응(언약에 대한 순종)을 이끌어내지 못했음을 증명한다. 사사들의 시대가 시편 106:34-44에 자세히 묘사되어 있는데, 거기서 이스라엘의 불순종과 우상숭배와 타락이 주님의 언약에 대한 신실하심과 대조되어 있다. 주님이 그분의 언약을 기억하셨을 때 "그 크신 인자하심을 따라 뜻을 돌이키[셨고]"(시 106:45) "그들[이스라엘]을 사로잡은 모든 자에게서 긍휼히 여김을 받게 하셨[다]"(106:46). 주님이 사사 시대에 그분의 백성을 구원하신 모습은 주님이 현재와 미래에도 그분의 백성을 계속 구출하실 수 있고 또 구출하실 것이란 희망의 근거가 되었다. 사사 시대에 나타난 주님의 신실하심의 패턴은 신자들에게 확신을 주고 찬송과 경배의 근거로 작용한다(시 106:47-48).

히브리서에서 사사들(특히 기드온, 바락, 삼손, 입다)은 하나님의 나라를 경영하는 데 특출한 역할을 한 믿음의 사람들로 묘사되어 있다(히 11:32-40). 이 사사들은 "믿음으로 말미암아 훌륭한 사람이라는 평판[을] 받았[고]"(히 11:39, 새번역), 이제는 우리에게 "믿음의 주요 또 온전하게 하시는 이인 예수를 바라보[도록]" 권유하는 "구름같이 둘러싼 허다한 증인들"의 일부가 되었다(12:1-2). 이 사사들은 주님이 일으키시고 그분의 영으로 능력을 주셔서 그분의 백성을 적으로부터 구출하고, 이스라엘의 유산을 확보하며, 언약에의 신실함을 증진시킨 인물들이다. 이와 같이 사사들은 그리스도의 모형들로 섬기는 인물들이다. 사사들은 비록 복음의 은혜와 구원의 믿음이 필요한 존재들이었으나 그들의 사역은 궁극적으로 궁극적 사사이신 그리스도의 삶과 사역을 가리키고 있다.

사사기 설교하기

사사기를 설교하거나 가르치거나 연구할 때 기억할 가장 중요한 점은 사사들이 그리스도의 모형 역할을 한다는 사실이다. 요한복음 5:39은 우리가 사사기를 읽을 때 예수님이 그 필터가 되어야 한다고 가르친다. "너희가 성경에서 영생을 얻는 줄 생각하고 성경을 연구하거니와 '이 성경이 곧 내게 대하여 증언하는 것이니라'." 사사기에 담긴 내러티브들은 예수님의 인격과 사역 그리고 그분이 그분의 백성을 위해 이루신 위대한 구원을 "증언"하기 위해 기록된 것이다.[4]

사사들은 하나님의 백성을 구출하도록 이스라엘에서 일으킴을 받았다. 그렇다고 사사들이 완전하거나 결코 죄를 짓지 않았다는 뜻이 아니다. 그들 대다수가 확실히 죄를 지었으나, 사사기는 하나님이 어떻게 그분의 백성을 그들의 죄(우상숭배)와 그 죄의 타락상(주변 민족에게 정복되어 압제받는 것)으로부터 구출하셨는지에 초점을 둔다. 사사들은 한 마디로 주님이 그분의 큰 승리를 거두기 위해 사용하신 연약한 도구들이었다. 이런 식으로 우리는 다음 진리를 상기하게 된다. "하나님께서 세상의 미련한 것들을 택하사 지혜 있는 자들을 부끄럽게 하려 하시고 세상의 약한 것들을 택하사 강한 것들을 부끄럽게 하려 하시며"(고전 1:27).

사사기를 설교할 때는 전선지서 전체의 전반적 증언을 기억하는 일도 중요하다. 이는 자신의 모든 약속을 다 지키는 주님의 신실하심(수 21:45; 왕상 8:56)을 강조하는 일도 포함하고, 이는 그리스도의 인격과 사역에 대한 또 하나의 참조점 역할을 한다. "하나님의 약속은 얼마든지 그리스도 안에서 예가 되니"(고후 1:20). 이는 또한 주님이 그분의 백성을 타락과 압제에

4 이 주석이 사용한 해석 시스템에 대해서는 다음 자료를 참고하라. Miles V. Van Pelt, "Introduction," in *A Biblical-Theological Introduction of the Old Testament: The Gospel Promised*, ed. Mile V. Van Pelt (Wheaton, IL: Crossway, 2016), 23-42.

서 구출하는 능력이 있음을 강조하며 따라서 우리도 우리의 죄와 타락에서 구출될 필요가 있음을 강조하는 일을 포함한다.

사도 바울의 가르침에 따르면, 사사기는 신자의 삶에서 인내와 소망을 증진할 목적으로 우리의 교훈과 위로를 위해 기록되었다. "무엇이든지 전에 기록된 바는 우리의 '교훈'을 위하여 기록된 것이니 우리로 하여금 '인내'로 또는 성경의 '위로'로 '소망'을 가지게 함이니라"(롬 15:4). 사사기의 내러티브들은 하나님께서 결코 그분의 백성을 포기하지 않으시고 언제나 그분의 은혜와 자비와 한결같은 사랑으로 인해 우리를 추적하신다는 것을 상기시킨다. 그분은 그분의 백성을 우상숭배 때문에 적의 손에 팔거나 넘길 때에도 그들의 회개를 촉구하여 다시 구출하기 위해 그렇게 하셨다.

바울은 또한 사사기에 나오는 내러티브와 같은 것들이 하나님의 백성에게 경고의 역할도 한다고 가르친다. 고린도전서 10장에 나오는 역사적 언급들은 모세 아래 있던 광야 세대에 초점을 두고 있지만, 그것들은 또한 사사기에 기록된 사건들에도 적용되고 우리에게 이 자료를 우리의 설교와 가르침에 유용하는 방법을 알려준다. 바울은 이렇게 쓰고 있다.

> 이러한 일은 우리의 본보기가 되어 우리로 하여금 그들이 악을 즐겨 한 것같이 즐겨 하는 자가 되지 않게 하려 함이니 그들 가운데 어떤 사람들과 같이 너희는 우상 숭배하는 자가 되지 말라 기록된 바 백성이 앉아서 먹고 마시며 일어나서 뛰논다 함과 같으니라. 그들 중의 어떤 사람들이 음행하다가 하루에 이만 삼천 명이 죽었나니 우리는 그들과 같이 음행하지 말자. 그들 가운데 어떤 사람들이 주를 시험하다가 뱀에게 멸망하였나니 우리는 그들과 같이 시험하지 말자. 그들 가운데 어떤 사람들이 원망하다가 멸망시키는 자에게 멸망하였나니 너희는 그들과 같이 원망하지 말라. 그들에게 일어난 이런 일은 본보기가 되고 또한 말세를 만난 우리를 깨우치기 위하여 기록되었느니라. 그런즉 선 줄로 생각하는 자는 넘어질까 조심하라. 사람이 감당할 시험 밖에는 너희가 당한 것이 없나니 오

직 하나님은 미쁘사 너희가 감당하지 못할 시험 당함을 허락하지 아니하시고 시험 당할 즈음에 또한 피할 길을 내사 너희로 능히 감당하게 하시느니라.(고전 10:6-13)

사사기는 우리에게 "그들이 악을 즐겨 한 것같이 즐겨 하는 자가 되지 [말라]"고 경고하고, 우리가 살면서 시험을 당할 때에 주님이 또한 "피할 길을 내사 너희로 능히 감당하게 하[신다]"는 것을 알려준다. 사사기는 진정 기독교 성경이다. 이 책은 우리에게 그리스도를 가리키고, 우리에게 시험에 굴복하지 말라고 경고하며, 위로와 소망과 인내를 제공한다. 사사기와 같은 책들은 교회에서 종종 무시되기 때문에 앞에서 제안한 방식으로 이 책을 설교하면 교회에 새로운, 어쩌면 뜻밖의 위로를 선사하게 될 것이다.

해석상 과제

폭력과 성전(聖戰)

사사기에 나오는 내러티브들은 처형, 고문 그리고 전쟁을 포함해 많은 폭력을 담고 있다. 이 가운데 일부를 오늘날의 영상으로 각색한다면 분명히 부모의 경고가 필요할 것이다. 이런 폭력의 어려운 측면 중 하나는 이스라엘 사람에게 그들이 차지할 땅에서 가나안 족속을 완전히 파멸시키라는 주님의 명령이다. 이것은 때때로 '성전'(holy war)으로 불리거나 사람들을 '금지시키는'(under the ban) 것이다. 한 백성이나 민족이 금지 대상이 되면 그들은 완전히 파멸되어야 한다. 그 집단에 속한 모든 남자들, 여자들, 어린이들, 그리고 소유물이 모두 파괴되어야 한다.

이 명령은 모세 언약의 맥락에서 두 가지 이유가 있다.

첫째, 주님이 가나안 족속의 파멸을 명령하신 것은 이스라엘이 그들의 예배 형식과 타락한 행습을 채택하지 못하게 보호하기 위해서였다. 이 관습에 대한 입법은 신명기 7:1-11에 나온다. 그 내용은 가나안 족속이 "네 아들을 유혹하여 그가 여호와를 떠나고 다른 신들을 섬기게"(신 7:4) 할 것이라는 이유를 포함하고 있다. 이 정복의 성격은 또한 출애굽기 23:23-33에도 묘사되어 있는데, 그 대목은 "그들이 네 땅에 머무르지 못할 것은 그들이 너를 내게 범죄하게 할까 두려움이라 네가 그 신들을 섬기면 그것이 너의 올무가 되리라"(출 23:33)고 마무리된다.

둘째, 완전한 파멸의 명령은 종말론적 심판, 즉 모든 죄와 더불어 오직 그리스도를 믿음으로 죄로부터 회개하지 않는 사람들에게 임할 그 심판을 예시한다. 창세기 6-9장에 나오는 홍수와 창세기 19장에 나오는 소돔과 고모라의 파멸과 같이, 가나안 족속의 몰살은 끔찍하게도 죄와 우상숭배에 대한 하나님의 최후의 심판을 수반할 확실한 진노를 상기시킨다.[5] 사사기에서 이 끔찍한 심판 아래 놓이는 것은 가나안 족속만이 아니다. 이 책이 끝날 즈음에는 베냐민 지파도 가나안을 닮은 타락상 때문에 금지 대상에 들어갈 것이다.

현대의 해석

사사기에 대한 현대적 접근들은 성품의 결함과 의심스러운 도덕적 행위에 초점을 두는 등 사사들을 부정적으로 묘사하는 경향이 있다. 하지만 이 주석은 사사들의 행동을 엄격하게 비난하지도, 열심히 변호하지도 않는다. 앞에서 말했듯이, 모든 사사는 하나같이 복음의 은혜와 구원의 믿음이 필요한 죄인이었다. 히브리서는 사사들을 그런 믿음의 인물들이라고 밝힌다. 그들은 "믿음으로 나라들을 이기기도 하며 의를 행하기도 하며 약속을 받기도 하며 사자들의 입을 막기도 하며 불의 세력을 멸하기도 하며 칼날을

5 Meredith G. Kline, "The Intrusion and the Decalogue," *WTJ* 16 (1953): 1-22, esp. 15-16.

피하기도 하며 연약한 가운데서 강하게 되기도 하며 전쟁에 용감하게 되어 이방 사람들의 진을 물리치기도 한"(히 11:33-34) 사람들이다. "세상은 이런 사람[사사]들을 받아들일 만한 곳이 못 되었[다]. 그래서…이 사람들은 모두 믿음으로 말미암아 훌륭한 사람이라는 평판은 받았[다]"(히 11:38-39, 새번역). 하나님께서 인간의 연약함을 통해 그분의 강함을 나타내는 전통에서, 사사들은 이스라엘을 그들의 우상숭배로 인한 압제로부터 구출하기 위해 모세의 언약 아래 있는 은혜 언약의 섭리 안에서 일하는 사람들이다. 구약이 완성된 후, 그러나 그리스도의 시대 이전에 집필된 저술(외경)인 집회서 46:11-12에 나오는 사사에 대한 언급을 생각해보라. 저자인 벤 시라(Ben Sira)는 이렇게 썼다.

> 각각 자기 이름을 가진 사사들 또한
> 그 마음이 우상숭배에 빠지지 않은 사람들이고
> 주님을 외면하지 않은 사람들이라
> 그들을 기억하는 사람에게 복이 있기를!
> 그들의 뼈가 그 누운 자리에서 되살아나기를
> 그리고 영광을 받은 이들의 이름이
> 그들의 자손들을 통해 다시 살아나기를!

이는 아마 벤 시라의 과장이겠지만 그 취지는 타당하다. 사사들은 하나님의 백성에게 그들의 참된 구원자와 왕을 가리키는 만큼 그들의 믿음과 신실함으로 인해 좋은 평판을 받은 것이다. 우리가 허락하기만 하면 그들은 오늘날에도 그와 똑같이 교회를 계속 섬길 수 있다.[6]

6 사사기를 우호적으로 평가한 책으로는 Roger Ryan, *Judges* (Sheffield, UK: Sheffiled Phoenix Press, 2007)을 참고하라. 이에 덧붙여, Gordon P. Hugenberger는 파크스트리트교회(보스턴)의 담임 목사로 섬기는 동안 2010년에서 2013년까지 사사기를 긍정적으로 해석하는 설교를 시리즈로 한 적이 있다. 이 설교들은 온라인으로 들을 수 있고(https://www.parkstreet.org/sermons) 종종 무시되는 이 구약책에 대한 해석과 강해의 뛰어난 본보기에 해당한다. 앞으로 이 목사의 사사기 주석이 미국 IVP에서 출간될 예정이다.

사사의 직책

"사사"(judge)란 호칭이 현대의 맥락에서는 헷갈릴 수 있다. 우리는 보통 법복을 입고 큰 책상 뒤에 앉아서 판결을 내리는 눈에 띄는 판사를 생각한다. 이 책에 나오는 모든 사사 중에 오직 드보라만 그런 역할에 근접한다. 따라서 이스라엘의 옛 사사들의 역할을 오늘날의 맥락에 속한 재판관들과 동일시하면 안 된다. 이스라엘의 사사들은 전투에서 승리를 거두고, 하나님의 백성을 구출하고, 그 땅에 안식을 확보할 목적으로 주님이 일으키시고 주님의 영으로 능력을 주신 사람들이다. 그러므로 사사를 이스라엘을 억압하고 괴롭힌 나라에게 하나님이 내리는 '심판의 도구'로 생각하는 편이 더 낫다. 이런 식으로 그 직책의 사법적 성격이 하나님 나라의 섭리 안에서 표현되는 것이다.

개요

I. 서론(1:1-3:6)

A. 이스라엘의 유산이 위기를 맞다: 땅(1:1-2:5)

B. 이스라엘의 믿음이 위기를 맞다: 우상숭배(2:6-3:6)

II. 사사들(3:7-16:31)

A. 제1군: 세 명의 큰 사사들(3:7-5:31)

1. 옷니엘(3:7-11, 큰 사사)
2. 에훗(3:12-30, 큰 사사)
3. 삼갈(3:31, 작은 사사)

4. 드보라/바락(4:1-5:31, 큰 사사)

B. 제2군: 세 명의 큰 사사들(6:1-16:31)

1. 기드온(6:1-8:35, 큰 사사)

2. 아비멜렉[9:1-57, 반(反)사사]

3. 돌라(10:1-2, 작은 사사)

4. 야일(10:3-5, 작은 사사)

5. 입다(10:6-12:7, 큰 사사)

6. 입산(12:8-10, 작은 사사)

7. 엘론(12:11-12, 작은 사사)

8. 압돈(12:13-15, 작은 사사)

9. 삼손(13:1-16:31, 큰 사사)

III. 결론(17:1-21:25)

A. 이스라엘의 믿음이 위기를 맞다: 우상숭배(17:1-18:31)

B. 이스라엘의 유산이 위기를 맞다: 지파(19:1-21:25)

ESV Expository Commentary

Judges

1:1 여호수아가 죽은 후에 이스라엘 자손이 여호와께 여쭈어 이르되
우리 가운데 누가 먼저 올라가서 가나안 족속과 싸우리이까 2 여호와
께서 이르시되 유다가 올라갈지니라 보라 내가 이 땅을 그의 손에 넘
겨주었노라 하시니라 3 유다가 그의 형제 시므온에게 이르되 내가 제
비 뽑아 얻은 땅에 나와 함께 올라가서 가나안 족속과 싸우자 그리하
면 나도 네가 제비 뽑아 얻은 땅에 함께 가리라 하니 이에 시므온이
그와 함께 가니라 4 유다가 올라가매 여호와께서 가나안 족속과 브리
스 족속을 그들의 손에 넘겨주시니 그들이 베섹에서 만 명을 죽이고
5 또 베섹에서 아도니 베섹을 만나 그와 싸워서 가나안 족속과 브리스
족속을 죽이니 6 아도니 베섹이 도망하는지라 그를 쫓아가서 잡아 그
의 엄지손가락과 엄지발가락을 자르매 7 아도니 베섹이 이르되 옛적
에 칠십 명의 왕들이 그들의 엄지손가락과 엄지발가락이 잘리고 내
상 아래에서 먹을 것을 줍더니 하나님이 내가 행한 대로 내게 갚으심
이로다 하니라 무리가 그를 끌고 예루살렘에 이르렀더니 그가 거기서
죽었더라

1:1 After the death of Joshua, the people of Israel inquired of the Lord,

"Who shall go up first for us against the Canaanites, to fight against
them?" 2 The Lord said, "Judah shall go up; behold, I have given the
land into his hand." 3 And Judah said to Simeon his brother, "Come up
with me into the territory allotted to me, that we may fight against the
Canaanites. And I likewise will go with you into the territory allotted
to you." So Simeon went with him. 4 Then Judah went up and the
Lord gave the Canaanites and the Perizzites into their hand, and they
defeated 10,000 of them at Bezek. 5 They found Adoni-bezek at Bezek
and fought against him and defeated the Canaanites and the Perizzites.
6 Adoni-bezek fled, but they pursued him and caught him and cut off his
thumbs and his big toes. 7 And Adoni-bezek said, "Seventy kings with
their thumbs and their big toes cut off used to pick up scraps under my
table. As I have done, so God has repaid me." And they brought him to
Jerusalem, and he died there.

8 유다 자손이 예루살렘을 쳐서 점령하여 칼날로 치고 그 성을 불살랐
으며 9 그 후에 유다 자손이 내려가서 산지와 남방과 평지에 거주하
는 가나안 족속과 싸웠고 10 유다가 또 가서 헤브론에 거주하는 가나
안 족속을 쳐서 세새와 아히만과 달매를 죽였더라 헤브론의 본 이름
은 기럇 아르바였더라
8 And the men of Judah fought against Jerusalem and captured it and
struck it with the edge of the sword and set the city on fire. 9 And
afterward the men of Judah went down to fight against the Canaanites
who lived in the hill country, in the Negeb, and in the lowland. 10 And
Judah went against the Canaanites who lived in Hebron (now the name
of Hebron was formerly Kiriath-arba), and they defeated Sheshai and
Ahiman and Talmai.

11 거기서 나아가서 드빌의 주민들을 쳤으니 드빌의 본 이름은 기럇
세벨이라 12 갈렙이 말하기를 기럇 세벨을 쳐서 그것을 점령하는 자에
게는 내 딸 악사를 아내로 주리라 하였더니 13 갈렙의 아우 그나스의
아들인 옷니엘이 그것을 점령하였으므로 갈렙이 그의 딸 악사를 그에
게 아내로 주었더라 14 악사가 출가할 때에 그에게 청하여 자기 아버
지에게 밭을 구하자 하고 나귀에서 내리매 갈렙이 묻되 네가 무엇을
원하느냐 하니 15 이르되 내게 복을 주소서 아버지께서 나를 남방으로
보내시니 샘물도 내게 주소서 하매 갈렙이 윗샘과 아랫샘을 그에게
주었더라

11 From there they went against the inhabitants of Debir. The name of
Debir was formerly Kiriath-sepher. 12 And Caleb said, “He who attacks
Kiriath-sepher and captures it, I will give him Achsah my daughter
for a wife.” 13 And Othniel the son of Kenaz, Caleb’s younger brother,
captured it. And he gave him Achsah his daughter for a wife. 14 When
she came to him, she urged him to ask her father for a field. And she
dismounted from her donkey, and Caleb said to her, “What do you
want?” 15 She said to him, “Give me a blessing. Since you have set me
in the land of the Negeb, give me also springs of water.” And Caleb
gave her the upper springs and the lower springs.

16 모세의 장인은 겐 사람이라 그의 자손이 유다 자손과 함께 종려나
무 성읍에서 올라가서 아랏 남방의 유다 황무지에 이르러 그 백성 중
에 거주하니라 17 유다가 그의 형제 시므온과 함께 가서 스밧에 거주
하는 가나안 족속을 쳐서 그곳을 [1]진멸하였으므로 그 성읍의 이름을
호르마라 하니라 18 유다가 또 가사 및 그 지역과 아스글론 및 그 지역
과 에그론 및 그 지역을 점령하였고 19 여호와께서 유다와 함께 계셨
으므로 그가 산지 주민을 쫓아내었으나 골짜기의 주민들은 철 병거가

있으므로 그들을 쫓아내지 못하였으며 20 그들이 모세가 명령한 대로
헤브론을 갈렙에게 주었더니 그가 거기서 아낙의 세 아들을 쫓아내었
고 21 베냐민 자손은 예루살렘에 거주하는 여부스 족속을 쫓아내지 못
하였으므로 여부스 족속이 베냐민 자손과 함께 오늘까지 예루살렘에
거주하니라

16 And the descendants of the Kenite, Moses' father-in-law, went up
with the people of Judah from the city of palms into the wilderness of
Judah, which lies in the Negeb near Arad, and they went and settled
with the people. 17 And Judah went with Simeon his brother, and
they defeated the Canaanites who inhabited Zephath and devoted it to
destruction. So the name of the city was called Hormah.[1] 18 Judah also
captured Gaza with its territory, and Ashkelon with its territory, and
Ekron with its territory. 19 And the Lord was with Judah, and he took
possession of the hill country, but he could not drive out the inhabitants
of the plain because they had chariots of iron. 20 And Hebron was given
to Caleb, as Moses had said. And he drove out from it the three sons
of Anak. 21 But the people of Benjamin did not drive out the Jebusites
who lived in Jerusalem, so the Jebusites have lived with the people of
Benjamin in Jerusalem to this day.

22 요셉 가문도 벧엘을 치러 올라가니 여호와께서 그와 함께 하시니
라 23 요셉 가문이 벧엘을 정탐하게 하였는데 그 성읍의 본 이름은 루
스라 24 정탐꾼들이 그 성읍에서 한 사람이 나오는 것을 보고 그에게
이르되 청하노니 이 성읍의 입구를 우리에게 보이라 그리하면 우리가
네게 선대하리라 하매 25 그 사람이 성읍의 입구를 가리킨지라 이에
그들이 칼날로 그 성읍을 쳤으되 오직 그 사람과 그의 가족을 놓아 보
내매 26 그 사람이 헷 사람들의 땅에 가서 성읍을 건축하고 그것의 이

름을 루스라 하였더니 오늘까지 그곳의 이름이 되니라
22 The house of Joseph also went up against Bethel, and the Lord was
with them. 23 And the house of Joseph scouted out Bethel. (Now the nae
of the city was formerly Luz.) 24 And the spies saw a man coming out
of the city, and they said to him, "Please show us the way into the city,
and we will deal kindly with you." 25 And he showed them the way into
the city. And they struck the city with the edge of the sword, but they
let the man and all his family go. 26 And the man went to the land of the
Hittites and built a city and called its name Luz. That is its name to this
day.

27 므낫세가 벧스안과 그에 딸린 마을들의 주민과 다아낙과 그에 딸
린 마을들의 주민과 돌과 그에 딸린 마을들의 주민과 이블르암과 그
에 딸린 마을들의 주민과 므깃도와 그에 딸린 마을들의 주민들을 쫓
아내지 못하매 가나안 족속이 결심하고 그 땅에 거주하였더니 28 이
스라엘이 강성한 후에야 가나안 족속에게 노역을 시켰고 다 쫓아내지
아니하였더라
27 Manasseh did not drive out the inhabitants of Beth-shean and its
villages, or Taanach and its villages, or the inhabitants of Dor and its
villages, or the inhabitants of Ibleam and its villages, or the inhabitants
of Megiddo and its villages, for the Canaanites persisted in dwelling in
that land. 28 When Israel grew strong, they put the Canaanites to forced
labor, but did not drive them out completely.

29 에브라임이 게셀에 거주하는 가나안 족속을 쫓아내지 못하매 가나
안 족속이 게셀에서 그들 중에 거주하였더라
29 And Ephraim did not drive out the Canaanites who lived in Gezer, so

the Canaanites lived in Gezer among them.

30 스불론은 기드론 주민과 나할롤 주민을 쫓아내지 못하였으므로 가
나안 족속이 그들 중에 거주하면서 노역을 하였더라
30 Zebulun did not drive out the inhabitants of Kitron, or the inhabitants of Nahalol, so the Canaanites lived among them, but became subject to forced labor.

31 아셀이 악고 주민과 시돈 주민과 알랍과 악십과 헬바와 아빅과 르
홉 주민을 쫓아내지 못하고 32 아셀 족속이 그 땅의 주민 가나안 족속
가운데 거주하였으니 이는 그들을 쫓아내지 못함이었더라
31 Asher did not drive out the inhabitants of Acco, or the inhabitants of
Sidon or of Ahlab or of Achzib or of Helbah or of Aphik or of Rehob,
32 so the Asherites lived among the Canaanites, the inhabitants of the
land, for they did not drive them out.

33 납달리는 벧세메스 주민과 벧아낫 주민을 쫓아내지 못하고 그 땅의 주민 가나안 족속 가운데 거주하였으나 벧세메스와 벧아낫 주민들이 그들에게 노역을 하였더라
33 Naphtali did not drive out the inhabitants of Beth-shemesh, or the inhabitants of Beth-anath, so they lived among the Canaanites, the inhabitants of the land. Nevertheless, the inhabitants of Beth-shemesh and of Beth-anath became subject to forced labor for them.

34 아모리 족속이 단 자손을 산지로 몰아넣고 골짜기에 내려오기를
용납하지 아니하였으며 35 결심하고 헤레스 산과 아얄론과 사알빔에
거주하였더니 요셉의 가문의 힘이 강성하매 아모리 족속이 마침내는

노역을 하였으며 36 아모리 족속의 경계는 아그랍빔 비탈의 바위부터
위쪽이었더라

34 The Amorites pressed the people of Dan back into the hill country,
for they did not allow them to come down to the plain. 35 The Amorites
persisted in dwelling in Mount Heres, in Aijalon, and in Shaalbim,
but the hand of the house of Joseph rested heavily on them, and they
became subject to forced labor. 36 And the border of the Amorites ran
from the ascent of Akrabbim, from Sela and upward.

2:1 여호와의 사자가 길갈에서부터 보김으로 올라와 말하되 내가 너희
를 애굽에서 올라오게 하여 내가 너희의 조상들에게 맹세한 땅으로
들어가게 하였으며 또 내가 이르기를 내가 너희와 함께 한 언약을 영
원히 어기지 아니하리니 2 너희는 이 땅의 주민과 언약을 맺지 말며
그들의 제단들을 헐라 하였거늘 너희가 내 목소리를 듣지 아니하였으
니 어찌하여 그리하였느냐 3 그러므로 내가 또 말하기를 내가 그들을
너희 앞에서 쫓아내지 아니하리니 그들이 너희 옆구리에 가시가 될
것이며 그들의 신들이 너희에게 올무가 되리라 하였노라 4 여호와의
사자가 이스라엘 모든 자손에게 이 말씀을 이르매 백성이 소리를 높
여 운지라 5 그러므로 그곳을 이름하여 [2)]보김이라 하고 그들이 거기
서 여호와께 제사를 드렸더라

2:1 Now the angel of the Lord went up from Gilgal to Bochim. And he
said, “I brought you up from Egypt and brought you into the land that
I swore to give to your fathers. I said, ‘I will never break my covenant
with you, 2 and you shall make no covenant with the inhabitants of this
land;you shall break down their altars.’ But you have not obeyed my
voice. What is this you have done? 3 So now I say, I will not drive them
out before you, but they shall become thorns in your sides, and their

gods shall be a snare to you." [4] As soon as the angel of the Lord spoke these words to all the people of Israel, the people lifted up their voices and wept. [5] And they called the name of that place Bochim.[2] And they sacrificed there to the Lord.

1) 여호와께 드릴 목적으로 멸망시킴을 뜻함 2) 우는 자들
1 Hormah means *utter destruction 2 Bochim* means *weepers*

단락 개관

사사기는 여호수아가 죽은 후 이스라엘의 가나안 땅 점령에 관한 선별된 짧은 기사들로 말문을 연다. 여호수아의 리더십 아래 이스라엘이 그 땅을 정복한 범위는 폭이 넓었으나 부분적이었다(참고. 수 12장). 여호수아 13장에 따르면, 이스라엘 민족이 증가하고 확장될 때 그 땅의 상당 부분이 정복되지 않은 채 남아 있었다. 사사기의 첫 서론은 이스라엘이 그 땅을 완전히 점령해서 그들 가운데서 가나안 족속을 제거하지 못한 실패를 묘사한다. 이스라엘의 모든 지파가 사사기 1장에 다 열거되진 않았으나 열거된 지파들은 여호수아 시대와 사무엘 시대 사이의 이스라엘의 삶에 대해 충분히 증언한다.

이스라엘의 가나안 정복은 주님과 맺은 언약의 명령에 순종한 믿음의 행동임을 기억할 필요가 있다(신 7:1-5). 주님이 이스라엘의 군대를 이끌고 그 군대의 지휘관으로 싸우신다. 이스라엘은 그 땅의 주민들에 의해 타락하는 것을 피하기 위해 그들을 파멸시키게 되어 있다. 주님이 말씀하셨듯이 "그[가나안 족속]가 네 아들을 유혹하여 그가 여호와를 떠나고 다른 신들을 섬기게"(신 7:4) 할 것이기 때문이다. 이 경고가 사사기에 기록된 역사의 저변에 흐르고 있다. 이스라엘이 가나안 족속을 파멸하지 못한 것이 결국

하나님의 백성에게 우상숭배, 예속 그리고 고통을 초래한다. 이런 맥락에서 주님은 그분의 백성을 죄 가운데서 구출하고 지탱하기 위해 사사들을 일으키신다. 이 내러티브들에서 우리는 주님께서 그분의 백성을 향해 은혜와 자비로 베푸시는 언약적 사랑을 목격하게 된다.

사사기의 첫 서론에서 우리는 이스라엘의 유산이 위기에 처하는 모습을 마주친다. 유다 지파의 상대적 성공은 이 기사들에 열거된 다른 지파들, 특히 베냐민 지파와 뚜렷하게 대비된다. 이 단락은 주님의 천사가 나타나서 이스라엘이 그 땅의 주민을 쫓아내지 못한 것에 대해 신학적 및 영적 평가를 내리는 장면으로 마무리된다.

단락 개요

I. 서론(1:1-3:6)
- A. 이스라엘의 유산이 위기를 맞다: 땅(1:1-2:5)
  1. 누가 올라갈 것인가?(1:1)
  2. 유다(1:2-20)
  3. 베냐민(1:21)
  4. 요셉: 므낫세와 에브라임(1:22-29)
  5. 스불론 지파(1:30)
  6. 아셀 지파(1:31-32)
  7. 납달리 지파(1:33)
  8. 단과 요셉과 공존하는 아모리 족속(1:34-36)
  9. 주님의 천사가 올라가다(2:1-5)

주석

1:1 사사기는 여호수아 24:29-30에 처음 기록된 여호수아의 죽음을 언급하는 것으로 시작하고, 이는 이어지는 사사기의 기사들과 내러티브들에 역사적 닻을 제공한다. 또한 이 죽음에 대한 언급은 중요한 문학적 기능을 한다. 신명기의 끝에는 모세의 죽음이 기록되어 있다(신 34:5-8). 이후 여호수아서의 첫 구절에는 모세의 죽음이 다시 언급되어 있다. 사실 여호수아서의 첫 어구는 사사기의 첫 어구와 동일하다. "…가 죽은 후에"(수 1:1, 삿 1:1). 각 책의 끝부분과 시작부분에 나오는 짧은 죽음의 언급은 신명기와 여호수아와 사사기를 하나의 문학적 단위로 다함께 묶어주고 하나님 나라에 관한 내러티브의 충실한 기록임을 보여준다. 이와 비슷하게, 창세기도 요셉의 죽음으로 끝나고(창 50:26), 이는 나중에 출애굽기의 첫 부분(출 1:6)에서 반복되어 있다. 중요하고 전략적인 위치에 나오는 이런 죽음의 언급은 은혜 언약의 섭리에 관한 기록의 중요한 부분들을 확증하며 형성한다. 이런 죽음들은 성경에 기록된 바로 그 죽음, 곧 죽음을 죽음에 이르게 하고 하나님의 백성의 신실함을 단 한 번에 보증하는 그 죽음을 가리킨다.

여호수아의 죽음을 언급한 후, "이스라엘 백성이 여호와께" 누가 또는 어느 지파가 가나안 족속과 싸우기 위해 앞장서야 또는 "올라가[야]" 하는지 여쭈었다고 기록되어 있다. 이제 모세와 여호수아가 모두 죽었으므로 리더십의 문제가 자연스럽게 생긴다. 이스라엘이 이 문제와 관련해 주님께 자문을 구하는 것은 옳고, 그분의 답변은 이번 장의 나머지 부분뿐 아니라 구속사의 나머지 부분까지 형성하기 시작한다. 사사기의 첫 서론에서 '올라가다'는 동사는 하나의 핵심 단어다. 사사기 1:1에서 이스라엘 사람들이 '누가 올라갈까요?'라고 묻는다. 2절에서 주님이 '올라가서' 이스라엘을 이끌 지파로 유다를 선택하신다. 이후 시므온(3절), 겐 사람(16절), 요셉 가문(22절) 그리고 끝으로 주님의 천사(2:1)가 이스라엘의 그 땅의 정복과 점령의 맥락에서 '올라간다'.

1:2 주님은 이스라엘의 질문에 대해 "올라[가]" 전투를 지도할 지파로 유다 지파를 선택하는 것으로 응답하신다. 단락 개관이 보여주듯, 유다 지파가 사사기 1장의 초점으로서 2절에서 20절까지 등장한다. 유다 지파의 중요성은 먼 옛날 창세기까지 되돌아가고 훗날 성경의 마지막 장까지 이어진다. 창세기 49:10에서 야곱은 예언적으로 유다 지파를 이스라엘의 왕조와 동일시한다.

> 규가 유다를 떠나지 아니하며
> 　　통치자의 지팡이가 그 발 사이에서 떠나지 아니하기를
> 실로가 오시기까지 이르리니
> 　　그에게 모든 백성이 복종하리로다.

훗날 다윗이 왕으로 선택되고(삼상 16:1-13) 이어서 다윗의 언약이 세워지면서(삼하 7:8-17) 이 예언이 성취되고 유다의 왕조가 영원히 확보된다. 신약성경은 예수님을 다윗의 혈통을 통해 유다에게 주신 왕조의 약속이 궁극적으로 성취된 인물이라고 밝힌다. 사실 신약의 앞과 뒤는 이 진실로 장식되어 있다(마 1:1; 계 22:16). 사사기의 결론 부분에는 다음과 같은 유명한 진술이 네 번이나 반복되고 있다. "그때에는 이스라엘에 왕이 없었으므로 사람마다 자기 소견에 옳은 대로 행하였더라"(삿 17:6; 18:1; 19:1; 21:25). 이스라엘의 왕이 궁극적으로 유다 지파에서 나올 것임을 감안하면 이 지파가 1장의 초점이 되는 것은 결코 우연이 아니다.

1:3 유다는 전투를 이끌기 전에 시므온 지파에게 그 영토를 정복하는데 파트너가 되도록 권유한다. 그러면 유다가 나중에 시므온을 위해 똑같은 일을 하겠다고 약속한다. 한 차원에서 보면, 시므온의 영토가 유다의 영토 안에 위치해 있으므로 이 요청은 무척 실용적이다.[7] 일부 해석자는 이 동맹을 유다 편에서의 믿음의 부족으로 해석할지 몰라도 사실은 그렇지 않을 가능성이 크다. 지파의 충성과 동반자 관계의 전통은 모세의 시대까지 거

슬러 올라가고 구체적으로 민수기 32장에 나온다. 이스라엘이 요단을 건너 가나안에 들어가기 전에 르우벤, 갓, 므낫세 반 지파가 요단의 동편 땅에 정착했다(참고. 수 13장). 이후 이 지파들의 남자들이 모든 지파가 그 땅을 그들의 유산으로 받을 때까지 이스라엘의 나머지 지파들과 함께 싸우기로 서약했다. 이와 비슷한 협정이 사사기 1장의 이 대목에서 작동하는 듯하고, 이것이 이번 장에 나오는 다른 지파들의 기사들과 비교할 때 어째서 유다가 성공을 거두었는지 그 이유를 설명해주는 것 같다.

1:4 유다 지파는 주님의 명령에 순종하여 가나안 족속과 브리스 족속과 싸우려고 '올라갔다'. 여기서 그 땅의 주민들에 대한 언급이 다양하게 표현되어 있고, 종종 이번 장에 나오는 이스라엘 지파들의 기사와 비슷하게 대표적인 방식으로 표현된 것을 이해하면 도움이 된다(참고. 출 3:8, 17; 13:5; 23:23; 33:2; 34:11; 신 7:1; 수 3:10).

유다의 승리는 스스로 거둔 것이 아니다. "여호와께서 가나안 족속과 브리스 족속을 그들의 손에 넘겨주[셨기]" 때문이다. 이는 우리에게 이스라엘의 군사적 승리의 가장 중요한 원리 중 하나를 상기시킨다. 이스라엘을 위해 싸우시는 분은 바로 주님이라는 것이다(출 14:14; 15:3). 그 땅은 이스라엘보다 더 "많고 힘이 센" 일곱 족속(신 7:1)으로 가득 차 있었고, 각 족속은 이스라엘이 과연 언약을 지키시는 하나님, 곧 그분의 모든 약속을 다 지키는 신실한 분에게 완전히 의지하는지 그들의 믿음을 시험할 것이다.

이 구절은 그 전투가 벌어진 장소가 베섹이고 죽은 적군의 수가 1만 명이란 기록으로 마무리된다. 베섹에 대한 언급은 그 땅의 왕인 "아도니 베섹"(1:5)에 관한 짧은 내러티브를 소개한다.

1:5-7 1:4에는 유다가 베섹에서 만 명을 죽였다고 기록되어 있다. 이제

7 참고. John D. Currid and David P. Barrett, *Crossway ESV Bible Atlas* (Wheaton, IL: Crossway, 2010), 107, map 4.13.

이 대목에서 저자는 그 성읍 출신의 단 한 남자, 곧 왕인 아도니 베섹에 초점을 맞춘다. 유다 지파는 베섹에서 가나안 족속과 브리스 족속과 싸우는 동안 아도니 베섹의 소재를 파악했다. 5-6절에 나오는 그의 체포에 관한 기사는 빠르고 단도직입적이다. 유다 사람들이 그를 찾고, 그와 싸우고, 그를 추격하고, 그를 잡고 나서 그의 엄지손가락과 엄지발가락을 잘랐다. 마지막 사건, 곧 그의 엄지손가락과 엄지발가락을 단절하는 일이 묘사될 때까지는 그 전투에 대한 묘사가 다소 일반적이다. 이는 그 왕이 칼을 잡거나 전투 중에 달릴 수 없게 만드는 굴욕적인 행위임이 확실하다. 하지만 이것은 성경에 나오는 유일무이한 사건이기도 하다. 다른 어디서도 그런 대우가 나오지 않는다. 사실 성경에서 엄지손가락과 엄지발가락이 나오는 다른 유일한 맥락은 예배의 맥락이다(출 29:20; 레 8:23-24; 14:14, 17, 25, 28). 아도니 베섹의 체포와 진압을 이스라엘이 하나님의 적들을 제거할 때 그 땅을 성별하고 정화시키는 행위로 이해하는 것이 좋을 듯하다.

구약의 많은 내러티브에서는 짧은 마지막 발언이 그 내러티브의 성격과 의미심장함을 조명하곤 한다. 7절에서는 아도니 베섹의 말이 독자로 하여금 5-6절에 기록된 사건의 성격을 이해할 수 있도록 도와준다. 첫째, 아도니 베섹이 과거에 다른 칠십 명의 왕들의 엄지손가락과 발가락을 잘랐다는 것을 알게 된다. 뿐만 아니라, 그는 자신의 진압이 하나님의 되갚음, 곧 눈에는 눈으로의 접근(출 21:24; 레 24:20; 신 19:21)에 따른 보복임을 알고 있다. 칠십 명의 왕들에 대한 언급은 참으로 인상적인 숫자다. 이는 창세기 10장에 나오는 나라들의 표에 열거된 칠십 나라를 반영할 수도 있다.[8]

1:8-11 본문은 유다가 그의 몫에 따라 그 땅을 정복할 때 거둔 차후의 승

8 James B. Jordan, *Judges: God's War against Humanism* (Tyler, TX: Geneva Ministries, 1985), 4. 아울러 칠십이 단순한 어림수이거나 과장으로 이해하게끔 되어 있을 가능성도 있다. 참고. Daniel I. Block, *Judges, Ruth*, NAC 6 (Nashville: B&H, 1999), 91. 훗날 아비멜렉이 배다른 형제 칠십 명을 처형할 것이다(삿 9:5). 참고. Robert B. Chisholm Jr., *A Commentary on Judges and Ruth*, KEL (Grand Rapids, MI: Kregel Academic, 2013), 122.

리들을 빠르게 연속적으로 기록한다. 유다가 예루살렘(8절)을, 산간지방과 네겝 지방과 낮은 지대(세벨)에 사는 가나안 족속(9절)을 그리고 헤브론(10절)과 드빌(11절)을 차례로 정복한다. 예루살렘은 사사기에서 세 번(1:7, 8, 21) 나온다. 이 책은 마지막 장들(17:6; 18:1; 19:1; 21:25)에 등장할 왕권을 내다보지만 이 주제의 진전은 1장에 나오는 유다에 대한 강조와 (장래에 다윗성이 될) 예루살렘에 대한 반복된 언급으로 이미 시작되고 있다. 사실 여기에 언급된 헤브론과 예루살렘은 장차 다윗이 사십 년 간 왕으로 통치할 때의 두 수도다(삼하 5:5; 왕상 2:11). 사사기의 첫 두 장에 묘사된 사실들은 독자적으로 존재한다. 하지만 그 사실들은 또한 우리로 전선지서와 그 이후에 펼쳐지는 구속사를 바라보는 방식을 갖추게 하고 또 형성한다. 특히 그 역사가 하나님의 왕권과 나라와 연관될 때 그러하다.

1:12-15 다시 한 번 저자가 내러티브를 진행하다가 잠시 멈춘다. 이번에는 사사기 1:11에 기록된 드빌(기럇 세벨)의 정복과 관련해 추가 정보를 제공하기 위해서다. 이는 갈렙, 옷니엘 그리고 갈렙의 딸인 악사에 관한 기사다. 이 사건들은 여호수아 15:16-19에 처음 기록되어 있고 여기서 되풀이된다.

갈렙은 이스라엘이 가나안을 정복하고 점령할 준비를 할 때 그 땅을 정탐하도록 모세가 보낸 열두 정탐꾼들 중 하나였다(민 13:6). 그는 유다 지파의 대표였고 점령에 대한 이스라엘의 전망과 관련해 긍정적 보고를 들고 온 두 정탐꾼의 하나였다(민 13:30; 14:6-9). 그의 믿음 때문에 갈렙은 홍해를 건넌 첫째 세대 가운데 이스라엘이 유산으로 받는 땅에 들어가는 (여호수아와 함께) 단 두 사람 중 하나였다. "내 종 갈렙은 그 마음이 그들과 달라서 나를 온전히 따랐은즉 그가 갔던 땅으로 내가 그를 인도하여 들이리니 그의 자손이 그 땅을 차지하리라"(민 14:24, 참고. 14:30, 38).

유다의 정복의 일부로서, 갈렙은 드빌을 점령하는 남자에게 자기 딸 악사와의 혼인을 보상으로 내놓았다. 그 남자는 갈렙의 더 젊은 친척인 옷니엘로 판명되었다. 우리로서는 옷니엘이 어떻게 그 성읍을 점령했는지 또는 갈렙이 왜 그 성읍을 위해 그의 딸을 아내로 내놓았는지를 모른다. 단지 옷니엘이 그 성읍을 차지해서 악사를 신부로 얻었다는 사실만 알 뿐이다. 승리를 거둔 전사와 기꺼이 혼인하는 신부의 이미지는 우리에게 요한계시록 20-21장에 묘사된 우리의 큰 소망을 상기시켜준다.

악사는 혼인할 때 아버지에게 한 밭과 더불어 두 샘을 "복"으로 달라고 요청했다.[9] 그 밭이 네겝의 마른 땅에 있었으므로 그녀가 샘물을 요청한 것은 그 땅의 생산성과 짐승의 관리를 보장받기 위해서였다. 악사가 자기 가족의 안녕을 보장받고자 결단하는 모습은 잠언 31장에 나오는 여인을 상기시켜준다. "밭을 살펴보고 사며[또는 '취하며']"(잠 31:16) "자기의 집안일을 보살피는[또는 '지켜보는']"(31:27) 모습이다. 옷니엘과 악사는 충실한 전사인 남편(참고. 민 32:12)과 지혜롭고 분별력 있는 아내의 그림을 잘 보여준다. 이 그림은 사사기에 나오는 유다에 대한 긍정적 초점에 기여한다. 이 대목은 또한 이 책에 나오는 첫 번째 사사인 옷니엘(3:7-11)을 소개하기도 한다. 옷니엘의 섬김에 관한 기사는 이후에 나올 모든 사사를 위한 패턴 내지는 표준을 세운다.

1:16 겐 사람은 모세의 아내 십보라의 집안이다(출 2:15-21). 모세의 장인은 미디안 제사장이었고, 그는 르우엘(출 2장)이나 이드로(18장)로 불렸던 것 같다. 출애굽기 18장에서 이드로는 "하나님이 모세에게와 자기 백성 이스라엘에게 하신 일 곧 여호와께서 이스라엘을 애굽에서 인도하여 내신 모든 일을 들[은]"(18:1) 후 모세의 아내와 자녀들을 그에게 데려다 준다. 아울러 출애굽기 18:27에는 모세가 장인을 보내고 그가 자기네 땅으로 되돌아갔다고 기록되어 있다. 그러나 이드로의 아들이자 십보라의 오빠인

9 사사기 1:14에서 악사가 옷니엘에게 아버지에게 밭을 요청하도록 요구하는 것처럼 보이지만, 막상 그 부탁을 하는 장본인은 그녀다. "결혼을 하고 나서, 악사는 그[옷니엘]에게 아버지[갈렙]에게서 밭을 얻으라고 재촉하였다"(참고. 새번역). 하지만 우리는 또한 갈렙이 남성 대명사의 선행사인 것으로 이해할 수도 있다. "그녀가 와서 그녀의 아버지에게 밭을 요청함으로써 그[갈렙]에게 재촉했다."

호밥은 모세와 이스라엘 백성과 함께 남아 있었던 것 같다. 이에 덧붙여, 이스라엘이 유산으로 받은 땅으로 들어갈 즈음에 모세가 호밥에게 이스라엘과 함께 머물도록 권유했다. 이 이야기의 증거가 민수기 10:29에 나온다.

> 모세가 모세의 장인 미디안 사람 르우엘의 아들 호밥에게 이르되 여호와께서 주마 하신 곳으로 우리가 행진하나니 우리와 동행하자 그리하면 선대하리라 여호와께서 이스라엘에게 복을 내리리라 하셨느니라.

겐 사람에 대한 언급이 이 맥락에서 부적절한 듯이 보일 수 있다. 하지만 앞 대목에 나온 옷니엘의 기사처럼 사사기 1장에 겐 사람이 등장하는 것은 사사기 4-5장에 대한 포석이다. 드보라와 바락의 이야기에서 우리는 야엘, 곧 겐 사람 하벨의 아내(4:11, 17)이자 "장막에 있는 여인들보다 더욱 복을 받을"(5:24) 여인을 소개받는다. 그녀는 하나님의 백성이 가나안 왕 야빈의 압제와 그의 사령관 시스라로부터 구출되는 과정에서 중요한 역할을 담당할 것이다.

유산으로 받은 땅에서 이스라엘 백성 가운데 겐 사람이 거주하는 모습은 열방이 아브라함의 복("땅의 모든 족속이 너로 말미암아 복을 얻을 것이라", 창 12:3)을 경험하는 초창기 모습에 해당한다. 이와 같은 자세한 사항은 독자들이 구속사에서 하나님 나라의 진전과 아브라함에게 주신 약속의 성취에 초점을 맞추도록 도와준다. "하나님께서 이방 사람을 믿음에 근거하여 의롭다고 여겨 주신다는 것을 성경은 미리 알고서, 아브라함에게 '모든 민족이 너로 말미암아 복을 받을 것이다' 하는 기쁜 소식을 미리 전하였습니다"(갈 3:8, 새번역).

1:17 이 구절은 유다가 그 유산을 점령할 때 시므온과 나란히 싸우는 의무를 다하는 모습을 기록한다(참고. 1:3). 이스라엘이 참여한 전투의 성격은 스밧 성읍을 "호르마"로 개명하는 것으로 기념되고 있다. 이 구절에서 '진

멸하다'로 번역된 동사는 그 성읍의 새로운 이름인 호르마와 같은 뿌리를 갖고 있다. 그래서 그 성읍의 이름이 '파멸에 바쳐짐' 또는 '총체적 파멸'과 같은 것으로 번역될 수 있다. 하나님께서 이런 유형의 전투를 명령한 것은 악한 것을 이스라엘의 유산[땅]으로부터 제거하고 또 이스라엘을 그런 악의 오염에서 보호하기 위해서였다. 이 명령에 대한 규정과 근거는 신명기 7:1-6에 기록되어 있다.

이런 유형의 전쟁은 이후 성경이 더 이상 재가하지 않는다. 그리고 구약 성경 전체의 보편적 패턴도 아니다. 주님이 가나안의 정복을 명령하신 것은 이스라엘이 그들의 유산을 차지하게 하고 그 땅 주민들의 죄의 충만함으로 인해 그들을 벌하시기 위해서다. 구속의 역사를 살펴보면, 때때로 일반 은총의 규칙이 중지되고 종결의 윤리가 우세했던 경우들이 있다(예. 홍수, 소돔과 고모라의 심판, 홍해, 가나안 족속의 파멸).[10] 이런 맹렬하고 끔찍한 하나님의 행동은 실제 시간과 장소에서 그분의 백성에게 장차 죄에 대해 하나님의 진노를 불러올 최후 심판의 성격과 심판관(사사)의 능력(계 19:11)에 대해 경고한다. 현재는 죄와 죽음을 이긴 그리스도의 승리로 인해 다음 말씀이 적용된다.

> 우리의 싸우는 무기는 육신에 속한 것이 아니요 오직 어떤 견고한 진도 무너뜨리는 하나님의 능력이라. 모든 이론을 무너뜨리며 하나님 아는 것을 대적하여 높아진 것을 다 무너뜨리고 모든 생각을 사로잡아 그리스도에게 복종하게 하니 너희의 복종이 온전하게 될 때에 모든 복종하지 않는 것을 벌하려고 준비하는 중에 있노라.
>
> (고후 10:4-6)

1:18 본문은 유다가 그 땅에서 그들의 유산을 정복하고 차지하는 이야기

10 Kline, "Intrusion and the Decalogue," 1-22.

로 되돌아간다. 유다가 가사와 아스글론과 에그론을 점령했다고 기록되어 있다. 이 세 성읍은 종종 블레셋 사람과 연관되곤 하는데(수 13:3), 이는 다윗의 시대 내내 이스라엘을 괴롭히는 족속이다. 다가오는 사사 이야기들에 따르면, 삼갈(삿 3:31)과 삼손이 한시적으로 이스라엘을 블레셋의 압제에서 구출한다. 사실 사사기 16장 전체가 여기에 열거된 성읍 중 하나인 가사에서 삼손이 블레셋 사람을 다루는 이야기다.

1:19 유다가 그 유산의 정복과 소유에서 비교적 성공한 것은 그들 가운데 계신 하나님의 임재의 능력 덕분으로 설명되어 있다. "여호와께서 유다와 함께 계셨으므로"(19절). 하나님의 백성의 특별한 지위와 그 땅을 차지하는 그들의 능력을 설명해주는 것은 하나님의 임재다(출 33:16). 아울러 사사들에게 능력을 부여해서 이스라엘을 적의 억압에서 구출하는 것도 하나님의 임재다. "여호와께서 그들을 위하여 사사들을 세우실 때에는 그 사사와 함께 하셨고 그 사사가 사는 날 동안에는 여호와께서 그들을 대적의 손에서 구원하셨으니"(삿 2:18). 하나님의 임재에 대한 약속과 그 능력은 또한 족장들(창 26:3; 31:3), 모세(출 3:12; 4:12), 여호수아(신 31:23; 수 1:5), 기드온(삿 6:12) 그리고 오늘날의 교회를 통해서도 밝히 드러난다. "볼지어다 내가 세상 끝날까지 너희와 항상 함께 있으리라"(마 28:20). 하나님의 임재에 대한 약속은 또한 우리의 궁극적인 종말론적 소망과 만족을 주는 역할을 한다. "보라 하나님의 장막이 사람들과 함께 있으매 하나님이 그들과 함께 계시리니 그들은 하나님의 백성이 되고 하나님은 친히 그들과 함께 계셔서"(계 21:3). 하나님의 임재라는 주제가 창조에서 완성까지 관통한다는 사실을 그리고 이와 동일한 주제가 하나님께서 그분의 나라의 신실한 종들과 함께 또 그들을 통해 일하실 때 사사기를 관통하고 있음(히 11:32-39)을 보는 것이 현명하다.

주님이 유다와 함께 계셨다는 진술 직후에 유다가 "골짜기의 주민들은 철 병거가 있으므로 그들을 쫓아내지 못하였으며"(삿 1:19, 참고. 수 17:16, 18)라고 기록되어 있다. 나중에 우리는 주님이 그 땅에 일부 족속들이 남도록 허용한 이유가 "이스라엘이 그들의 조상들이 지킨 것 같이 나 여호와의 도를 지켜 행하나 아니하나 그들을 시험하려[는]"(삿 2:21-23) 것임을 알게 된다. 그리고 그 땅의 정복이 다윗과 솔로몬의 날이 되기까지는 완전한 수준에 이르지 못할 것임도 알게 된다(삼하 7:1; 왕상 8:56). 달리 말하면, 그 땅에 남은 가나안 족속은 주님이 그분의 백성의 믿음을 시험하는 계기와 그 땅의 완전한 점령, 즉 안식의 약속에 들어갈 것에 대한 소망을 불러일으키는 계기를 마련해준다. 끝으로, 이 서론에 나오는 "철 병거"에 대한 언급은 드보라와 바락의 리더십을 통해 구백 대의 병거를 이기는 주님의 능력을 우리가 목격하도록 준비시켜준다(삿 4:3, 13).

1:20 유다의 정복 기사의 마지막 구절은 갈렙으로 되돌아간다(참고. 1:12-15 주석). 여기에 갈렙에게 헤브론을 그의 유산으로 주었다는 것이 다시 한 번 기록되어 있다(수 15:13-14; 21:11-12). 갈렙이 헤브론을 차지했다는 말은 유다의 정복 기사를 강하게 마무리한다. 갈렙의 헤브론 점유는 모세의 명령에 따른 것이라고 말하면서 여호수아 14:6-15과 연결시킨다. 여기서 갈렙의 헤브론 점령이 허락된 것은 주님에 대한 그의 신실함 때문이고, 구체적으로 그 땅을 정탐한 후 좋은 보고를 하고 아낙 자손과 기꺼이 싸우려 했던 것과 관련이 있음을 알게 된다. "헤브론이 그니스 사람 여분네의 아들 갈렙의 기업이 되어 오늘까지 이르렀으니 이는 그가 이스라엘의 하나님 여호와를 온전히 좇았음이라"(수 14:14).

아낙 자손 또는 아낙의 세 아들에 대한 언급은 그들의 이름이 주어지는 사사기 1:10에 처음 나온다. 그 이름은 "세새와 아히만과 달매"다. 아낙 자손은 네피림의 후손으로서 유명한 전사들이자 거인들이었다. "거기서 네피림 후손인 아낙 자손의 거인들을 보았나니 우리는 스스로 보기에도 메뚜기 같으니 그들이 보기에도 그와 같았을 것이니라"(민 13:33, 참고. 창 6:4). "크고 많은 백성은 네가 아는 아낙 자손이라 그에 대한 말을 네가 들었나니 이르기를 누가 아낙 자손을 능히 당하리요"(신 9:2). 갈렙이 아낙 자손을 무찌른 것은 적을 무찌르는 하나님의 능력을 신뢰하는 신실한 순종의 행위이다(수 14:12). 이런 유형의 믿음이 이스라엘이 그 땅을 정복하고 점령한 사건의 열쇠에 해당한다. 갈렙과 함께 우리는 유다 출신의 또 하나의 전사를 상기하게 되는데, 그는 약한 자에게 능력을 주시는 살아계신 하나님의 신뢰하는 믿음의 행위로 또 다른 거인을 무찌르게 될 인물이다(삼상 17:45-46; 고후 12:9-10). 하나님의 능력이 인간의 약함을 통해 일한다는 이 주제는 사사기 전체를 관통하고 있다.

1:21 유다 지파에 관한 길고 긍정적인 기사가 갑자기 베냐민 지파에 관한 짧고 부정적인 기사와 대비된다. 히브리어 본문의 구문과 내용은 모두 이 대조적인 모습을 부각시키고 있다. 앞서 사사기 1:8에는 "유다 자손이 예루살렘을 쳐서 점령하여 칼날로 치고 그 성을 불살랐다"고 기록되어 있었다. 그러나 이제는 베냐민이 그 성읍에서 여부스 족속을 쫓아내지 못해 그들과 공존하게 되었다고 기록되어 있는데, 이는 주님이 명시적으로 금지했던 일이다. 사사기가 끝날 즈음(19-20장)에는 베냐민이 소돔과 고모라처럼(창 19장) 가나안과 같이 될 것이다. 유다와 베냐민의 대조적인 모습이 이 책을 관통하고 있고, 이런 대조는 왕권의 주제가 진전되는 또 하나의 길이기도 하다. 유다가 예루살렘에서 거둔 성공과 베냐민이 기브아에서 저지른 실패는 미리부터 이스라엘의 두 왕에 대한 선지자적 평가를 제공한다. 그 왕들은 장차 예루살렘에서 정복하고 다스리게 될 기브아의 사울(베냐민 지파 출신)과 베들레헴의 다윗(유다 지파 출신)이다.

1:22-23 베냐민 지파에 관한 짧은 기사 이후에 "요셉 가문"에 관한 좀 더 긴 기사가 나온다. 이 기사는 1:29까지 계속 이어지고 1:35에서 마지막으로 언급된다. 요한계시록 2-3장에 나오는 교회들에 대한 평가처럼, 사사기 1장에 나오는 이스라엘 지파들에 대한 평가는 좋은 평가(유다)에서 좋고 나쁜 평가(요셉)를 거쳐 완전히 나쁜 평가(베냐민)로 진행된다.

사사기 1장에서 한 지파를 "가문"으로 부르는 경우는 요셉이 유일하다. 요셉 가문은 므낫세 지파와 에브라임 지파로 이뤄져 있고 이 지파들에 대한 개별적 기사는 1:27-29에 나온다. 므낫세와 에브라임은 요셉의 아들로서 이집트에서 요셉과 "온의 제사장 보디베라의 딸"(창 41:45; 46:20) 아스낫에게서 태어났다. 요셉은 야곱이 총애하던 아들이어서 장자의 복, 즉 아버지 유산의 두 몫(신 21:17)을 받았다. 이 두 몫은 야곱이 므낫세와 에브라임을 자신의 아들로 입양하는 것을 통해 표현되었으며(창 48:5-20), 따라서 요셉의 장자로서 총애 받는 지위를 보증한다. 또한 이 총애를 받던 지위는 그 땅에서 이 두 지파들에게 할당된 유산의 크기에 반영되어 있다.[11] 요셉 지파가 두 몫을 받는 바람에 그 땅이 열두 부분으로 나눠졌다. 레위 지파는 주님이 그들의 유산이라서 땅을 유산으로 받지 않았다(민 18:20, 24; 신 10:9, 18:1; 수 13:14, 33; 18:7).

요셉 가문의 기사는 벧엘 성읍의 점령에 초점을 둔다. 벧엘은 베냐민의 몫에 위치해 있었으나 그 성읍을 점령한 가문은 요셉이었다. 주님이 유다와 "함께 계셨던" 것처럼(삿 1:19) 요셉이 벧엘을 정복할 때에도 요셉과 "함께 하셨다." 사사기 1장에는 이 두 지파와 관련해서만 하나님의 임재가 그들의 성공을 보증한다고 기록되어 있다. 벧엘의 이전 이름(루스)에 대한 언급은 창세기 28장의 사건을 상기시켜준다. 거기서 야곱이 하늘에 닿는 사다리의 환상과 하나님의 임재와 보호에 대한 보증을 받았다. 야곱이 그의 환상에서 깨어났을 때 "여호와께서 과연 여기 계시거늘 내가 알지 못하였도다"라고 말했다. 그리고 그는 두려워하며 "두렵도다 이곳이여 이것은 다름 아닌 하나님의 집[베트 엘로힘(*bet 'elohim*)]이요 이는 하늘의 문이로다"(창 28:16-17)라고 말했다. 그런즉 이 성읍에 벧엘이란 이름을 붙인 사람은 야곱이었다(창 28:19). 이 성읍은 사사기의 둘째 결론에서 중요한 위치로 나온다. 그곳은 이스라엘이 베냐민과 관련하여 주님께 문의하는 장소이고(삿 20:18), 그들이 베냐민을 놓고 크게 우는 장소다(20:26; 21:2).

11 동편 므낫세, 서편 므낫세 그리고 에브라임의 영토를 시각적으로 보려면 Currid and Barrett, *Crossway ESV Bible Atlas*, 107, map 4.13을 참고하라. 특히 므낫세 지파의 영토가 매우 크다.

1:24-26 요셉이 벧엘(루스)로 보낸 정탐꾼들이 그 성읍에서 나오는 한 남자와 마주치고 그 남자가 그들에게 입구를 보여준다. 이 섭리가 "칼날[또는 칼의 '입']"로 그 성읍을 무찌르게 해준다. 이 남자의 도움 때문에 이스라엘은 그를 "친절하게"[헤세드(*hesed*)] 대우해서 그와 그의 가족이 그 성읍에서 안전하게 떠나도록 허락했다. 이 협력과 친절한 행위는 라합과 여리고의 몰락(수 2장; 6장)을 상기시켜준다. 라합은 여리고에서 정탐꾼들을 도와줘서 그녀와 가족의 안전을 보장받았다. 하지만 이 남자는 이스라엘과 함께 머무르지 않고 떠나서 헷 사람의 땅에서 '루스'라 불리는 또 하나의 성읍을 건설했다. 다른 한편, 라합은 예전의 삶을 회개하고 이스라엘 남자(살몬)와 결혼해서 다윗 혈통의 한 일원이 되었다(수 6:25; 마 1:5; 히 11:31; 약 2:25). 가장 중요한 것은 언제나 한 사람이 '무엇으로부터 구원받았느냐'가 아니다. 영구적 결과를 낳을 것은 '무엇을 위해 구원받았느냐'이기도 하다.

1:27 세 가지 주제가 이번 장의 나머지 부분을 관통한다. 첫째는 이스라엘이 그 땅의 주민들을 "쫓아내지" 못한 것이다. 둘째는 따라서 이스라엘이 가나안 족속 가운데 살게 될 것이란 사실이다. 셋째는 가나안 족속이 이스라엘에 의해 "노역"(1:28)을 당할 것이라는 점이다. 이 구절에서는 (요셉 가문 출신의) 므낫세가 다섯 성읍과 그 마을들의 주민을 쫓아내는데 실패한다. 그 결과 "가나안 족속이 결심하고 그 땅에 거주하였다". 주님은 이미 이스라엘에게 이 남아있는 사람들이 그들에게 올무가 될 것이라고 이런 상황의 위험성에 대해 경고한 바 있다(신 7:16; 12:29-31; 수 23:12-13; 삿 2:3). 이스라엘과 가나안 족속의 동거는 가나안 족속의 성화(聖化)가 아니라 이스라엘의 타락을 낳는다. 이것이 사사기의 줄거리다. 사사기 시대 동안 이스라엘 민족의 주제는 그들이 "여호와의 목전에 악을 행했다"는 것이다(2:11; 3:7, 12; 4:1; 6:1; 10:6; 13:1). 이 악은 언제나 우상숭배의 모습으로 표출된다. 예컨대, 2:11에는 "이스라엘 자손이 여호와의 목전에 악을 행하여 바알들을 섬겼다"고 기록되어 있다. 달리 말하면, 이스라엘이 그 땅의 이방 주민들 가운데 더 길게 살면 살수록, 그들은 그 주민들과 더욱 비슷해져서

그들의 신을 예배하고 유일하신 참 하나님, 곧 그들을 이집트에서 구속해서 그들에게 유산으로 주는 땅으로 인도하신 그분을 버리게 된다. 모세는 그의 죽음 직전에 바로 이런 상황을 예측했었다.

> 내가 알거니와 내가 죽은 후에 너희가 스스로 부패하여 내가 너희에게 명령한 길을 떠나 여호와의 목전에 악을 행하여 너희의 손으로 하는 일로 그를 격노하게 하므로 너희가 후일에 재앙을 당하리라. (신 31:29)

1:28 "노역"이란 주제는 사사기 1:28, 30, 33, 35에 나온다. 여기서는 "이스라엘"이 가나안 족속에게 노역을 시킨다고 진술되어 있으나 이 진술은 므낫세와 에브라임의 정복의 맥락 내에서 나온다. 스불론과 납달리와 요셉 또한 이 대목에서 그 땅의 남은 주민들에게 노역을 시키는 지파의 목록에 실려 있다. 이처럼 이 지파들이 이스라엘의 모든 지파를 대표한다. 달리 말하면, 이 지파들에게 해당되는 것이 이스라엘의 나머지 지파들에게도 해당된다는 뜻이다. 사사기의 서론에서 가나안 족속을 노역에 징발한 것이 나중에 나오는 기사들에서는 아이러니하게 표현된다. 이스라엘의 우상숭배 때문에 주님이 그분의 백성을 그들이 억압해오던 자들에게 억압을 당하게 넘겨줄 것이라고 한다.

1:29 므낫세와 에브라임으로 구성된 요셉 가문에 관한 기사를 마무리하는 대목에 에브라임이 게셀의 주민들을 쫓아내지 못했다고 기록되어 있다. 따라서 그 가나안 족속이 그들 가운데 살고 있다. 그래서 요셉 가문에 대한 평가가 뒤섞여 있다. 요셉 가문은 함께 연합하여 헤브론을 점령할 때 성공을 거둔다. 그러나 개별 지파로서는 다른 성읍들의 주민을 쫓아내는데 실패한다. 이 실패는 이 책 전반에 걸쳐 이스라엘이 점차 타락의 길을 걷는 사회적 맥락을 제공할 것이다.

1:30-33 이 대목은 다가오는 사사 내러티브들을 위해 사회적 및 신학적 맥락을 제공할, 이스라엘의 약속의 땅 점령 기사를 마무리한다. 여기에 열거된 마지막 지파들은 스불론(30절)과 아셀(31-32절)과 납달리(33절)를 포함한다. 세 가지 주제, 곧 가나안 족속의 추방 실패, 가나안 족속과의 동거 그리고 가나안 족속의 노역이 이 짧은 기사들을 관통하고 있다. 세 가지 주제가 모두 30절에 나오는 스불론과 33절에 나오는 납달리와 함께 나타난다. 예컨대, (1) "스불론은 기드론 주민과 나할롤 주민을 쫓아내지 못하였으므로", (2) "가나안 족속이 그들 중에 거주하면서", (3) "노역을 하였[다]". 단지 주제 (1)과 (2)만 31-32절에서 아셀 지파와 함께 나오지만, 이는 기사의 선별된 성격 때문일 가능성이 높다.

1:34-36 사사기 첫 장의 마지막 기사는 이스라엘의 가나안 족속 정복이 아니라 아모리 족속이 이스라엘 사람을 억압하는 모습을 기록한다. "가나안 족속"이란 호칭은 당시에 가나안 땅에 거주하는 다양한 족속들을 가리키는 일반적 호칭이다. 이 지파들은 노아의 아들이었던 함의 아들 가나안의 후손이다. "함의 아들은 구스와 미스라임과 붓과 가나안이요"(창 10:6). 그리고 "가나안은 장자 시돈과 헷을 낳고 또 여부스 족속과 아모리 족속과 기르가스 족속과 히위 족속과 알가 족속과 신 족속과 아르왓 족속과 스말 족속과 하맛 족속을 낳았[다]"(창 10:15-18). 이들은 창세기 9:25-27에서 노아의 저주를 받은 족속들이고, 그 저주에 의해 여자의 후손과 뱀의 후손 간의 반목(참고. 창 3:15)이 홍수 이후에도 유지된다. 아모리 족속은 창세기 15장에도 나오는데, 이는 하나님께서 아브람에게 "아모리 족속의 죄악이 아직 가득 차지 아니했기"(창 15:16) 때문에 그의 후손이 그 땅을 그들의 소유로 점령하기 전에 네 세대를 기다려야 한다고 말씀하시는 장면이다. 이스라엘이 그 땅을 점령할 때가 가까워지자 이제 아모리 족속의 죄악이 가득 찬다. 그리고 뱀의 후손은 싸움이 없이는 굴복하지 않는다.

아모리 족속이 단 지파를 산지로 "몰아넣[었다]"(또는 '억압했다'). 여기서 '몰아넣었다'는 동사는 이집트가 이스라엘을 노예로 부리고 억압하는 모습(출 3:9)을 묘사하려고 사용한 동사와 똑같다. 이 동사는 또한 나중에 주변 민족들이 이스라엘을 억압하는 모습을 묘사하는데 여러 번 사용된다(삿 2:18; 4:3; 6:9; 10:12). 이스라엘의 억압은 종종 우상숭배의 결과였지만, 이 억압은 궁극적으로 그들에게 구출받기 위해 회개하고 주님께 돌아오도록 촉구했다. 사사기의 맥락에서 억압과 구출의 순환은 주님이 사사들을 일으키는 계기가 된다. 마침내 아모리 족속이 요셉의 연합된 가문 아래서 노역에 굴복한다.

2:1 사사기의 첫 서론의 마지막 대목(2:1-5)에서 주님의 천사가 "올라가서" 이스라엘의 언약 위반에 대해 고소한다(2:1-2). 주님이 그분의 백성을 징계하고(2:3) 그 백성은 울음과 제사로 반응한다(2:4-5). 1:1에서 시작된 "올라가다"라는 주제가 이 마지막 대목까지 이어진다. 그러나 이번에는 올라가는 이가 주님의 천사다.

주님의 천사는 사사기에서 자주 나타나는 편이다. 이 첫 번째 경우에 더하여 사사기 6장에서는 기드온에게, 사사기 13장에서는 삼손의 부모에게 나타난다. 사사기 이전에는 주님의 천사가 창세기 16장에서 하갈에게, 출애굽기 3장에서 불타는 가시덤불에서 모세에게, 민수기 22장에서 발람과 그의 당나귀에게 나타난다. 또한 주님의 천사는 하늘로부터 아브라함에게(창 22:11, 15) 그리고 드보라의 노래 안에서(삿 5:23) 말하는 존재다. 사사기에서는 주님의 천사가 여호와 그분과 동일시될 수 있다. 사사기 2:1-3에 메신저의 표현('주께서 말씀하시기를')이 없고 일인칭을 사용하는 것("내가 너희를…올라오게 하여", "내가…맹세한", "내가…어기지 아니하리니" 등)이 이런 동일시를 시사한다. 사사기에서 주님의 천사의 임재는 이스라엘의 위대한 두 지도자 모세와 여호수아가 죽은 이후에도 하나님께서 계속 그분의 백성을 돌보고 지도하신다는 사실을 보여준다.

이스라엘이 그 땅의 주민을 제거하지 못한 것은 분명히 언약의 위반이다. 그래서 주님의 천사가 언약 소송을 제기하기 위해 첫 번째 사사로 등장한다. 이 소송은 구약에 나오는 언약 소송의 표준적인 특징 대다수를 포함한다. (1) 사사의 신원, (2) 무죄한 편의 증언, (3) 기소, (4) 징벌, (5) 회개의 촉구 등이다. 증인은 명시되지 않았으나, 이 대목의 배경이 되는 장소의 이름인 "보김"이 이런 역할을 하는 듯이 보인다. 이 구절에서 소송은 출애굽기 20:2에 나오는 시내산 언약의 첫 행으로 시작된다. "나는 너희를 애굽에서 올라오게 했다." 그런즉 재판관은 다름 아닌 여호와인 것이다. 이어서 주님은 그분의 백성과 영원히 언약을 지킨다는 약속에 신실하신 분이라고 말한다.

2:2 이 구절에서는 언약 소송이 두 편의 구체적인 언약 규정(2a절)과 두 마디의 고소(2b절)로 계속 이어진다. 첫째 규정은 그 땅의 주민과 언약을 맺는 것을 금지하는 것이다. 예컨대, 신명기 7:2에는 "너는…그들과 어떤 언약도 하지 말 것이요 그들을 불쌍히 여기지도 말 것이며"라고 기록되어 있다. 여기서 우리는 여호수아 9장에서 이스라엘이 기브온 주민과 맺은 불법적인 언약을 기억하게 된다. 둘째 규정은 그 땅에 있는 이교 제단을 헐라는 명령이다. 이번에도 그 규정이 신명기 7장에 기록되어 있다. "오직 너희가 그들에게 행할 것은 이러하니 그들의 제단을 헐며 주상을 깨뜨리며 아세라 목상을 찍으며 조각한 우상들을 불사를 것이니라"(신 7:5). 신명기 7장에서 주님은 즉시 이런 규정의 이유를 설명하신다. "너는 여호와 네 하나님의 성민이라 네 하나님 여호와께서 지상 만민 중에서 너를 자기 기업의 백성으로 택하셨기"(신 7:6) 때문이다. 그 본문은 이어서 주님의 이스라엘을 향한 사랑, 조상들에게 한 맹세, 언약을 지키시는 신실하심 그리고 그분의 백성을 축복하고 싶은 마음을 진술한다(신 7:7-14). 그러므로 천사의 고소가 분명히 밝히듯이 이스라엘이 이 언약을 위반하는 것은 참으로 비극이다. "너희가 내 목소리를 듣지 아니하였으니 어찌하여 그리하였느냐?" 그 진술 이후의 질문은 이스라엘이 스스로를 돌아보고 회개하도록 촉구하기 위한 것이다.

2:3 하나님은 신실하신 언약의 주님인 만큼 이제 그분의 백성에게 약속

하신 불순종의 저주를 내리셔야 한다. 이 경우에는 저주가 이스라엘이 지은 죄의 성격에서 나온다. 그들이 그 땅에서 모든 주민을 쫓아내길 거절한 죄다(출 34:12; 신 7:16; 수 23:12-16). 남은 가나안 족속의 올무는 다가오는 사사 내러티브들을 위한 맥락을 조성한다. 아울러 이스라엘이 가나안 족속을 쫓아낼 능력이 없었던 것은 군사력의 부족이 아니라 언약의 의무를 수행하려는 믿음의 부족 때문임을 부각시킨다.

2:4-5 이스라엘은 하나님의 언약 소송에 대해 울음과 제사로 반응하는데, 이는 회개와 예배로 해석될 수 있다. 목소리를 높여 우는 것은 흔한 히브리어 관용구다. 예컨대, 하갈은 이스마엘을 위해 이렇게 울고(창 21:16), 에서는 그의 복을 상실해서 울고(27:38), 야곱은 라헬을 위해 운다(29:11). 온 이스라엘 회중은 신실치 못한 열 명의 정탐꾼들의 보고를 듣고 그 땅의 정복에 대한 부정적인 전망을 내다보며 이렇게 운다(민 14:1). 이런 울음은 또한 사사기의 앞과 뒤를 장식한다. 나중에 사사기의 둘째 결론에서 이스라엘은 베냐민의 소돔과 같은 죄로 인해 그 지파가 사실상 파멸되는 모습을 보고 울게 될 것이다. 이스라엘의 울음을 그 성읍에 붙인 이름으로 기념하게 된다. "보김"이란 이름은 '우는 자들'을 의미한다. 그 성읍의 정확한 위치는 알려져 있지 않고, 이는 성경에서 여기서만 언급되어 있다. 하지만 그 장소의 의미는 그 이름 속에 들어있다. 이 대목은 이스라엘이 제사를 드리는 것으로 끝난다. 그 제사의 성격은 명시되지 않았으나 아마 언약의 갱신과 회복의 맥락에서 드리는 속죄 제물일 것이다.

응답

여호수아가 죽은 후 이스라엘 민족은 계속 뻗어나가서 하나님이 약속하신 땅을 점령한다. 이 첫째 서론에서 유다 지파는 그 유산을 점령하는 일을 신실하고 성공적으로 수행하는 모습으로 그려진다. 유다가 분명히 이 단락의 초점이고, 앞으로 사무엘상에서 군주제가 확립되고 이 지파 출신의 다윗이 왕으로 선택될 것을 암시한다. 베냐민 지파는 유다의 신실한 모습과 대비된다. 그 지파는 자기네 유산을 차지할 수 없다. 베냐민의 불충실함은 사사기 19-20장에서 소돔과 고모라의 죄를 짓고 거의 파멸되다시피 하는 모습으로 사사기의 결론 부분에 되돌아온다. 이 두 지파 간의 대조적인 모습은 사울이 이스라엘 최초의 왕으로 선택되어 군주제가 확립될 때 다시 복귀한다. 사울은 기브아 성읍과 베냐민 지파 출신인데, 그 성읍은 사사기 19장에 기록된 비극적인 사건이 일어난 바로 그곳이다. 사실 사울은 결국 다른 모든 나라의 왕들과 비슷한 왕으로 판명될 것이다(참고. 삼상 8:5).

사사기의 첫 서론은 약속의 땅을 차지할 수 없는 이스라엘의 상대적 무능력에 대한 이유를 신중하게 확증하고 또 설명한다. 그것은 군사적 문제가 아니다. 이스라엘이 비록 그 지역에서 최고의 군대나 가장 앞선 무기를 갖고 있진 않아도 궁극적인 비밀 무기를 갖고 있다. 주님이 이스라엘의 왕이자 그 군대의 지휘관으로서 친히 이스라엘을 위해 싸우신다. 주님이 이스라엘 군대의 맨 앞에서 행군하실 때는 가능한 결과가 단 하나밖에 없다. 바로 승리다. 이스라엘이 자기네 유산을 완전히 차지할 수 없는 무능력은 언약에 대한 그들의 불순종에서 나온다. 주님은 전적으로 신실하시기 때문에 "나는 너희와 맺은 언약을 영원히 깨뜨리지 않을 것"(삿 2:1, 새번역)이라고 말씀하시는 것이다. 반면에 이스라엘 대해서는 "너희는 나의 말에 순종하지 않았다. 너희가 어찌하여 이런 일을 하였느냐?"(2:2)고 기록되어 있다. 이것은 정치적인 힘이나 군사적 능력의 문제가 아니라 언약의 조건에 순종하지 않는 이스라엘의 무능력에서 나오는 영적 위기의 문제다. 이 현실은 우리가 이제 이어지는 사사기의 둘째 서론을 맞도록 준비시켜준다.

이제 하나님께서 사사들을 일으켜서 이스라엘의 불충실한 우상숭배를 극복하도록 계획을 세우시는데, 그 목적은 그의 백성을 적의 억압에서 구출하고, 그 땅의 안식을 확보하며, 주님께 신실함과 언약의 조건에 대한 순종을 증진시키는 일이다.

때로는 히브리어 성경의 내러티브를 이해하기가 힘들 수 있다. 어떤 세부사항은 현대적 맥락에서 이해하기가 어렵다. 뿐만 아니라, 이 내러티브들은 간결해서 포함하는 세부사항보다 생략하는 것이 더 많다. 아도니 베섹의 기사와 옷니엘 및 악사의 기사가 좋은 예들이다. 따라서 이런 본문을 해석할 때는 그 내러티브에 추가적 세부사항을 집어넣거나 등장인물에게 (본문이 말하지 않는) 동기를 부여하고픈 유혹을 뿌리쳐야 한다. 그러나 우리는 구약의 신실한 해석자들로서 이 내러티브들이 어떻게 그리스도의 인격과 사역을 가리키는지 물어봐야 한다(요 5:39; 눅 24:27, 44). 옷니엘과 악사의 경우에는 적을 무찌르고, 그의 승리에 대한 보상으로 신부를 받고, 이후 밭과 샘물들이 딸린 복과 번영의 땅에 들어가는 전사를 보게 된다. 이것은 우리가 계시록에서 보는 그림, 곧 예수님이 신실한 전사/왕으로서 마침내 세계에서 궁극적인 적(the Enemy)을 소탕하고, 그분의 신부를 취하고, 이후 궁극적인 축복과 번영의 땅인 새 하늘과 새 땅에 들어가는 그림이 아닌가? 옷니엘과 악사는 죽고, 그들의 후손은 더 이상 그 땅을 주님에게서 받은 유산으로 소유하지 않는다. 그러나 그들은 우리와 더불어 영원한 나라의 공동 상속자로서 더 큰 것을 소유하고 있다(히 11:39-40; 12:27-29). 그들의 역할은 우리에게 생명의 주인이신 그분을 가리키는 일이었다(요 5:40). 아울러 그들은 신실한 증인들이다.

2:6 전에 여호수아가 백성을 보내매 이스라엘 자손이 각기 그들의 기
업으로 가서 땅을 차지하였고 7 백성이 여호수아가 사는 날 동안과 여
호수아 뒤에 생존한 장로들 곧 여호와께서 이스라엘을 위하여 행하신
모든 큰 일을 본 자들이 사는 날 동안에 여호와를 섬겼더라 8 여호와
의 종 눈의 아들 여호수아가 백십 세에 죽으매 9 무리가 그의 기업의
경내 에브라임 산지 가아스 산 북쪽 딤낫 헤레스에 장사하였고 10 그
세대의 사람도 다 그 조상들에게로 돌아갔고 그 후에 일어난 다른 세
대는 여호와를 알지 못하며 여호와께서 이스라엘을 위하여 행하신 일
도 알지 못하였더라

2:6 When Joshua dismissed the people, the people of Israel went each to
his inheritance to take possession of the land. 7 And the people served
the Lord all the days of Joshua, and all the days of the elders who
outlived Joshua, who had seen all the great work that the Lord had done
for Israel. 8 And Joshua the son of Nun, the servant of the Lord, died at
the age of 110 years. 9 And they buried him within the boundaries of
his inheritance in Timnath-heres, in the hill country of Ephraim, north

of the mountain of Gaash. 10 And all that generation also were gathered
to their fathers. And there arose another generation after them who did
not know the Lord or the work that he had done for Israel.

11 이스라엘 자손이 여호와의 목전에 악을 행하여 바알들을 섬기며
12 애굽 땅에서 그들을 인도하여 내신 그들의 조상들의 하나님 여호
와를 버리고 다른 신들 곧 그들의 주위에 있는 백성의 신들을 따라 그
들에게 절하여 여호와를 진노하시게 하였으되 13 곧 그들이 여호와를
버리고 바알과 아스다롯을 섬겼으므로 14 여호와께서 이스라엘에게
진노하사 노략하는 자의 손에 넘겨 주사 그들이 노략을 당하게 하시
며 또 주위에 있는 모든 대적의 손에 팔아 넘기시매 그들이 다시는 대
적을 당하지 못하였으며 15 그들이 어디로 가든지 여호와의 손이 그들
에게 재앙을 내리시니 곧 여호와께서 말씀하신 것과 같고 여호와께서
그들에게 맹세하신 것과 같아서 그들의 괴로움이 심하였더라
11 And the people of Israel did what was evil in the sight of the Lord
and served the Baals. 12 And they abandoned the Lord, the God of their
fathers, who had brought them out of the land of Egypt. They went
after other gods, from among the gods of the peoples who were around
them, and bowed down to them. And they provoked the Lord to anger.
13 They abandoned the Lord and served the Baals and the Ashtaroth.
14 So the anger of the Lord was kindled against Israel, and he gave
them over to plunderers, who plundered them. And he sold them into
the hand of their surrounding enemies, so that they could no longer
withstand their enemies. 15 Whenever they marched out, the hand of
the Lord was against them for harm, as the Lord had warned, and as the
Lord had sworn to them. And they were in terrible distress.

16 여호와께서 사사들을 세우사 노략자의 손에서 그들을 구원하게 하
셨으나 17 그들이 그 사사들에게도 순종하지 아니하고 오히려 다른 신
들을 따라가 음행하며 그들에게 절하고 여호와의 명령을 순종하던 그
들의 조상들이 행하던 길에서 속히 치우쳐 떠나서 그와 같이 행하지
아니하였더라 18 여호와께서 그들을 위하여 사사들을 세우실 때에는
그 사사와 함께 하셨고 그 사사가 사는 날 동안에는 여호와께서 그들
을 대적의 손에서 구원하셨으니 이는 그들이 대적에게 압박과 괴롭
게 함을 받아 슬피 부르짖으므로 여호와께서 뜻을 돌이키셨음이거늘
19 그 사사가 죽은 후에는 그들이 돌이켜 그들의 조상들보다 더욱 타
락하여 다른 신들을 따라 섬기며 그들에게 절하고 그들의 행위와 패
역한 길을 그치지 아니하였으므로 20 여호와께서 이스라엘에게 진노
하여 이르시되 이 백성이 내가 그들의 조상들에게 명령한 언약을 어
기고 나의 목소리를 순종하지 아니하였은즉 21 나도 여호수아가 죽을
때에 남겨 둔 이방 민족들을 다시는 그들 앞에서 하나도 쫓아내지 아
니하리니 22 이는 이스라엘이 그들의 조상들이 지킨 것 같이 나 여호
와의 도를 지켜 행하나 아니하나 그들을 시험하려 함이라 하시니라
23 여호와께서 그 이방 민족들을 머물러 두사 그들을 속히 쫓아내지
아니하셨으며 여호수아의 손에 넘겨 주지 아니하셨더라

16 Then the Lord raised up judges, who saved them out of the hand of
those who plundered them. 17 Yet they did not listen to their judges,
for they whored after other gods and bowed down to them. They soon
turned aside from the way in which their fathers had walked, who
had obeyed the commandments of the Lord, and they did not do so.
18 Whenever the Lord raised up judges for them, the Lord was with the
judge, and he saved them from the hand of their enemies all the days
of the judge. For the Lord was moved to pity by their groaning because
of those who afflicted and oppressed them. 19 But whenever the judge

died, they turned back and were more corrupt than their fathers, going after other gods, serving them and bowing down to them. They did not drop any of their practices or their stubborn ways. 20 So the anger of the Lord was kindled against Israel, and he said, "Because this people have transgressed my covenant that I commanded their fathers and have not obeyed my voice, 21 I will no longer drive out before them any of the nations that Joshua left when he died, 22 in order to test Israel by them, whether they will take care to walk in the way of the Lord as their fathers did, or not." 23 So the Lord left those nations, not driving them out quickly, and he did not give them into the hand of Joshua.

3:1 여호와께서 가나안의 모든 전쟁들을 알지 못한 이스라엘을 시험하려 하시며 2 이스라엘 자손의 세대 중에 아직 전쟁을 알지 못하는 자들에게 그것을 가르쳐 알게 하려 하사 남겨 두신 이방 민족들은 3 블레셋의 다섯 군주들과 모든 가나안 족속과 시돈 족속과 바알 헤르몬 산에서부터 하맛 입구까지 레바논 산에 거주하는 히위 족속이라 4 남겨 두신 이 이방 민족들로 이스라엘을 시험하사 여호와께서 모세를 통하여 그들의 조상들에게 이르신 명령들을 순종하는지 알고자 하셨더라 5 그러므로 이스라엘 자손은 가나안 족속과 헷 족속과 아모리 족속과 브리스 족속과 히위 족속과 여부스 족속 가운데에 거주하면서 6 그들의 딸들을 맞아 아내로 삼으며 자기 딸들을 그들의 아들들에게 주고 또 그들의 신들을 섬겼더라

3:1 Now these are the nations that the Lord left, to test Israel by them, that is, all in Israel who had not experienced all the wars in Canaan. 2 It was only in order that the generations of the people of Israel might know war, to teach war to those who had not known it before. 3 These are the nations: the five lords of the Philistines and all the Canaanites and the Sidonians and the Hivites who lived on Mount Lebanon, from Mount Baal-hermon as far as Lebo-hamath. 4 They were for the testing of Israel, to know whether Israel would obey the commandments of the Lord, which he commanded their fathers by the hand of Moses. 5 So the people of Israel lived among the Canaanites, the Hittites, the Amorites, the Perizzites, the Hivites, and the Jebusites. 6 And their daughters they took to themselvesfor wives, and their own daughters they gave to their sons, and they served their gods.

단락 개관

사사기의 첫째 서론(1:1-2:5)은 이스라엘이 유산으로 받은 땅을 완전히 차지하지 못한 상대적 실패에 초점을 맞췄다. 그 단락의 끝부분에서 주님의 천사가 이스라엘의 실패를 언약의 위반으로 특징지었다. 그 결과 이스라엘은 주님의 불쾌함과 징계 아래 놓이게 되었다. 그들이 추방하는데 실패한 이방 주민들이 이제는 그 불순종의 저주가 될 것이다.

사사기의 둘째 서론은 그 땅에 남아있는 가나안 족속의 올무에서 생기는 이스라엘의 믿음의 위기에 초점을 둔다. 우리는 다시 여호수아의 죽음과 그의 세대로 시작한다. 이후에 이스라엘의 우상숭배라는 악, 그 땅의 주민에 의한 이스라엘의 예속, 사사를 일으키는 일 그리고 이스라엘을 시험하는 것이 따라온다. 사사기에 담긴 이스라엘의 주제를 가장 잘 포착하는 것은 2:11의 진술이다. "이스라엘 자손이 여호와의 목전에 악을 행하여 바알들을 섬기며."

사사기에 담긴 자료의 배열은 주로 연대기적이 아니라 신학적이다. 히브리식 내러티브의 주요 특징 중 하나는 본문이 어떤 기사를 얘기한 후 되돌아와서 그것을 다른 각도 내지는 초점에서 다시 말하는 것이다. 예컨대, 창조의 여섯째 날이 창세기 1장에서 자세히 얘기되고, 동일한 날에 대한 조금 더 길고 집중적인 기사가 창세기 2장에 나와 있다. 이와 비슷한 사례를 사무엘상 16장에 나오는 다윗에게 기름 붓는 장면에서 볼 수 있다. 그 이야기의 마지막에서 다윗은 사울 왕의 사랑을 받고 그의 무기를 드는 자로 섬긴다(삼상 16:21). 그런데 사무엘상 17장에는 다윗이 사울의 무기에 친숙하지 못한 모습이 나온다(삼상 17:38-39, 58). 사무엘상 18장에서는 내러티브가 이전으로 되돌아가서 다윗이 총애를 받아 사울을 섬기는 모습을 그리기 시작한다. 이와 같이 둘째 서론은 여호수아의 죽음으로 되돌아가서 이스라엘의 죄와 그 결과에 대해 좀 더 집중적인 신학적 설명을 제공한다.

단락 개요

I. 서론(1:1-3:6)
- B. 이스라엘의 믿음이 위기를 맞다: 우상숭배(2:6-3:6)
  1. 여호수아의 죽음과 그의 세대(2:6-10)
  2. 이스라엘의 죄와 예속(2:11-15)
  3. 주님이 사사들을 일으키시다(2:16-19)
  4. 주님이 이스라엘을 시험하시다(2:20-3:6)

주석

2:6-10 본문은 여호수아와 그의 세대의 시기로 되돌아가서 여호수아 24:28-31에 처음 기록된 사건들을 이야기한다. 두 기사에 따르면, 여호수아가 백성을 그들의 유산으로 해산시키고, 그는 늙은 나이에 죽고, 백성은 그를 그가 유산으로 받은 땅에 장사지내고, 이스라엘은 그 세대가 지속되는 동안 주님을 섬긴다. 두 기사의 유사점은 참으로 인상적이다. 그러나 큰 차이점이 하나 있는데, 이는 우리의 시선을 끌도록 되어 있다. 사사기 2:10에서 저자가 여호수아 뒤에 오는 세대에 관한 중요한 주석을 덧붙인다. "그 후에 일어난 다른 세대는 여호와를 알지 못하며 여호와께서 이스라엘을 위하여 행하신 일도 알지 못하였더라." 이 특징은 이전 세대, 즉 "여호와께서 이스라엘을 위하여 행하신 모든 큰일을 본"(7절) 세대에 대한 묘사와 큰 대조를 이룬다.

물론 우리 세대를 포함한 여호수아 이후의 세대들은 이스라엘이 이집트에서 구출된 것, 광야에서 기적적으로 살아남은 것, 깜짝 놀랄 만한 점령의 싸움 등 그 위대한 기적들을 직접 목격하지 못한 것이 사실이다. 그러나 그것이 진짜 문제가 아니다. 사실 이와 똑같은 특징이 예수님의 지상 생활을 목격한 세대 이후에 태어난 모든 사람에게도 적용될 것이다. 진짜 문제는 후속 세대들이 그런 진정한 역사적 사건들에 비추어 믿음으로 사는데 실패했다는 사실에서 나온다. "이는 우리가 믿음으로 행하고 보는 것으로 행하지 아니함이로라"(고후 5:7). 사사기에 기록된 세대들은 하나님의 능력과 신실하심의 진리를 가리는 우상숭배를 초래하는 일종의 기억상실증에 시달리고 있다. 기드온의 초기 진술이 그의 세대의 에토스(ethos)를 잘 포착한다.

> 오 나의 주여 여호와께서 우리와 함께 계시면 어찌하여 이 모든 일이 우리에게 일어났나이까? 또 우리 조상들이 일찍이 우리에게 이르기를 여호와께서 우리를 애굽에서 올라오게 하신 것이 아니냐?

한 그 모든 이적이 어디 있나이까? 이제 여호와께서 우리를 버리사 미디안의 손에 우리를 넘겨주셨나이다. (삿 6:13)

사실은 우리가 죄를 지어서 주님을 버렸는데 주님이 우리를 버렸다고 생각하는 것은 죄로 눈이 멀었기 때문이다. 이것이 사사기에 나오는 하나님 백성의 영적 상태이고, 하나님께서 그 백성을 죄에 사로잡힌 상태에서 구출하려고 거듭해서 되돌아오시는 그 끊임없는 자비의 배경이다.

2:11 이는 이 책의 핵심 구절로서 주요한 사사 이야기들이 시작될 때마다 나오는 이스라엘의 일차적 특징이다(3:7, 12; 4:1; 6:1; 10:6; 13:1). 이 악의 성격은 이 구절의 후반부("바알을 섬기며")에 표현된 이스라엘의 우상숭배다. 광야에서 멸망한 세대 역시 이와 같은 특징을 지녔고(민 32:13) 주님은 그의 백성에게 우상숭배의 악에 대해 반복해서 경고하셨다(예. 신 4:25; 17:2; 수 24:15). 그런데도 이스라엘은 할례 받은 마음이 없어서 반복해서 우상숭배의 올무에 빠진 나머지 결국 그 땅에서 추방당하는 결과를 초래할 것이다. 모세는 그런 상황을 이해했을 뿐더러 그 결과까지 예측했다.

> 내가 알거니와 내가 죽은 후에 너희가 스스로 부패하여 내가 너희에게 명령한 길을 떠나 여호와의 목전에 악을 행하여 너희의 손으로 하는 일로 그를 격노하게 하므로 너희가 후일에 재앙을 당하리라. (신 31:29)

2:12-13 이 구절들은 이스라엘의 우상숭배에 초점을 맞춘다. 두 구절 모두 그 백성의 우상숭배의 성격을 묘사하는 어구로 똑같이 시작한다. "그들이 여호와를 버렸고." 하나님을 "애굽 땅에서 그들을 인도하여 내신 그들의 조상들의 하나님"으로 묘사한 것은 이 죄를 언약관계의 위반으로 특징짓고 있다. 이런 식으로 이스라엘의 우상숭배가 성실한 남편을 버린 간통하는 여인으로 그려지고 있다(참고. 호 1-3장). 그들의 우상숭배는 십계명의

첫 말씀의 위반이고 예전에 금송아지를 숭배했던 행습의 연속이다. 신명기가 이스라엘 백성에게 그들 주변의 족속이 섬기는 다른 신들을 숭배할 위험을 거듭해서 경고하지만 그들이 듣지 않는다. 바알과 아스다롯은 이스라엘을 거듭 올무에 빠트리는 풍요의 신들이다. 그들은 옷니엘, 기드온 그리고 입다의 내러티브에 다시 나타날 것이다. 이스라엘의 우상숭배는 또한 주님을 진노하게 만든다. 주님은 자기 백성의 거룩함에 대해 질투하시는 충실한 언약 파트너이시기 때문이다(출 34:14; 신 4:24; 5:9; 6:15; 32:16, 21).

2:14-15 이스라엘이 우상숭배의 죄로 주님의 진노를 불러일으키기 때문에, 그분은 이제 그분의 백성에 대해 분노가 끓어오르는 분으로 묘사되어 있다. 이스라엘이 하나님의 저주 아래 놓이지만, 이는 어디까지나 회개와 믿음으로의 복귀를 촉구하도록 계획된 저주이다. 이곳과 사사기 전체에서 주님은 그분의 백성을 주위의 원수들의 손에 '넘겨주고' '팔아버릴' 것이고, 그래서 원수들이 그들을 정복하고 억압하게 된다. 달리 말해, 이스라엘이 다 팔렸기 때문에 주님이 그들을 원수들의 손에 팔아넘기시는 것이다. 아이러니가 계속 이어진다. 이스라엘이 저지른 "악"을(2:11) 주님은 "그들에게 재앙을 내리[실]"(15절) 때 되돌려주신다. 이 두 단어(히브리어로는 한 형용사와 한 명사)는 공동의 뿌리를 갖고 있어서 의도적인 언어유희에 해당한다. 뿐만 아니라, 대적의 "손"이 14절에서 하나님의 백성을 이기는 것은 주님의 "손"이 15절에 묘사된 대로 이스라엘을 적대시하기 때문이다. 주님은 그분의 백성에게 이런 일이 일어날 것이라 경고하면서 이스라엘의 우상숭배가 반드시 벌을 받게 하겠다고 맹세하셨다. 그런즉 하나님은 그분의 백성이 그들 죄의 무게를 경험하게 허락하심으로써 자신이 언약의 약속에 충실한 분임을 보여주신다.

〔그들이〕 우상을 섬겨서 나를 격분시켰고,
　　신이 아닌 것들을 신이라고 섬겨서 나의 질투에 불을 붙였다.
그러니 이제 나도, 내 백성이 아닌 딴 백성을 내 백성으로 삼아서,

그들의 질투심에 불을 붙이고,
어리석은 민족을 내 백성으로 만들어 그들을 격분시키겠다.
(신 32:21, 새번역)

2:16 우리는 이제 이스라엘의 예속상태에 대한 주님의 해결책을 접하기 시작한다. 바로 사사들이다. 사사기 2:14에서 자기 백성에 대한 주님의 분노가 타올랐고, 2:15에서는 그분의 손이 그들을 대적했다. 그러나 이제, 주님의 진노가 급하게 격동되었던 만큼 그분은 그분의 백성에 대한 연민이 솟구쳐서 그들을 구출하신다. 주님이 사사들과 함께 구출하는데, 그들의 이야기가 이 책의 중앙 부분을 점유하고 있다. 여기서 하나의 패턴이 세워진다. 사사들을 "세우[시는]" 분은 주님이고, 이 사사들을 통해 구출하는 분도 주님이다. 주변 나라들이 하나님의 진노의 도구로 섬기는 것처럼, 사사들은 하나님의 구원의 도구로 섬기는 것이다.

2:17 이스라엘이 홍해를 통과했던 순간부터 그들은 주님의 목소리에 순종하는 것을 힘겨워했다. 그들은 또한 주님의 종이자 하나님 백성의 지도자인 모세에게 반역했다. 이와 똑같이 이스라엘은 사사들의 목소리에 순종하는 것을 힘겨워할 것이다. 이 사사들을 일으킨 것은 하나님의 백성을 다른 나라들의 예속상태에서 구출할 뿐 아니라 다시 우상숭배와 그에 따른 억압으로 복귀하는 것을 방지하고 언약에 충실하게끔 증진하기 위해서다. 그러나 이스라엘의 기억은 무척 짧았고, 죄와 예속과 구출의 패턴이 사사기에서 거듭거듭 반복되고 있다.

2:18 사사들에 관한 세 가지 중요한 사실이 이 구절에 제시되어 있다. 첫째, 2:16에 나오듯이 각 사사를 일으키는 분은 주님이다. 둘째, 사사의 능력과 권위는 주님이 그와 함께하시는 형태로 나타난다. 이 실재는 나중에 주님의 영이 사사에게 임해서 구출을 위한 능력을 부여하시는 것으로 묘사되어 있다(3:10; 6:34; 11:29; 13:25; 14:6, 19; 15:14). 셋째, 주님이 진정한 구

원자였고 사사는 하나님의 능력의 도구로 섬기는 인물이었다. 하나님의 임재가 사사에게 구원의 능력을 부여한 만큼 셋째 사항은 둘째 사항과 연관되어 있다. 이 구절은 주님이 그 백성을 구출하려고 사사들을 일으키신 이유를 설명하면서 마무리된다. 그분은 그분의 백성의 상태로 인해 연민을 품고 그들을 '불쌍히 여기셨기'(참고. ESV와 새번역) 때문이다. 이 표현은 출애굽기 2:24과 6:5을 상기시켜준다. 그 본문에는 하나님이 아브라함과 이삭과 야곱과 맺은 언약 때문에 이스라엘을 이집트의 억압에서 구출하셨다고 기록되어 있다. 이스라엘이 계속해서 끈질긴 우상숭배로 모세 언약을 위반했는데도 하나님이 그 백성에게 연민을 품게 된 것은 그 족장들과 맺은 일반적 언약 때문이었다.

2:19 이스라엘의 우상숭배 주기는 사사의 생애에 묶여 있다. 사사가 죽으면 백성이 다른 신들을 경배하는 것으로 되돌아간다. 사사의 직책은 제사장이나 왕처럼 부모로부터 자녀에게 전수되지 않는다. 오히려 사사는 세습에 대한 염려 없이 하나님이 일으키시는 인물이다. 이 본문은 또한 이스라엘의 영속적인 우상숭배의 주기가 그 나라를 점점 더 타락하게 만든다고 한다. 이 현실은 베냐민 지파가 완전히 가나안처럼 될 때까지, 즉 소돔의 행위에 상응하는 행위로 표출되기까지 사사기에서 줄곧 펼쳐진다(참고. 삿 19장과 창 19장).

2:20-23 주님의 끓는 분노, 이스라엘의 언약 위반, 여호수아의 죽음 그리고 다른 민족들의 현존이 이 대목에 다시 나온다(참고. 2:2-3, 8, 12, 14). 더 나아가, 22절에는 주님이 그의 백성이 순종하는지를 "시험하려[고]" 이 민족들이 남아있도록 허용하신다고 설명되어 있다. 이후의 기사들은 이스라엘이 어떻게 거듭해서 이 시험에 실패하는지를 기록하고 있다. 하나님의 백성은 남아있는 민족들을 추방해서 그 땅을 완전히 성별하는데 실패한다. 오히려 이스라엘이 점점 더 그 민족들을 닮아가고 그들의 신들을 경배하며 주님과의 언약관계를 버리게 된다. 이 비극적인 사태가 20절에서 하

나님의 부르는 미묘한 호칭인 "이 백성"(또는 '이 민족')에 반영되어 있다. 구약에서 하나님의 백성은 보통 '이스라엘', '이스라엘 백성' 또는 '내 백성'으로 불린다. 하지만 이처럼 드문 경우에는 그들이 "이 백성"으로 불림으로써 장차 그들이 추방하지 못한 "민족들"처럼 타락할 것을 가리킨다. 세월이 흐르면 불행하게도 이스라엘이 "내 백성이 아[닌]"(호 1:9) 존재가 될 것이다.

3:1-4 사사기의 둘째 서론을 마무리하는 몇 구절은 시험이란 주제로 되돌아가서 그것에 집중한다. 다시 말하건대, 여호수아가 죽은 후 주님이 몇몇 족속을 남겨두신 이유는 그분의 백성이 모세를 통해 받은 주님의 명령에 순종하는지 시험하기 위해서다. 시험의 성격은 전쟁에 초점을 두고 있으며, "가나안의 모든 전쟁들을 알지 못한" 사람들을 위해 계획한 것으로서 "아직 전쟁을 알지 못하는 자들에게 그것을 가르치기" 위해서다. 하지만 전쟁에 관한 교훈을 단지 군사 교육으로 이해하면 안 된다. 주님은 이스라엘이 그분을 믿고 그분의 명령을 순종하는지 시험하기 위해 전쟁을 이용하신다. 백성이 꼭 기억해야 할 바가 있다. 주님이 이스라엘을 위해 싸우신다는 것(출 14:14), 이스라엘 군대와 하늘의 군대를 이끄신다는 것(수 5:13-15) 그리고 이스라엘이 그 땅에 거주하는 동안 전쟁에 대한 중요한 법을 세우셨다는 것(신 7:1-6; 20:1-20; 21:10-14) 등이다.

3:5-6 이 책의 첫째 서론에서 두드러진 주제는, 이스라엘은 그들이 추방하라는 명령을 받았던 민족들과 동거하고 있다는 것이다(1:21, 27, 29, 30, 32, 33-36). 이와 똑같은 주제가 둘째 서론을 마무리하고 있다. 이들은 여호수아가 죽은 후 주님이 그분의 백성에게 전쟁을 가르치고, 그분의 명령을 그들이 순종하는지 시험하며, 언약을 지키는 하나님에 대한 믿음을 촉구하기 위해 남겨두신 민족들이다. 이들은 또한 그 땅을 주님이 아브라함과 그의 후손에게 약속하신(창 15:18-21) 후 먼 훗날에 이스라엘 민족에게 단언하신(출 3:8, 참고. 3:17; 13:5; 23:23, 28; 33:2; 34:11; 민 13:29; 신 7:1; 20:17) 그 민족들이다.

이 단락은 그 땅에서의 이스라엘의 행실과 관련해 이스라엘을 강하게 고소하는 말로 끝난다. 주님이 금지하신 그 민족들로부터 이스라엘이 그들 자녀의 배우자를 데려오고 그들의 신들을 경배하게 하여 주님과 맺은 언약을 위반한다. 여기서는 신명기 7:3-4이 무척 교훈적이다(참고. 신 20:15-18).

> 그들과 혼인하지도 말지니 네 딸을 그들의 아들에게 주지 말 것이요 그들의 딸도 네 며느리로 삼지 말 것은 그가 네 아들을 유혹하여 그가 여호와를 떠나고 다른 신들을 섬기게 하므로 여호와께서 너희에게 진노하사 갑자기 너희를 멸하실 것임이니라.

이것이 사사기의 줄거리다. 사사기 3:6에 기록된 것과 같은 불법적 혼인에 대한 묘사는 구약에서 죄악된 행위의 절정과 심판의 도래를 표시하기 위해 사용된다. 창세기 6장에서 하나님의 아들들이 사람의 딸들을 아내로 삼는 것에 대한 묘사는 홍수 심판의 시초를 알리는 표시다. 이에 덧붙여, 열왕기상 11장에서 솔로몬이 외국 아내들을 취하고 그 결과 우상숭배에 빠지는 현상은 주님이 그로부터 나라를 찢어내게 한다(왕상 11:11). 실제로 열왕기상의 저자가 "솔로몬이 여호와의 눈앞에서 악을 행[했다]"(왕상 11:6)고 진술하는데, 이는 사사기에서 이스라엘에게 적용된 묘사와 동일한 것이다.

응답

사사기의 둘째 서론은 이 책의 중앙 부분에 나오는 사사들의 내러티브를 위한 역사적 및 신학적 맥락을 설정한다. 이 단락은 또한 여섯 명의 큰 사사들 각자와 함께 반복될 사사 내러티브의 주기를 밝혀준다. 이스라엘은 주님의 눈앞에서 악한 짓을 행할 것이다. 이는 주님의 분노를 불러일으킬

테고, 주님은 그분의 백성을 적의 손에 넘겨주실 것이다. 이스라엘은 결국 회개하고 주님께 도와달라고 부르짖을 것이다. 그러면 주님이 그분의 백성을 구출하고 그 땅에 안식을 확보하기 위해 사사를 일으키실 것이다. 그러나 마침내 그 사사는 죽을 것이고 그 주기가 시초부터 다시 시작될 것이다. 이스라엘이 주변 나라에 예속되고 억압받는 것은 주님이 그분의 백성을 보호할 능력이 없어서가 아니다. 오히려 자기 백성을 넘겨주는 분은 바로 주님이다. 이스라엘의 죄 때문에 "그들이 어디로 가든지 여호와의 손이 그들에게 재앙을 내리시니 곧 여호와께서 말씀하신 것과 같고 여호와께서 그들에게 맹세하신 것과 같아서 그들의 괴로움이 심하였더라"(삿 2:15). 그러나 이처럼 적에게 넘겨준 것은 궁극적으로 주님이 그분의 백성에게 베푸신 친절이라고 이해해야 한다. 각 경우에 이스라엘은 그 억압의 무게에 못 견뎌서 마침내 회개하고 주님께 되돌아온다. 만일 주님이 이런 식으로 그분의 백성을 징계하지 않았다면, 그들은 완전히 길을 잃고 그들의 죄 가운데 머물러 있을 것이다. 이것은 가혹한 자비다.

이 자비의 일부가 하나님께서 그분의 백성을 구출하기 위해 사사들을 이용하는 모습이다. 이 사사들은 주님이 일으키시고, 주님의 임재로 지탱되고, 적에게서 이스라엘을 구출하는 그분의 도구로 사용된다. 그들은 성령의 능력을 힘입어 위대한 승리를 거둔다. 승리 자체가 그런 것처럼, 이스라엘의 순종 역시 힘겨운 싸움이다. 이스라엘은 종종 사사의 말에 귀 기울이지 못하고, 사사가 죽으면 백성이 더 깊은 타락의 구덩이에 빠진다. 사사기의 저자는 백성의 순종과 사사의 생애 사이에 연관성이 있음을 분명히 밝힌다. "그 사사가 죽은 후에는 그들이 돌이켜 그들의 조상들보다 더욱 타락하여"(2:19). 이를 계기로 우리는 결코 죽지 않고 그분의 백성의 순종을 영원히 보증할 사사를 찾게 된다. 사사들은 훗날 그리스도의 인격과 사역을 가리키고 있다. 그리스도야말로 우리를 적에게서 구출하시고, 우리의 순종을 가능케 하시고, 우리의 유산을 보증하실 분이기 때문이다.

사사기 3:7-16:31 개관

사사들의 이야기가 사사기의 중앙 부분을 점유한다. 여섯 명의 큰 사사의 주기는 세 명씩 두 그룹으로 나뉘진다. 첫째 그룹은 옷니엘과 에훗과 드보라/바락을 포함하고, 이후에 기드온과 입다와 삼손이 따라온다. 첫째 단락에는 단 한 명의 작은 사사(삼갈)가 나온다. 나머지 다섯 명의 작은 사사들은 둘째 단락에 나온다. 돌라와 야일은 입다 내러티브 이전에 나오고, 입산과 엘론과 압돈은 절정에 해당하는 삼손 내러티브 앞에 나온다. 내러티브가 진행되면서 이스라엘의 타락도 점점 더 깊어지고 사사가 구출하는 대가도 그만큼 커진다.[12]

사사들은 거듭해서 하나님 백성의 죄로 인한 민족들의 억압에서 그 백성을 구출하고 그들의 유산을 확보한다. 이 패턴은 우리에게 바로 그분, 즉 단번에 우리를 우리의 죄의 억압에서 구출하시고 (가나안 땅이 그 모형인) 새 하늘과 새 땅에 있는 우리 생명의 유산을 영원히 확보하시는 분을 가리킨다. 이 내러티브들은 우리를 위해 기록되었고(벧전 1:10-12), 그 목적은 우리가 예수님을 바라보고 믿음으로 우리의 주님이자 구원자인 그분에게 우리의 눈을 고정시키게 하는 것이다(히 12:2). "무엇이든지 전에 기록된 바는 우리의 교훈을 위하여 기록된 것이니 우리로 하여금 인내로 또는 성경의 위로로 소망을 가지게 함이니라"(롬 15:4).

12 사사 내러티브들의 구조와 전개 방식에 관해 더 알고 싶으면 서론의 '장르와 문학적 특징'을 참고하라.

7 이스라엘 자손이 여호와의 목전에 악을 행하여 자기들의 하나님 여
호와를 잊어버리고 바알들과 아세라들을 섬긴지라 8 여호와께서 이스
라엘에게 진노하사 그들을 [1]메소보다미아 왕 구산 리사다임의 손에
파셨으므로 이스라엘 자손이 구산 리사다임을 팔 년 동안 섬겼더니
9 이스라엘 자손이 여호와께 부르짖으매 여호와께서 이스라엘 자손
을 위하여 한 구원자를 세워 그들을 구원하게 하시니 그는 곧 갈렙의
아우 그나스의 아들 옷니엘이라 10 여호와의 영이 그에게 임하셨으므
로 그가 이스라엘의 사사가 되어 나가서 싸울 때에 여호와께서 메소
보다미아 왕 구산 리사다임을 그의 손에 넘겨 주시매 옷니엘의 손이
구산 리사다임을 이기니라 11 그 땅이 평온한 지 사십 년에 그나스의
아들 옷니엘이 죽었더라

7 And the people of Israel did what was evil in the sight of the Lord.
They forgot the Lord their God and served the Baals and the Asheroth.
8 Therefore the anger of the Lord was kindled against Israel, and he sold
them into the hand of Cushan-rishathaim king of Mesopotamia. And the
people of Israel served Cushan-rishathaim eight years. 9 But when the

people of Israel cried out to the Lord, the Lord raised up a deliverer for the people of Israel, who saved them, Othniel the son of Kenaz, Caleb's younger brother. 10 The Spirit of the Lord was upon him, and he judged Israel. He went out to war, and the Lord gave Cushan-rishathaim king of Mesopotamia into his hand. And his hand prevailed over Cushan-rishathaim. 11 So the land had rest forty years. Then Othniel the son of Kenaz died.

1) 히, 아람 나하라임

단락 개관

옷니엘은 이 책에 나오는 첫 번째 큰 사사다. 옷니엘의 기사는 가장 짧은 큰 사사 이야기라서 다섯 절밖에 안 되지만 이후에 나오는 모든 큰 사사들을 위한 패턴 내지는 패러다임 역할을 한다. 온전한 사사 내러티브 또는 주기는 다음 일곱 가지 기본 요소를 포함한다. (1) 이스라엘이 악을 행한다. (2) 주님이 그분의 백성을 적의 손에 팔아버리거나 넘겨준다. (3) 이스라엘이 주님께 부르짖는다. (4) 주님이 구원자를 일으키신다. (5) 사사가 이스라엘을 구출한다. (6) 그 땅이 안식을 얻는다. 그리고 (7) 사사가 죽는다. 사사 내러티브가 일곱 가지 요소를 모두 포함하는 것은 아니다. 사실 이스라엘의 타락이 이 책의 전반에 걸쳐 점차 심해짐에 따라 각 내러티브에 나오는 구성요소들도 점차 줄어든다. 이 문학적 장치는 이 책의 저자가 하나님의 백성으로서 이스라엘의 모습을 드러내는 하나의 방식이다.

단락 개요

II. 사사들(3:7-16:31)

A. 제1군: 세 명의 큰 사사들(3:7-5:31)

1. 옷니엘(3:7-11, 큰 사사)

a. 이스라엘이 악을 행하다(3:7)

b. 주님이 그분의 백성을 팔다(3:8)

c. 이스라엘이 부르짖다(3:9)

d. 주님이 한 구원자를 일으키시다(3:9)

e. 사사가 구출하다(3:10)

f. 땅이 안식을 얻다(3:11a)

g. 사사가 죽다(3:11b)

주석

3:7 큰 사사 이야기들은 하나같이 이스라엘이 "여호와의 목전에 악을 행[했다]"는 진술로 시작한다. 큰 사사 이야기들은 세 명씩 두 세트로 서술되어 있고, 옷니엘의 기사와 기드온의 기사가 각 세트의 첫 번째 사사에 해당하고 똑같은 서문 형식으로 시작된다. 이후의 사사들은 약간 다른 표현으로 소개되어 있다. "이스라엘 자손이 '또' 여호와의 목전에 악을 행하니라"(3:12; 4:1; 10:6; 13:1). 이 문학적 관례는 독자가 이 책의 중앙 부분에 나오는 내러티브들의 더 큰 구조를 추적하도록 도와준다.

이 책의 둘째 서론이 우리에게 이스라엘의 행위에 관한 이 진술과 악의 성격(우상숭배, 2:11)에 대해 미리 알려주었다. 여기에는 이스라엘이 "바알들과 아세라들을 섬긴" 것은 그들이 "자기들의 하나님 여호와를 잊어버[렸기]" 때문이라고 한다. 구약에서 '잊어버리다'와 '기억하다'란 표현은 종종 기억의 상실이나 회복이 아니라 언약에의 충실성과 관련하여 사용되곤 한다. 예컨대, 신명기 4:23에서 하나님의 백성은 우상을 숭배함으로써 언약을 잊지 말라는 경고를 받는다. 그리고 4:31에서 하나님은 언약을 잊지 않으실 것이라고, 다시 말해, 언제나 언약에 따라 행하실 것이라고 말씀한다. 이와 같이 언약을 기억한다는 것은 그것에 따라 사는 것을 의미한다. 예컨대, 하나님은 노아와 맺은 언약을 "기억하[셔서]" 홍수의 물이 줄어들게 하셨다(창 8:1, 참고. 창 9:15-16; 19:29; 30:22; 출 2:24; 6:5; 레 26:42, 45). 그런즉 사사기에서 이스라엘은 주님에 관해 잊어버리는 것이 아니라 그분과 맺은 언약에 따라 신실하게 사는데 실패하는 것이다.

3:8 사사 주기의 둘째 요소는 하나님이 이스라엘을 적의 손에 넘겨주거나 파는 것이다(참고. 2:14). 이 경우에는 이스라엘이 "메소보다미아 왕" "구산 리사다임"(두 배로 사악한 구산)의 손에 팔렸다. 예속 기간은 비교적 짧은 팔 년이다. 3:7에 나오는 이스라엘의 우상숭배와 8절에 나오는 예속 사이에는 분명히 연관성이 있다. 이스라엘이 우상숭배로 외국 신들을 '섬겼으므로' 그 예속상태에서 외국 나라들을 '섬겼다'. 이는 의도적인 아이러니다. 징벌은 범죄에 걸맞게 주어진다. 히브리어로 보면 이 동사는 주어와 목적어의 관계에 따라 '섬기다' 또는 '경배하다'로 번역될 수 있다.

3:9 사사 주기의 셋째와 넷째 요소가 이 구절에 나온다. 첫째, 이스라엘이 한창 억압받는 중에 주님께 부르짖는다(참고. 출 2:23). 이는 회개의 행위 또는 절박한 외침일 수 있다. 어느 것이든 이는 하나님께서 불쌍히 여겨서 그분의 백성을 구출하려고 사사를 일으키는 맥락이다. 이것이 사사 주기의 넷째 요소다. 이 경우에는 사사가 "갈렙의 아우, 그나스의 아들 옷니엘"이다. 옷니엘에 관해 알려진 것은 거의 없으나 그가 용감하고 유능한 전사라는 것은 우리가 분명히 안다. 그는 구약에 두 번 더 등장한다(수 15:17; 삿 1:13, 참고. 대상 4:13).

3:10 둘째 서론은 사사들의 성공이 능력을 주시는 하나님의 임재와 연결되어 있다고 한다. "여호와께서 그들을 위하여 사사들을 세우실 때에는 그 사사와 함께 하셨고 그 사사가 사는 날 동안에는 여호와께서 그들을 대적의 손에서 구원하셨으니"(2:18). 이런 임재는 주님의 영이 사사에게 임하는 것으로 자주 묘사되어 있다. 사사기에서 그 영이 옷니엘, 기드온(6:34), 입다(11:29) 그리고 삼손(13:25; 14:6, 19; 15:14)에게 임한다. 흥미로운 점은 기드온, 입다, 삼손이 바락과 나란히 히브리서 11:32에 나오는 사사들이란 사실이다. 주님의 영의 능력으로 구출한다는 것은 그분의 백성을 구원하는 분이 바로 주님임을 상기시켜준다. 옷니엘은 하나의 도구이고, 바로 주님이 구원자이다.

3:11 옷니엘 이야기의 마지막 구절은 사사 주기의 여섯 째 요소와 일곱째 요소를 포함한다. 첫째, 그 땅이 사십 년 동안 안식을 얻었다고 하는데, 이는 이스라엘이 광야에서 방황하던 기간을 상기시킨다. 그리고 옷니엘이 결국 죽었다고 기록되어 있다. 이 진술은 독자들로 하여금 이 책의 둘째 서론에 나오는 서술을 기억하게 해준다. "그 사사가 죽은 후에는 그들이 돌이켜 그들의 조상들보다 더욱 타락하여"(2:19). 사사의 생애가 그 땅의 안식과 하나님 백성의 신실함을 확보한 것처럼 보인다. 그러므로 한 사사의 죽음은 우리로 또 다른 사사의 도래를 찾도록 한다.

응답

이 첫 번째 사사 주기가 우리에게 주는 경고는 다른 신들을 '섬기는' 자들은 그 신들의 억압을 받고 그런 거짓 신들을 창조한 자들을 '섬기게' 된다는 것이다(3:7-8). "우상들을 만드는 자들과 그것을 의지하는 자들이 다 그와 같으리로다"(시 115:8). 그러나 자기 백성을 향한 주님의 분노는 그리 오래 가지 않는다. 그분은 도와달라는 그들의 부르짖음을 듣고 나가서 그분의 영의 능력으로 그분의 백성을 구출하고 사사들을 일으켜 그들을 억압에서 구해내신다. 그 땅의 안식과 그 백성의 신실함은 사사의 생애에 묶여 있다. 어쩌면 이 때문에 이스라엘이 왕을 요구해서, 신명기 17:14-20에 묘사된 왕권의 본래 의도대로, 리더십의 영속적 계승이 그 땅의 안식과 그 백성의 순종을 유지하도록 기대했을지도 모른다. 그러나 우리는 열왕기 상하에 기록된 것처럼 인간 왕권이 그 땅의 안식도, 백성의 순종도 유지할 수 없다는 것을 곧 알게 될 것이다. 만일 영원히 살아서 우리의 안식과 신실함을 보증할 수 있는 그런 신실한 사사가 있기만 하다면 얼마나 좋겠는가! "이제 후로는 나를 위하여 의의 면류관이 예비되었으므로 주 곧 의로우신 재판장[사사]이 그날에 내게 주실 것이며 내게만 아니라 주의 나타나심을 사모하는 모든 자에게도니라"(딤후 4:8).

12 이스라엘 자손이 또 여호와의 목전에 악을 행하니라 이스라엘 자
손이 여호와의 목전에 악을 행하므로 여호와께서 모압 왕 에글론을
강성하게 하사 그들을 대적하게 하시매 13 에글론이 암몬과 아말렉 자
손들을 모아 가지고 와서 이스라엘을 쳐서 종려나무 성읍을 점령한지
라 14 이에 이스라엘 자손이 모압 왕 에글론을 열여덟 해 동안 섬기니라
12 And the people of Israel again did what was evil in the sight of the
Lord, and the Lord strengthened Eglon the king of Moab against Israel,
because they had done what was evil in the sight of the Lord. 13 He
gathered to himself the Ammonites and the Amalekites, and went and
defeated Israel. And they took possession of the city of palms. 14 And
the people of Israel served Eglon the king of Moab eighteen years.

15 이스라엘 자손이 여호와께 부르짖으매 여호와께서 그들을 위하여
한 구원자를 세우셨으니 그는 곧 베냐민 사람 게라의 아들 왼손잡이
에훗이라 이스라엘 자손이 그를 통하여 모압 왕 에글론에게 공물을
바칠 때에 16 에훗이 길이가 한 [1)]규빗 되는 좌우에 날선 칼을 만들어

그의 오른쪽 허벅지 옷 속에 차고 17 공물을 모압 왕 에글론에게 바쳤
는데 에글론은 매우 비둔한 자였더라 18 에훗이 공물 바치기를 마친
후에 공물을 메고 온 자들을 보내고 19 자기는 길갈 근처 돌 뜨는 곳에
서부터 돌아와서 이르되 왕이여 내가 은밀한 일을 왕에게 아뢰려 하
나이다 하니 왕이 명령하여 조용히 하라 하매 모셔 선 자들이 다 물러
간지라 20 에훗이 그에게로 들어가니 왕은 서늘한 다락방에 홀로 앉아
있는 중이라 에훗이 이르되 내가 하나님의 명령을 받들어 왕에게 아
뢸 일이 있나이다 하매 왕이 그의 좌석에서 일어나니 21 에훗이 왼손
을 뻗쳐 그의 오른쪽 허벅지 위에서 칼을 빼어 왕의 몸을 찌르매 22 칼
자루도 날을 따라 들어가서 그 끝이 등 뒤까지 나갔고 그가 칼을 그의
몸에서 빼내지 아니하였으므로 기름이 칼날에 엉겼더라 23 에훗이 현
관에 나와서 다락문들을 뒤에서 닫아 잠그니라

15 Then the people of Israel cried out to the Lord, and the Lord raised
up for them a deliverer, Ehud, the son of Gera, the Benjaminite, a left-
handed man. The people of Israel sent tribute by him to Eglon the king
of Moab. 16 And Ehud made for himself a sword with two edges, a
cubit[1] in length, and he bound it on his right thigh under his clothes.
17 And he presented the tribute to Eglon king of Moab. Now Eglon was
a very fat man. 18 And when Ehud had finished presenting the tribute,
he sent away the people who carried the tribute. 19 But he himself
turned back at the idols near Gilgal and said, "I have a secret message
for you, O king." And he commanded, "Silence." And all his attendants
went out from his presence. 20 And Ehud came to him as he was sitting
alone in his cool roof chamber. And Ehud said, "I have a message from
God for you." And he arose from his seat. 21 And Ehud reached with
his left hand, took the sword from his right thigh, and thrust it into his
belly. 22 And the hilt also went in after the blade, and the fat closed over

the blade, for he did not pull the sword out of his belly; and the dung
came out. 23 Then Ehud went out into the porch[2] and closed the doors
of the roof chamber behind him and locked them.

24 에훗이 나간 후에 왕의 신하들이 들어와서 다락문들이 잠겼음을
보고 이르되 왕이 분명히 서늘한 방에서 그의 [2]발을 가리우신다 하고
25 그들이 [3]오래 기다려도 왕이 다락문들을 열지 아니하는지라 열쇠
를 가지고 열어 본즉 그들의 군주가 이미 땅에 엎드러져 죽었더라
24 When he had gone, the servants came, and when they saw that the
doors of the roof chamber were locked, they thought, “Surely he is
relieving himself in the closet of the cool chamber.” 25 And they waited
till they were embarrassed. But when he still did not open the doors
of the roof chamber, they took the key and opened them, and there lay
their lord dead on the floor.

26 그들이 기다리는 동안에 에훗이 피하여 돌 뜨는 곳을 지나 스이라
로 도망하니라 27 그가 이르러 에브라임 산지에서 나팔을 불매 이스
라엘 자손이 산지에서 그를 따라 내려오니 에훗이 앞서 가며 28 그들
에게 이르되 나를 따르라 여호와께서 너희의 원수들인 모압을 너희
의 손에 넘겨주셨느니라 하매 무리가 에훗을 따라 내려가 모압 맞은
편 요단강 나루를 장악하여 한 사람도 건너지 못하게 하였고 29 그때
에 모압 사람 약 만 명을 죽였으니 모두 장사요 모두 용사라 한 사람
도 도망하지 못하였더라 30 그날에 모압이 이스라엘 수하에 굴복하매
그 땅이 팔십 년 동안 평온하였더라
26 Ehud escaped while they delayed, and he passed beyond the idols and
escaped to Seirah. 27 When he arrived, he sounded the trumpet in the
hill country of Ephraim. Then the people of Israel went down with him

from the hill country, and he was their leader. 28 And he said to them,
"Follow after me, for the Lord has given your enemies the Moabites
into your hand." So they went down after him and seized the fords of
the Jordan against the Moabites and did not allow anyone to pass over.
29 And they killed at that time about 10,000 of the Moabites, all strong,
able-bodied men; not a man escaped. 30 So Moab was subdued that day
under the hand of Israel. And the land had rest for eighty years.

31 에훗 후에는 아낫의 아들 삼갈이 있어 소 모는 막대기로 블레셋 사
람 육백 명을 죽였고 그도 이스라엘을 구원하였더라
31 After him was Shamgar the son of Anath, who killed 600 of the
Philistines with an oxgoad, and he also saved Israel.

1) 히, 암마 2) 용변을 보신다 3) 히, 부끄러울 때까지
1 A *cubit* was about 18 inches or 45 centimeters *2* The meaning of the Hebrew word is uncertain

단락 개관

에훗의 기사는 옷니엘 내러티브에서 확인한 사사 주기의 일곱 가지 요소를 모두 포함한다. 하지만 그의 죽음에 관한 보도는 사사기 4:1, 곧 드보라와 바락 내러티브의 첫 구절까지 나오지 않는다. 이 두 명의 첫 사사 이야기들만 일곱 가지 형식적 요소들을 다 사용한다. 에훗의 기사는 유머, 아이러니, 언어유희 그리고 생생한 구출 장면 등으로 가득 차 있다. 만일 이런 사건들이 TV 또는 영화로 묘사된다면, 그 장면들에 확실히 부모의 강력한 경고 딱지가 붙을 것이다.

에훗 기사는 네 단락으로 되어 있다. 첫째 단락에서 모압이 이스라엘을 정복한다(12-14절). 이 상황은 네 번째 단락, 곧 이스라엘이 모압을 정복하는 모습(27-30절)에서 역전된다. 중앙의 두 단락은 주님이 에훗을 일으키는 장면(15절)과 에훗이 에글론을 암살하는 장면(16-26절)을 담고 있다. 이 암살 기사는 이 사사 주기를 다루는 열아홉 구절 중에 열한 구절이나 차지한다. 따라서 이 기사에 저자가 초점을 두는 것이 분명하다.

단락 개요

II. 사사들(3:7-16:31)
- A. 제1군: 세 명의 큰 사사들(3:7-5:31)
  - 2. 에훗(3:12-30, 큰 사사)
    - a. 이스라엘이 모압에게 정복되다(3:12-14)
    - b. 주님이 에훗을 구원자로 일으키시다(3:15)
    - c. 에훗이 에글론을 암살하다(3:16-26)
    - d. 모압이 이스라엘에게 정복되다(3:27-30)
  - 3. 삼갈(3:31, 작은 사사)

주석

3:12 에훗의 기사는 이스라엘이 주님의 목전에 악을 행했다는 표준형 진술로 말문을 연다. 악의 성격은 밝히지 않지만 이 진술이 이 구절에 두 번 나오는 것은 주님의 정당한 징벌을 부각시키기 위해서다. 모압이 이스라엘을 이길 수 있는 것은 이스라엘이 "악한 짓"을 행하는 바람에 주님이 에글론에게 그럴 수 있도록 힘을 주시기 때문이다. 사사기의 기사들에서는 주님이 일차적인 행위자다. 에글론을 강성하게 하는 분이 주님이고(12절), 구원자를 일으키는 분도 주님이며(15절), 모압 사람을 이스라엘 백성의 손에 넘겨주는 분도 주님이다.

3:13-14 모압 왕 에글론은 암몬 사람과 아말렉 사람과 함께 힘을 합치고 "종려나무 성읍"인 여리고를 점령한다(참고. 신 34:3; 대하 28:15). 이 성읍의 점령이 전략적인 이유는 요단과 가까워서 요단 동편의 모압과 암몬 및 사해로 들어가는 쉬운 통로이기 때문이다.[13] 모압은 이스라엘을 십팔 년 동안 억압했고 마침내 이스라엘은 주님께 도와달라고 부르짖는다. 이 기간 동안 "이스라엘이 에글론을 섬겼[다]"고 한다. 이 진술은 번역 과정에 잃어버린 이스라엘에 대한 미묘한 정죄를 담고 있다. "에글론"이란 이름은 '송아지'에 해당하는 히브리어와 '자그마한'의 합성어다. 따라서 '작은 송아지'란 뜻이다.[14] 그리고 '섬기다'로 번역된 히브리어 동사는 '경배하다'로 번역될 수도 있다(참고. 3:8 주석). 이 미묘한 언어유희는 이 진술이 '이스라엘이 작은 송아지를 경배했다'로 번역될 수 있다는 뜻이다. 그런즉 이는 출애굽기 32장에서 이스라엘이 금송아지를 경배한 것과 그래서 사사기 3:12에서 생략된 이스라엘의 악의 성격을 암시하는 듯하다.

13 참고. Currid and Barrett, *Crossway ESV Bible Atlas*, 112.

14 *HARLOT*, 2:785.

3:15 본문은 이제 이스라엘의 도움을 구하는 부르짖음과 주님의 반응을 기록한다. 다시금 주님이 그분의 백성을 억압에서 구출하려고 한 "구원자"를 "세우셨[다]"(참고. 2:16). 사사를 그분의 백성을 구출(또는 구원)하기 위해 하나님이 일으키신 인물로 묘사한다는 것은 그를 그리스도의 모형으로 설정하는 것이다. 그리스도는 성부 하나님께서 그분의 백성을 완전히 또 최종적으로 구출하기 위해 일으키신 인물이기 때문이다.

본문은 에훗에 관해 세 가지 중요한 사항을 제공한다. 첫째, 그는 베냐민 사람으로서 게라의 아들이다. 사사기 1장에서 지파들을 묘사할 때 유다가 첫 번째로, 그리고 베냐민이 두 번째로 언급된다. 이 패턴을 좇아서 첫 번째 사사는 유다에서 나오고 이제 두 번째는 베냐민에서 나온다. 다음에는, 에훗이 "왼손잡이"(문자적으로는 '오른손이 묶여있는')라고 기록되어 있다. 이 묘사의 정확한 성격은 하나의 논란거리다. 그는 오른손이 불구가 되어 왼손을 쓸 수밖에 없게 되었든지 전쟁에서 잘 이용하려고 스스로 왼손 쓰는 법을 익혔을 수 있다. 이와 똑같은 표현이 20:16에 나온다. "이 모든 백성 중에서 택한 칠백 명은 다 왼손잡이라 물매로 돌을 던지면 조금도 틀림이 없는 자들이더라"(참고. 대상 12:2). 이처럼 에훗은 특별히 훈련된 전사이고, 이 사항은 우리에게 그가 에글론을 암살하게 될 방식에 대해 미리 알려준다. 끝으로, 이스라엘이 모압에게 예속된 결과의 하나는 후자에게 공물을 바치는 것이고, 에훗이 그것을 전달하는 책임을 부여받았다. 이것이 그에게 에글론을 무찌르는 계기를 마련해줄 것이다.

3:16-17 내레이터는 우리가 곧 펼쳐질 사건에 대비하도록 두 가지 추가 사항을 제공한다. 에훗은 스스로 비밀 무기, 즉 그의 오른쪽 허벅지의 옷 아래 숨길 '양날'을 지닌 작은 칼을 만든다. 그 위치는 왼손잡이 전사가 쉽게 접근할 수 있는 곳이다. '양날'이란 표현은 히브리어로 '두 입'으로서 그 희생자를 삼키는 모습을 연상시키고, 에글론이 "살이 많이 찐 사람"(새번역)임을 감안한 익살스러운 표현인 것 같다. 이스라엘을 억압하는 작은 송아지(참고. 3:13-14 주석)가 이제 도살될 준비가 된 살찐 송아지가 된 셈이다.

곧 에훗의 칼이 에글론의 뚱뚱한 살 속에 박히고 말 것이다(3:22)

3:18-20 이 장면은 에훗의 에글론 암살을 위해 재빠르게 설정되었다. 에훗은 공물을 바친 후 그의 조력자들을 해산시키고 '은밀한 메지지', 즉 그 자신의 '하나님에게서 받은 메시지'를 갖고 왕에게 되돌아간다. 이 경우 주님의 말씀은 문자 그대로 날카로운 양날의 칼(참고. 히 4:12)이다. 하지만 이 칼은 혼과 영이 아니라 살과 지방을 찌를 것이다. 왕 역시 그의 부관들을 해산시키고, 이제 두 남자만 왕의 "서늘한 다락방" 안에 서 있다. 이것은 에글론에게 이전과는 다른 유형의 '다락방 경험'이 될 것이다. 20절은 왕이 보좌에서 일어나는 모습으로 끝냄으로써 독자들이 이제 일어날 일을 예측하도록 내버려둔다. 아이러니가 계속 이어진다. 3:15에서 주님이 이스라엘을 구출하려고 에훗을 일으키셨다. 이제 20절에서는 드디어 구출작업이 시작되도록 에글론이 스스로 몸을 일으킨다(히브리어로는 동일한 동사).

3:21 에글론의 처형 기사는 생생한 묘사로 가득 차 있다. 왼손잡이 전사로 훈련받은 에훗은 왕의 방심한 모습을 포착하고, 감춰져 있던 칼이 에글론의 뱃속에 푹 찔린다. '찌르다'로 번역된 단어는 사사기에 자주 나오는 편이다. 이 단어가 무기와 함께 사용될 때는 '찌르다'란 뜻이고, 나팔과 함께 사용될 때는 '불다, 소리 내다'란 뜻이다. 예컨대, 21절에서는 에훗이 칼을 '찌르고', 27절에서는 에훗이 나팔을 '분다'. 야엘은 장막 말뚝으로 시스라의 머리를 찔러 관통시키고(4:21), 들릴라는 삼손의 머리털을 찔러 말뚝에 잡아맨다(16:14). 각 경우에 이 동사는 적의 정복이나 패배를 묘사하기 위해 사용되고 있다.

3:22-23 에글론은 몸집이 크지만 칼은 작다. 이 칼은 뚱뚱한 왕이 섭취하는 최후의 것이다. 무거운 왕의 지방이 칼을 둘러싸고, 에훗은 그 칼을 제거하지 않는다. 칼의 "날"에 해당하는 히브리어 단어는 또한 '불길'을 의미하기도 한다. 그래서 13:20에는 "주님의 천사가 제단의 불길을 타고 하

늘로 올라갔다"(새번역)고 나온다. 에글론은 제사를 위해 준비된 살찐 송아지로 묘사된 고로 칼의 날에 대해 '불길'이란 단어를 사용하는 것은 의도적인 언어유희처럼 보인다.

22절의 끝부분은 충격적이다. '그리고 똥이 나왔다'(ESV 참고, 개역개정은 "기름이 칼날이 엉겼더라"). '똥'에 해당하는 단어의 정확한 의미는 불확실하다. 이는 '창자' 또는 '내장'과 같은 것을 의미할 수도 있다. 이 명사가 히브리어 성경에서 이곳에만 나오기 때문에 그 정확한 뜻을 확실히 알아내기가 어렵다. 하지만 왕의 부관들은 왕이 잠긴 문 뒤의 변소를 이용하고 있다고 생각하는 만큼(24절) '똥'이나 '대변'으로 해석하는 것이 문맥에는 잘 들어맞는다.

22절과 23절은 말과 소리의 반복으로 서로 연결되어 있다. 22절의 끝에서 똥이 에글론에게서 '나왔고' 23절에서 에훗이 방에서 '나갔다'. 뿐만 아니라, "현관"에 해당하는 단어는 앞 구절에 나오는 '똥'에 해당하는 단어와 비슷하게 보이고 또 들린다. 이 단어의 정확한 의미는 알 수 없지만 그 방의 건축적 특징을 가리키는 듯하다. 문을 닫고 또 잠근 것은 에훗에게 도망칠 시간을 주고 이어지는 장면을 설정해준다.

3:24-26 죽은 왕을 발견하는 장면이 다소 우스꽝스럽다. 왕의 신하들이 잠긴 문 뒤에서 기다리며 왕이 용변을 보고 있다(문자적으로는 '그의 발을 가린다', 참고. 삼상 24:3)고 생각한다. 그 방에서 나오는 냄새 때문이거나 지나치게 뚱뚱한 왕의 규칙적 행습이기 때문일 것이다. 신하들은 시간 지연으로 당혹스러워질 때까지 기다리다 문을 연다. 이로써 에훗은 도망하는데 필요한 시간을 번다.

3:27-30 사사기 3:12-14에서 모압이 이스라엘을 정복한 연유는 이스라엘에 대적하는 에글론을 주님이 "강성하게" 하셨기 때문이었다. 이제 이스라엘이 모압을 정복할 터인데, 이는 주님이 모압을 이스라엘의 손에 "넘겨주셨[기]" 때문이다. 하나님의 섭리에 대한 이런 인정은 역사의 사건들

을 다스리는 하나님의 주권이란 진리를 더욱 증진시킨다(사 43:11-13). 주님이 모압이 이스라엘을 억압하도록 허용하신 것은 이스라엘의 죄 때문이다. 이 억압이 이스라엘로 회개하며 주님께 부르짖게 만들었다. 하나님께서 사랑하는 자들을 징계해 그들이 믿음으로 살고 언약에 충실하게 하려는 것은 바로 주님의 자비다(히 12:6).

에훗은 도망친 후 에브라임 사람들을 불러 모으고 다함께 모압 사람을 무찌른다. 이스라엘은 요단강 나루를 장악해서 모압 사람이 강을 건너 모압으로 되돌아가는 것을 막고 모압 병력이 그들을 도우려고 오는 것도 차단한다. 요단강 나루는 사사기에서 기드온과 입다의 기사와 함께 다시 나올 것이다.

모압에 대한 승리는 완벽하다. 만 명이 전투에서 죽고 단 한 명도 도망하지 못한다. 모압 전사들에 대한 묘사가 인상적이다. 그들은 '모두 강하고 건장한 남자들'(또는 '모두 뚱뚱하고 모두 전사들')이다. 이렇게 용사들을 묘사하는 것은 앞서 에글론을 "매우 비둔한"(3:17) 사람으로 묘사한 것과 상관관계가 있다. 십팔 년 동안 모압이 이스라엘을 억압했으므로 이스라엘의 공물로 인해 (문자 그대로!) 뚱뚱해졌다. 모압의 용사들은 그들의 왕과 비슷한 모습일 뿐 아니라 그와 똑같은 운명을 맞았다. 모압에 대한 승리는 그 땅을 위한 안식의 기간을 열어주고, 이 평온함이 옷니엘 아래서 경험한 기간의 두 배에 해당하는 팔십 년 동안 지속된다.

3:31 삼갈은 이 책에 나오는 첫 번째 작은 사사다. 이 기사는 에훗("에훗 후에는")과 관련하여 쓰였으나 이 직후에 나오는 드보라와 바락을 소개하는 역할도 한다. 우리가 아는 바는 기껏해야 이 사사의 아버지의 이름, 그가 "소 모는 막대기"(끝에 못이나 징 같은 것이 달린 긴 막대기)로 6백 명의 블레셋 사람을 죽인다는 사실 그리고 그가 이스라엘을 '구원했다'는 것뿐이다. 그는 어떤 지파와도 관련이 없고 그의 이름은 '거기서 나그네'란 뜻이며, 이는 모세의 아들의 이름과 비슷하다. "그가 아들을 낳으매 모세가 그의 이름을 게르솜이라 하여 이르되 '내가 타국에서 나그네가 되었음이라' 하였

더라"(출 2:22). 사사기에는 여섯 명의 작은 사사를 포함하면 모두 열두 명의 사사가 등장하는데, 이는 분명히 이스라엘의 열두 지파와 그의 백성 전체에 대한 하나님의 돌봄을 상징하는 숫자다.

응답

에훗과 에글론, 이스라엘과 모압에 관한 기사는 기억할 만한 사항, 언어유희 그리고 풍자를 지닌 문학적 걸작이다. 여기서 우리는 이스라엘의 죄의 심각성과 마주친다. 이스라엘이 살찐 송아지를 경배하는 짓으로 되돌아가는 바람에 출애굽기 32장에 나오는 금송아지 숭배를 떠올리기 때문이다. 우리는 또한 자기 백성을 향한 하나님의 은혜와 자비도 마주친다. 주님은 이스라엘을 그들의 죄 가운데 내버려두지 않고 모압의 압제 아래 그 죄의 결과를 맛보도록 허용하시는데, 그 목적은 그들이 회개하고 언약에의 충실함으로 되돌아가게 하기 위해서다. 그분의 백성이 부르짖으면 주님은 그들에 대한 연민을 품고 그들을 구출하기 위해 한 구원자를 일으키신다. 그래서 바로 주님이 그 이야기의 영웅이시다. 그분은 이스라엘을 징벌하려고 에글론을 강성하게 하신다. 주님은 그분의 백성을 구출하려고 한 구원자를 세우신다. 그분은 그 적을 그분의 백성의 손에 넘겨주신다. 이스라엘의 반복되는 불성실함에도 불구하고, 주님은 언제나 그분의 백성을 그 자신에게로 돌리기 위해 일하고 계신다. 시편 107:21-22은 하나님의 백성에게 그분의 기적적인 구출에 반응하는 법을 가르쳐준다.

> 주님의 인자하심을 감사하여라.
> 　　사람에게 베푸신 주님의 놀라운 구원을 감사하여라.
> 감사의 제물을 드리고,
> 　　주님이 이루신 일을 즐거운 노래로 널리 퍼뜨려라!
> (시 107:21-22, 새번역)

4:1 에훗이 죽으니 이스라엘 자손이 또 여호와의 목전에 악을 행하매
2 여호와께서 하솔에서 통치하는 가나안 왕 야빈의 손에 그들을 파셨
으니 그의 군대 장관은 하로셋 학고임에 거주하는 시스라요 3 야빈 왕
은 철 병거 구백 대가 있어 이십 년 동안 이스라엘 자손을 심히 학대
했으므로 이스라엘 자손이 여호와께 부르짖었더라

4:1 And the people of Israel again did what was evil in the sight of the
Lord after Ehud died. 2 And the Lord sold them into the hand of Jabin
king of Canaan, who reigned in Hazor. The commander of his army
was Sisera, who lived in Harosheth-hagoyim. 3 Then the people of
Israel cried out to the Lord for help, for he had 900 chariots of iron and
he oppressed the people of Israel cruelly for twenty years.

4 그때에 랍비돗의 아내 여선지자 드보라가 이스라엘의 사사가 되었
는데 5 그는 에브라임 산지 라마와 벧엘 사이 드보라의 종려나무 아래
에 거주하였고 이스라엘 자손은 그에게 나아가 재판을 받더라 6 드보

라가 사람을 보내어 아비노암의 아들 바락을 납달리 게데스에서 불
러다가 그에게 이르되 이스라엘의 하나님 여호와께서 이같이 명령하
지 아니하셨느냐 너는 납달리 자손과 스불론 자손 만 명을 거느리고
다볼산으로 가라 7 내가 야빈의 군대 장관 시스라와 그의 병거들과 그
의 무리를 기손강으로 이끌어 네게 이르게 하고 그를 네 손에 넘겨 주
리라 하셨느니라 8 바락이 그에게 이르되 만일 당신이 나와 함께 가
면 내가 가려니와 만일 당신이 나와 함께 가지 아니하면 나도 가지 아
니하겠노라 하니 9 이르되 내가 반드시 너와 함께 가리라 그러나 네가
이번에 가는 길에서는 영광을 얻지 못하리니 이는 여호와께서 시스라
를 여인의 손에 파실 것임이니라 하고 드보라가 일어나 바락과 함께
게데스로 가니라 10 바락이 스불론과 납달리를 게데스로 부르니 만 명
이 그를 따라 올라가고 드보라도 그와 함께 올라가니라

4 Now Deborah, a prophetess, the wife of Lappidoth, was judging
Israel at that time. 5 She used to sit under the palm of Deborah between
Ramah and Bethel in the hill country of Ephraim, and the people of
Israel came up to her for judgment. 6 She sent and summoned Barak
the son of Abinoam from Kedesh-naphtali and said to him, "Has not
the Lord, the God of Israel, commanded you, 'Go, gather your men
at Mount Tabor, taking 10,000 from the people of Naphtali and the
people of Zebulun. 7 And I will draw out Sisera, the general of Jabin's
army, to meet you by the river Kishon with his chariots and his troops,
and I will give him into your hand'?" 8 Barak said to her, "If you will
go with me, I will go, but if you will not go with me, I will not go."
9 And she said, "I will surely go with you. Nevertheless, the road on
which you are going will not lead to your glory, for the Lord will sell
Sisera into the hand of a woman." Then Deborah arose and went with
Barak to Kedesh. 10 And Barak called out Zebulun and Naphtali to

Kedesh. And 10,000 men went up at his heels, and Deborah went up with him.

11 모세의 [1)]장인 [2)]호밥의 자손 중 겐 사람 헤벨이 떠나 게데스에 가까운 사아난님 상수리나무 곁에 이르러 장막을 쳤더라
11 Now Heber the Kenite had separated from the Kenites, the descendants of Hobab the father-in-law of Moses, and had pitched his tent as far away as the oak in Zaanannim, which is near Kedesh.

12 아비노암의 아들 바락이 다볼산에 오른 것을 사람들이 시스라에게
알리매 13 시스라가 모든 병거 곧 철 병거 구백 대와 자기와 함께 있는
모든 백성을 하로셋 학고임에서부터 기손강으로 모은지라 14 드보라
가 바락에게 이르되 일어나라 이는 여호와께서 시스라를 네 손에 넘겨주신 날이라 여호와께서 너에 앞서 나가지 아니하시느냐 하는지라
이에 바락이 만 명을 거느리고 다볼산에서 내려가니 15 여호와께서 바
락 앞에서 시스라와 그의 모든 병거와 그의 온 군대를 칼날로 혼란에
빠지게 하시매 시스라가 병거에서 내려 걸어서 도망한지라 16 바락이
그의 병거들과 군대를 추격하여 하로셋 학고임에 이르니 시스라의 온 군대가 다 칼에 엎드러졌고 한 사람도 남은 자가 없었더라
12 When Sisera was told that Barak the son of Abinoam had gone up to
Mount Tabor, 13 Sisera called out all his chariots, 900 chariots of iron,
and all the men who were with him, from Harosheth-hagoyim to the
river Kishon. 14 And Deborah said to Barak, "Up! For this is the day in which the Lord has given Sisera into your hand. Does not the Lord go out before you?" So Barak went down from Mount Tabor with 10,000
men following him. 15 And the Lord routed Sisera and all his chariots
and all his army before Barak by the edge of the sword. And Sisera got

down from his chariot and fled away on foot. 16 And Barak pursued the
chariots and the army to Harosheth-hagoyim, and all the army of Sisera
fell by the edge of the sword; not a man was left.

17 시스라가 걸어서 도망하여 겐 사람 헤벨의 아내 야엘의 장막에 이
르렀으니 이는 하솔 왕 야빈과 겐 사람 헤벨의 집 사이에는 화평이 있
음이라 18 야엘이 나가 시스라를 영접하며 그에게 말하되 나의 주여
들어오소서 내게로 들어오시고 두려워하지 마소서 하매 그가 그 장막
에 들어가니 야엘이 이불로 그를 덮으니라 19 시스라가 그에게 말하되
청하노니 내게 물을 조금 마시게 하라 내가 목이 마르다 하매 우유 부
대를 열어 그에게 마시게 하고 그를 덮으니 20 그가 또 이르되 장막 문
에 섰다가 만일 사람이 와서 네게 묻기를 여기 어떤 사람이 있느냐 하
거든 너는 없다 하라 하고 21 그가 깊이 잠드니 헤벨의 아내 야엘이 장
막 말뚝을 가지고 손에 방망이를 들고 그에게로 가만히 가서 말뚝을
그의 관자놀이에 박으매 말뚝이 꿰뚫고 땅에 박히니 그가 기절하여
죽으니라 22 바락이 시스라를 추격할 때에 야엘이 나가서 그를 맞아
그에게 이르되 오라 네가 찾는 그 사람을 내가 네게 보이리라 하매 바
락이 그에게 들어가 보니 시스라가 엎드러져 죽었고 말뚝이 그의 관
자놀이에 박혔더라
17 But Sisera fled away on foot to the tent of Jael, the wife of Heber the
Kenite, for there was peace between Jabin the king of Hazor and the
house of Heber the Kenite. 18 And Jael came out to meet Sisera and said
to him, “Turn aside, my lord; turn aside to me; do not be afraid.” So he
turned aside to her into the tent, and she covered him with a rug. 19 And
he said to her, “Please give me a little water to drink, for I am thirsty.”
So she opened a skin of milk and gave him a drink and covered him.
20 And he said to her, “Stand at the opening of the tent, and if any man

comes and asks you, 'Is anyone here?' say, 'No.'" 21 But Jael the wife of Heber took a tent peg, and took a hammer in her hand. Then she went softly to him and drove the peg into his temple until it went down into the ground while he was lying fast asleep from weariness. So he died. 22 And behold, as Barak was pursuing Sisera, Jael went out to meet him and said to him, "Come, and I will show you the man whom you are seeking." So he went in to her tent, and there lay Sisera dead, with the tent peg in his temple.

23 이와 같이 이날에 하나님이 가나안 왕 야빈을 이스라엘 자손 앞에 굴복하게 하신지라 24 이스라엘 자손의 손이 가나안 왕 야빈을 점점 더 눌러서 마침내 가나안 왕 야빈을 진멸하였더라

23 So on that day God subdued Jabin the king of Canaan before the people of Israel. 24 And the hand of the people of Israel pressed harder and harder against Jabin the king of Canaan, until they destroyed Jabin king of Canaan.

5:1 이날에 드보라와 아비노암의 아들 바락이 노래하여 이르되

5:1 Then sang Deborah and Barak the son of Abinoam on that day:

2 이스라엘의 영솔자들이 영솔하였고 백성이 즐거이 헌신하였으니 여호와를 찬송하라

2 "That the leaders took the lead in Israel,
that the people offered themselves willingly,
bless the Lord!

3 너희 왕들아 들으라 통치자들아 귀를 기울이라 나 곧 내가 여호와를

노래할 것이요 이스라엘의 하나님 여호와를 찬송하리로다
3 "Hear, O kings; give ear, O princes;
to the Lord I will sing;
I will make melody to the Lord, the God of Israel.

4 여호와여 주께서 세일에서부터 나오시고 에돔 들에서부터 진행하
실 때에 땅이 진동하고 하늘이 물을 내리고 구름도 물을 내렸나이다
5 산들이 여호와 앞에서 진동하니 저 시내산도 이스라엘의 하나님 여
호와 앞에서 진동하였도다
4 "Lord, when you went out from Seir,
when you marched from the region of Edom,
the earth trembled
and the heavens dropped,
yes, the clouds dropped water.
5 The mountains quaked before the Lord,
even Sinai before the Lord,[1] the God of Israel.

6 아낫의 아들 삼갈의 날에 또는 야엘의 날에는 대로가 비었고 길의
행인들은 오솔길로 다녔도다 7 이스라엘에는 마을 [3)]사람들이 그쳤으
니 나 드보라가 일어나 이스라엘의 어머니가 되기까지 그쳤도다 8 무
리가 새 신들을 택하였으므로 그때에 전쟁이 성문에 이르렀으나 이
스라엘의 사만 명 중에 방패와 창이 보였던가 9 내 마음이 이스라엘의
방백을 사모함은 그들이 백성 중에서 즐거이 헌신하였음이니 여호와
를 찬송하라
6 "In the days of Shamgar, son of Anath,
in the days of Jael, the highways were abandoned,
and travelers kept to the byways.

7 The villagers ceased in Israel;
  they ceased to be until I arose;
  I, Deborah, arose as a mother in Israel.
8 When new gods were chosen,
  then war was in the gates.
Was shield or spear to be seen
  among forty thousand in Israel?
9 My heart goes out to the commanders of Israel
  who offered themselves willingly among the people.
  Bless the Lord.

10 흰 나귀를 탄 자들, 양탄자에 앉은 자들, 길에 행하는 자들아 전파
할지어다 11 활 쏘는 자들의 소리로부터 멀리 떨어진 물 긷는 곳에서도
여호와의 공의로우신 일을 전하라 이스라엘에서 마을 사람들을 위한
의로우신 일을 노래하라 그때에 여호와의 백성이 성문에 내려갔도다
10 "Tell of it, you who ride on white donkeys,
    you who sit on rich carpets[2]
    and you who walk by the way.
11 To the sound of musicians[3] at the watering places,
    there they repeat the righteous triumphs of the Lord,
    the righteous triumphs of his villagers in Israel.
  "Then down to the gates marched the people of the Lord.

12 깰지어다 깰지어다 드보라여 깰지어다 깰지어다 너는 노래할지어
다 일어날지어다 바락이여 아비노암의 아들이여 네가 사로잡은 자를
끌고 갈지어다 13 그때에 남은 귀인과 백성이 내려왔고 여호와께서 나
를 위하여 용사를 치시려고 내려오셨도다 14 에브라임에게서 나온 자

들은 아말렉에 뿌리 박힌 자들이요 베냐민은 백성들 중에서 너를 따
르는 자들이요 마길에게서는 명령하는 자들이 내려왔고 스불론에게
서는 [4]대장군의 지팡이를 잡은 자들이 내려왔도다
15 잇사갈의 방백
들이 드보라와 함께 하니 잇사갈과 같이 바락도 그의 뒤를 따라 골짜
기로 달려 내려가니 르우벤 시냇가에서 큰 결심이 있었도다
16 네가
양의 우리 가운데에 앉아서 목자의 피리 부는 소리를 들음은 어찌 됨
이냐 르우벤 시냇가에서 큰 결심이 있었도다
17 길르앗은 요단강 저쪽
에 거주하며 단은 배에 머무름이 어찌 됨이냐 아셀은 해변에 앉으며
자기 항만에 거주하도다
18 스불론은 죽음을 무릅쓰고 목숨을 아끼지
아니한 백성이요 납달리도 들의 높은 곳에서 그러하도다

12 "Awake, awake, Deborah!

Awake, awake, break out in a song!

Arise, Barak, lead away your captives,

O son of Abinoam.

13 Then down marched the remnant of the noble;

the people of the Lord marched down for me against the mighty.

14 From Ephraim their root they marched down into the valley,[4]

following you, Benjamin, with your kinsmen;

from Machir marched down the commanders,

and from Zebulun those who bear the lieutenant's[5] staff;

15 the princes of Issachar came with Deborah,

and Issachar faithful to Barak;

into the valley they rushed at his heels.

Among the clans of Reuben

there were great searchings of heart.

16 Why did you sit still among the sheepfolds,

to hear the whistling for the flocks?
Among the clans of Reuben
there were great searchings of heart.
17 Gilead stayed beyond the Jordan;
and Dan, why did he stay with the ships?
Asher sat still at the coast of the sea,
staying by his landings.
18 Zebulun is a people who risked their lives to the death;
Naphtali, too, on the heights of the field.

19 왕들이 와서 싸울 때에 가나안 왕들이 므깃도 물가 다아낙에서 싸
웠으나 은을 탈취하지 못하였도다 20 별들이 하늘에서부터 싸우되 그
들이 다니는 길에서 시스라와 싸웠도다 21 기손강은 그 무리를 표류시
켰으니 이 기손강은 옛 강이라 내 영혼아 네가 힘 있는 자를 밟았도다
19 "The kings came, they fought;
then fought the kings of Canaan,
at Taanach, by the waters of Megiddo;
they got no spoils of silver.
20 From heaven the stars fought,
from their courses they fought against Sisera.
21 The torrent Kishon swept them away,
the ancient torrent, the torrent Kishon.
March on, my soul, with might!

22 그때에 군마가 빨리 달리니 말굽 소리가 땅을 울리도다
22 "Then loud beat the horses' hoofs
with the galloping, galloping of his steeds.

5장

23 여호와의 사자의 말씀에 메로스를 저주하라 너희가 거듭거듭 그
주민들을 저주할 것은 그들이 와서 여호와를 돕지 아니하며 여호와를
도와 용사를 치지 아니함이니라 하시도다

23 "Curse Meroz, says the angel of the Lord,
curse its inhabitants thoroughly,
because they did not come to the help of the Lord,
to the help of the Lord against the mighty.

24 겐 사람 헤벨의 아내 야엘은 다른 여인들보다 복을 받을 것이니 장
막에 있는 여인들보다 더욱 복을 받을 것이로다 25 시스라가 물을 구
하매 우유를 주되 곧 엉긴 우유를 귀한 그릇에 담아 주었고 26 손으로
장막 말뚝을 잡으며 오른손에 일꾼들의 방망이를 들고 시스라를 쳐서
그의 머리를 뚫되 곧 그의 관자놀이를 꿰뚫었도다 27 그가 그의 발 앞
에 꾸부러지며 엎드러지고 쓰러졌고 그의 발 앞에 꾸부러져 엎드러져
서 그 꾸부러진 곳에 엎드러져 죽었도다

24 "Most blessed of women be Jael,
the wife of Heber the Kenite,
of tent-dwelling women most blessed.
25 He asked for water and she gave him milk;
she brought him curds in a noble's bowl.
26 She sent her hand to the tent peg
and her right hand to the workmen's mallet;
she struck Sisera;
she crushed his head;
she shattered and pierced his temple.
27 Between her feet
he sank, he fell, he lay still;

between her feet
    he sank, he fell;
where he sank,
    there he fell—dead.

28 시스라의 어머니가 창문을 통하여 바라보며 창살을 통하여 부르짖
기를 그의 병거가 어찌하여 더디 오는가 그의 병거들의 걸음이 어찌
하여 늦어지는가 하매 29 그의 지혜로운 시녀들이 대답하였겠고 그도
스스로 대답하기를 30 그들이 어찌 노략물을 얻지 못하였으랴 그것을
나누지 못하였으랴 사람마다 한두 처녀를 얻었으리로다 시스라는 채
색 옷을 노략하였으리니 그것은 수 놓은 채색 옷이리로다 곧 양쪽에
수 놓은 채색 옷이리니 노략한 자의 목에 꾸미리로다 하였으리라

28 "Out of the window she peered,
    the mother of Sisera wailed through the lattice:
'Why is his chariot so long in coming?
    Why tarry the hoofbeats of his chariots?'
29 Her wisest princesses answer,
    indeed, she answers herself,
30 'Have they not found and divided the spoil?—
    A womb or two for every man;
spoil of dyed materials for Sisera,
    spoil of dyed materials embroidered,
    two pieces of dyed work embroidered for the neck as spoil?'

31 여호와여 주의 원수들은 다 이와 같이 망하게 하시고 주를 사랑하
는 자들은 해가 힘 있게 돋음 같게 하시옵소서 하니라 그 땅이 사십
년 동안 평온하였더라

31 "So may all your enemies perish, O Lord!

But your friends be like the sun as he rises in his might."

And the land had rest for forty years.

1) 히, 처남이란 뜻도 있음 2) 민 10:29를 보라 3) 또는 지도자들이 4) 히, 기록하는 자의

1 Or *before the Lord, the One of Sinai, before the Lord* *2* The meaning of the Hebrew word is uncertain; it may connote *saddle blankets* *3* Or *archers*; the meaning of the Hebrew word is uncertain *4* Septuagint; Hebrew *in Amalek* *5* Hebrew *commander's*

단락 개관

드보라와 바락의 이야기는 세 번째 큰 사사 주기와 사사기 첫째 패널의 절정에 해당한다(이 책의 구조에 관한 논의는 '서론'을 참고하라). 절정의 위상은 이중적인 요소들로 부각된다. 여기에는 두 명의 지도자(드보라와 바락)과 두 명의 대적(야빈과 시스라)이 나온다. 이 이야기는 두 명의 여인(드보라와 야엘)과 소환된 두 지파(스불론과 납달리)를 크게 다룬다. 적군에 대한 바락의 승리는 시스라에 대한 야엘의 승리와 짝을 이룬다. 끝으로, 본문이 주님의 구출에 대한 두 편의 기사를 담고 있다. 4장에 이야기식 기사가 나온 뒤에 5장의 시적 기사가 따라온다.

사사기 5장에 나오는 승리의 노래는 출애굽기 15장에서 주님의 이집트를 무찌른 후 나오는 승리의 노래를 상기시킨다. 사실 사사기 4-5장에 나오는 구출은 출애굽기 14-15장에 나오는 출애굽 사건의 패턴을 따르고 있다. 옷니엘과 에훗의 이야기들과 마찬가지로 이 이야기 역시 이스라엘의 죄와 예속과 함께 시작되지만, 이스라엘이 회개하고 주님께 부르짖은 후 적을 정복하는 것으로 끝난다. 사사 주기의 일곱 가지 기본 요소들에 비춰보면, 드보라와 바락 이야기에는 주님이 사사를 일으켰다는 것과 주님이 적을 사사의 손에 넘겨주었다는 것이 없다고 일부 해석자들이 말해왔다.

실은 이런 요소들이 실제로 나오긴 하지만 수정된 형태로 나온다. 사사기 4:6-7에 따르면, 드보라가 전달한 재판에서 주님은 바락을 선택하여 그분의 백성을 이끌게 하시고, 이어서 바락에게 적을 "그의 손에" 넘겨주겠다고 확신시키신다. 여기에 빠진 한 가지 요소는 기사의 끝에 나오는 사사의 죽음에 관한 보도다.

단락 개요

II. 사사들(3:7-16:31)
- A. 제1군: 세 명의 큰 사사들(3:7-5:31)
  - 4. 드보라/바락(4:1-5:31, 큰 사사)
    - a. 이야기식 기사(4:1-24)
      - (1) 이스라엘의 악과 예속(4:1-3)
      - (2) 드보라 소개(4:4-5)
      - (3) 바락의 소환(4:6-9)
      - (4) 스불론과 납달리의 소환(4:10)
      - (5) 겐 사람 헤벨(4:11)
      - (6) 시스라와 바락의 전투(4:12-16)
      - (7) 야엘의 승리(4:17-22)
      - (8) 가나안 왕 야빈의 정복(4:23-24)
    - b. 시적 기사(5:1-31)
      - (1) 서문(5:1)
      - (2) 기원(5:2-3)
      - (3) 시내산에서의 신의 출현(5:4-5)
      - (4) 이스라엘의 어머니, 드보라의 봉기(5:6-8)

(5) 주님의 의로운 나팔(5:9-12)

(6) 이스라엘 지파들이 응답하다(5:13-18)

(7) 주님이 하늘로부터 싸우시다(5:19-23)

(8) 야엘의 축복과 시스라의 죽음(5:24-27)

(9) 시스라의 어머니의 애곡(5:28-30)

(10) 마지막 호소(5:31a)

(11) 땅의 안식(5:31b)

주석

4:1 서두는 에훗 내러티브의 시작인 3:12에 나오는 서두와 동일하다. 에훗 내러티브와의 연관성은 이 구절 끝에 나오는 그의 죽음에 대한 언급으로 더욱 강화되고 이 책 전체의 훌륭한 디자인에 기여한다. 이스라엘이 범한 악의 정확한 성격은 진술되지 않았으나 이 책의 둘째 서론이 우상숭배를 암시한다. "그들이 여호와를 버리고 바알과 아스다롯을 섬겼으므로"(2:13).

4:2-3 세 명의 큰 사사 주기의 첫 세트 가운데, 외국의 압제 기간이 팔 년(3:8)에서 십팔 년(3:14)으로 그리고 이제는 이십 년으로 늘어난다. 이스라엘이 가나안 족속에게 다 팔렸기 때문에, 주님이 이제 그분의 백성을 그들이 우상으로 숭배한 그 신들을 섬기는 민족들의 손에 팔아넘기신다. 이번에는 주님이 그들을 가나안 왕 야빈과 그 군대의 사령관인 시스라에게 넘기신다. 야빈은 하솔에서 통치하는 한편, 시스라는 하로셋 학고임에 살고 있다.[15] 나중에 드보라와 바락이 살던 장소도 이 내러티브에 포함되어 있는데, 이 모두는 사건들이 실제 공간과 시간에 뿌리박고 있음을 보여준다. 이

것은 가상적인 이야기들, 신화들 또는 전설들이 아니라 주님과 그분의 백성이 구속의 역사 전체에서 펼친 일을 담은 진정한 기사들이다.

이스라엘의 악이 심한 만큼 그들이 받은 억압도 심하다. 야빈과 시스라는 구백 대의 철 병거로 그 지역을 지배하는 군사력을 갖고 있다. 이 놀라운 군사력 때문에 이스라엘이 주님께 도와달라고 부르짖게 된다. 이스라엘을 압도하는 철 병거의 군사적 이점은 맨 먼저 1장에 나왔다. "여호와께서 유다와 함께 계셨으므로 그가 산지 주민을 쫓아내었으나 골짜기의 주민들은 철 병거가 있으므로 그들을 쫓아내지 못하였으며"(1:19). 주님은 이제 철 병거 부대를 기적적으로 파멸시켜 그분의 영광과 능력을 드러내실 준비가 되어 있다. 이런 위협과 이 사건들은 출애굽기 14-15장에서 하나님이 바로의 병거들로부터("선발된 병거 육백 대와 애굽의 모든 병거를 동원하니 지휘관들이 다 거느렸더라". 출 14:7) 구원하시는 장면을 상기시킨다.

4:4 구약의 책 몇 권이 그러하듯이, 사사기도 기록된 이스라엘의 역사에서 여성의 중요한 역할을 부각시키고 또 묘사한다. 이 책에서 악사, 드보라, 야엘, 아비멜렉의 머리를 깨뜨린 여인 그리고 삼손의 어머니는 긍정적으로 그려지는 반면, 삼손의 딤나 신부와 들릴라는 부정적으로 그려진다. 드보라는 여선지자인 동시에 재판관이다. 사사기에 나오는 다른 사사들과 달리, 드보라의 리더십은 선지자적이고 사법적 성격을 지녔으나 군사적인 것은 아니다. 그녀의 선지자적 역할은 출애굽 사건들과 또 하나의 연결점을 제공하는데, 특히 모세와 아론의 누이인 미리암의 역할을 상기시킨다(출 15:20). 미리암과 드보라와 더불어 훌다(왕하 22:14; 대하 34:22), 노아댜(부정적인 본보기, 느 6:14) 그리고 이사야의 아내(사 8:3)가 구약에서 동일한 호칭(여선지자)을 지닌 채 등장한다.

15 사사기 4장에 나오는 사건들의 장소에 대해서는 Currid and Barrett, *Crossway ESV Bible Atlas*, 111, map 4.18을 참고하라.

4:5 드보라는 "이스라엘 자손이 그에게 나아가 재판을 받는" 동안 드보라의 종려나무 아래 앉곤 한다. 이스라엘 사람이 드보라에게 "나아가[는]" 것은 법적 충고를 받기 위해서가 아니라 여선지자인 그녀를 통해 전달되는 주님의 말씀을 듣기 위해서다. 이 특정한 재판은 그 다음 구절에서 바락을, 올라가서 이스라엘 군대를 이끌 사람으로 밝히고 있다. 이 구절의 언어는 1:1, 곧 이스라엘 백성이 주님께 어느 지파가 먼저 올라가서 가나안 사람과 싸워야 하는지를 묻는 장면을 상기시킨다. 사사기 1장에 나오는 주님의 말씀은 유다 지파가 먼저 올라가라는 것이었다. 여기서는 하나님의 백성을 이끌고 싸우러 나갈 사람은 바락이란 한 사람이고, 그 말씀은 드보라를 통해 전달된다.

4:6-7 바락이 선택된 것은 이 구절들에 기록된 예언적 말씀에 의해 확증된다. 바락은 납달리 지파 출신이고 옷니엘과 에훗의 전통에 속한 사사로 섬기게 된다. 그의 이름은 히브리서 11:32에 기드온과 삼손과 입다와 나란히 나온다(참고. 삼상 12:11).

사사기 4:6-7에 나오는 하나님 말씀이 의문형인 것은 수사적인 것이다. "아니하셨느냐?"는 '정말로'로 번역될 수도 있다. 이렇게 말하는 방식은 주님의 말씀이 확실하다는 것을 강조한다. 그것은 바락이 그 말씀을 알고 있는지에 대한 의문이 아니다. 이와 똑같은 문학적 장치가 4:14에서 다시 사용된다.

주님의 말씀은 두 부분으로 나온다. 첫째는 6절에 나오는 바락에 대한 지시다. 그는 납달리와 스불론으로부터 만 명을 다볼산으로 반드시 '모아야'(또는 '끌어내야') 한다. 여기에 나온 남자들의 수는 이전 주기에서 에훗이 죽인 모압 남자들의 수(3:29)와 동일하다. 주님의 말씀의 둘째 부분은 7절에서 시작되며 주님이 바락에게 승리를 확신시키는 내용이다. 시스라와 그의 군대를 "이끌어"('끌어내어') 그들을 바락과 그의 군대의 손에 넘겨주실 분은 바로 주님이다. 인간적 관점에서 보면, 이스라엘에게 너무도 불리하다. 시스라는 구백 대의 철 병거와 "군대"(또는 '무리')를 갖고 있다. 바락은 한 여선지자와 이스라엘의 작은 두 지파에서 온 만 명만 있을 뿐이다. 이런 설정은 의도적인 것이다. 이스라엘이 홍해에서 승리할 때나 앞으로 기드온이 승리할 때와 같이, 주님은 중요한 교훈을 가르치시는 중이다. "어떤 사람은 병거, 어떤 사람은 말을 의지하나 우리는 여호와 우리 하나님의 이름을 자랑하리로다"(시 20:7, 참고. 사 31:1).

4:8-9 바락이 드보라에게 그와 함께 전쟁터로 가자고 요청한 것을 믿음의 부족이나 겁으로 해석하면 안 된다.[16] 오히려 드보라에게 맡겨진 주님의 말씀에 대한 의존의 표현이다. 나중에 시스라와 싸움을 시작하게 하는 것은 여선지자 드보라의 말이 될 것이다(4:14). 드보라의 빠른 대답의 첫째 부분("내가 반드시 너와 함께 가리라")은 바락의 요청의 긍정적 성격을 인정한다. 그 대답의 둘째 부분은 예언적 성격을 갖고 있다. 이는 다가오는 전투 내러티브의 주요 부분을 차지할 야엘의 시스라에 대한 승리를 암시한다. 바락은 또한 그의 "영광"(또는 '명성'[17])으로 이어지지 않을 전투를 기꺼이 이끌라는 권유를 받고 있다. 바락이 드보라에게 그와 함께 이끌자고 요청한 것은 그가 기꺼이 그 전투의 명성을 한 여인에게 양보하는 것일 뿐 아니라 믿음의 부족이 아닌 겸손과 믿음의 표출이다. 바락은 "믿음으로 나라들을 이기기도 한"(히 11:33) 인물 중 하나다.

4:10 사사기 4:3에서는 이스라엘 백성이 주님께 부르짖는다. 여기서는 바락이 동료 이스라엘 사람들에게 부르짖는다("부르니", 히브리어로 동일한 동사). 이 구절은 스불론과 납달리에서 만 명의 전사를 소집하라는 주님의 말씀에 대한 그의 순종을 기록한다. 이 본문은 또한 "드보라도 그와 함께 올라가니라"고 다시 진술함으로써 이 책의 첫 서론에 그토록 두드러지는 '올

16 참고. Ryan, *Judges*, 27-28.

17 *HALOT*, 2:1772.

라가다'는 주제를 계속 이어간다(참고. 1:1 주석).

4:11 이 구절은 이 내러티브의 흐름에 슬쩍 끼어들어(1:16과 비슷하게) 다가오는 사건의 상황과 관련해 겐 사람에 대한 중요한 배경 지식을 제공한다. 1:16에는 모세의 아내 가문인 겐 사람이 유다 지파와 함께 "아랏 남방의 유다 황무지에 이르러 그 백성 중에 거주하니라"고 기록되어 있다. 이제 그 씨족의 일원인 헤벨이, 시스라와 싸우는 전쟁터 부근, 게데스에 가까운 곳에 다시 정착했다는 사실을 우리가 알게 된다. 헤벨은 야엘의 남편이며, 야엘은 4:9에 언급된 그 명성과 영광을 얻게 될 여인이다(참고. 5:24).

4:12-13 전투 무대가 마련된다. 바락은 다볼산에 "올라간" 반면에 시스라는 아래쪽 기손 강가에 있다. 시스라가 그의 철 병거들과 군대를 "불러내었을"(3절과 10절에 나오는 것과 동일한 동사) 때 바락은 전략적인 높은 지대를 차지한다. 병거들이 기손 강가에 위치한 것은 다가오는 가나안 족속이 패배하는 데 큰 역할을 할 것이다.

4:14 드보라가 주님의 승리의 날이 도래했다는 선지자적인 말로 전투를 개시하게 한다(참고. 시 118:24, "이날은 여호와께서 정하신 것이라 이날에 우리가 즐거워하고 기뻐하리로다"). 이 선지자적인 말은 중요한 두 부분을 포함한다. 첫째, 주님이 시스라와 그의 군대를 바락의 손에 '넘겨주셨다'(과거시제)고 한다. 이는 전투의 최종 결과가 확실하다는 뜻이다. 둘째, 그 결과가 확실한 이유는 주님이 친히 시스라와 그의 철 병거 부대에 대항해 바락에 앞서 '나가시기'(히브리어로는 과거시제) 때문이다. 사사기 4:6과 같이 여기서도 이 의문은 수사적 성격을 지녀서 어떤 사실을 강조하는 진술로 번역될 수도 있다. '정말로 주님이 너보다 앞서 나가셨다!' 행군의 순서를 보면, 주님이 앞장서시고, 그 뒤에 바락이, 이어서 만 명의 용사들이 나아간다. 주님은 그분의 백성을 위해 전투를 이끄시려고 앞서 나가시는 용사이다(출 15:3). 이 단 하나의 사실이 이스라엘의 승리를 설명해준다.

4:15 바락과 그의 군대 앞에서 주님이 시스라와 그의 철 병거를 '참패하게' 하신다. '참패하게 하다'로 번역된 단어는 '혼란이나 공황 상태에 빠뜨리다'라는 뜻이다. 이 동사는 출애굽기 14:24에서 주님이 "애굽 군대를 어지럽게 하시며"라고 할 때 사용되었다. 이로써 주님이 홍해에서 그분의 백성을 구출한 사건과 이곳 기손 강가에서 구출한 사건이 또 다시 연결된다. 주님이 스스로를 그분의 백성의 적에게 나타내실 때는 그들이 압도당하고 혼란과 큰 공황 상태에 빠지게 된다(참고, 출 23:27; 신 2:15; 수 10:10; 삼상 7:10; 삼하 22:15; 시 18:14; 144:6). 이후에 나오는 그 승리에 대한 시적 기사에는 전투의 세부사항이 자세히 드러나 있다. 내용인즉, 주님이 우주를 뒤흔드는 무서운 모습으로 나가셨고(삿 5:4-5), 기손의 강물이 시스라의 군대와 병거를 쓸어가서 출애굽 사건을 재연했다. 철 병거들이 기손의 급류에 멈췄기 때문에 시스라가 병거에서 빠져나와 걸어서 도망한 것이다. 철 병거가 무거워서 홍수처럼 밀려오는 물에 빠지기 쉬웠고, 이로 말미암아 이스라엘은 대적의 막강한 군사력을 이길 수 있었다.

4:16 적이 주님에 의해 참패한 고로 바락과 그의 부대는 시스라 군대의 남은 자들을 최후의 한 명까지 죽임으로써 그들을 완전히 처리한다. 에훗과 모압 사람의 경우처럼, 이 기사는 다시금 적의 완전한 패배를 묘사한다. "한 사람도 남은 자가 없었더라"(참고. 3:29). 바락과 그의 군대가 칼을 들고 시스라와 그의 병거들을 추격하는 모습은 참으로 아이러니하다. 이는 마치 기병대가 장갑 전차를 무찌르는 것과 같다. 보통은 장갑 전차가 말을 무찌르고 병거가 칼을 무찌른다. 이 내러티브의 반복되는 요점인 주님이 전쟁을 이끌고 계시지 않다면 그렇다는 말이다.

4:17 4:16에서는 바락이 "병거들과 군대를 추격[했다]". 17절에서는 시스라가 "걸어서 도망[했다]". 두 구절 모두 이 내러티브에서 서로 대비되고 또 전환점에 해당하는 분리적인 절(節)로 시작된다. 이 대목에서 시스라의 부끄러운 패배 기사가 시작된다. 아울러 우리는 마침내 야엘, 곧 사사기

의 저자가 1장부터 암시하되 특히 1:16과 4:11에 나오는 아리송한 겐 사람의 언급을 통해 한 그 여인을 소개받는다. 겐 사람에 대한 언급들은 드보라의 선지자적 진술("여호와께서 시스라를 여인의 손에 파실 것임이니라", 9절)과 나란히 이어지는 사건의 의미심장함을 더욱 부각시킨다. 사실 야엘의 시스라 처형 장면은 기억할 만한 사항들로 가득한 일곱 구절을 장식하는 대목으로 이 내러티브의 초점이다.

4:18 야엘이 주도권을 잡는다. 그녀가 나가서 시스라를 만나고, 그를 그녀의 장막으로 초대하고, 그를 이불 아래 숨기며, 평화의 말을 건넨다("두려워하지 마소서"). 시스라가 그녀의 초대를 수용하는 것은 앞 구절에 나오듯이 야빈과 헤벨 사이의 평화로운 관계 때문이다. 여기서 시스라는 겁쟁이로 묘사되어 있다. 철 병거 부대의 지휘관이 그의 부대를 내버린 채 한 여인의 장막 속 이불 아래 숨어있다.

4:19-20 시스라가 야엘에게 두 가지를 부탁한다. 우선, 그는 그녀에게 마실 것을 달라고 한다. 이어서 그를 찾는 사람이 오면 그가 누구든지 거짓말을 하라고 한다. 주석가들은 야엘이 물 대신에 우유를 주는 이유에 대해 질문한다. 이것은 관대함인가 속임수인가, 아니면 우리에게 전해지지 않은 하나의 관례인가? 어쩌면 저자가 야엘이 시스라의 두 가지 부탁 모두에 순응하지 않고 있음을 미묘하게 드러내고 있는지 모른다. 그녀는 그에게 마실 물을 주지 않고, 또 능동적으로 나가서 바락에게 시스라가 있는 곳을 알려준다. 야엘은 그녀의 교묘함과 힘으로 시스라를 이길 것이다.

4:21-22 앞의 이야기에 나오는 에글론의 죽음과 마찬가지로 시스라의 죽음이 매우 상세하게 묘사되어 있다. 야엘의 무기는 장막에 거주하는 사람들의 흔한 도구인 방망이와 장막 말뚝이다. 여기서 드보라의 선지자적 말이 실제 공간과 시간에 성취되는 순간, 가나안 군대의 장군이 한 여인의 손에 그녀의 장막에서 패배하고 만다. 주님이 정말로 시스라를 "[한] 여인

의 손에"(4:9) 파신 것이다! 사사기의 뒷부분에서는 무명의 여인이 아비멜렉의 머리를 깨뜨릴 터인데, 이는 용사에게 부끄러운 죽음이다(9:53-54). 이런 죽음의 섬뜩한 성격은 창세기 3:15로 되돌아가게 하는데, 그 본문은 하나님이 언젠가 뱀의 머리를 깨뜨리고 그분의 백성을 위해 최후의 승리를 거두실 것이라고 약속하는 구절이다. 시스라라는 이름조차 뱀이 내는 소리와 비슷하다. 이런 사건들을 통해 하나님은 그분의 구속 계획을 수행하시는 신실한 분임을 기억하게 된다.

4:23-24 이 구절들은 사사 주기의 이야기식 기사를 거의 마무리한다. 이 이야기의 마지막 진술은 승리의 노래 이후로 지연된다. "그 땅이 사십 년 동안 평온하였더라"(5:31b). 우리는 다시금 주님이 이 이야기의 진정한 영웅임을 상기하게 된다. 주님이 4:2에서 이스라엘을 야빈의 손에 파셨던 것처럼, 여기서는 주님이 그분의 백성 앞에서 야빈을 정복하셨다. 주님은 의로운 재판관(사사)으로서 그분의 백성이 그들의 죄로 인한 저주를 경험하도록 허용하신다. 그러나 자비로운 언약의 왕으로서 그들이 도와달라고 부르짖으면 그들을 구출하러 오신다.

5:1 드보라와 바락에 대한 언급은 분명히 5장에 담긴 승리의 노래를 4장에 기록된 사건들과 연결시킨다. 이 구절의 "이날"은 4:14에 나오는 "오늘이…날입니다"(새번역)와 묶여있다. 이와 더불어, 주님의 큰 구원에 이어 승리의 노래가 나오는 이 장면은 출애굽기 14-15장과 유사하다. 이 연계성은 독자들에게, 자기 백성을 이집트에서 구출하신 그 하나님이 바로 오늘날 그분의 백성을 구출하는 하나님이심을 상기시키게 되어 있다. 그분은 "어제나 오늘이나 영원토록 동일하시[기]"(히 13:8) 때문이다. 더 나아가, 출애굽기 15장과 사사기 5장의 노래들은 단지 주님의 승리를 기념할 뿐만 아니라 구속의 패턴을 밝힘으로써 그 사건들의 신학적 의미를 정립하기도 한다.

5:2-3 이 노래는 "여호와를 찬송하라!"는 경배에의 초대로 시작된다. 전쟁터에서 이뤄진 하나님의 큰 구원을 인정하는 가운데 그 공로가 먼저 합당한 곳으로 주어진다. 이와 동일한 명령이 9절에 다시 나오는데, 이는 시편에서 자주 등장한다(예. 시 103:20-22; 134:1-2; 135:19-20). 경배에의 초대는 싸움을 이끌었던 사람들과 자원해서 싸웠던 사람들을 향한 하나의 호소다. 이 노래는 또한 하나님의 큰 구원에 대한 공적이고 영구적인 증언의 역할을 하도록 계획된 것이고, 그래서 왕들과 통치자들 앞에 놓여있는 것이다. "찬송하라"로 번역된 복수형 히브리어 동사와 "내가…노래할 것이요"와 "내가…찬송하리로다"로 번역된 일인칭 동사들의 조합은 이 노래의 공동체적 성격을 확증한다. 달리 말하면, 사사기 5:1에서 드보라와 바락이 이 노래를 불렀다는 진술은 그들이 공동체를 경배로 이끌었다는 뜻일 가능성이 높다. 이 노래의 일부 내용은 드보라의 입에 담긴 것(5:6-11)인 한편, 다른 내용은 그녀에게 청원한 것(5:12)이다.

5장

5:4-5 4:15-16에는 주님이 이스라엘 군대 앞에 나가셔서 시스라와 그의 철병거를 참패시켰다고 기록되어 있었다. 이제 이 시적 기사에서는 주님이 큰 폭풍우를 동반하며 출현하시는 방식으로 그렇게 하셨다는 것을 우리가 알게 된다.[18] 자연 요소들의 진동은 출애굽기 19장에서 시내산에 임했던 신의 출현에 비유되고 있다(참고. 출 19:16-20; 20:18; 신 4:11). 사사기 5:5에서 "저 시내산도"로 번역된 히브리어 본문은 '이것이 시내산이다' 또는 '시내산의 그것'으로 번역될 수도 있으며, 저자가 사사기 4장의 사건들을 출애굽의 사건들과 더욱 연결시키는 모습을 보여준다(이와 똑같은 구문이 비슷한 맥락에서 "저 시내산도"로 번역된 시편 68:8을 참고하라). 적을 큰 공황 상태에 빠뜨리고 이스라엘이 이기도록 한 것은 바로 이 무서운 하나님의 임재였

18 참고. Jeffrey J. Niehaus, *God at Sinai: Covenant and Theophany in the Bible and Ancient Near East* (Grand Rapids, MI: Zondervan, 1995), 281-282. Vern S Poythress, *Theophany: A Biblical Theology of God's Appearing* (Wheaton, IL: Crossway, 2018), 286-287.

다. 나중에 이 노래가 하늘로부터 자기 백성을 위해 싸우시는 하나님의 우주적 능력을 부각시키는 그 전투의 성격에 관한 추가 사항들을 제공한다(삿 5:20-21).

5:6-8 이 구절들은 이스라엘이 주님께 구출해달라고 부르짖도록 촉구했던 드보라 시대의 사회적 상황을 묘사한다. 야빈과 시스라의 압제는 이스라엘의 하부구조를 마비시켰고 여행과 무역이 번성하지 못하게 막았다. 그 이유는 분명하다. "그들이 새 신들을 택하였을 때에 성문에 전쟁이 들이닥쳤기"(새번역) 때문이다. 그 땅을 더럽히고 이 억압이 이스라엘의 삶을 위협하도록 허용하는 것은 바로 그들이 주님을 버리고 우상을 숭배한 죄였다. 이스라엘은 이런 위협을 다룰 준비가 되어 있지 않았다. 시스라는 구백 대의 철 병거가 있었던 반면 이스라엘은 "사만 명 중에" 단 한 개의 방패나 창도 없었다. 이 때문에 삼갈이 소를 모는 막대기로 싸워야 했고(3:31) 에훗은 스스로 칼을 만들어야 했다(3:16). 이런 때에 주님이 그분의 말씀을 전달하고 적의 패배를 처리할 이스라엘의 어머니를 일으켜 이스라엘을 도우러 오셨다. 주님은 인간의 연약함을 통해 그분의 권세를 드러내시는 방식, 곧 그분의 능력을 부각시키는 방식으로 언제나 일하신다(고전 1:27). 삼갈에 대한 언급은 그가 드보라의 동시대인일 수 있음을 암시하는 한편, 야엘에 대한 언급은 그 승리에서 담당한 그녀의 중요한 역할(4:17-21)과 그 사건을 다시 들려주는 일(5:24-27)을 부각시킨다.

5:9-11 이 노래의 다음 단락은 자원하여 나와서 주님과 나란히 싸웠던 지도자들과 마을 사람들을 모두 칭찬한다. 그들은 다함께 주님의 '의로운 승리'(개역개정은 "의로우신 일")를 이야기함으로써 그분을 찬송한다. 그분의 위대한 업적은 나귀를 타는 자들과 길을 걷는 자들(부자와 가난한 자)에 의해, 물 긷는 곳과 성문 등 이스라엘 전역에서 전파되어야 마땅하다. 이런 유형의 전파는 신명기 6:7에 나오는 중요한 가르침을 상기시킨다. "네 자녀에게 부지런히 가르치며 집에 앉았을 때에든지 길을 갈 때에든지 누워 있을

때에든지 일어날 때에든지 이 말씀을 강론할 것이며." 이스라엘이 옷니엘의 시대에 우상숭배를 범한 것은 그 백성이 "자기들의 하나님 여호와를 잊어버[렸기]"(삿 3:7) 때문이다. 하나님을 잊고 우상숭배를 범하는 죄에 대한 치료책은 주님이 그분의 백성을 위해 행하신 "놀라운 것"(시 119:18)을 기억하는 신실한 모습에 있다.

5:12 공동체는 드보라와 바락이 포로들을 끌고 갈 때 그들에게 계속 노래를 부르라고 하면서 그들을 칭송한다. 이들은 군대의 포로들일 수 없다. 가나안 용사들 중에 살아남은 자가 없기 때문이다(4:16). 이들은 가나안 성읍들에서 이스라엘의 노역자들이 되도록 사로잡은 사람들임에 틀림없다. 드보라와 바락에 대한 언급은 5:1을 상기시키고 이 노래의 새로운 단락을 소개하는 역할을 한다.

5:13-18 4:6에서 주님은 드보라를 통해 바락에게 납달리와 스불론에서 만 명을 소집하라고 명령하셨다. 이 단락은 바락의 군대 소집을 상술하며 다른 지파들의 반응을 포함한다. 이야기식 기사와 시적 기사 사이에 모순은 없다. 오히려 두 번째 기사는 다른 관점에서 앞의 기사를 상술하고 해석하는데, 이는 구약에서 흔한 문학적 테크닉이다(예. 창세기 1-2장에 나오는 여섯째 날의 창조에 관한 두 기사). 이스라엘의 군대 소집에 관한 이 시적 기사에서 에브라임, 베냐민, 스불론, 납달리 그리고 잇사갈에서 온 용사들은 바락에게 충실한 것으로 묘사되어 있다(삿 5:15). 이와 대조적으로 르우벤, 길르앗(요단 동편의 갓과 므낫세의 일부에 걸쳐있는 지역), 단 그리고 아셀 지파에서 온 사람들은 가나안 족속에 대항해 주님과 함께 싸우자는 바락의 요청에 응하지 않았다.

지파별 충성이란 중요한 주제는 이 책의 첫 대목, 곧 유다와 시므온이 함께 싸워서 큰 승리를 거두었던 장면을 떠올린다. 아울러 여호수아서에 기록된 대로, 요단 동편 지파들이 요단 서쪽 땅을 차지할 때 그들의 형제들과 하나가 되어 싸우며 그 땅을 점령했던 장면도 회상시킨다. 이와 같은 기사들은 구약과 신약에서 하나님의 백성이 하나로 연합하는 것이 중요함을 강조한다. 훗날 하나님의 백성이 그 땅에서 포로로 잡혀가기 시작한 계기가 북부 왕국과 남부 왕국의 비극적 분열이었음을 기억할 필요가 있다.

이 단락은 마지막으로 스불론과 납달리를 언급하며 그들이 기꺼이 목숨을 아끼지 않은 모습을 칭송하면서 끝난다. 이는 다시금 우리를 4:6로 돌아가게 한다. 다른 지파들을 제외시킨 채 이 두 지파에 초점을 두는 이유는 알 수 없다. 아마 그들이 주님과 바락 바로 뒤에서 싸움을 이끌었기 때문이든지, 보다 작은 두 지파에서 만 명을 소집한 것이 그들 가운데 널리 퍼진 충성심을 예증했기 때문일 것이다. 하지만 우리가 분명히 아는 바가 있다. 이 두 지파가 출애굽기 32장에 나오는 레위인의 정신으로("누구든지 여호와의 편에 있는 자는 내게로 나아오라", 32:26) 주님을 위해 무기를 들었다는 것이다. 이 때문에 그들은 영원히 기억되고 있다.

5:19 이 단락은 23절까지 이어지고 그 전투에 대한 묘사로 되돌아간다. 이번 장의 4-5절에서 이 노래는 주님이 시내산의 전통을 따라 큰 폭풍우를 몰고 출현하시는 장면을 묘사한다. 이제 이 구절들에서는 주님이 시스라의 군대를 '참패시키는'(4:15) 모습이 시적으로 묘사되어 있다. 이 구절은 적의 군대가 "가나안 왕들"로 구성되어 있다고 묘사한다. 4장에는 단 한 명의 왕만 거명되어 있다. 야빈이다. 그러나 여기에는 야빈이 고용한 더 많은 병력이 나온다. 여호수아 11:10에는 하솔 성읍이 가나안 족속의 수도처럼 묘사되어 있다. "하솔은 본래 그 모든 나라의 머리였더니." 야빈이 하솔에서 통치했으므로 그가 이스라엘에 대적하는 동맹들로부터 병력을 불러 모은 것으로 추정할 수 있다. 이는 당시의 흔한 행습이다. 적의 병력이 하나님의 백성을 이길 수 없었던 것이 전리품을 취할 수 없었던 모습으로 시적으로 묘사되어 있다. "그들이 은을 탈취하지 못하였도다."

5:20 전쟁에서 주님을 시중든 것은 하늘의 세력이며, 그 세력을 여기서는 하늘의 "별들"이라 부른다. 신명기 4:19에는 해와 달과 별들이 "하늘의 군

대"로 묘사되어 있다. 이는 또한 여호수아 10장에서 주님이 해를 멈추셔서 그분의 백성을 기적적으로 구출하신 장면을 상기시킨다. 이와 비슷하게 하늘의 별들과 하나님의 하늘 군대 간의 연관성이 욥기 38:7에도 나온다. "그때에 새벽 별들이 기뻐 노래하며 하나님의 아들들이 다 기뻐 소리를 질렀느니라." 가나안 족속이 섬기는 바알과 같은 신들은 날씨를 주관하는 것으로 간주되었기에 많은 민족들이 해와 달과 별들을 경배하게 되었다. 이와 대조적으로, 오직 주님만이 하늘로부터 통치하시고, 그분이 그 영역의 가시적인 세력과 비가시적인 세력을 모두 주관하신다(참고. 겔 32:7; 렘 31:35).

5:21-22 시스라의 군대가 기손강의 골짜기에 모였다. 이스라엘은 그 위쪽 다볼산에 주둔했다. 하나님께서 큰 폭풍우를 동반한 채 시스라와 그의 군대를 무찌르려고 출현했을 때, 그분은 강물을 솟아오르게 하셔서 시스라의 철 병거와 말의 부대를 쓸모없게 만드셨다. 한때 군사적 이점이었던 것이 이제는 불리한 것이 되고 말았다. 그래서 시스라가 걸어서 도망하지 않을 수 없었던 것이다(4:15). 병거를 가진 적이 큰 물결로 패배한 사건은 다시금 출애굽기 14장의 사건과 연결된다.

5:23 이 단락은 저주로 끝난다. 주님의 천사가 메로스와 그 주민을 '철저히' 저주하라고 요구한다. 이 표현은 매우 강하고, 이는 우리를 앞 단락의 주제, 곧 이 싸움에 주님과 함께 참여한 지파들과 그렇지 않은 지파들을 대비시켰던 대목으로 되돌아가게 한다. 메로스 성읍은 구약에서 이곳에만 나온다. 따라서 그 위치와 그 주민은 도무지 알 수 없다. 어쩌면 이것이 그 저주의 일부일지 모른다.

5:24-27 이 노래의 앞 단락은 저주로 끝났다. 시적 대조의 일환으로 이 단락은 시스라의 패배와 죽음에 관여한 야엘의 역할로 인해 그녀를 축복하는 말로 시작된다. 이 사건들은 사사기 4장에 나오는 이야기식 기사의

주요 부분을 차지했고 여기에 더 상세하게 되풀이되어 있다.[19]

사사기 5:24에 나오는 야엘에 대한 축복은 "복"에 해당하는 동일한 히브리어 단어로 시작되고 끝난다(수미상관구조). 그녀를 겐 사람 헤벨의 아내로 밝히는 어구가 동일한 히브리어 전치사로 시작되는 두 개의 전치사구와 더불어 이 축복의 중심을 차지한다. 야엘의 중요성은 앞서 겐 사람에 대한 언급으로 예견된 바 있다[1:16; 4:11, 17(2번)]. 이 축복은 4:9에 나오는 드보라의 선지자적인 말의 성취를 부각시킨다. "여호와께서 시스라를 여인의 손에 파실 것임이니라."

야엘의 우유, 장막, 장막 말뚝 그리고 방망이가 모두 이 시적 기사에 나온다. 하지만 그 초점은 26-27절에 나오는 시스라의 죽음이다. 26절에서 죽음의 타격이 방망이로 탕탕 치는 것처럼 네 차례 묘사되어 있다. 그녀가 "쳐서" "뚫되" "꿰뚫었[다]"(참고. ESV는 "struck," "crushed," "shattered," and "pierced"로 동사가 하나 더 나온다 - 옮긴이 주). 27절에서 시스라가 엎드러져 죽는다. 세 가지 동사가 느린 동작으로 그의 죽음을 묘사하기 위해 모두 일곱 번 사용되고 있다. "죽었도다"라는 마지막 묘사는 '파괴되었다'로 번역될 수도 있는데, 후자는 이 군대 장군의 부서진 두개골이 야엘의 장막 바닥에 뒹구는 소름끼치는 이미지를 포착한다.

5:28-30 시스라의 죽음이 주는 충격이 이 단락에서 그의 어머니의 눈을 통해 그려져 있다. 그녀는 아들의 복귀를 기다리면서 어째서 지연되고 있는지 의아해하는 모습이다(28절). 그녀의 지혜로운 위로자들(29절)이 그의 지연은 전리품을 나누는데 추가 시간이 필요하기 때문일 것이라고 조언한다. 30절에 나오는 그녀의 말은 기껏해야 우둔한 소리일 뿐이다. 시스라의 어머니는 아들이 값비싼 옷을 모으고 있을뿐더러 그와 그의 군대가 그 땅의 여인들을 범하려고 남아있느라 지연되고 있다고 생각한다. 히브리어

19 시스라가 야엘의 손에 죽은 사건의 구속-역사적 의미와 유형론적 의미에 대해서는 4:21-22 주석을 참고하라.

본문은 '한 남자의 머리[완곡어법]에 한 자궁, 두 자궁들'로 번역될 수도 있다. 이 노래의 초반(7절)에 드보라는 주님이 재판을 하도록 일으키신 이스라엘의 어머니로 묘사되어 있다. 이제 이 노래의 끝에서 시스라의 어머니가 그 심판을 받게 되었다.

5:31a 이 노래의 마지막 행은 두 가지 대조적인 호소를 담고 있다. 첫째는 하나님의 모든 적들이 다 가나안 족속처럼 망하게 해달라는 것이다. 이집트가 홍해의 물결에 파멸된 것처럼, 기손강의 급류에 가나안 족속이 파멸된 것은 미래의 심판의 한 패턴 내지는 유형의 역할을 한다. 이집트 사람과 가나안 사람이 하나님의 심판을 받았듯이, 언젠가 하나님의 모든 원수가 다 파멸되고 쫓겨나게 될 것이다(계 19:11-21). 이 첫째 호소는 또한 하나님의 백성에게 하나의 경고가 된다. 우상숭배에서 구출을 받은 후 감히 그것으로 되돌아가려는 사람들은 하나님의 적이 될 터이고 따라서 이와 똑같은 파멸의 위협을 받게 될 것이다. 이와 대조적으로, 둘째 호소는 주님을 사랑하는 이들이 힘차게 떠오르는 해처럼 나가게 해달라는 것이다. 하나님을 사랑하는 것이 으뜸가는 가장 큰 계명이고(신 6:5; 마 22:37; 막 12:30; 눅 10:27, 특히 고전 16:22), 날마다 해가 떠오르는 것처럼 "여호와를 앙망하는 자는 새 힘을 얻[을]"(사 40:31) 것이다.

5:31b 세 번째 사사 주기에 관한 내러티브가 사사의 생애 동안 안식을 누렸다는 관습적인 말로 마무리된다. 이 내러티브는 사사의 죽음을 기록하지 않은 유일한 큰 사사 이야기다. 드보라와 바락은 확실히 죽는다. 하지만 그 공식적인 요소가 왜 이 기사에서 생략되었는지는 도무지 알 수 없다.

응답

큰 표적과 심판으로 자기 백성을 이집트에서 구출하신 하나님은 오늘날도 계속해서 그분의 백성을 구원하고, 구출하고, 부양하신다. 사사기 4-5장에 나오는 드보라와 바락의 기사는 출애굽 사건들(출 14-15장)을 반영하고 또 그와 닮은 방식으로 기록되어 있다. 모세와 미리암처럼, 바락과 드보라가 하나님의 백성을 이끌고 승리를 거두며 또 노래를 부른다. 주님은 친히 큰 폭풍우를 동반하고 출현하셔서 그 공격을 이끄시고, 적의 병거와 군대를 심판의 물결로 정복하시며 하늘의 군대와 나란히 싸우신다. 전투 기사의 절정에 이르러 야엘이란 여인이 사악한 뱀인 시스라의 머리를 깨뜨려서 창세기 3:15에서 하나님이 여자에게 주신 약속, 즉 그녀의 씨가 뱀의 머리를 깨뜨릴 것이라는 약속이 여전히 유효하다는 것을 상기시켜준다. 이 사건들은 또한 장차 도래할 최후의 큰 전투, 즉 예수 그리스도께서 하늘의 군대와 성도들과 함께 행군하셔서 악한 모든 것을 끝장낼 때를 가리킨다. 사사기 4-5장에서 가나안 군대에서 살아남은 자가 하나도 없었듯이, 장래의 그날에도 사악한 자들 가운데 생존자가 없을 것이다.

드보라와 바락의 기사는 우리에게 주님은 구속의 패턴을 성경의 전역에서 거듭거듭 되풀이하는 만큼 그분의 백성에게 은혜로우시고 그들을 지탱하신다는 확신을 준다. 다름 아닌 주님이 이 기사의 영웅이고, 크나큰 구출은 오직 주님만이 그분의 백성의 구원자란 사실을 증언하고 있다. 이는 이사야 43:11-13에 잘 기록되어 있다.

> "나 곧 내가 주이니,
> 　　나 말고는 어떤 구원자도 없다.
> 바로 내가 승리를 예고하였고, 너희를 구원하였고, 구원을 선언하였다.
> 　　이방의 어떤 신도 이렇게 하지 못하였다.
> 　　이 일에 있어서는 너희가 나의 증인이다. 내가 하나님이다."

주님께서 하신 말씀이다.

"태초부터 내가 바로 하나님이다. 내가 장악하고 있는데, 빠져
나갈 자가 누구냐?
내가 하는 일을, 누가 감히 돌이킬 수 있겠느냐?" (새번역)

하나님의 백성은 그들의 죄에 빠져 길을 잃지 않는다. 그들이 회개하며 도와달라고 부르짖으면 주님이 금방 그들을 구출하신다. 사사기는 이스라엘이 열방의 신들을 숭배하며 외도하는 신부로 그리지만, 주님은 언제나 곤경에 빠진 변덕스러운 신부를 찾고 계신 자비롭고 용서하는 남편이다. 주님은 구원을 베푸는 힘이 센 분이나, 그분의 백성은 계속해서 죄를 짓는 힘이 세다. 사사들은 이스라엘을 구출하고 주님께 대한 신실함을 증진하기 위해 일으킴을 받았으나, 사사가 죽으면 이스라엘의 주님을 향한 신실함도 죽고 말았다.

6:1 이스라엘 자손이 또 여호와의 목전에 악을 행하였으므로 여호와께
서 칠 년 동안 그들을 미디안의 손에 넘겨주시니 2 미디안의 손이 이
스라엘을 이긴지라 이스라엘 자손이 미디안으로 말미암아 산에서 웅
덩이와 굴과 산성을 자기들을 위하여 만들었으며 3 이스라엘이 파종
한 때면 미디안과 아말렉과 동방 사람들이 치러 올라와서 4 진을 치고
가사에 이르도록 토지 소산을 멸하여 이스라엘 가운데에 먹을 것을
남겨 두지 아니하며 양이나 소나 나귀도 남기지 아니하니 5 이는 그들
이 그들의 짐승과 장막을 가지고 올라와 메뚜기 떼같이 많이 들어오
니 그 사람과 낙타가 무수함이라 그들이 그 땅에 들어와 멸하려 하니
6 이스라엘이 미디안으로 말미암아 궁핍함이 심한지라 이에 이스라
엘 자손이 여호와께 부르짖었더라

6:1 The people of Israel did what was evil in the sight of the Lord, and
the Lord gave them into the hand of Midian seven years. 2 And the
hand of Midian overpowered Israel, and because of Midian the people
of Israel made for themselves the dens that are in the mountains and
the caves and the strongholds. 3 For whenever the Israelites planted

crops, the Midianites and the Amalekites and the people of the East
would come up against them. 4 They would encamp against them and
devour the produce of the land, as far as Gaza, and leave no sustenance
in Israel and no sheep or ox or donkey. 5 For they would come up
with their livestock and their tents; they would come like locusts in
number—both they and their camels could not be counted—so that
they laid waste the land as they came in. 6 And Israel was brought very
low because of Midian. And the people of Israel cried out for help to
the Lord.

6장

7 이스라엘 자손이 미디안으로 말미암아 여호와께 부르짖었으므로
8 여호와께서 이스라엘 자손에게 한 선지자를 보내시니 그가 그들에
게 이르되 여호와께서 이같이 말씀하시기를 이스라엘의 하나님 내가
너희를 애굽에서 인도하여 내며 너희를 그 종 되었던 집에서 나오게
하여 9 애굽 사람의 손과 너희를 학대하는 모든 자의 손에서 너희를
건져내고 그들을 너희 앞에서 쫓아내고 그 땅을 너희에게 주었으며
10 내가 또 너희에게 이르기를 나는 너희의 하나님 여호와이니 너희
가 거주하는 아모리 사람의 땅의 신들을 두려워하지 말라 하였으나
너희가 내 목소리를 듣지 아니하였느니라 하셨다 하니라
7 When the people of Israel cried out to the Lord on account of the
Midianites, 8 the Lord sent a prophet to the people of Israel. And he
said to them, "Thus says the Lord, the God of Israel: I led you up from
Egypt and brought you out of the house of slavery. 9 And I delivered
you from the hand of the Egyptians and from the hand of all who
oppressed you, and drove them out before you and gave you their
land. 10 And I said to you, 'I am the Lord your God; you shall not fear
the gods of the Amorites in whose land you dwell.' But you have not

obeyed my voice."

11 여호와의 사자가 아비에셀 사람 요아스에게 속한 오브라에 이르러
상수리나무 아래에 앉으니라 마침 요아스의 아들 기드온이 미디안 사
람에게 알리지 아니하려 하여 밀을 포도주 틀에서 타작하더니 12 여
호와의 사자가 기드온에게 나타나 이르되 큰 용사여 여호와께서 너와
함께 계시도다 하매 13 기드온이 그에게 대답하되 오 나의 주여 여호
와께서 우리와 함께 계시면 어찌하여 이 모든 일이 우리에게 일어났
나이까 또 우리 조상들이 일찍이 우리에게 이르기를 여호와께서 우리
를 애굽에서 올라오게 하신 것이 아니냐 한 그 모든 이적이 어디 있나
이까 이제 여호와께서 우리를 버리사 미디안의 손에 우리를 넘겨 주
셨나이다 하니 14 여호와께서 그를 향하여 이르시되 너는 가서 이 너
의 힘으로 이스라엘을 미디안의 손에서 구원하라 내가 너를 보낸 것
이 아니냐 하시니라 15 그러나 기드온이 그에게 대답하되 오 주여 내
가 무엇으로 이스라엘을 구원하리이까 보소서 나의 집은 므낫세 중에
극히 약하고 나는 내 아버지 집에서 가장 작은 자니이다 하니 16 여호
와께서 그에게 이르시되 내가 반드시 너와 함께 하리니 네가 미디안
사람 치기를 한 사람을 치듯 하리라 하시니라 17 기드온이 그에게 대
답하되 만일 내가 주께 은혜를 얻었사오면 나와 말씀하신 이가 주 되
시는 표징을 내게 보이소서 18 내가 예물을 가지고 다시 주께로 와서
그것을 주 앞에 드리기까지 이곳을 떠나지 마시기를 원하나이다 하니
그가 이르되 내가 너 돌아올 때까지 머무르리라 하니라

11 Now the angel of the Lord came and sat under the terebinth at
Ophrah, which belonged to Joash the Abiezrite, while his son Gideon
was beating out wheat in the winepress to hide it from the Midianites.
12 And the angel of the Lord appeared to him and said to him, "The
Lord is with you, O mighty man of valor." 13 And Gideon said to him,

"Please, my lord, if the Lord is with us, why then has all this happened
to us? And where are all his wonderful deeds that our fathers recounted
to us, saying, 'Did not the Lord bring us up from Egypt?' But now the
Lord has forsaken us and given us into the hand of Midian." 14 And the
Lord[1] turned to him and said, "Go in this might of yours and save Israel
from the hand of Midian; do not I send you?" 15 And he said to him,
"Please, Lord, how can I save Israel? Behold, my clan is the weakest
in Manasseh, and I am the least in my father's house." 16 And the Lord
said to him, "But I will be with you, and you shall strike the Midianites
as one man." 17 And he said to him, "If now I have found favor in your
eyes, then show me a sign that it is you who speak with me. 18 Please
do not depart from here until I come to you and bring out my present
and set it before you." And he said, "I will stay till you return."

19 기드온이 가서 염소 새끼 하나를 준비하고 가루 한 에바로 무교병
을 만들고 고기를 소쿠리에 담고 국을 양푼에 담아 상수리나무 아래
그에게로 가져다가 드리매 20 하나님의 사자가 그에게 이르되 고기와
무교병을 가져다가 이 바위 위에 놓고 국을 부으라 하니 기드온이 그
대로 하니라 21 여호와의 사자가 손에 잡은 지팡이 끝을 내밀어 고기
와 무교병에 대니 불이 바위에서 나와 고기와 무교병을 살랐고 여호
와의 사자는 떠나서 보이지 아니한지라 22 기드온이 그가 여호와의 사
자인 줄을 알고 이르되 슬프도소이다 주 여호와여 내가 여호와의 사
자를 대면하여 보았나이다 하니 23 여호와께서 그에게 이르시되 너는
안심하라 두려워하지 말라 죽지 아니하리라 하시니라 24 기드온이 여
호와를 위하여 거기서 제단을 쌓고 그것을 1)여호와 살롬이라 하였더
라 그것이 오늘까지 아비에셀 사람에게 속한 오브라에 있더라
19 So Gideon went into his house and prepared a young goat and

unleavened cakes from an ephah[2] of flour. The meat he put in a
basket, and the broth he put in a pot, and brought them to him under
the terebinth and presented them. 20 And the angel of God said to him,
"Take the meat and the unleavened cakes, and put them on this rock,
and pour the broth over them." And he did so. 21 Then the angel of the
Lord reached out the tip of the staff that was in his hand and touched
the meat and the unleavened cakes. And fire sprang up from the rock
and consumed the meat and the unleavened cakes. And the angel of the
Lord vanished from his sight. 22 Then Gideon perceived that he was
the angel of the Lord. And Gideon said, "Alas, O Lord God! For now
I have seen the angel of the Lord face to face." 23 But the Lord said to
him, "Peace be to you. Do not fear; you shall not die." 24 Then Gideon
built an altar there to the Lord and called it, The Lord Is Peace. To this
day it still stands at Ophrah, which belongs to the Abiezrites.

25 그날 밤에 여호와께서 기드온에게 이르시되 네 아버지에게 있는
수소 곧 칠 년 된 둘째 수소를 끌어 오고 네 아버지에게 있는 바알의
제단을 헐며 그 곁의 아세라 상을 찍고 26 또 이 산성 꼭대기에 네 하
나님 여호와를 위하여 규례대로 한 제단을 쌓고 그 둘째 수소를 잡아
네가 찍은 아세라 나무로 번제를 드릴지니라 하시니라 27 이에 기드온
이 종 열 사람을 데리고 여호와께서 그에게 말씀하신 대로 행하되 그
의 아버지의 가문과 그 성읍 사람들을 두려워하므로 이 일을 감히 낮
에 행하지 못하고 밤에 행하니라
25 That night the Lord said to him, "Take your father's bull, and the
second bull seven years old, and pull down the altar of Baal that your
father has, and cut down the Asherah that is beside it 26 and build an
altar to the Lord your God on the top of the stronghold here, with stones

laid in due order. Then take the second bull and offer it as a burnt
offering with the wood of the Asherah that you shall cut down." 27 So
Gideon took ten men of his servants and did as the Lord had told him.
But because he was too afraid of his family and the men of the town to
do it by day, he did it by night.

28 그 성읍 사람들이 아침에 일찍이 일어나 본즉 바알의 제단이 파괴
되었으며 그 곁의 아세라가 찍혔고 새로 쌓은 제단 위에 그 둘째 수소
를 드렸는지라 29 서로 물어 이르되 이것이 누구의 소행인가 하고 그
들이 캐어 물은 후에 이르되 요아스의 아들 기드온이 이를 행하였도
다 하고 30 성읍 사람들이 요아스에게 이르되 네 아들을 끌어내라 그
는 당연히 죽을지니 이는 바알의 제단을 파괴하고 그 곁의 아세라를
찍었음이니라 하니 31 요아스가 자기를 둘러선 모든 자에게 이르되 너
희가 바알을 위하여 다투느냐 너희가 바알을 구원하겠느냐 그를 위
하여 다투는 자는 아침까지 죽임을 당하리라 바알이 과연 신일진대
그의 제단을 파괴하였은즉 그가 자신을 위해 다툴 것이니라 하니라
32 그날에 기드온을 여룹바알이라 불렀으니 이는 그가 바알의 제단을
파괴하였으므로 바알이 그와 더불어 다툴 것이라 함이었더라
28 When the men of the town rose early in the morning, behold, the altar
of Baal was broken down, and the Asherah beside it was cut down, and
the second bull was offered on the altar that had been built. 29 And they
said to one another, "Who has done this thing?" And after they had
searched and inquired, they said, "Gideon the son of Joash has done this
thing." 30 Then the men of the town said to Joash, "Bring out your son,
that he may die, for he has broken down the altar of Baal and cut down
the Asherah beside it." 31 But Joash said to all who stood against him,
"Will you contend for Baal? Or will you save him? Whoever contends

for him shall be put to death by morning. If he is a god, let him contend
for himself, because his altar has been broken down." 32 Therefore on
that day Gideon[3] was called Jerubbaal, that is to say, "Let Baal contend
against him," because he broke down his altar.

33 그때에 미디안과 아말렉과 동방 사람들이 다 함께 모여 요단강을
건너와서 이스르엘 골짜기에 진을 친지라 34 여호와의 영이 기드온에
게 임하시니 기드온이 나팔을 불매 아비에셀이 그의 뒤를 따라 부름
을 받으니라 35 기드온이 또 사자들을 온 므낫세에 두루 보내매 그들
도 모여서 그를 따르고 또 사자들을 아셀과 스불론과 납달리에 보내
매 그 무리도 올라와 그를 영접하더라
33 Now all the Midianites and the Amalekites and the people of the East
came together, and they crossed the Jordan and encamped in the Valley
of Jezreel. 34 But the Spirit of the Lord clothed Gideon, and he sounded
the trumpet, and the Abiezrites were called out to follow him. 35 And
he sent messengers throughout all Manasseh, and they too were called
out to follow him. And he sent messengers to Asher, Zebulun, and
Naphtali, and they went up to meet them.

36 기드온이 하나님께 여쭈되 주께서 이미 말씀하심 같이 내 손으로
이스라엘을 구원하시려거든 37 보소서 내가 양털 한 뭉치를 타작 마당
에 두리니 만일 이슬이 양털에만 있고 주변 땅은 마르면 주께서 이미
말씀하심 같이 내 손으로 이스라엘을 구원하실 줄을 내가 알겠나이다
하였더니 38 그대로 된지라 이튿날 기드온이 일찍이 일어나서 양털을
가져다가 그 양털에서 이슬을 짜니 물이 그릇에 가득하더라 39 기드온
이 또 하나님께 여쭈되 주여 내게 노하지 마옵소서 내가 이번만 말하
리이다 구하옵나니 내게 이번만 양털로 시험하게 하소서 원하건대 양

털만 마르고 그 주변 땅에는 다 이슬이 있게 하옵소서 하였더니 40 그
밤에 하나님이 그대로 행하시니 곧 양털만 마르고 그 주변 땅에는 다
이슬이 있었더라
36 Then Gideon said to God, "If you will save Israel by my hand, as you
have said, 37 behold, I am laying a fleece of wool on the threshing floor.
If there is dew on the fleece alone, and it is dry on all the ground, then
I shall know that you will save Israel by my hand, as you have said."
38 And it was so. When he rose early next morning and squeezed the
fleece, he wrung enough dew from the fleece to fill a bowl with water.
39 Then Gideon said to God, "Let not your anger burn against me; let
me speak just once more. Please let me test just once more with the
fleece. Please let it be dry on the fleece only, and on all the ground let
there be dew." 40 And God did so that night; and it was dry on the fleece
only, and on all the ground there was dew.

7:1 여룹바알이라 하는 기드온과 그를 따르는 모든 백성이 일찍이 일어나 하롯 샘 곁에 진을 쳤고 미디안의 진영은 그들의 북쪽이요 모레 산 앞 골짜기에 있었더라

7:1 Then Jerubbaal (that is, Gideon) and all the people who were with him rose early and encamped beside the spring of Harod. And the camp of Midian was north of them, by the hill of Moreh, in the valley.

2 여호와께서 기드온에게 이르시되 너를 따르는 백성이 너무 많은즉 내가 그들의 손에 미디안 사람을 넘겨주지 아니하리니 이는 이스라엘이 나를 거슬러 스스로 자랑하기를 내 손이 나를 구원하였다 할까 함이니라 이제 너는 백성의 귀에 외쳐 이르기를 누구든지 두려워 떠는 자는 길르앗산을 떠나 돌아가라 하라 하시니 이에 돌아간 백성이 이

만 이천 명이요 남은 자가 만 명이었더라
2 The Lord said to Gideon, "The people with you are too many for me
to give the Midianites into their hand, lest Israel boast over me, saying,
'My own hand has saved me.' 3 Now therefore proclaim in the ears of
the people, saying, 'Whoever is fearful and trembling, let him return
home and hurry away from Mount Gilead.'" Then 22,000 of the people
returned, and 10,000 remained.

4 여호와께서 또 기드온에게 이르시되 백성이 아직도 많으니 그들을
인도하여 물 가로 내려가라 거기서 내가 너를 위하여 그들을 시험하
리라 내가 누구를 가리켜 네게 이르기를 이 사람이 너와 함께 가리라
하면 그는 너와 함께 갈 것이요 내가 누구를 가리켜 네게 이르기를 이
사람은 너와 함께 가지 말 것이니라 하면 그는 가지 말 것이니라 하신
지라 5 이에 백성을 인도하여 물 가에 내려가매 여호와께서 기드온에
게 이르시되 누구든지 개가 핥는 것같이 혀로 물을 핥는 자들을 너는
따로 세우고 또 누구든지 무릎을 꿇고 마시는 자들도 그와 같이 하라
하시더니 6 손으로 움켜 입에 대고 핥는 자의 수는 삼백 명이요 그 외
의 백성은 다 무릎을 꿇고 물을 마신지라 7 여호와께서 기드온에게 이
르시되 내가 이 물을 핥아 먹은 삼백 명으로 너희를 구원하며 미디안
을 네 손에 넘겨주리니 남은 백성은 각각 자기의 처소로 돌아갈 것이
니라 하시니 8 이에 백성이 양식과 나팔을 손에 든지라 기드온이 이스
라엘 모든 백성을 각각 그의 장막으로 돌려보내고 그 삼백 명은 머물
게 하니라 미디안 진영은 그 아래 골짜기 가운데에 있었더라
4 And the Lord said to Gideon, "The people are still too many. Take
them down to the water, and I will test them for you there, and anyone
of whom I say to you, 'This one shall go with you,' shall go with you,
and anyone of whom I say to you, 'This one shall not go with you,'

shall not go." 5 So he brought the people down to the water. And the
Lord said to Gideon, "Every one who laps the water with his tongue,
as a dog laps, you shall set by himself. Likewise, every one who kneels
down to drink." 6 And the number of those who lapped, putting their
hands to their mouths, was 300 men, but all the rest of the people knelt
down to drink water. 7 And the Lord said to Gideon, "With the 300
men who lapped I will save you and give the Midianites into your hand,
and let all the others go every man to his home." 8 So the people took
provisions in their hands, and their trumpets. And he sent all the rest of
Israel every man to his tent, but retained the 300 men. And the camp of
Midian was below him in the valley.

9 그 밤에 여호와께서 기드온에게 이르시되 일어나 진영으로 내려가
라 내가 그것을 네 손에 넘겨주었느니라 10 만일 네가 내려가기를 두
려워하거든 네 부하 부라와 함께 그 진영으로 내려가서 11 그들이 하
는 말을 들으라 그 후에 네 손이 강하여져서 그 진영으로 내려가리라
하시니 기드온이 이에 그의 부하 부라와 함께 군대가 있는 진영 근처
로 내려간즉 12 미디안과 아말렉과 동방의 모든 사람들이 골짜기에 누
웠는데 메뚜기의 많은 수와 같고 그들의 낙타의 수가 많아 해변의 모
래가 많음 같은지라 13 기드온이 그곳에 이른즉 어떤 사람이 그의 친
구에게 꿈을 말하여 이르기를 보라 내가 한 꿈을 꾸었는데 꿈에 보리
떡 한 덩어리가 미디안 진영으로 굴러 들어와 한 장막에 이르러 그것
을 쳐서 무너뜨려 위쪽으로 엎으니 그 장막이 쓰러지더라 14 그의 친
구가 대답하여 이르되 이는 다른 것이 아니라 이스라엘 사람 요아스
의 아들 기드온의 칼이라 하나님이 미디안과 그 모든 진영을 그의 손
에 넘겨 주셨느니라 하더라

9 That same night the Lord said to him, "Arise, go down against the

camp, for I have given it into your hand. 10 But if you are afraid to go
down, go down to the camp with Purah your servant. 11 And you shall
hear what they say, and afterward your hands shall be strengthened
to go down against the camp." Then he went down with Purah his
servant to the outposts of the armed men who were in the camp.
12 And the Midianites and the Amalekites and all the people of the
East lay along the valley like locusts in abundance, and their camels
were without number, as the sand that is on the seashore in abundance.
13 When Gideon came, behold, a man was telling a dream to his
comrade. And he said, "Behold, I dreamed a dream, and behold, a cake
of barley bread tumbled into the camp of Midian and came to the tent
and struck it so that it fell and turned it upside down, so that the tent lay
flat." 14 And his comrade answered, "This is no other than the sword of
Gideon the son of Joash, a man of Israel; God has given into his hand
Midian and all the camp."

15 기드온이 그 꿈과 해몽하는 말을 듣고 경배하며 이스라엘 진영으
로 돌아와 이르되 일어나라 여호와께서 미디안과 그 모든 진영을 너
희 손에 넘겨 주셨느니라 하고 16 삼백 명을 세 대로 나누어 각 손에
나팔과 빈 항아리를 들리고 항아리 안에는 횃불을 감추게 하고 17 그
들에게 이르되 너희는 나만 보고 내가 하는 대로 하되 내가 그 진영
근처에 이르러서 내가 하는 대로 너희도 그리하여 18 나와 나를 따르
는 자가 다 나팔을 불거든 너희도 모든 진영 주위에서 나팔을 불며 이
르기를 여호와를 위하라, 기드온을 위하라 하라 하니라
15 As soon as Gideon heard the telling of the dream and its
interpretation, he worshiped. And he returned to the camp of Israel and
said, "Arise, for the Lord has given the host of Midian into your hand."

16 And he divided the 300 men into three companies and put trumpets
into the hands of all of them and empty jars, with torches inside the jars.
17 And he said to them, "Look at me, and do likewise. When I come to
the outskirts of the camp, do as I do. 18 When I blow the trumpet, I and
all who are with me, then blow the trumpets also on every side of all
the camp and shout, 'For the Lord and for Gideon.'"

7장

19 기드온과 그와 함께 한 백 명이 이경 초에 진영 근처에 이른즉 바로
파수꾼들을 교대한 때라 그들이 나팔을 불며 손에 가졌던 항아리를
부수니라 20 세 대가 나팔을 불며 항아리를 부수고 왼손에 횃불을 들
고 오른손에 나팔을 들어 불며 외쳐 이르되 여호와와 기드온의 칼이
다 하고 21 각기 제자리에 서서 그 진영을 에워싸매 그 온 진영의 군사
들이 뛰고 부르짖으며 도망하였는데 22 삼백 명이 나팔을 불 때에 여
호와께서 그 온 진영에서 친구끼리 칼로 치게 하시므로 적군이 도망
하여 스레라의 벧 싯다에 이르고 또 답밧에 가까운 아벨므홀라의 경
계에 이르렀으며 23 이스라엘 사람들은 납달리와 아셀과 온 므낫세에
서부터 부름을 받고 미디안을 추격하였더라
19 So Gideon and the hundred men who were with him came to the
outskirts of the camp at the beginning of the middle watch, when they
had just set the watch. And they blew the trumpets and smashed the jars
that were in their hands. 20 Then the three companies blew the trumpets
and broke the jars. They held in their left hands the torches, and in their
right hands the trumpets to blow. And they cried out, "A sword for
the Lord and for Gideon!" 21 Every man stood in his place around the
camp, and all the army ran. They cried out and fled. 22 When they blew
the 300 trumpets, the Lord set every man's sword against his comrade
and against all the army. And the army fled as far as Beth-shittah

toward Zererah,[4] as far as the border of Abel-meholah, by Tabbath.
23 And the men of Israel were called out from Naphtali and from Asher
and from all Manasseh, and they pursued after Midian.

24 기드온이 사자들을 보내서 에브라임 온 산지로 두루 다니게 하여
이르기를 내려와서 미디안을 치고 그들을 앞질러 벧 바라와 요단강에
이르는 수로를 점령하라 하매 이에 에브라임 사람들이 다 모여 벧 바
라와 요단강에 이르는 수로를 점령하고 25 또 미디안의 두 방백 오렙
과 스엡을 사로잡아 오렙은 오렙 바위에서 죽이고 스엡은 스엡 포도
주 틀에서 죽이고 미디안을 추격하였고 오렙과 스엡의 머리를 요단강
건너편에서 기드온에게 가져왔더라
24 Gideon sent messengers throughout all the hill country of Ephraim,
saying, "Come down against the Midianites and capture the waters
against them, as far as Beth-barah, and also the Jordan." So all the men
of Ephraim were called out, and they captured the waters as far as Beth-
barah, and also the Jordan. 25 And they captured the two princes of
Midian, Oreb and Zeeb. They killed Oreb at the rock of Oreb, and Zeeb
they killed at the winepress of Zeeb. Then they pursued Midian, and
they brought the heads of Oreb and Zeeb to Gideon across the Jordan.

8:1 에브라임 사람들이 기드온에게 이르되 네가 미디안과 싸우러 갈
때에 우리를 부르지 아니하였으니 우리를 이같이 대접함은 어찌 됨이
냐 하고 그와 크게 다투는지라 2 기드온이 그들에게 이르되 내가 이제
행한 일이 너희가 한 것에 비교되겠느냐 에브라임의 끝물 포도가 아
비에셀의 만물 포도보다 낫지 아니하냐 3 하나님이 미디안의 방백 오
렙과 스엡을 너희 손에 넘겨 주셨으니 내가 한 일이 어찌 능히 너희가
한 것에 비교되겠느냐 하니라 기드온이 이 말을 하매 그때에 그들의

노여움이 풀리니라

8:1 Then the men of Ephraim said to him, "What is this that you have
done to us, not to call us when you went to fight against Midian?"
And they accused him fiercely. 2 And he said to them, "What have I
done now in comparison with you? Is not the gleaning of the grapes of
Ephraim better than the grape harvest of Abiezer? 3 God has given into
your hands the princes of Midian, Oreb and Zeeb. What have I been
able to do in comparison with you?" Then their anger[5] against him
subsided when he said this.

4 기드온과 그와 함께 한 자 삼백 명이 요단강에 이르러 건너고 비록
피곤하나 추격하며 5 그가 숙곳 사람들에게 이르되 나를 따르는 백성
이 피곤하니 청하건대 그들에게 떡덩이를 주라 나는 미디안의 왕들인
세바와 살문나의 뒤를 추격하고 있노라 하니 6 숙곳의 방백들이 이르
되 세바와 살문나의 손이 지금 네 손 안에 있다는거냐 어찌 우리가 네
군대에게 떡을 주겠느냐 하는지라 7 기드온이 이르되 그러면 여호와
께서 세바와 살문나를 내 손에 넘겨 주신 후에 내가 들가시와 찔레로
너희 살을 찢으리라 하고 8 거기서 브누엘로 올라가서 그들에게도 그
같이 구한즉 브누엘 사람들의 대답도 숙곳 사람들의 대답과 같은지라
9 기드온이 또 브누엘 사람들에게 말하여 이르되 내가 평안히 돌아올
때에 이 망대를 헐리라 하니라

4 And Gideon came to the Jordan and crossed over, he and the 300 men
who were with him, exhausted yet pursuing. 5 So he said to the men of
Succoth, "Please give loaves of bread to the people who follow me, for
they are exhausted, and I am pursuing after Zebah and Zalmunna, the
kings of Midian." 6 And the officials of Succoth said, "Are the hands
of Zebah and Zalmunna already in your hand, that we should give

bread to your army?" 7 So Gideon said, "Well then, when the Lord has
given Zebah and Zalmunna into my hand, I will flail your flesh with the
thorns of the wilderness and with briers." 8 And from there he went up
to Penuel, and spoke to them in the same way, and the men of Penuel
answered him as the men of Succoth had answered. 9 And he said to the
men of Penuel, "When I come again in peace, I will break down this
tower."

10 이때에 세바와 살문나가 갈골에 있는데 동방 사람의 모든 군대 중
에 칼 든 자 십이만 명이 죽었고 그 남은 만 오천 명가량은 그들을 따
라와서 거기에 있더라 11 적군이 안심하고 있는 중에 기드온이 노바
와 욕브하 동쪽 장막에 거주하는 자의 길로 올라가서 그 적진을 치니
12 세바와 살문나가 도망하는지라 기드온이 그들의 뒤를 추격하여 미
디안의 두 왕 세바와 살문나를 사로잡고 그 온 진영을 격파하니라
10 Now Zebah and Zalmunna were in Karkor with their army, about
15,000 men, all who were left of all the army of the people of the East,
for there had fallen 120,000 men who drew the sword. 11 And Gideon
went up by the way of the tent dwellers east of Nobah and Jogbehah
and attacked the army, for the army felt secure. 12 And Zebah and
Zalmunna fled, and he pursued them and captured the two kings of
Midian, Zebah and Zalmunna, and he threw all the army into a panic.

13 요아스의 아들 기드온이 헤레스 비탈 전장에서 돌아오다가 14 숙곳
사람 중 한 소년을 잡아 그를 심문하매 그가 숙곳의 방백들과 장로들
칠십칠 명을 그에게 적어 준지라 15 기드온이 숙곳 사람들에게 이르러
말하되 너희가 전에 나를 희롱하여 이르기를 세바와 살문나의 손이
지금 네 손 안에 있다는거냐 어찌 우리가 네 피곤한 사람들에게 떡을

주겠느냐 한 그 세바와 살문나를 보라 하고 16 그 성읍의 장로들을 붙
잡아 들가시와 찔레로 숙곳 사람들을 징벌하고 17 브누엘 망대를 헐며
그 성읍 사람들을 죽이니라
13 Then Gideon the son of Joash returned from the battle by the ascent
of Heres. 14 And he captured a young man of Succoth and questioned
him. And he wrote down for him the officials and elders of Succoth,
seventy-seven men. 15 And he came to the men of Succoth and said,
"Behold Zebah and Zalmunna, about whom you taunted me, saying,
'Are the hands of Zebah and Zalmunna already in your hand, that we
should give bread to your men who are exhausted?'" 16 And he took the
elders of the city, and he took thorns of the wilderness and briers and
with them taught the men of Succoth a lesson. 17 And he broke down
the tower of Penuel and killed the men of the city.

8장

18 이에 그가 세바와 살문나에게 말하되 너희가 다볼에서 죽인 자들
은 어떠한 사람들이더냐 하니 대답하되 그들이 너와 같아서 하나같이
왕자들의 모습과 같더라 하니라 19 그가 이르되 그들은 내 형제들이며
내 어머니의 아들들이니라 여호와께서 살아 계심을 두고 맹세하노니
너희가 만일 그들을 살렸더라면 나도 너희를 죽이지 아니하였으리라
하고 20 그의 맏아들 여델에게 이르되 일어나 그들을 죽이라 하였으
나 그 소년이 그의 칼을 빼지 못하였으니 이는 아직 어려서 두려워함
이었더라 21 세바와 살문나가 이르되 네가 일어나 우리를 치라 사람이
어떠하면 그의 힘도 그러하니라 하니 기드온이 일어나 세바와 살문나
를 죽이고 그들의 낙타 목에 있던 초승달 장식들을 떼어서 가지니라
18 Then he said to Zebah and Zalmunna, "Where are the men whom
you killed at Tabor?" They answered, "As you are, so were they. Every
one of them resembled the son of a king." 19 And he said, "They were

my brothers, the sons of my mother. As the Lord lives, if you had saved
them alive, I would not kill you." 20 So he said to Jether his firstborn,
"Rise and kill them!" But the young man did not draw his sword, for
he was afraid, because he was still a young man. 21 Then Zebah and
Zalmunna said, "Rise yourself and fall upon us, for as the man is, so is
his strength." And Gideon arose and killed Zebah and Zalmunna, and
he took the crescent ornaments that were on the necks of their camels.

22 그때에 이스라엘 사람들이 기드온에게 이르되 당신이 우리를 미디
안의 손에서 구원하셨으니 당신과 당신의 아들과 당신의 손자가 우리
를 다스리소서 하는지라 23 기드온이 그들에게 이르되 내가 너희를 다
스리지 아니하겠고 나의 아들도 너희를 다스리지 아니할 것이요 여호
와께서 너희를 다스리시리라 하니라 24 기드온이 또 그들에게 이르되
내가 너희에게 요청할 일이 있으니 너희는 각기 탈취한 귀고리를 내
게 줄지니라 하였으니 이는 그들이 이스마엘 사람들이므로 금 귀고리
가 있었음이라 25 무리가 대답하되 우리가 즐거이 드리리이다 하고 겉
옷을 펴고 각기 탈취한 귀고리를 그 가운데에 던지니 26 기드온이 요
청한 금 귀고리의 무게가 금 천칠백 세겔이요 그 외에 또 초승달 장식
들과 패물과 미디안 왕들이 입었던 자색 의복과 또 그 외에 그들의 낙
타 목에 둘렀던 사슬이 있었더라 27 기드온이 그 금으로 에봇 하나를
만들어 자기의 성읍 오브라에 두었더니 온 이스라엘이 그것을 음란하
게 위하므로 그것이 기드온과 그의 집에 올무가 되니라 28 미디안이
이스라엘 자손 앞에 복종하여 다시는 그 머리를 들지 못하였으므로
기드온이 사는 사십 년 동안 그 땅이 평온하였더라
22 Then the men of Israel said to Gideon, "Rule over us, you and your
son and your grandson also, for you have saved us from the hand of
Midian." 23 Gideon said to them, "I will not rule over you, and my son

will not rule over you; the Lord will rule over you." 24 And Gideon
said to them, "Let me make a request of you: every one of you give
me the earrings from his spoil." (For they had golden earrings, because
they were Ishmaelites.) 25 And they answered, "We will willingly give
them." And they spread a cloak, and every man threw in it the earrings
of his spoil. 26 And the weight of the golden earrings that he requested
was 1,700 shekels[6] of gold, besides the crescent ornaments and the
pendants and the purple garments worn by the kings of Midian, and
besides the collars that were around the necks of their camels. 27 And
Gideon made an ephod of it and put it in his city, in Ophrah. And all
Israel whored after it there, and it became a snare to Gideon and to his
family. 28 So Midian was subdued before the people of Israel, and they
raised their heads no more. And the land had rest forty years in the days
of Gideon.

**29 요아스의 아들 여룹바알이 돌아가서 자기 집에 거주하였는데 30 기
드온이 아내가 많으므로 그의 몸에서 낳은 아들이 칠십 명이었고 31 세
겜에 있는 그의 첩도 아들을 낳았으므로 그 이름을 아비멜렉이라 하
였더라 32 요아스의 아들 기드온이 나이가 많아 죽으매 아비에셀 사람
의 오브라에 있는 그의 아버지 요아스의 묘실에 장사되었더라**

29 Jerubbaal the son of Joash went and lived in his own house. 30 Now
Gideon had seventy sons, his own offspring,[7] for he had many wives.
31 And his concubine who was in Shechem also bore him a son, and he
called his name Abimelech. 32 And Gideon the son of Joash died in a
good old age and was buried in the tomb of Joash his father, at Ophrah
of the Abiezrites.

33 기드온이 이미 죽으매 이스라엘 자손이 돌아서서 바알들을 따라가
음행하였으며 또 바알브릿을 자기들의 신으로 삼고 34 이스라엘 자손
이 주위의 모든 원수들의 손에서 자기들을 건져내신 여호와 자기들의
하나님을 기억하지 아니하며 35 또 여룹바알이라 하는 기드온이 이스
라엘에 베푼 모든 은혜를 따라 그의 집을 후대하지도 아니하였더라
33 As soon as Gideon died, the people of Israel turned again and whored
after the Baals and made Baal-berith their god. 34 And the people of
Israel did not remember the Lord their God, who had delivered them
from the hand of all their enemies on every side, 35 and they did not
show steadfast love to the family of Jerubbaal (that is, Gideon) in return
for all the good that he had done to Israel.

1) 여호와는 평강이라

1 Septuagint *the angel of the Lord*; also verse 16 *2* An *ephah* was about 3/5 bushel or 22 liters *3* Hebrew *he* *4* Some Hebrew manuscripts *Zeredah* *5* Hebrew *their spirit* *6* A *shekel* was about 2/5 ounce or 11 grams 7 Hebrew *who came from his own loins*

단락 개관

기드온은 사사기에 나오는 네 번째 큰 사사다. 게다가 기드온의 기사는 제2군에 속하는 큰 사사들의 이야기를 시작하는 대목이다. 큰 사사들은 세 명씩 두 세트로 배열되어 있다. 첫째 세트는 옷니엘과 에훗과 드보라/바락으로 구성되어 있다. 둘째는 기드온과 입다와 삼손으로 이뤄져 있다(참고. 서론의 '장르와 문학적 특징'). 첫 세 사사들에 관한 기사는 비교적 짧은 편이라 전부 80 구절밖에 되지 않는다(3:7-5:31). 한편, 기드온과 입다와 삼손의 기사(각각 약 100 구절씩)는 무려 326 구절이나 된다(6:1-16:31). 기드온과 삼손의 기사(각각 약 100 구절씩)는 제각기 제1군에 속하는 세 명의 큰 사사들의

기사를 합친 것보다 더 많은 구절을 갖고 있다. 따라서 이 사사들의 내러티브가 차지하는 비중은 이 책의 초점이 무엇인지를 분명히 보여준다.

주님은 드보라, 바락과 함께 출애굽기 14-15장에 기록된 출애굽의 패턴을 따라 그분의 백성을 구원하셨다. 이제 주님은 기드온이란 새로운 모세와 같은 인물로 그분의 백성을 구원하실 터인데, 이는 출애굽기 3-6장에 나오는 모세를 부르는 장면과 그에 대한 표징을 생각나게 한다.[20] 사사기의 저자는 단지 사사의 호칭을 가진 슈퍼스타 구원자들이 등장하는, 이스라엘의 삶에서의 굉장한 순간들만 기록하는 것이 아니다. 오히려 저자는 출애굽기에서 처음 세워졌다가 신약의 예수님의 인격과 사역으로 계속 이어질 구속의 패턴을 확증하는 중이다. 예컨대, 사복음서에 나오는 예수님의 변형 장면에서 그분은 모세와 함께 나타나서 그의 "별세"[departure, 헬. 엑소도스(*exodos*), 눅 9:31]에 대해 얘기하신다. 구속의 역사는 창세기 1-3장에 나오는 창조로 시작해서 요한계시록 20-22장에 나오는 만물의 완성으로 끝나는 반복적인 패턴으로 펼쳐진다.

단락 개요가 보여주듯이, 기드온의 기사는 여러 에피소드를 포함한다. 하지만 이야기 전체를 세 개의 큰 부분으로 나누면 도움이 될 것이다. 사사기 6장에서는 기드온이 주님의 부름을 받고 집안에서 우상을 제거한다. 사사기 7장에서는 주님이 미디안 족속을 무찌르신다. 사사기 8장에서는 미디안 군대의 남은 자들이 패배하지만 이스라엘은 내적인 위기를 경험한다. 이스라엘 사람이 그들 자신의 최악의 적이 된 것이다.

20 참고. Gregory T. K. Wong, "Gideon: A New Moses?," In *Reflection and Refraction: Studies in Historiography in Honour of A. Graeme Auld*, ed. Robert Rezetko, Timothy H. Lim, and W. Brian Aucker, VTSup 113 (Leidon: Brill, 2007), 529-545. Hava Shalom-Guy, "The Call Narratives of Gideon and Moses: Literary Convention or More?," *JHebS* 11 (2011): 2-19.

단락 개요

II. 사사들(3:7-16:31)

B. 제2군: 세 명의 큰 사사들(6:1-16:31)

1. 기드온(6:1-8:35, 큰 사사)

a. 기드온이 부름 받다(6:1-40)

(1) 미디안의 억압(6:1-6)

(2) 주님이 한 선지자를 보내시다(6:7-10)

(3) 기드온이 부름 받다(6:11-24)

(4) 기드온이 바알 제단을 부수다(6:25-32)

(5) 기드온의 양털(6:33-40)

b. 미디안이 패배하다(7:1-25)

(1) 삼백 명을 골라내다(7:1-8)

(2) 주님이 꿈으로 기드온을 격려하시다(7:9-14)

(3) 미디안의 전투(7:15-25)

c. 이스라엘이 타락하다(8:1-35)

(1) 에브라임의 불평(8:1-3)

(2) 숙곳과 브누엘의 배척(8:4-9)

(3) 세바와 살문나의 생포(8:10-12)

(4) 숙곳과 브누엘의 징벌(8:13-17)

(5) 세바와 살문나의 처형(8:18-21)

(6) 기드온이 왕권을 거부하다(8:22-23)

(7) 기드온의 에봇과 땅의 안식(8:24-28)

(8) 에필로그: 이스라엘이 우상숭배로 되돌아가다(8:29-35)

주석

6:1 기드온 내러티브의 첫 마디는 옷니엘 내러티브의 시작 부분(3:7)과 동일하다. "이스라엘 자손이 여호와의 목전에 악을 행하여." 이 특정한 표현은 사사 내러티브들에서 이 두 단락을 특징짓는데 사용되고 있다. 다른 네 개의 큰 사사 내러티브들은 이 표현이 수정된 형식으로 시작되며 '또 그렇게 했다'고 번역되는 연속적인 뉘앙스를 지니고 있다. "이스라엘 자손이 또 여호와의 목전에 악을 행[했다]"(3:12; 4:1; 10:6; 13:1).

이스라엘의 악행 때문에 이번에는 주님이 그 백성을 미디안 사람(이는 6:3에 따르면 "아말렉과 동방 사람들"을 포함한다)의 손에 넘겨주신다. 억압받는 기간이 칠 년 동안 지속되어 이제까지 나온 것 중에서 가장 짧지만 그 억압이 이전의 기사들의 경우보다 훨씬 더 가혹하다. 예컨대, 에훗의 기사에서는 이스라엘에 대한 억압이 공물을 강요하는 형태를 띠었다. 드보라의 시대에는 지역의 불안정과 군사력의 위협으로 인해 고속도로를 포기했다. 하지만 이 경우에는 수확물과 짐승을 완전히 빼앗기다시피 해서 즉각적인 대응이 필요한 상황이다.

6:2 미디안이 이스라엘을 억압하는 대목은 3:10에서 옷니엘이 구산 리산다임을 이길 때 사용된 그 언어를 사용한다. 그 억압이 너무나 심해서 이스라엘 사람이 산 웅덩이와 동굴과 산성에 의지하지 않을 수 없다. 이런 구조물의 정확한 목적은 묘사되지 않는다. 하지만 그 맥락을 감안하면 습격하는 미디안 사람으로부터 수확물과 짐승을 보관하고 감추려고 사용되는 것 같다. 그런 장소는 또한 사람을 숨길 수도 있으나(예. 왕상 18:13) 여기서 초점은 농사에 있다. 이는 또한 기드온이 포도주 틀에서 밀 이삭을 타작하는 이유를 설명해준다.

6:3-5 이 구절들은 억압의 극단적 성격을 부각시키기 위해 다양한 문학적 장치들을 이용해서 미디안의 가혹한 압제를 기록한다. 저자는 억압이

그 지역 전체에 걸쳐있음을 말할 목적으로 억압자들의 목록에 "아말렉과 동방 사람들"을 덧붙인다. "올라와서"(3절)와 "진을 치고"(4절)라는 동사는 그 침입 세력의 군사적 성격을 강조한다. 4절에는 이 침략자들이 "먹을 것"(또는 '살아있는 것')을 하나도 남겨두지 않았다고 기록되어 있다. 심지어 그들은 양이나 소나 나귀도 남기지 않았다. '멸하다, 황폐하게 만들다'란 동사가 4절과 5절에 연이어 나오는데, 이는 억압자들이 땅의 소산물과 땅 자체를 휩쓸어버려서 완전히 황폐하게 만들었다는 뜻이다. 셀 수 없이 많은 장막, 짐승, 낙타 등 미디안 사람의 거대한 집단은 메뚜기 재앙에 비유될 정도다. 이 묘사는 출애굽기 10장에 나오는 메뚜기 재앙을 상기시키려는 듯하고, 신명기 28:38의 저주를 확실히 상기시킨다. "네가 많은 종자를 들에 뿌릴지라도 메뚜기가 먹으므로 거둘 것이 적을 것이며." 이것은 언약에 불충실한 자들, 특히 우상숭배를 통해 그런 자들을 위해 제시된 일련의 긴 저주들 가운데 하나다(참고. 신 28:15-16).

6:6 미디안의 억압이 너무나 심해서 이스라엘이 "궁핍하게" 되었다. 그러나 이 슬픈 사태가 바람직한 영향을 준다. 이스라엘이 주님께 도와달라고 울부짖게 되는 것이다. 궁핍해진 뒤에 회개하는 모습은 시편 79:8에 동일한 동사로 잘 표현되어 있다.

우리 조상들의 죄악을 기억하지 마시고
　주의 긍휼로 우리를 속히 영접하소서
　우리가 매우 가련하게 되었나이다.

6:7-10 이번에는 주님이 그분의 백성을 구출하려고 사사를 일으키시기 전에 그들을 책망하기 위해 한 선지자를 보내신다. 이 기사에 나오는 선지자의 모습은 사사기 4장에 나오는 여선지자 드보라의 모습을 떠올린다. 사사기 6:7은 그 선지자의 파송을 앞 구절에 나오는 이스라엘의 부르짖음과 명시적으로 연결시킨다. 8-10절에 담긴 선지자의 책망은 언약 소송

의 형태로 나온다. 이 소송은 2:1-3에서 주님의 천사가 전달한 것과 밀접한 관계가 있다. 그 목적은 적어도 두 가지다. 첫째, 이는 이스라엘의 억압이 그들의 우상숭배 때문이란 사실을 확실히 한다. 둘째, 이 우상숭배에 관한 진술은 주님의 그분의 백성을 향한 신실하심, 즉 그들을 이집트에서 구출해서 그들이 지금 더럽힌 땅을 주신 그분의 성품과 크게 대비된다. 전선지서의 전반적인 메시지가 지닌 한 요소는 다음과 같다. 이스라엘은 언약의 의무에 대해 신실치 못함에도 불구하고 주님은 그분의 언약적 약속들을 다 지키는 신실한 분(수 21:45; 23:14; 왕상 8:56)이라는 것이다. 그러므로 주님은 이스라엘의 우상숭배로 인해 그들을 징벌하실 때도 신실하시고, 이후 그들이 그분께 도와달라고 부르짖으면 그들을 구원하실 때도 신실하시다. 이는 이중적인 자비다. 만일 이스라엘이 우상숭배에 빠졌는데도 그에 따른 억압을 허용해서 그들로 회개하게 하지 않는다면, 그것은 참으로 잔인한 짓일 것이다. 주님은 정말로 그분의 백성에 대해 질투하는 분이다. "너는 다른 신에게 절하지 말라 여호와는 질투라 이름하는 질투의 하나님임이니라"(출 34:14).

6:11 사사기 6:11-24은 기드온이 이스라엘의 다음 사사로 부름을 받는 장면을 기록한다. 이 기사가 펼쳐질 때 기드온의 부름이 출애굽기 3장에 나오는 모세의 부름의 패턴을 따르고 있음이 분명해진다. 주님이 사사기 4-5장에서 출애굽과 홍해 횡단의 패턴을 따라 이스라엘을 구원하셨듯이, 이제는 모세의 부름의 패턴을 따라 기드온을 일으키실 것이다. 156쪽의 표2는 각 기사에 공통적인 특징들을 밝혀준다.

이는 주님의 천사가 사사기에서 세 번째로 나타난 경우다. 천사는 먼저 2:1-3에서 이스라엘의 우상숭배를 책망하려고 나타났고, 이후 5:23에서는 메로스를 저주하려고 나타났다. 이번에 주님의 천사가 도래한 것은 기드온을 불러 주님이 그분의 백성을 미디안으로부터 구출하실 도구로 섬기라는 사명을 주기 위해서다. 기드온의 신원은 므낫세 지파 출신의 그의 아버지와 씨족에 의해 밝혀진다. 무대는 오브라에 있는 테레빈나무(terebinth)

다. 테레빈나무는 아마 큰 상수리나무일 것이다. 거기서 기드온이 미디안 사람에게 들키기 않으려고 포도주 틀에서 밀 이삭을 타작하고 있다. "들키지 않으려고"(새번역)는 '도망하려고'로 번역될 수도 있다. 기드온은 밀과 그 자신을 미디안 사람의 눈에서 숨기기 위해 도망했다.

공통된 특징들	모세	기드온
1. 미디안에 대한 언급	출 3:1	삿 6:11
2. 주님의 천사가 나타나다	출 3:2	삿 6:11-12
3. 하나님의 임재에 대한 약속	출 3:12	삿 6:12, 16
4. 이집트에서의 구출	출 3:7-8	삿 6:13
5. 부름 받은 사람의 반론	출 3:11	삿 6:15
6. 구출의 사명	출 3:10	삿 6:16
7. 확증의 표징	출 3:12	삿 6:17

표2. 모세의 부름과 기드온의 부름[21]

6:12 6:11에는 주님의 천사가 테레빈나무 아래 앉아있는 것으로 묘사되어 있었는데, 아마 그는 멀리서 기드온을 지켜보고 있었을 것이다. 이제 천사가 기드온에게 스스로를 드러내고 그와 말한다. 그의 화두는 두 부분으로 되어 있다.

첫째, 그는 주님의 임재를 확인한다. "여호와께서 너와 함께 계시도다." 이 진술은 2:18에 묘사된 사사의 직책의 성격과 일치한다. "여호와께서 그들을 위하여 사사들을 세우실 때에는 그 사사와 함께 하셨고."

둘째, 천사가 기드온을 묘사하는바 흔히 호격적 표현으로 간주되는 말을 건넨다. "[아] 큰 용사여." 하지만 이 말의 둘째 부분을, 주님이 기드온에게 스스로를 나타내신 방식을 묘사하는 부사적 수식어구로 이해하는 편이

21 이와 비슷한 유형의 비교를 보려면 Shalom-Guy, "Call Narratives of Gideon and Moses," 15-16을 참고하라.

더 나을 것 같다. 달리 말하면, 주님의 천사가 기드온에게 나타날 때는 이스라엘을 구출할 준비가 된 전사로서 그렇게 한다는 뜻이다(참고. 수 5:13-15). 이 해석을 선호하는 이유는 다음 세 가지다. 첫째, 앞 구절에서 기드온은 미디안 군대로부터 스스로를 숨기는 인물로 묘사되어 있다. 이는 큰 용사의 모습이 아니다. 둘째, 사사기에 기록된 구출 기사들에 따르면, 적을 사사의 손에 넘겨주고 또 나가서 신적 용사로서 전투를 이끄는 분은 바로 주님이다(예. 삿 4:14-15; 5:4-5, 20-23). 셋째, 7장에서 미디안 사람을 무찌르는 일은 주님의 독자적인 업적이다. 물론 3백 명의 이스라엘 사람이 있었으나 그들은 칼 한 자루도 들지 않았으므로(7:22) "내 손이 나를 구원하였다"(7:2)는 말로 자랑할 수 없었다.

6:13 기드온은 주님의 천사에게 하나님이 실제로 임재하시는지에 관한 물음으로 반응한다. 앞 구절에서 천사가 주님이 기드온(단수)과 함께 계시다고 말했다. 이제 기드온은 주님이 온 이스라엘(복수)과 함께 하시는지 묻는다. 기드온의 의문은 신학적 성격을 지니고 있다. 주님이 만일 그분의 백성과 함께 계시다면, 그들이 왜 미디안의 억압에 종속되는 것인가? 기드온의 의문은 주님이 그분의 백성과 함께 계시지 않는 것이 틀림없다는 뜻을 함축한다. 이 의문에 대한 대답은 반복되지 않는다. 그것은 이미 6:8-10에서 선지자가 제공한 바 있다. 주님이 이스라엘과 함께 하시지 않는 것은 그들이 주님께 순종하지 않았기 때문이라고. 이 장면은 아이러니로 가득 차 있다. 주님이 기드온과 얼굴을 맞대고 서서 말씀하고 있는데 기드온이 그 실상에 의문을 제기하고 있으니 말이다. 이제 곧 기드온은 그가 말하고 있는 상대방의 정체를 알게 되는 순간 그 나름의 '엠마오 도상'의 체험을 하게 될 것이다.

6:14 이미 선지자를 통해 기드온의 의문에 답변하셨기에, 주님은 기드온을 파송하는 것으로 응답하신다. 저자는 이제, 주님의 천사가 기드온을 바라보는 순간 그 천사를 여호와라고 부른다. 그의 사명은 세 부분으로 되어

있다. 첫째는 기드온에게 "너에게 있는 그 힘을 가지고 가서"(새번역)라는 말씀이다. 이 말씀은 기드온 안에 있는 힘을 가리키는 것으로 자주 오해되곤 하는데, 이는 전혀 사실이 아니다. 그 맥락을 감안하면, 기드온의 힘은 (이 말씀을 괄호처럼 묶고 있는) 12절과 16절에 나오는 하나님의 임재에 대한 약속이다. 기드온의 힘은 다름 아닌 주님이다(참고. 출 3:11-12; 대하 20:6). 이 사명의 둘째 부분은 기드온이 주님의 힘을 통해 반드시 미디안을 이길 것이란 약속이다. 마지막 부분은 확실함을 표현하기 위해 사용된 수사적 질문이다. 달리 말해, "내가 너를 보낸 것이 아니냐?"는 말을 '내가 정말로 너를 보냈다!'로 이해하면 된다. 이와 동일한 유형의 표현이 사사기 4:6에 나오는 바락의 파송에 사용된 적이 있다.

6:15-16 기드온은 주님의 파송에 대한 반응으로, 그의 씨족의 위상과 그의 가족 내 위치로 인해 이스라엘을 이끌거나 미디안을 무찌를 자격이 없다고 말한다. 하지만 바로 이 조건이 기드온에게 주님을 섬길 자격을 부여한다. "하나님께서…세상의 약한 것들을 택하사 강한 것들을 부끄럽게 하[셨다]"(고전 1:27, 참고. 고후 12:9). 기드온의 선택과 다음 장에 나오는 전투의 성격은 기드온이나 이스라엘 군대의 힘이 아니라 주님의 힘과 능력을 부각시킨다. 기드온의 반론은 출애굽기 3:1에 나오는 모세의 반론(참고. 출 4:10-12)과 유사하고, 양자에 대한 반응이 똑같다. '내가 너와 함께 하겠다.' 다른 어떤 것이 아니라, 바로 하나님의 임재에 대한 약속이 기드온에게 주님을 섬길 자격을 부여한다.[22]

6:17-19 주님의 임재에 대한 약속 이후에는 확증하는 표징이 따라온다. 모세의 경우 이는 이스라엘이 하나님의 산에서 드리는 예배가 될 것이다(출 3:12). 기드온의 경우에는 식사를 선물로 받는 것이 될 것이다. 식사를

22 이전 기사들에 나오는 하나님의 임재의 중요성에 대해서는 다음 구절들을 참고하라. 창 26:3; 31:3; 출 3:12; 4:12, 15; 신 31:23; 수 1:5; 3:7.

함께 하는 것은 두 편 사이의 우호적인 관계를 상징한다(참고. 창 18:1-8; 출 2:20-21).

6:20-22 "여호와의 사자"(algel of the Lord)란 호칭이 이 구절들에서 다시 나온다(20절의 "하나님의 사자"도). 그는 우리가 예상하듯 음식을 먹는 게 아니라 바위 위에 올려놓게 해서 불로 태운다. 이런 방식으로 선물을 태우면 그 음식이 제단 위의 제물로 바뀐다. 주님이 제물의 불길 속에서 올라가시자 기드온은 비로소 그동안 자기가 대화를 나눈 상대방의 정체를 깨닫게 되고, 적절하게 두려워하는 반응을 보인다. 하나님과 얼굴을 맞대고 '보는 것'이나 '대화하는 것'은 구약에서 드문 편이고 매우 특별한 관계를 묘사한다. 주님은 이처럼 자기를 낮추고 야곱(창 32:30), 모세(출 33:11; 신 34:10), 시내산에서 이스라엘(신 5:4) 그리고 기드온과 만나셨다. 각 경우에 인간 편에서는 두려움으로 반응하고, 주님은 '두려워하지 말라!'와 같은 말씀으로 상대방을 안심시키신다. 야곱과 만난 장면이 무척 교훈적이다. "그러므로 야곱이 그곳 이름을 브니엘이라 하였으니 그가 이르기를 내가 하나님과 대면하여 보았으나 내 생명이 보전되었다 함이더라"(창 32:30). 사사기의 뒷부분(13:19-23)에서 이와 같은 사건들이 삼손의 부모에게 반복될 것이다. 끝으로, 하나님의 얼굴을 보는 것은 최종적 만족을 주는 종말론적 소망에 해당한다. "[그들은] 그의 얼굴을 볼 터이요 그의 이름도 그들의 이마에 있으리라"(계 22:4). 그날이 오면 두려움이 없고 오직 경배하는 일만 있으리라.

6:23-24 주님은 은혜롭게 기드온의 두려움에 위로의 말씀 세 마디로 응답하신다. 이에 반응하여 기드온이 그 사건을 기념하기 위해 제단을 쌓는다. 그 제단의 이름인 "여호와 샬롬"(The LORD is peace)은 기드온에게 주신 첫 번째 말씀("안심하라", Peace be to you)을 반영한다. 기드온이 주님께 제단을 쌓을 때 그의 두려움이 경배로 변한 만큼, 이제는 그의 아버지 집에 있는 바알 제단을 부술 준비가 되었다.

6:25-26 기드온은 나가서 미디안 사람과 싸우기 전에 먼저 이스라엘이 억압받는 진정한 원인을 처리해야 한다. 그것은 이스라엘의 우상숭배다. 주님의 천사가 기드온에게 나타나는 바로 그날 밤에 그는 바알 제단을 파괴하고 그와 더불어 아세라 상을 찍으라는 명령을 받는다. 바알의 배우자인 아세라는 보통 나무나 나무 기둥으로 표상된다. 제단을 "헐라"는 명령은 언약에 충실한 행동에 해당한다. 이스라엘이 약속의 땅을 점령하는 것을 묘사하는 출애굽기의 한 대목에는 이런 명령이 나온다. "너는 그들의 신을 경배하지 말며 섬기지 말며 그들의 행위를 본받지 말고 그것들을 다 깨뜨리며 그들의 주상을 부수고"(출 23:24, 참고. 23:33). 여기서 "깨뜨리며"로 번역된 히브리어 동사가 바로 사사기 6:25에서 "헐며"로 번역된 동사다.

대다수 사람은 기드온이 아버지의 집에서 수소 두 마리를 끌어온다고 이해한다. 그러나 이 본문은 또한 수소 한 마리를 가리키는 것으로 읽을 수도 있다. "네 아버지에게 있는 수소 곧 칠 년 된 둘째 수소를 끌어 오라."[23] 여기서 "둘째"는 소 떼에서 골라낼 특정한 수소를 말할 것이다. 이 수소와 함께 기드온이 바알 제단을 헐고 이어서 그 수소를 "네 하나님 여호와"를 위해 쌓은 새 제단에 제물로 드리게 될 것이다. 새 제단의 돌들은 "규례대로" 쌓도록 되어 있다. 이렇게 번역된 단어는 또한 군인들의 전열을 가리키는 전문 용어이기도 하다. 이 단어는 일례로 다윗과 골리앗 내러티브에서 두드러지게 나온다. 이 단어의 사용은 주님이 바알 및 미디안 무리와 싸울 준비를 갖추고 계시다는 것을 시사할 수 있다.

6:27 기드온은 주님이 명령하신 대로 행한다. 그는 성읍 사람들이 어떻게 반응할지가 두려워서 밤에 그렇게 행한다. 이 두려움은 종종 기드온의 성품상의 결함 또는 믿음의 부족으로 간주되곤 한다. 하지만 왜 그런지는 불분명하다. 첫째, 6:25은 주님이 기드온에게 "그날 밤에" 바알 제단을 헐

23 Block, *Judges, Ruth*, 266.

라고 명하신 것을 암시한다. 둘째, 기드온이 두려워하는 것은 옳다. 이튿날 아침, 비난하는 군중은 그가 행한 일로 인해 그를 죽일 준비가 되어 있다. 셋째, 본문은 기드온이 주님이 그에게 명령하신 그대로 행했다고 말한다. 따라서 기드온이 두려움에도 불구하고 순종한 것을 용기의 표출로 이해하는 편이 나을 듯하다. 이 기드온은 앞서 미디안 사람의 눈을 피해 포도주 틀에서 밀 이삭을 타작하던 사람이다. 하지만 지금은 주님과 함께 서서 이스라엘의 우상숭배에 대항하는 용기 있는 사람으로 행동하고 있다.

6:28-30 기드온이 두려워하며 예상했듯이, 성읍 사람들은 다함께 떼를 짓는 것으로 반응한다. 그들은 기드온의 아버지에게 아들을 넘겨달라고 요구한다. 이 가혹한 반응이 극단적인 모습으로 보일지도 모른다. 제단의 파괴가 어째서 그런 난폭한 반응을 불러일으키는가? 성읍 사람들은 그들이 바알과 아세라의 저주를 받게 되어 수확물과 짐승의 번성이 위태롭게 될 것으로 생각했을 수 있다. 또는 불법적인 성행위를 포함하는 예배의 처소가 파괴되어 화가 났을 수 있다. 어느 편이든 성읍이 기드온의 행위를 칭찬하지 않는 것은 하나의 비극이다. 이는 당시에 이스라엘이 점차 타락하고 있음을 가리키는 분명한 표시다.

6:31-32 본문은 그 이유를 말하지 않지만 요아스는 바알을 재판에 회부함으로써 그의 아들을 변호한다. 열왕기상 18장에 나오는 엘리야와 바알 선지자들의 전통을 따라, 바알은 기드온을 죽임으로써 그의 제단의 명예를 변호할 기회를 얻는다. "만일 바알이 신이라면, 자기의 제단을 헌 사람과 직접 싸우도록 놓아두시오"(새번역). 기드온이 여전히 살아있다는 사실은 이 거짓되고 무능한 신에 대한 암묵적인 정죄다. '다투다'(개역개정)로 번역된 히브리어 동사가 이 두 구절에 네 번이나 나온다. 이 용어는 '공격하다, 큰 소리로 야단치다, 다투다, 불평하다 또는 소송을 걸다' 등 폭넓은 의미를 갖고 있다. 이 가운데 법적인 뉘앙스가 맥락에 가장 잘 어울린다. 기드온의 정당성은 그의 새로운 이름, "여룹바알"에 기념되어 있다. 이 이름

의 첫째 부분은 이 대목에서 '다투다'로 번역된 히브리어 동사에서 유래한다. 둘째 부분은 바알이란 이름이다. 이는 사무엘이 사무엘상 12:11에 나오는 고별 연설에서 상기시키는 이름이다. 이 단락은 이스라엘이 우상숭배를 일삼던 어둠을 상징하는 "그날 밤"(삿 6:25)이란 시기로 시작했다. 이제는 바알의 제단과 그의 평판이 파괴된 만큼 이스라엘에 새로운 날이 동텄고, 따라서 이 내러티브는 "그날에"(32절)를 언급하면서 끝에 이르게 된다.

6:33 다음 단락은 6:3에 묘사된 사건들을 언급하면서 시작된다. 미디안 사람이 아말렉 사람, 동방 사람들과 더불어 해마다 그랬듯이 이스라엘의 수확물과 짐승을 노략하기 위해 요단강을 건넜다. "다 함께"란 단어는 메뚜기만큼 셀 수 없는(6:5) 대규모 침략군을 가리킨다. 이에 반응하여 주님이 기드온에게 그분의 영을 입히시고, 기드온은 이스라엘을 전투에 소집하고 주님께 양털에 두 가지 표징을 보여 달라고 요청한다.

6:34 주님이 기드온에게 그분의 영을 입히실 때 그분이 함께 하시겠다는 이중적 약속(6:12, 16)이 완전히 한 바퀴 돈다. 기드온에게 사사의 소명을 성취하는데 필요한 힘과 능력을 제공하는 것은 바로 이 영의 임재다. 사사기에서 옷니엘(3:10), 입다(11:29), 삼손(13:25; 14:6, 19; 15:14) 역시 이 영의 능력을 받는다. 영으로 '입히다'라는 표현은 구약에서 드문 편이라서 여기서는 기드온에게만 사용되고, 역대상 12:18에서는 아마새에게 그리고 역대하 24:20에서는 스가랴에게 사용된다. 하지만 신약에서는 그리스도인이 "빛의 갑옷"(롬 13:12), "주 예수 그리스도"(롬 13:14, 참고. 갈 3:27), "새 사람"(엡 4:24; 골 3:10) 그리고 사랑의 다양한 표현들(골 3:12)을 입으라는 권면을 받는다. 기드온의 경우에는 주님이 그를 에베소서 6:11의 모습으로 전투를 위해 옷 입히신다. "마귀의 간계를 능히 대적하기 위하여 하나님의 전신 갑주를 입으라"(참고. 살전 5:8).

6:35 기드온이 속한 씨족인 아비에셀 족속(6:34)에서 소집된 용사들이 네

지파들로부터 용사들을 소집하기 위해 메신저들로 파송된다. 므낫세(기드온의 지파), 아셀, 스불론 그리고 납달리다. 7:3에 따르면, 약 3만 2천 명의 용사들이 기드온의 부름에 응답한다. 기드온은 이스라엘 군대를 그 앞에 둔 채 믿음을 불러일으키고 그들을 격려하기 위해 주님께 두 가지 표징을 보여 달라고 요청할 것이다.

6:36-40 소집된 병력이 있는 곳에서 기드온은 미디안과 전투를 시작하기 전에 주님께 두 가지 표징을 보여 달라고 요청한다. 이 표징들은 하나님의 뜻을 결정하기 위해 사용되는 것이 아니다. 하나님은 기드온에게 이미 분명히 말씀하셨고, 기드온은 하나님이 원하시는 바를 알고 있다. "주께서 이미 말씀하심 같이 내 손으로 이스라엘을 구원하시는 것"[24]이다. 게다가, 전투에 돌입하기 전에 표징을 요청하는 것이 반드시 믿음의 부족을 의미하는 것은 아니다. 그는 이제 하나님의 영으로 옷 입고 백성을 구출하는 하나님의 도구로 섬기는 중이다.

우리는 이미 기드온의 부름이 출애굽기 3장의 전통을 따라 모세와 연결된다는 것을 살펴보았다. 이와 마찬가지로, 기드온의 표징도 출애굽기 4장에서 모세에게 주어진 비슷한 표징에 부합한다.[25] 거기서 주님은 모세에게 두 가지 표징을 주신다. 지팡이가 뱀으로 변하는 표징과 나병에 걸린 손이 깨끗해지는 표징이다. 표징의 요소들은 그 표징이 가리키는 사건을 상징한다. 예컨대, 뱀으로 변하는 지팡이는 그 왕관에 뱀의 형상을 새긴 바로를 상징한다. 이어서 모세가 뱀을 손으로 잡으라는 명령을 받고, 그 즉시 뱀이 다시 지팡이가 된다. 이 표징은 주님이 진정 바로를 모세의 손에 넘겨주실 것임을 보여준다. 이런 표징을 행하는 목적은 하나님께서 그분의 백성을

24 블록은 이렇게 쓴다. "대중적인 해석과 반대로, 이 본문은 하나님의 뜻을 발견하거나 결정하는 것과 전혀 상관이 없다. 기드온은 하나님의 뜻을 그의 마음속에 분명히 알고 있다(삿 6:16)" (*Judges*, *Ruth*, 272).

25 양털에 관한 이런 해석은 다음 설교를 참고하라. Gordon P. Hugenberger, "Knowing God's Will- Put Out a Fleece?," June 20, 2010, 보스턴의 파크스트리트 교회에서 전한 설교, audio, 51:21, https://www.parkstreet.org/sermons.

구출하려고 모세를 일으키셨다는 것을 이스라엘 사람들이 믿게 하기 위해서다(출 4:1, 30-31). 이와 마찬가지로, 기드온의 양털 역시 주님이 진정 이스라엘을 미디안의 억압에서 구출하려고 기드온을 일으키셨다는 것을 증명하기 위한 것이다. 다시 말하건대, 이런 표징들은 하나님의 뜻을 계시하기 위한 것이 아니다. 오히려 이는 하나님의 뜻이 계시된 다음에 행해지는 표징들로서 그분의 백성에게 계시하신 일을 행할 용기를 주기 위한 것이다.

타작마당은 이스라엘 땅을 상징한다. ESV에는 '온 마당'(ground)이 세 번 나오는데, "마당"으로 번역된 히브리어 단어는 '땅'(land)이란 뜻도 갖고 있다. 그래서 히브리어 독자는 둘을 금방 연결시킬 것이다. 양털은 이스라엘의 수확물과 짐승을 휩쓸기 위해 요단을 건넌 미디안 군대와 그들의 낙타 떼를 상징한다. 이슬은 하나님의 복(창 27:28; 신 33:13; 시 133:3), 곧 하나님께서 그분의 백성에게 선물로 주신 그 땅에서 나오는 수확물과 짐승을 상징한다. 첫 번째 양털 표징에서는 그 땅이 마르고 양털은 이슬로 젖어 있다. 이는 하나님께서 본래 일종의 복으로 이스라엘에게 주시려 했던 것을 미디안 사람이 삼키고 있는 현 상황을 상징한다. 두 번째 양털 표징에서는 양털이 마르고 땅은 이슬로 젖어 있다. 이는 하나님께서 곧 상황을 역전시켜 그분의 백성에게 복된 상태를 되돌려주실 것을 상징한다.

이번 장에서 주님은 그분의 선지자를 보내셔서 이스라엘의 우상숭배를 책망하셨고, 그분의 영으로 능력을 받은 구원자를 일으키셨고, 바알 제단과 아세라 상을 파괴하셨다. 또한 이스라엘의 군대를 소집하셨고, 싸우려고 모인 자들의 믿음을 격려하기 위해 두 가지 표징을 행하셨다. 이제 주님은 이스라엘을 위해 미디안 사람과 싸워서 그들을 그 땅에서 제거할 준비가 되셨다.

7:1-2 이스라엘 군대가 모여서 미디안과 마주하여 진을 쳤다.[26] 그런데 주

26 군대 진영의 장소와 이후의 추격에 대해서는 다음 지도를 참고하라. Currid and Barrett, *Crossway ESV Bible Atlas*, 111-112, map 4.19 and 4.C.

님이 전투를 이끌기 전에 먼저 이스라엘이 다가오는 승리의 성격과 의미를 이해하도록 확실히 할 필요가 있다. 사사기를 관통하는 대표적인 주제 중 하나는 주님이 친히 그분의 백성을 구출하려고 싸움을 이끄시되 출애굽의 전통을 따라 그렇게 하신다는 것이다. 이 때문에 그분은 구약에서 언제나 그분의 백성에게 스스로를 이렇게 소개하신다. "나는 너를 애굽 땅, 종 되었던 집에서 인도하여 낸 네 하나님 여호와니라"(출 20:2, 참고. 삿 2:1, 12; 6:8, 13; 11:13, 16; 19:30). 홍해에서의 하나님의 승리는 장차 그분이 그분의 백성을 계속 구출하실 패턴을 세웠다. "여호와는 용사시니 여호와는 그의 이름이시로다"(출 15:3). 이사야는 이 주제에 대해 성찰하고 이렇게 말한다. "여호와께서 용사 같이 나가시며 전사 같이 분발하여 외쳐 크게 부르시며 그 대적을 크게 치시리로다"(사 42:13).

주님은 이스라엘의 영적인 눈이 멀었음을 이해하시고 그분의 백성이 우상숭배로 되돌아가는 것을 막기 위해 은혜롭게 그분의 능력과 영광을 과시하신다. 그런데 슬프게도 그들은 이 교훈을 배우지 못한다. 전투가 끝나게 되면 그들이 기드온을 왕으로 삼으려고 할 것이다. "그때에 이스라엘 사람들이 기드온에게 이르되 '당신이 우리를 미디안의 손에서 구원하셨으니' 당신과 당신의 아들과 당신의 손자가 우리를 다스리소서 하는지라"(삿 8:22). 다시 한 번, 이스라엘 사람들은 주님이 구출의 도구를 사용하신 인물(기드온)과 구출의 실제 행위자(주님)를 혼동한다. 이스라엘 백성은 시편 20편의 말씀, 특히 7절로 응답해야 마땅하다. "어떤 사람은 병거, 어떤 사람은 말을 의지하나 우리는 여호와 우리 하나님의 이름을 자랑하리로다."

7:3 이스라엘이 자기 힘을 자랑하는 것을 막기 위해, 주님은 미디안에 선제공격을 감행할 군대의 규모를 대폭 줄이신다. 주님은 군대 규모를 축소하려고 두 가지 테스트를 사용하시는데, 떨림의 테스트와 물의 테스트다. 첫째 테스트에서 주님은 기드온에게 "두려워 떠는" 자들을 모두 해산시키라고 명령하신다. 사사기 7:1에는 이스라엘이 "하롯 샘"('떨림의 샘') 곁에 모였다고 기록되어 있다. 그런즉 떨림의 샘에서 주님이 떨고 있는 사람들을

해산시키는 셈이다. 신명기 20장에서 주님이 이스라엘의 전쟁을 위한 법을 세우신다. "책임자들은 또 백성에게 말하여 이르기를 두려워서 마음이 허약한 자가 있느냐 그는 집으로 돌아갈지니 그의 형제들의 마음도 그의 마음과 같이 낙심될까 하노라 하고"(신 20:8). 그럼에도 불구하고, 군대의 거의 70퍼센트나 되는 군인들이 두려워서 해산된 것은 무척 뜻밖이다.

7:4 상비군의 70퍼센트를 해산시킨 후, 주님은 군대의 규모를 더욱 줄이기 위해 둘째 테스트를 실시하신다. 이 테스트는 군인들이 진영에 있는 샘물을 마시는 방식으로 군대를 나눈다. "시험하리라"(테스트하다)로 번역된 단어는 '제련하다, 정련하다 또는 추출하다'란 뜻의 야금술 용어다. 주님의 테스트의 의도는 군대를 정련하거나 추출하여 마침내 병력을 원하는 수로 줄이는 것이다.

7:5-6 규정된 테스트의 정확한 성격은 히브리어 원문이 지닌 난점 때문에 불분명하다. 사사기 7:5에서 군대가 두 그룹으로 나눠지게 되어 있다. 첫째 그룹은 개처럼 혀로 핥아서 샘물을 마신다. 둘째 그룹은 무릎을 꿇고 마신다. 그런데 6절에서는 개처럼 핥은 첫째 그룹이 "손으로 [물을] 움켜 입에 대어" 마신다고 말한다. 첫째 그룹과 관련하여 문제가 생긴다. 군인들이 개처럼 혀로 핥는 것인가, 아니면 그들이 손으로 움켜 입에 대하는 것인가(이는 개가 할 수 없는 행동이다)? 이 문제는 "손으로 움켜 입에 댄다"(6절)는 말, 즉 히브리어로 두 전치사 어구를 잘못 두는 바람에 생긴 것 같다. 일부 주석가는 이 두 전치사 어구가 5절의 끝에 나와서 둘째 그룹을 "무릎을 꿇고 '손으로 움켜 입에 대는' 사람들"로 만들어야 한다고 주장했다.[27] 이는 이치에 맞다. 이렇게 읽으면, 두 그룹이 개처럼 혀로 물을 핥는 사람들과 인간처럼 손으로 물을 움켜서 마시는 사람들로 구별된다. 그동안 보존

27 Chisholm, *Commentary on Judges and Ruth*, 282, 강조는 원문의 것.

된 히브리어 원문은 충실한 전수의 긴 역사에 걸쳐 한 어구가 그릇된 곳에 위치한 상태로 있다. 이 해석은 칠십인역의 지지도 받는다. 일부 칠십인역 사본들에는 6절이 혼동을 야기했던 "손"에 대한 언급을 생략한 채 "그들의 혀로 핥는 자들"이라고 말한다. 본문은 왜 주님이 두 그룹을 나누기 위해 이 방법을 사용하시는지 그 이유를 말하지 않는다. 우리는 단지 주님이 기드온과 함께 일할 더 작은 그룹을 선택하신다는 것만 알 뿐이다.

7:7-8 추출하거나 정련하는 과정을 거친 후 불과 3백 명의 군인만 기드온과 함께 남고, 이 수는 6-8절에 세 번이나 강조되어 있다. 이는 병력을 무려 99퍼센트나 줄인 규모다! 8장에 이르면 미디안 사람은 적어도 13만 5천 명이나 될 것이다. 인간적으로 말하면, 이스라엘이 수적으로 450 대 1의 비율로 불리하다. 다른 이스라엘 사람들은 "각각 자기의 처소로"(7절), 말하자면, 군대 진영에 있는 자기 "장막"(8절)으로 돌아간다. 나중에, 주님이 3백 명을 이용해서 미디안을 무찌른 뒤에는 나머지 군인들이 나와서 생존자를 추격하게 될 것이다.

7:9 "그 밤에"란 표현은 이 내러티브에서 미디안의 파멸을 다루는 새로운 단락을 시작한다. 이와 똑같은 표현이 바알 제단의 파괴를 기록하는 단락을 시작하는 6:25에 나온 적이 있다. 주님은 기드온에게 일어나서 미디안 진영으로 내려가라고 명하시면서 "내가 그것을 네 손에 넘겨주었기 때문"이라고 말씀하신다. 누군가 또는 어떤 것을 다른 편의 손에 넘겨준다는 말은 7장에서 중요한 역할을 한다. 이 말은 다섯 번이나 사용된다(2, 7, 9, 14, 15절). 이와 더불어, 11절에서 주님은 기드온의 손을 더욱 강하게 하신다. 이는 드디어 주님이 이스라엘을 "미디안의 손에 넘겨주신"(6:1) 것을 역전시킨다.

7:10-11 기드온이 미디안 무리와 싸우려고 이스라엘 용사 3백 명을 소집하기 전에, 주님이 혹시 남아있을지 모르는 두려움에 맞설 기회를 그에게

주신다. 명령의 성격이 무척 교훈적이다. "만일 네가 내려가기를 두려워하거든…내려가라." '내려가다'란 동사가 두 구절에 네 번이나 사용된다. 기드온이 내려가기를 두려워하는 문제가 미디안 진영으로 '내려가는' 것으로 해결될 것이다. 이런 식으로 주님이 기드온의 두려움을 다루는데 필요한 격려를 주셔서 그의 손을 강하게 하실 것이다. 기드온의 두려움을 성품상의 결함으로 이해하면 안 된다. 그는 불과 3백 명으로 수많은 미디안 군대와 싸우라는 명령을 받았다. 따라서 그의 두려움은 충분히 이해할 만하다. 그래도 그는 그 두려움을 다루기 위해 미디안 진영으로 내려감으로 주님께 순종한다. 두려움의 한복판에서 주님께 순종하는 것은 죄가 아니라 용기다.

7:12 이 내러티브는 잠시 멈춰서 6:5과 관련하여 미디안 병력의 인상적인 규모를 묘사한다. 이전의 묘사에다 "해변의 모래와 같이"란 특징을 덧붙인다. 3백 명의 기드온 군대는 이제 셀 수 없는 병력으로 간주되는 군대, 메뚜기 재앙에 비유되면서(참고. 출 10:14; 신 28:38; 시 78:46; 렘 46:23; 욜 1:4) 헤아릴 수 없는 낙타를 갖춘 무리와 싸우려고 한다. 이 낙타들은 지상전에서 확실히 미디안 측에 전략적 이점을 줄 것이다. 그런데 본문에 이 군대의 운명에 대한 실마리가 숨겨져 있다. 구절에는 미디안 사람, 아말렉 사람 그리고 동방 사람들이 "골짜기에 누[워]"라고 기록되어 있다. '눕다'로 번역된 동사는 '엎드러지다'란 뜻도 갖고 있다. 그들이 '골짜기에 엎드러져' 있는 것이다. 이는 에글론(삿 3:25), 시스라의 군대(4:16)와 시스라[4:22, 5:27(3번)]의 죽음을 묘사할 때 사용된 그 동사다. 이 동사가 두 번 더 나오는데, 이어지는 꿈에 대한 기사에 나오고 나중에 8:10에서 12만 명에 달하는 적군의 죽음을 묘사할 때도 나온다. 사실 12절에 나오는 이 동사의 형태가 8:10에 나오는 형태와 동일한 것을 보면 여기서 적군이 처할 운명을 예시하는 듯하다. 이 동사는 나중에 이와 비슷한 죽음을 묘사하는데 사용되고 있으며, 그 가운데는 레위인의 첩(19:27)과 베냐민 지파에서 죽임을 당한 자들(20:44, 46)도 들어있다.

7:13-14 11절에서 주님이 기드온에게 미디안 진영으로 내려가서 격려를 받기 위해 "그들이 하는 말을 들으라"고 명령하셨다. 이제 기드온과 부라가 그 얘기(13절)와 꿈의 해석(14절)을 엿듣는다. 한 남자가 꿈에서 보리떡 한 덩이가 미디안 진영으로 굴러 와서 장막을 쳐서 무너뜨리는 장면을 본다. 기드온의 칼과 이 보리떡의 실제적 연관성은 알 수 없다. 아마 떡은 미디안 사람이 이스라엘 사람에게서 약탈한 것을 상징하고 그들에게 되돌아오는 것은 심판을 상징할 것이다. 그 사람의 친구가 그 꿈을 해석한다. "하나님이 미디안과 그 모든 진영을 그의 손에 넘겨주셨느니라." 이와 비슷한 꿈과 이에 상응하는 해석이 요셉(창 37장; 40-41장)과 다니엘(단 2장; 4장; 7장)에게 일어난다.

7장

7:15 그 꿈과 해석에 대한 기드온의 반응이 기록되어 있다. 그의 두려움이 경배로 변화된 것은 이번이 두 번째다(참고. 삿 6:22-24). 7:12에는 미디안의 병력이 "수" 없이 많다고 묘사되어 있고, 이것이 기드온의 두려움에 대한 합리적 기반을 형성한다. 이제 그 꿈에 관해 "이야기하기"가 기드온의 두려움을 경배로 바꿔놓는다. "수(數)"와 "이야기하기"는 히브리어로 똑같은 단어다. 이것이 이 맥락에서는 두려움/경배의 변화를 부각시킨다. 이 말장난은 또한 13절에 기록된 (동일한 히브리어 어원을 가진) "이야기하기"와도 연결된다. 이 단락은 9절에 나오는 격려로 되돌아가서 마무리된다. 주님이 기드온에게 일어나 진영으로 내려가라고 명하시면서 그분이 그것을 그의 손에 넘겨주었다고 말씀하시는 장면이었다. 주님이 그 진영을 이스라엘의 손에 넘겨주셨기 때문에 이제 기드온은 3백 명에게 "일어나라"고 호출한다.

7:16-18 이 구절들은 기드온의 전투 계획을 기록한다. 그의 전술은 확실히 뜻밖이다. 그 자신의 고안인지, 아니면 주님의 고안인지는 진술되어 있지 않다. 군대가 3백 명밖에 되지 않아서 우리는 말, 창, 칼, 활, 화살 그리고 최대한 많은 방패를 사용할 것으로 예상할지 모른다. 그러나 그 대신 군대가 야간 공격에서 나팔(숫양의 뿔), 횃불 그리고 빈 항아리를 사용한다.

이 약한 도구들은 그분의 백성을 구원하는 분이 바로 주님이라는 사실을 부각시킬 것이다.

계획은 무척 단순하다. 기드온은 미디안 진영을 둘러싸기 위해 군인들을 세 그룹으로 나눈다. 그들은 항아리 속에 횃불을 감춰서 밤중에 몰래 그 진영에 접근할 수 있다. 나팔을 불고 항아리를 깨뜨리면 큰 소동과 혼동을 일으키게 될 것이다. 14절에 나온 꿈의 해석을 감안하면, 함성은 기드온을 주님과 보조를 맞추게 하고 미디안 진영을 큰 공황 상태에 빠뜨릴 것이다. 하나님께서 정말로 "미디안과 그 모든 진영"을 기드온의 손에 넘겨주셨다.

7:19-20 기드온의 전투 계획은 "이경 초에" 수행되는데, 이는 자정에 시작되어 네 시간 지속되는 한밤중이다. 인간적 관점에서 보면, 이 계획은 어리석기 그지없다. 소규모 군인들이 횃불과 나팔(숫양의 뿔)과 함성으로 무장하는 것은 그들에게 너무나 불리한 대책이었을 것이다. 하지만 이 전투 계획은 여호수아 6장에 나오는 여리고의 함락을 상기시킨다. 당시에는 일곱째 날에 전사들과 일곱 제사장들이 그 성읍 둘레를 일곱 번 행진했고, 큰 소리를 질렀으며, 나팔을 불었다(수 6:20-21). 바로 그 순간 성벽이 무너지고 성읍은 파멸에 바쳐졌다. 여리고에서의 엄청난 사건과 이곳에서 기드온에게 일어난 놀라운 사건은 이스라엘의 승리의 참된 근원이 용사이신 여호와이심을 분명히 부각시켜준다.

7:21-22 실제 전투에 대한 묘사도 사용된 전술만큼이나 충격적이다. 이스라엘의 경우, "각기 제자리에 서서 그 진영을 에워싸고" 있었기 때문이다. 그들은 아무것도 하지 않는다. 미디안 군대가 뛰고, 부르짖고, 도망하는 동안 그들은 가만히 서서 지켜볼 뿐이다. 미디안의 반응에 대한 설명은 22절에 나온다. 21절과 22절은 원인과 결과가 아니라 결과와 원인의 관계다. 22절에서 저자는 20절에 나오는 나팔 소리와 21절에 나오는 미디안 군대의 도망으로 되돌아가서 이렇게 설명한다. "여호와께서 그 온 진영에

서 친구끼리 칼로 치게 하시므로." 달리 말하면, 기드온과 그의 군대가 그 진영 둘레에 서 있는 동안, 미디안 사람들이 그 진영 안에서 서로를 죽이고 있다. 주님이 기드온의 한밤중 기습 공격을 이용하여 적을 큰 공황 상태에 빠뜨려서 대량 학살이 일어나게 하시는 것이다. 살아남은 자들은 집으로 돌아가려고 동쪽으로 도망하지만, 기드온이 추격하여 주님이 시작하신 일을 확실히 끝낼 것이다.

7:23 미디안 군대가 도망하자 기드온이 7:2-7에서 이전에 해산한 용사들(참고. 6:35)을 불러낸다. 다함께 그들은 진영에서 일어난 학살에서 살아남은 자들을 추격할 것이다.

7:24-25 6:35에 소집된 지파들(므낫세, 아셀, 스불론, 납달리)에 더하여, 기드온이 이제는 에브라임에게, 미디안 군대가 집으로 돌아가지 못하게 막기 위해 요단강에 있는 나루들을 점령하도록 요청한다. 에브라임이 미디안의 두 우두머리를 붙잡아서 죽이고, 그들을 죽인 장소를 "오렙 바위"와 "스엡 포도주 틀"이라고 불러서 그 사건을 기념한다. 포도주 틀에 대한 언급은 이 내러티브의 시초, 즉 기드온이 미디안 사람의 눈을 피해 포도주 틀에서 밀 이삭을 타작하던 대목으로 되돌아가게 한다. 주님이 도와달라는 이스라엘의 부르짖음을 들으셨고, 그 결과 이제는 이스라엘이 미디안 사람을 포도주 틀에 타작하고 있다. 자기 백성을 적으로부터 구출하는 분은 바로 주님이다. 하나님의 백성은 이 사건들을 상기하며 과거에 구출하신 하나님의 능력을 기억할 뿐 아니라 장차 때가 차면 이뤄질 궁극적 구출도 기억하게 될 것이다. 시편 83:11-12는 이렇게 선언한다.

> 주님, 그들의 장수들을 오렙과 스엡과 같게 하시고,
> 모든 왕들을 세바와 살문나와 같게 해주십시오.
> 그들은 "하나님의 목장을 우리의 소유로 만들자" 하고 말하던 자들입니다. (새번역)

이 저주 기도의 근거는 이 시편의 끝에 나온다.

> 〔그들이〕 하나님의 이름은 '주'이시며,
> 온 세상에서 주님만이 홀로 가장 높은 분이심을 알게 해주십시오.
> (시 83:18, 새번역)

8:1-3 미디안의 패배가 거의 마무리되자, 이스라엘은 그들 스스로가 최악의 적이 된다. 첫째, 에브라임 지파는 기드온이 사사기 6:35에 요약된 지파들을 전투에 불러냈을 때 자신들은 불러내지 않았다고 "거세게" 항의한다. 8:1에서 "다투는지라"(개역개정판)로 번역된 동사는 6:31-32, 곧 성읍 사람들이 기드온이 바알 제단을 헐었기에 그와 '다투었다'고 할 때 사용된 동사와 같다. 이 동사는 또한 기드온의 새 이름인 여룹바알의 첫째 부분(여룹)을 구성하기도 한다. 기드온은 약간의 외교술을 이용하여 에브라임 사람들의 분노를 풀어준다. 잠언의 한 형식(8:2)으로 그는 그의 씨족에 비해 에브라임 지파가 위대하다고 그들을 치켜세운다. 이어서 그들의 승리가 그 자신의 승리보다 더 위대하다고 칭찬한다(3절). 기드온의 겸손한 외교술은 더 이상의 적대감이 없이 에브라임 사람들의 진노를 사라지게 했으니 참으로 지혜롭다. 이 짧은 에피소드는 12:1-6에 기록된 비슷한 사건, 곧 에브라임 사람들이 입다와 다투는 장면을 예시한다. 하지만 그 경우에는 입다의 외교술이 충분치 못해서 에브라임 사람 4만 2천 명이 죽게 될 것이다. 이와 같은 에피소드들은 이스라엘이 그 태도와 행습에서 갈수록 더 가나안 사람처럼 되는 점진적 타락을 부각시킨다.

8:4-9 기드온은 3백 명의 용사들을 이끌고 미디안의 왕들(세바와 살문나)과 첫째 전투에서 살아남은 1만 5천 명의 군인들을 붙잡으려고 요단강을 건넌다. 기드온이 추격하다 지쳐서 그의 부하들에게 양식을 먹이기 위해 숙곳과 브누엘(참고. 창 32:30-31)에서 멈춘다. 두 성읍 모두 도와달라는 기드온의 부탁을 거부하는 바람에 그는 "평안히" 돌아오면 보복하겠다고 약속

한다. 기드온은 이스라엘을 미디안의 억압에서 구출하는 도구로 섬기도록 주님이 일으켜서 그분의 영으로 입힌 인물이었다. 따라서 그를 돕기를 거부하는 것은 곧 주님을 거부하는 것(참고. 삿 7:18, 20)이고, 이 때문에 그가 그처럼 가혹한 반응을 보이는 것이다. 이는 드보라의 노래에 담긴 주님의 천사의 말을 상기시킨다.

> 여호와의 사자의 말씀에 메로스를 저주하라
> 　　너희가 거듭거듭 그 주민들을 저주할 것은
> 그들이 와서 여호와를 돕지 아니하며
> 　　여호와를 도와 용사를 치지 아니함이니라. (5:23)

8:10-12 남은 미디안 진영은 갈골로 도망해서 "안심하고"(11절) 있었다. 이 장소들의 정확한 위치는 아직도 모른다. 하지만 학자들은 그 군대가 요단의 동쪽으로 약 160킬로미터 도망한 것으로 추정한다. 이는 배고프고 지친 기드온과 3백 명의 용사들에게 상당히 고된 추격이었을 것이다. 두 왕들과 더불어 살아남은 군대는 전부 1만 5천 여명이다. 이 본문은 또한 쓰러진 전사들의 수가 무려 "칼 쓰는 군인 12만 명"에 달한다고 한다. 이 군인들의 특징을 "칼 쓰는" 자들로 묘사하는 것은 그들이 패배한 방식과 연관이 있다. "여호와께서 그 온 진영에서 친구끼리 칼로 치게 하시므로"(7:22). 기드온과 지친 용사들로 이뤄진 소규모 군대가 1만 5천 명의 군대를 추격한다는 사실은 주님이 그분의 영의 능력으로 기드온과 함께하셔서 그에게 능력을 주신다는 주제를 계속 이어간다. 주님이 기드온을 부르셨을 때 그에게 이렇게 약속하셨다. "내[여호와]가 반드시 너와 함께 하리니 네가 미디안 사람 치기를 한 사람을 치듯 하리라"(6:16).

8:13-17 기드온은 미디안 군대를 무찌른 후 숙곳과 브누엘 성읍의 주민들에게 약속한 것을 지키기 위해 "손 안에 있는" 세바와 살문나를 데리고 그 성읍들로 되돌아간다. 일부 해석자들은 기드온의 행동이 지나치게 난

폭하거나 보복적이라고 해석할지 모른다. 그러나 이 두 성읍에 사는 이스라엘 사람들은 미디안의 억압에 대항하는 주님의 전쟁 중에 그들의 형제들을 돕기를 거절했었다. 그런즉 그들이 주님의 적이 되었으므로 그분의 법에 따라 다뤄지는 것이다. 예컨대, 신명기 20:10-13은 만일 어떤 성읍이 이스라엘 군대와 화평하기를 거부한다면 그 성읍의 남자들을 모두 칼날로 쳐 죽이라고 한다. 따라서 브누엘의 남자들의 처형(17절)은 그들이 기드온과 그의 군대가 꼭 필요할 때 그들을 도우러 오지 않아서 주님의 적이 된 것을 입증한다. 다시 한 번 저자는 독자들에게 앞으로 19-21장에서 절정에 이를 이스라엘의 내적 타락을 슬쩍 보여준다. 이스라엘의 타락이라는 주제는 입다와 삼손의 이야기들에서 점점 더 상승기류를 탄다.

8:18-19 미디안 왕들을 생포해서 되돌아온 후 기드온은 이전에 언급되지 않은 사건, 곧 다볼에서 있었던 그의 형제들의 죽음에 책임이 있는 부대를 알기 위해 그들을 심문한다. 그 땅에 임한 미디안의 위협은 수확물과 짐승의 약탈을 넘어서 그 약탈자들에게 저항하는 일을 주도한 인물들의 처형까지 이어졌다. 아마 이 때문에 주님이 기드온을 구출의 도구로 선택했을 것이다. 기드온은 이제 그의 형제들과 온 이스라엘을 위해 "피를 보복하는 자"(민 35:16-21)의 역할을 할 것이다. 일부 해석자는 기드온의 행동이 너무 난폭하고 정당화될 수 없으며 어쩌면 여섯째 계명("살인하지 말라", 출 20:13)을 위반한 것이라고 주장해왔다. 그러나 피를 보복하는 자로서 그 잔인한 왕들에게 이런 처벌을 내리는 것은 기드온의 책임이다. "피를 보복하는 자는 그 살인한 자를 자신이 죽일 것이니 그를 만나면 죽일 것이요"(민 35:19). 기드온과 그의 형제들과 관련하여 미디안 왕들이 "그들이 하나같이 왕자들의 모습과 같더라"고 말한다. 이것은 사사기에서 이스라엘의 왕권에 대한 최초의 명시적 언급이고, 이 주제는 이 책의 두 편의 결론(삿 17-21장)에서 중요한 역할을 할 것이다.

8:20-21 기드온이 그의 장남인 여델에게 세바와 살문나를 처형하도록

명령한다. 그러나 여델이 두 가지 이유로 사양한다. 첫째, 그는 두려워한다. 이는 이 이야기의 앞부분에 나오는 기드온에 관한 진술을 상기시킨다. 기드온이 한밤중에 바알 제단을 파괴한 것은 그의 두려움 때문이었고(6:27), 나중에 어떤 꿈과 그 해석에 대한 얘기를 들으려고 미디안 진영에 내려가게 된 것도 그의 두려움 때문이었다(7:10). 이를 통해 진정한 기드온의 (두려워하는) 모습과 하나님의 영이 이스라엘을 구출하도록 기드온 속에서 일해서 그에게 능력을 주시는 것이 얼마나 중요한지를 새삼 생각하게 된다. 여델이 사양하는 둘째 이유 또는 그가 두려워하는 그 저변의 이유는 그의 나이다. 그는 아직 "어려서" 전투 경험이 부족할 것이다. 여기서 사용된 단어는 다윗이 골리앗과 마주치는 장면에서 다윗을 언급할 때 거듭 사용되는 단어(삼상 17:33, 42, 55, 58)와 똑같다. 기드온이 왜 그의 아들에게 두 왕을 처형하라고 명했는지 그 이유는 알 수 없다. 아마 그런 죽음은 두 왕에게 수치심을 안겨줄 것이다(참고. 삿 9:54). 그러나 그들이 그 소년을 조롱하며 기드온에게 직접 그들을 처형하도록 그를 부추긴다. "사내대장부답게 네가 직접 우리를 쳐라"(새번역). 왕들의 최후의 말이 그들의 운명을 결정짓고 주님이 기드온에게 하신 말씀을 이루게 된다. "너는 가서 이 너의 힘으로 이스라엘을 미디안의 손에서 구원하라 내가 너를 보낸 것이 아니냐?"(6:14, 기드온의 힘의 성격과 근원에 관해서는 이 구절에 대한 주석을 참고하라). 두 왕이 처형되면서 미디안의 이스라엘 압제가 막을 내린다.

8:22-23 이스라엘 사람들은 그들이 구출받은 것에 대해 기드온을 왕으로 삼으려는 반응을 보인다. 왕권을 가리키는 정확한 단어가 사용되진 않았으나, 그 요청의 왕조적 성격은 분명히 왕권을 함축한다(참고. 왕상 4:21). 그런데 이스라엘의 요청은 하나의 비극이다. 백성의 추론은 기드온이 그들을 미디안의 손에서 구원했다는 인식이다. 그러나 사실은 전혀 그렇지 않다. 처음에 모인 병력에게 그의 의도를 분명히 밝히기 위해 양털 표징을 행하신 분은 바로 주님이었다. 군대가 3백 명이 될 때까지 조금씩 줄여서 그들이 승리를 그들 자신의 힘 덕분으로 잘못 자랑하지 못하게 했던 분도

주님이었다. 3백 명의 용사들이 서서 손에 나팔과 횃불을 들고 있는 동안 미디안 군대를 참패시킨 분도 주님이었다. 그리고 기드온에게 그분의 영을 입혀서 그분의 뜻을 이루게 한 분도 주님이었다. 기드온을 왕으로 삼으려는 것은 이스라엘의 참된 구원자이신 주님의 왕권을 거부하는 것이다. 이스라엘의 요청이 이 책에서 최저점에 해당한다면, 기드온의 반응은 그와 대조적으로 최고점에 해당한다. 하지만 사사기의 끝에 이르면, 그 땅에 왕이 없었다는 반복되는 후렴이 이스라엘이 궁극적으로 그들의 진정한 왕이신 주님을 배척하는 것으로 귀결될 것이다(삿 17:6; 18:1; 19:1; 21:25).

8:24-26 기드온은 이스라엘 사람들의 요청을 거부한 후 그 자신의 요청으로 대응한다. 각 사람이 전리품으로 취한 금귀고리를 달라고 했다. 금귀고리가 풍부했던 것은 미디안 사람들이 이스마엘의 후손이란 사실에 기인한다. 이스마엘은 사라의 여종, 하갈이 낳은 이삭의 배 다른 형제였으므로(창 16:15) 그 후손들 역시 아브라함의 자손이었다. 그들에 대해 주님이 이렇게 말씀하셨다. "이스마엘에 대하여는 내가 네 말을 들었나니 내가 그에게 복을 주어 그를 매우 크게 생육하고 번성하게 할지라 그가 열두 두령을 낳으리니 내가 그를 큰 나라가 되게 하려니와"(창 17:20). 이스마엘 사람들과 미디안 사람들의 관계는 창세기 37:25-28까지 거슬러 올라가지만 그 정확한 관계는 여전히 아리송하다. 헌물의 무게가 19킬로그램을 넘는 정도이니 참으로 상당한 재물이다.

8:27 기드온이 모은 금으로 "에봇"을 만든다. '에봇'은 히브리어 단어를 그냥 음역한 것이다. 이는 보통 제사장들과, 특히 이스라엘의 대제사장과 관련된 일종의 겉옷이다(출 35장; 39장). 사사기 17-18장에서는 미가가 불법적인 "신당"('신들을 위한 집', 삿 17:5)을 짓고 거기에 에봇을 두게 될 것이다. 다윗은 언약궤를 예루살렘으로 가져올 때 모시 에봇을 입은 채 주님 앞에서 춤을 춘다(삼하 6:14; 대상 15:27). 다윗이 사울로부터 도망칠 때는 주님께 말씀드려서 그분의 뜻을 분별하기 위해 제사장에게 에봇을 가져오라

고 명한다(삼상 23:6-14). 이처럼 신탁의 용도로 에봇을 사용하는 모습이 기드온의 행동을 잘 설명해준다. 기드온은 왕권을 거부한 만큼 이제는 에봇을 통해 주님께 자문을 구하여 그분의 뜻을 행하는 이스라엘의 사사로 섬길 것이다. 그런즉 "온 이스라엘"이 그 에봇을 음란하게 섬기는 것(참고. 삿 2:17)은 이중적인 비극이고, 그것이 기드온과 그의 집안에 올무(참고. 2:3)가 될 것이다. 그런데 이는 이 책 전반에 걸쳐 이스라엘의 주제가(歌)가 된다. 주님의 신실하심, 자비 그리고 능력 앞에서 도무지 저항할 수 없는 우상숭배의 유혹이다.

8:28 주님이 미디안을 무찌르신 후 그 땅은 사십 년 동안 안식을 누린다. 이는 옷니엘(3:11)과 바락(5:31)과 연관된 기간과 똑같다.

8:29-31 기드온은 이스라엘의 왕권 제안을 거절했기 때문에 남은 생애를 보내기 위해 그냥 자기 집으로 되돌아간다. 이후 이 기사의 저자는 다가오는 아비멜렉 내러티브에 대비하여 기드온의 아들 칠십 명과 세겜에 사는 그의 첩을 포함한 많은 아내들도 거론하는데, 그 첩은 사사기의 '반사사'(anti-judge)로 나오는 아비멜렉이란 아들을 낳는다. 본래의 혼인 언약의 표준을 위반하고 복수의 아내를 두고 있다는 말은 종종 심판과 비극의 전조 역할을 한다. 예컨대, 창세기 6장에서 하나님의 아들들이 사람의 딸들과 혼인한 것은 대홍수 심판의 시초를 장식하는 한편, 창세기 19장에서 소돔과 고모라의 성적 타락은 불로 인한 파멸을 재촉하게 된다. 뿐만 아니라, 열왕기상 11장에서 솔로몬의 거대한 후궁은 그를 통탄할 우상숭배로 이끌고, 주님의 분노를 유발하여 그 나라를 분열시키게 되고, 그 땅에서 이스라엘의 보유권의 종말이 시작되게 한다. 따라서 기드온의 많은 아내와 아들들에 대한 언급은 사사기 9장에서 그의 집안에 닥칠 비극적 사건들을 암시한다.

8:32 한 사사의 죽음은 보통 그 사사에 관한 기사의 종결과 이후 백성의

우상숭배로의 복귀를 명시한다. 여기서도 마찬가지다. 단, 약간 길게 진술되어 있다. 기드온이 "나이가 많아" 죽었다는 말은 그를 아브라함(창 15:15; 25:8)과 다윗(대상 29:28), 곧 그 죽음이 이런 식으로 묘사된 구약의 다른 두 사람과 연결시킨다. 이 사람들은 모두 죄인이지만 그들의 믿음과 용기로 칭찬을 받아 히브리서 11장에 나오는 이른바 믿음의 전당에 다함께 포함된다.

8:33-35 기드온의 죽음이 이스라엘의 우상숭배로의 즉각적 복귀를 재촉한다. 우상숭배를 "음행"으로 묘사하는 것은 이스라엘이 주님과 맺은 언약의 성격에 뿌리를 둔다. 마치 한 배우자가 다른 파트너와 음행함으로써 결혼 언약에 불성실하게 되는 것처럼(참고. 호 1-3장), 이스라엘도 주님과 맺은 언약 관계에 불성실하게 되는 것이다(참고. 겔 16장). 이 현실은 또한 그들의 거짓 신의 이름인 "바알브릿"(언약의 남편/주인)으로도 표현되어 있다. 이스라엘은 우상숭배에 빠져 주님을 잊어버리고 만다(참고. 삿 3:7 주석). 이 백성은 주님과 그분의 큰 구원을 잊어버린 만큼 주님의 구출의 도구로 활약한 기드온을 향한 감사도 하지 못한다. 주님과 사사의 밀접한 관계는 이어지는 내러티브들에도 계속 나올 것이다. 말하자면, 이스라엘이 주님을 경멸하듯이 사사도 경멸할 것이라는 뜻이다. 이것은 사사기에 묘사된 갈수록 심해지는 이스라엘의 타락을 특징짓기 위해 사용된 또 하나의 장치다.

응답

우상숭배, 예속, 고통 그리고 주님의 자비로운 구출은 사사기에 나오는 사사 내러티브들의 정해진 패턴이다. 6:13에 나오는 기드온의 의문들은 주님이 이스라엘을 구출하시는 무대를 마련해준다. "오 나의 주여 여호와께서 우리와 함께 계시면 어찌하여 이 모든 일이 우리에게 일어났나이까? 또 우리 조상들이 일찍이 우리에게 이르기를 여호와께서 우리를 애굽에서 올라오게 하신 것이 아니냐 한 그 모든 이적이 어디 있나이까?" 출애굽 전통을 따라서 주님은 기드온을 새로운 모세와 같은 인물로 세우시고 다시 그의 백성을 적의 손에서 구출하신다. 출애굽이 그랬듯이, 주님이 미디안에게서 구출한 사건 역시 앞으로 전개될 구출 행위들의 패턴 내지는 패러다임 역할을 할 것이다. 예컨대, 주님이 이사야를 통해 앗수르로부터의 구출을 약속하실 때 이집트와 미디안에 대한 과거의 승리를 상기시키면서 그렇게 하신다. "만군의 여호와께서 채찍을 들어 그를 치시되 오렙 바위에서 미디안을 쳐 죽이신 것 같이 하실 것이며 막대기를 드시되 바다를 향하여 애굽에서 하신 것 같이 하실 것이라"(사 10:26, 참고. 시 83:9-12). 모세와 기드온 둘 다 주님이 연약한 인간을 선택하사 그분의 영으로 입히셔서 그분의 구출의 도구로 사용하신 인물들이다. 주님이 가장 위대한 승리를 거두시는 것은 언제나 인간의 연약함의 맥락에서 이뤄지고, 여기에는 심지어 그분의 아들이 십자가에서 죽는 그 연약함도 포함된다.

주님이 3백 명에 불과한 기드온의 군대를 데리고 미디안에 승리를 거둔 그 놀라운 사건은 주님이 진정 이스라엘의 용사임을, 그분의 백성이 서서 지켜보는 가운데 그들을 방어하려고 싸움을 이끄시는 분임을 우리에게 상기시켜준다. 이처럼 놀라운 사건에 참여하는 일은 기드온에게 그랬듯이 우리에게도 큰 두려움을 불러일으켰을 것이다. 그러나 기드온의 두려움을 하나의 연약함 또는 성품상의 결함으로 생각하면 안 된다. 오히려, 믿음으로 기드온은 타당한 두려움에도 불구하고 용기 있게 행동하여 그분의 백성을 위한 주님의 능력을 온전히 과시하는 결과를 낳는다. 이와 같이 우리도 우리의 연약함을 자랑하도록 권면을 받는데, 이유인즉 주님의 능력이 우리 안에서 또 우리를 통해 일하시기 때문이다. "[내가] 나의 여러 약한 것들에 대하여 자랑하리니 이는 그리스도의 능력이 내게 머물게 하려 함이라"(고후 12:9).

그러나 애석하게도 이스라엘의 반응은 별로 긍정적이지 않다. 에브라임은 불평하고, 숙곳과 브누엘은 도와주길 거절하고, 이스라엘 사람들은 구출받은 것을 기드온 덕분으로 돌리며 그를 왕으로 삼으려고 한다. 참으로 그들은 눈이 있으나 보지 못하고 귀가 있으나 듣지 못한다. 이는 우상과 거짓 신들을 경배하는 이들에 대한 저주이다(시 115:4-8. 참고. 신 29:4; 사 6:9-10). 이스라엘은 미디안의 패배를 통해 믿음으로 하나님의 능력을 인지하지 못한 나머지 기드온이 죽자 금방 우상숭배와 타락으로 복귀하여 사사기의 비극적 주기에 동참한다. 이는 하나님의 백성에게 경고를 발하는 또 하나의 본보기다. "그들과 같이 우리도 복음 전함을 받은 자이나 들은바 그 말씀이 그들에게 유익하지 못한 것은 듣는 자가 믿음과 결부시키지 아니함이라"(히 4:2).

1 여룹바알의 아들 아비멜렉이 세겜에 가서 그의 어머니의 형제에게
이르러 그들과 그의 외조부의 집의 온 가족에게 말하여 이르되 2 청하
노니 너희는 세겜의 모든 사람들의 귀에 말하라 여룹바알의 아들 칠
십 명이 다 너희를 다스림과 한 사람이 너희를 다스림이 어느 것이 너
희에게 나으냐 또 나는 너희와 골육임을 기억하라 하니
1 Now Abimelech the son of Jerubbaal went to Shechem to his mother's
relatives and said to them and to the whole clan of his mother's family,
2 "Say in the ears of all the leaders of Shechem, 'Which is better for
you, that all seventy of the sons of Jerubbaal rule over you, or that one
rule over you?' Remember also that I am your bone and your flesh."

3 그의 어머니의 형제들이 그를 위하여 이 모든 말을 세겜의 모든 사
람들의 귀에 말하매 그들의 마음이 아비멜렉에게로 기울어서 이르기
를 그는 우리 형제라 하고 4 바알브릿 신전에서 은 칠십 개를 내어 그
에게 주매 아비멜렉이 그것으로 방탕하고 경박한 사람들을 사서 자기
를 따르게 하고 5 오브라에 있는 그의 아버지의 집으로 가서 여룹바알

의 아들 곧 자기 형제 칠십 명을 한 바위 위에서 죽였으되 다만 여룹
바알의 막내 아들 요담은 스스로 숨었으므로 남으니라 6 세겜의 모든
사람과 밀로 모든 족속이 모여서 세겜에 있는 상수리나무 기둥 곁에
서 아비멜렉을 왕으로 삼으니라

3 And his mother's relatives spoke all these words on his behalf in the
ears of all the leaders of Shechem, and their hearts inclined to follow
Abimelech, for they said, "He is our brother." 4 And they gave him
seventy pieces of silver out of the house of Baal-berith with which
Abimelech hired worthless and reckless fellows, who followed him.
5 And he went to his father's house at Ophrah and killed his brothers the
sons of Jerubbaal, seventy men, on one stone. But Jotham the youngest
son of Jerubbaal was left, for he hid himself. 6 And all the leaders of
Shechem came together, and all Beth-millo, and they went and made
Abimelech king, by the oak of the pillar at Shechem.

7 사람들이 요담에게 그 일을 알리매 요담이 그리심산 꼭대기로 가서
서서 그의 목소리를 높여 그들에게 외쳐 이르되 세겜 사람들아 내 말
을 들으라 그리하여야 하나님이 너희의 말을 들으시리라 8 하루는 나
무들이 나가서 기름을 부어 자신들 위에 왕으로 삼으려 하여 감람나
무에게 이르되 너는 우리 위에 왕이 되라 하매 9 감람나무가 그들에
게 이르되 내게 있는 나의 기름은 하나님과 사람을 영화롭게 하나니
내가 어찌 그것을 버리고 가서 나무들 위에 우쭐대리요 한지라 10 나
무들이 또 무화과나무에게 이르되 너는 와서 우리 위에 왕이 되라 하
매 11 무화과나무가 그들에게 이르되 나의 단 것과 나의 아름다운 열
매를 내가 어찌 버리고 가서 나무들 위에 우쭐대리요 한지라 12 나무
들이 또 포도나무에게 이르되 너는 와서 우리 위에 왕이 되라 하매
13 포도나무가 그들에게 이르되 하나님과 사람을 기쁘게 하는 내 포

도주를 내가 어찌 버리고 가서 나무들 위에 우쭐대리요 한지라 14 이
에 모든 나무가 가시나무에게 이르되 너는 와서 우리 위에 왕이 되라
하매 15 가시나무가 나무들에게 이르되 만일 너희가 참으로 내게 기름
을 부어 너희 위에 왕으로 삼겠거든 와서 내 그늘에 피하라 그리하지
아니하면 불이 가시나무에서 나와서 레바논의 백향목을 사를 것이니
라 하였느니라

7 When it was told to Jotham, he went and stood on top of Mount
Gerizim and cried aloud and said to them, "Listen to me, you leaders
of Shechem, that God may listen to you. 8 The trees once went out to
anoint a king over them, and they said to the olive tree, 'Reign over
us.' 9 But the olive tree said to them, 'Shall I leave my abundance, by
which gods and men are honored, and go hold sway over the trees?'
10 And the trees said to the fig tree, 'You come and reign over us.'
11 But the fig tree said to them, 'Shall I leave my sweetness and my
good fruit and go hold sway over the trees?' 12 And the trees said to the
vine, 'You come and reign over us.' 13 But the vine said to them, 'Shall
I leave my wine that cheers God and men and go hold sway over the
trees?' 14 Then all the trees said to the bramble, 'You come and reign
over us.' 15 And the bramble said to the trees, 'If in good faith you are
anointing me king over you, then come and take refuge in my shade,
but if not, let fire come out of the bramble and devour the cedars of
Lebanon.'

16 이제 너희가 아비멜렉을 세워 왕으로 삼았으니 너희가 행한 것이
과연 진실하고 의로우냐 이것이 여룹바알과 그의 집을 선대함이냐 이
것이 그의 손이 행한 대로 그에게 보답함이냐 17 우리 아버지가 전에
죽음을 무릅쓰고 너희를 위하여 싸워 미디안의 손에서 너희를 건져냈

거늘 18 너희가 오늘 일어나 우리 아버지의 집을 쳐서 그의 아들 칠십
명을 한 바위 위에서 죽이고 그의 여종의 아들 아비멜렉이 너희 형제
가 된다고 그를 세워 세겜 사람들 위에 왕으로 삼았도다 19 만일 너희
가 오늘 여룹바알과 그의 집을 대접한 것이 진실하고 의로운 일이면
너희가 아비멜렉으로 말미암아 기뻐할 것이요 아비멜렉도 너희로 말
미암아 기뻐하려니와 20 그렇지 아니하면 아비멜렉에게서 불이 나와
서 세겜 사람들과 밀로의 집을 사를 것이요 세겜 사람들과 밀로의 집
에서도 불이 나와 아비멜렉을 사를 것이니라 하고 21 요담이 그의 형
제 아비멜렉 앞에서 도망하여 피해서 브엘로 가서 거기에 거주하니라
16 "Now therefore, if you acted in good faith and integrity when you
made Abimelech king, and if you have dealt well with Jerubbaal and
his house and have done to him as his deeds deserved— 17 for my
father fought for you and risked his life and delivered you from the
hand of Midian, 18 and you have risen up against my father's house
this day and have killed his sons, seventy men on one stone, and have
made Abimelech, the son of his female servant, king over the leaders
of Shechem, because he is your relative— 19 if you then have acted in
good faith and integrity with Jerubbaal and with his house this day, then
rejoice in Abimelech, and let him also rejoice in you. 20 But if not, let
fire come out from Abimelech and devour the leaders of Shechem and
Beth-millo; and let fire come out from the leaders of Shechem and from
Beth-millo and devour Abimelech." 21 And Jotham ran away and fled
and went to Beer and lived there, because of Abimelech his brother.

22 아비멜렉이 이스라엘을 다스린 지 삼 년에 23 하나님이 아비멜렉
과 세겜 사람들 사이에 악한 영을 보내시매 세겜 사람들이 아비멜렉
을 배반하였으니 24 이는 여룹바알의 아들 칠십 명에게 저지른 포학한

일을 갚되 그들을 죽여 피 흘린 죄를 그들의 형제 아비멜렉과 아비멜
렉의 손을 도와 그의 형제들을 죽이게 한 세겜 사람들에게로 돌아가
게 하심이라 25 세겜 사람들이 산들의 꼭대기에 사람을 매복시켜 아비
멜렉을 엿보게 하고 그 길로 지나는 모든 자를 다 강탈하게 하니 어떤
사람이 그것을 아비멜렉에게 알리니라

22 Abimelech ruled over Israel three years. 23 And God sent an evil spirit
between Abimelech and the leaders of Shechem, and the leaders of
Shechem dealt treacherously with Abimelech, 24 that the violence done
to the seventy sons of Jerubbaal might come, and their blood be laid on
Abimelech their brother, who killed them, and on the men of Shechem,
who strengthened his hands to kill his brothers. 25 And the leaders of
Shechem put men in ambush against him on the mountaintops, and
they robbed all who passed by them along that way. And it was told to
Abimelech.

26 에벳의 아들 가알이 그의 형제와 더불어 세겜에 이르니 세겜 사람
들이 그를 신뢰하니라 27 그들이 밭에 가서 포도를 거두어다가 밟아
짜서 연회를 베풀고 그들의 신당에 들어가서 먹고 마시며 아비멜렉을
저주하니 28 에벳의 아들 가알이 이르되 아비멜렉은 누구며 세겜은 누
구기에 우리가 아비멜렉을 섬기리요 그가 여룹바알의 아들이 아니냐
그의 신복은 스불이 아니냐 차라리 세겜의 아버지 하몰의 후손을 섬
길 것이라 우리가 어찌 아비멜렉을 섬기리요 29 이 백성이 내 수하에
있었더라면 내가 아비멜렉을 제거하였으리라 하고 아비멜렉에게 이
르되 네 군대를 증원해서 나오라 하니라

26 And Gaal the son of Ebed moved into Shechem with his relatives,
and the leaders of Shechem put confidence in him. 27 And they went
out into the field and gathered the grapes from their vineyards and trod

them and held a festival; and they went into the house of their god and
ate and drank and reviled Abimelech. 28 And Gaal the son of Ebed said,
"Who is Abimelech, and who are we of Shechem, that we should serve
him? Is he not the son of Jerubbaal, and is not Zebul his officer? Serve
the men of Hamor the father of Shechem; but why should we serve
him? 29 Would that this people were under my hand! Then I would
remove Abimelech. I would say[1] to Abimelech, 'Increase your army,
and come out.'"

30 그 성읍의 방백 스불이 에벳의 아들 가알의 말을 듣고 노하여 31 사
자들을 아비멜렉에게 가만히 보내어 이르되 보소서 에벳의 아들 가
알과 그의 형제들이 세겜에 이르러 그 성읍이 당신을 대적하게 하니
32 당신은 당신과 함께 있는 백성과 더불어 밤에 일어나 밭에 매복하
였다가 33 아침 해 뜰 때에 당신이 일찍 일어나 이 성읍을 엄습하면 가
알 및 그와 함께 있는 백성이 나와서 당신을 대적하리니 당신은 기회
를 보아 그에게 행하소서 하니

30 When Zebul the ruler of the city heard the words of Gaal the son of
Ebed, his anger was kindled. 31 And he sent messengers to Abimelech
secretly,[2] saying, "Behold, Gaal the son of Ebed and his relatives have
come to Shechem, and they are stirring up[3] the city against you. 32 Now
therefore, go by night, you and the people who are with you, and set an
ambush in the field. 33 Then in the morning, as soon as the sun is up,
rise early and rush upon the city. And when he and the people who are
with him come out against you, you may do to them as your hand finds
to do."

34 아비멜렉과 그와 함께 있는 모든 백성이 밤에 일어나 네 떼로 나누

어 세겜에 맞서 매복하였더니 35 에벳의 아들 가알이 나와서 성읍 문
입구에 설 때에 아비멜렉과 그와 함께 있는 백성이 매복하였던 곳에
서 일어난지라 36 가알이 그 백성을 보고 스불에게 이르되 보라 백성
이 산 꼭대기에서부터 내려오는도다 하니 스불이 그에게 이르되 네가
산 그림자를 사람으로 보았느니라 하는지라 37 가알이 다시 말하여 이
르되 보라 백성이 밭 가운데를 따라 내려오고 또 한 떼는 므오느님 상
수리나무 길을 따라 오는도다 하니 38 스불이 그에게 이르되 네가 전
에 말하기를 아비멜렉이 누구이기에 우리가 그를 섬기리요 하던 그
입이 이제 어디 있느냐 이들이 네가 업신여기던 그 백성이 아니냐 청
하노니 이제 나가서 그들과 싸우라 하니 39 가알이 세겜 사람들보다
앞에 서서 나가 아비멜렉과 싸우다가 40 아비멜렉이 그를 추격하니 그
앞에서 도망하였고 부상하여 엎드러진 자가 많아 성문 입구까지 이르
렀더라 41 아비멜렉은 아루마에 거주하고 스불은 가알과 그의 형제들
을 쫓아내어 세겜에 거주하지 못하게 하더니

34 So Abimelech and all the men who were with him rose up by night
and set an ambush against Shechem in four companies. 35 And Gaal
the son of Ebed went out and stood in the entrance of the gate of the
city, and Abimelech and the people who were with him rose from the
ambush. 36 And when Gaal saw the people, he said to Zebul, "Look,
people are coming down from the mountaintops!" And Zebul said to
him, "You mistake[4] the shadow of the mountains for men." 37 Gaal
spoke again and said, "Look, people are coming down from the center
of the land, and one company is coming from the direction of the
Diviners' Oak." 38 Then Zebul said to him, "Where is your mouth now,
you who said, 'Who is Abimelech, that we should serve him?' Are
not these the people whom you despised? Go out now and fight with
them." 39 And Gaal went out at the head of the leaders of Shechem and

9장

fought with Abimelech. 40 And Abimelech chased him, and he fled
before him. And many fell wounded, up to the entrance of the gate.
41 And Abimelech lived at Arumah, and Zebul drove out Gaal and his
relatives, so that they could not dwell at Shechem.

42 이튿날 백성이 밭으로 나오매 사람들이 그것을 아비멜렉에게 알리
니라 43 아비멜렉이 자기 백성을 세 무리로 나누어 밭에 매복시켰더니
백성이 성에서 나오는 것을 보고 일어나 그들을 치되 44 아비멜렉과
그 떼는 돌격하여 성문 입구에 서고 두 무리는 밭에 있는 자들에게 돌
격하여 그들을 죽이니 45 아비멜렉이 그날 종일토록 그 성을 쳐서 마
침내는 점령하고 거기 있는 백성을 죽이며 그 성을 헐고 소금을 뿌리
니라

42 On the following day, the people went out into the field, and
Abimelech was told. 43 He took his people and divided them into
three companies and set an ambush in the fields. And he looked and
saw the people coming out of the city. So he rose against them and
killed them. 44 Abimelech and the company that was with him rushed
forward and stood at the entrance of the gate of the city, while the
two companies rushed upon all who were in the field and killed them.
45 And Abimelech fought against the city all that day. He captured the
city and killed the people who were in it, and he razed the city and
sowed it with salt.

46 세겜 망대의 모든 사람들이 이를 듣고 엘브릿 신전의 보루로 들어
갔더니 47 세겜 망대의 모든 사람들이 모인 것이 아비멜렉에게 알려지
매 48 아비멜렉 및 그와 함께 있는 모든 백성이 살몬산에 오르고 아비
멜렉이 손에 도끼를 들고 나뭇가지를 찍어 그것을 들어올려 자기 어

깨에 메고 그와 함께 있는 백성에게 이르되 너희는 내가 행하는 것을
보나니 빨리 나와 같이 행하라 하니 49 모든 백성들도 각각 나뭇가지
를 찍어서 아비멜렉을 따라 보루 위에 놓고 그것들이 얹혀 있는 보루
에 불을 놓으매 세겜 망대에 있는 사람들이 다 죽었으니 남녀가 약 천
명이었더라

46 When all the leaders of the Tower of Shechem heard of it, they
entered the stronghold of the house of El-berith. 47 Abimelech was told
that all the leaders of the Tower of Shechem were gathered together.
48 And Abimelech went up to Mount Zalmon, he and all the people who
were with him. And Abimelech took an axe in his hand and cut down a
bundle of brushwood and took it up and laid it on his shoulder. And he
said to the men who were with him, "What you have seen me do, hurry
and do as I have done." 49 So every one of the people cut down his
bundle and following Abimelech put it against the stronghold, and they
set the stronghold on fire over them, so that all the people of the Tower
of Shechem also died, about 1,000 men and women.

50 아비멜렉이 데베스에 가서 데베스에 맞서 진 치고 그것을 점령하
였더니 51 성읍 중에 견고한 망대가 있으므로 그 성읍 백성의 남녀가
모두 그리로 도망하여 들어가서 문을 잠그고 망대 꼭대기로 올라간지
라 52 아비멜렉이 망대 앞에 이르러 공격하며 망대의 문에 가까이 나
아가서 그것을 불사르려 하더니 53 한 여인이 맷돌 위짝을 아비멜렉의
머리 위에 내려 던져 그의 두개골을 깨뜨리니 54 아비멜렉이 자기의
무기를 든 청년을 급히 불러 그에게 이르되 너는 칼을 빼어 나를 죽이
라 사람들이 나를 가리켜 이르기를 여자가 그를 죽였다 할까 하노라
하니 그 청년이 그를 찌르매 그가 죽은지라 55 이스라엘 사람들이 아
비멜렉이 죽은 것을 보고 각각 자기 처소로 떠나갔더라 56 아비멜렉이

9장

그의 형제 칠십 명을 죽여 자기 아버지에게 행한 악행을 하나님이 이
같이 갚으셨고 57 또 세겜 사람들의 모든 악행을 하나님이 그들의 머
리에 갚으셨으니 여룹바알의 아들 요담의 저주가 그들에게 응하니라

50 Then Abimelech went to Thebez and encamped against Thebez
and captured it. 51 But there was a strong tower within the city, and
all the men and women and all the leaders of the city fled to it and
shut themselves in, and they went up to the roof of the tower. 52 And
Abimelech came to the tower and fought against it and drew near to the
door of the tower to burn it with fire. 53 And a certain woman threw an
upper millstone on Abimelech's head and crushed his skull. 54 Then he
called quickly to the young man his armor-bearer and said to him, "Draw
your sword and kill me, lest they say of me, 'A woman killed him.'"
And his young man thrust him through, and he died. 55 And when the
men of Israel saw that Abimelech was dead, everyone departed to his
home. 56 Thus God returned the evil of Abimelech, which he committed
against his father in killing his seventy brothers. 57 And God also made
all the evil of the men of Shechem return on their heads, and upon them
came the curse of Jotham the son of Jerubbaal.

1 Septuagint; Hebrew *and he said* *2* Or *at Tormah* *3* Hebrew *besieging*, or *closing up* *4* Hebrew *You see*

단락 개관

기드온이 왕이 되어 이스라엘을 다스리길 거절한 것은 주님이 이스라엘의 참된 왕이심을 깨달았기 때문이다. 그러므로 기드온의 고백 직후 그의 아들 중 하나가 불법적인 방식으로 왕권을 움켜쥐는 장면은 하나의 비극이다. 신명기는 이스라엘이 그 땅에 정착한 다음의 왕권을 위한 법을 제정하는데, 왕은 "반드시 네 하나님 여호와께서 택하신 자"(신 17:15)라야 한다. 그러나 아비멜렉이 칠십 명의 형제들 중에 단 한 명만 빼놓고 모두 살해한 후 스스로 왕이 된다.

아비멜렉 내러티브는 세 부분으로 나뉜다. 아비멜렉의 상승, 요담의 저주 그리고 아비멜렉의 몰락이다. 기드온 기사의 에필로그(삿 8:29-35)가 아비멜렉 내러티브의 배경을 제공한다. 기드온은 많은 아내들, 일종의 후궁(8:30)을 거느렸기에 아들이 칠십 명이나 되었다. 그런데 이에 더하여 세겜에 사는 한 첩이 낳은 또 하나의 아들, 아비멜렉도 있었다(8:31). 아울러 기드온이 죽자 이스라엘이 다른 신들을 좇아 음행했고(8:33) 그래서 이스라엘을 향한 주님과 기드온의 선한 손길을 잊어버리고 말았다는 것도 알게 된다(8:34-35). 많은 아내, 우상숭배 그리고 끔찍한 심판의 조합은 열왕기상 11장에 나오는 솔로몬의 왕권에 대한 평가에 다시 등장한다.

아비멜렉은 사사기에 나오는 반(反)사사이다. 그는 하나님께서 일으킨 사람이 아니라 스스로 일어난 사람이다. 그는 하나님의 백성을 구출하는 것이 아니라 그들을 죽이고 억압한다. 그는 그 땅에 안식을 가져오는 게 아니라 그곳을 무죄한 피로 더럽힌다. 그래서 우리는 민수기 35:33을 기억하게 된다. "너희는 너희가 거주하는 땅을 더럽히지 말라 피는 땅을 더럽히나니 피 흘림을 받은 땅은 그 피를 흘리게 한 자의 피가 아니면 속함을 받을 수 없느니라"(참고. 창 9:5-6). 마지막에는 하나님께서 아비멜렉의 죽음과 세겜 사람들의 파멸로 그 땅을 깨끗하게 하실 것이다.

단락 개요

II. 사사들(3:7-16:31)

2. 아비멜렉[9:1-57, 반(反)사사]

a. 아비멜렉이 왕으로 즉위하다(9:1-6)

b. 요담의 저주(9:7-21)

c. 아비멜렉이 왕위에서 추락하다(9:22-57)

주석

9:1-2 아비멜렉의 신원이 여룹바알의 아들로 밝혀져 있는데, 여룹바알은 사사기 6장에서 기드온이 바알 제단을 헐었을 때 받은 이름이다. 이제는 아비멜렉이 왕이 되고픈 욕심으로 기드온의 집안을 헐어버리려고 한다. 아비멜렉이란 이름은 '내 아버지가 왕이다' 또는 '왕의 아버지'라는 뜻이다. 어느 편이든 그 맥락을 감안하면 무척 충격적인 이름이다. 무엇이 아비멜렉으로 하여금 이런 방식으로 권력을 움켜잡게 촉구하는지는 불분명하다. 하지만 아비멜렉이 어머니의 집안(외갓집)에 제기한 질문은 앞 장에 나오는 이스라엘의 요청과 기드온의 왕위 거절을 분명히 상기시킨다. 8:22-23에 네 번 사용된 '다스리다'란 동사가 이곳 2절에 두 번 더 나온다. "어느 것이 너희에게 나으냐?"란 말은 기드온의 아들 칠십 명이 당시에 이스라엘을 다스리고 있다는 것을 암시하는 듯하다. 이것이 사실일지 모르지만, 그 말은 세겜의 충성심을 촉발하고 용병 부대를 만들기 위해 자금을 확보하려는 아비멜렉의 기만책일 수도 있다. 그의 요청은 그가 외갓집과 생물학적 친척관계가 있다는 사실에 근거를 둔다. 이는 하나의 아이러니다. 아비멜렉은 자기가 살해하려는 칠십 명과도 혈연관계가 있기 때문이다.

9:3-5 아비멜렉의 외가 친척이 세겜의 '지도자들'(ESV 참고, 개역개정은 "모든 사람들")에게 아비멜렉의 대의를 지지하도록 설득한다. '지도자'에 해당하는 히브리어는 사사기 전체에서 '바알'로 번역된 단어와 똑같다. 이것은 의도적인 언어유희다. 이스라엘은 바알을 경배하고, 세겜 사람들은 아비멜렉을 지지하려고 "바알브릿" 신전에서 돈을 가져온다. 바알을 경배하는 자들이 세겜의 바알들이 된 셈이다. 실제로 우리는 우리가 경배하는 대상과 같아진다. "우상들을 만드는 자들과 그것을 의지하는 자들이 다 그와 같으리로다"(시 115:8). 바알브릿 신전에서 돈을 가져오는 것은 아비멜렉과 세겜 사람들의 행동을 그들의 우상숭배와 연결시킨다. 그들은 주님의 길과 그분의 좋은 율법, 즉 삶을 보호하고 부양해주는 것을 버리고 말았다. 바알의 길은 곧 죽음의 길이고, 이것이 다음에 나오는 내용이다.

아비멜렉의 용병 부대는 "건달과 불량배"(새번역)로 구성되어 있다. "건달"로 번역된 단어(worthless)는 '빈'(empty)이란 뜻으로 사사기 7:16에서 빈 항아리와 11:3에서 입다에게 모인 남자들을 묘사하려고 사용된 단어와 동일하다. 이 단어가 이런 남자들의 성품이나 그들의 지위 중 어느 것을 묘사하는지는 분명치 않다. 그들은 다른 어떤 연줄이나 헌신으로부터도 자유롭거나 비어있기 때문에 아비멜렉과 합류할 수 있다. '무모한'(ESV 참고)으로 번역된 용어는 '무례한, 버릇없는, 무모한'을 의미할 수 있으므로 확실히 그들의 불량한 성품을 묘사한다. 그들은 무모하고 이용 가능한 자들인즉 아비멜렉이 그의 악한 명령을 따르게 하려고 그들을 돈으로 사는 것이다.

생물학적 친척관계라는 아이러니한 주제가 이 구절들에도 계속 이어진다. 세겜 사람들은 "그는 우리 형제"(9:3)라는 이유로 아비멜렉을 지지하기로 동의한다. 그런데 그들의 지지를 받아 그는 다름 아닌 "자기 형제[들]"(5절)을 살해하려고 계획한다. 세겜 사람들은 그 상황을 더욱 신중하게 고려했어야 했다. 사실은 친척관계가 아비멜렉에게 아무런 의미가 없다. 그는 곧 세겜의 모든 사람을 죽이고 그 성읍을 파괴하기 위해 되돌아올 것이기 때문이다(9:45-49). 결국에는 기드온의 막내아들인 요담을 제외하고 아무도 살아남지 못한다. 기드온의 아들들의 죽음은 큰 비극이고, 나중에 "아비멜렉이 그의 형제 칠십 명을 죽여 자기 아버지에게 행한 악행"(9:56)으로 묘사되어 있다. 우리는 또한 8:18-19에 기록된 기드온의 형제들의 죽음도 기억하게 된다. 이스라엘의 우상숭배는 계속해서 죽음과 점증하는 타락으로 그 배당금을 지불한다. 하지만 이 당시에는 이스라엘이 그 자체의 최악의 적이다.

9:6 이 내러티브의 첫째 단락은 아비멜렉이 그의 형제들을 처형한 후 왕으로 취임하는 것으로 끝난다. 이것은 또한 그 땅에서 이스라엘 왕이 하나님의 백성을 다스리는 최초의 경우다. 주님은 아브라함과 족장들에게 왕들이 그들의 몸에서 나올 것이라고 약속했으나(창 17:6, 16; 35:11), 아비멜렉은 결코 참된 왕이 아니다. 그는 일종의 반(反)왕(anti-king)이다. 주님은 그를 선택하지 않았고, 아비멜렉은 왕위의 법(신 17:14-20)에 따라 통치하지 않는다. 참된 왕은 장차 그의 형제들이 그와 함께 다스리게 하기 위해 그의 목숨을 내어놓도록 하나님께서 일으키실 것이다(요 10:11-18). 그런데 이와 정반대로, 아비멜렉은 그의 형제들의 목숨을 탈취함으로써 왕이 된다.

9:7 기드온의 칠십 아들들 중에 오직 요담만 살아남은 것은 형제들의 대학살이 일어나는 날에 몸을 숨겼기 때문이다(9:5). 그는 이제 이 크나큰 악행을 바로잡기 위해 되돌아와서 하나님의 임재를 간구한다. 그리심산을 무대로 삼은 것은 우연이 아니다. 그리심산과 에발산은 모세 언약의 관리 아래 있던 축복과 저주의 산들이다(신 11:29; 27:12). 예전에 이 두 산 앞에서 온 이스라엘이 하나님의 율법에 대한 순종(또는 불순종)에 대해 규정된 축복과 저주를 들으려고 모였었는데, 그것은 이 산들이 언약의 영구적인 증인의 역할을 하게 하기 위해서였다(수 8:33). 그리심은 축복의 산이었다. 요담이 이 산 위에 선다는 사실은 아비멜렉이 하나님이 축복으로 의도하신 것(왕위)을 취해 그것을 저주로 바꾸었음을 시사한다. 요담은 아비멜렉이 그랬듯이 일을 자기 스스로 추진하지 않는다. 그 대신 주님이 그분의 언약을

신실하게 지키실 것을 신뢰한다. 그 모든 일이 끝나는 데는 삼 년이 걸리지만, 주님은 스스로 그의 언약법에 불충실한 자들을 저주하는 신실한 분임을 실제로 보여주신다(참고. 삿 9:56-57).

9:8-15 요담의 저주는 자연의 요소들이 말하는 우화로 시작된다. 이 경우에는 요담이 자기주장을 입증하기 위해 말하는 나무를 사용한다. 우화에 나오는 나무들은 특히 세겜 사람들뿐만 아니라 일반적으로 온 이스라엘을 상징한다. 나중에 이 나무들은 "레바논의 백향목"(15절)이라 불린다. 네 가지 유형의 나무들(또는 식물들)이 우화에서 생동감을 얻는다. 감람나무, 무화과나무, 포도나무 그리고 가시나무다. 처음 세 나무들은 열매를 맺는 나무들로서 이스라엘을 위한 복의 근원이다(신 8:8). 마치 기드온이 하나님의 백성을 위해 복의 역할을 한 것과 같다. 과일나무 셋이 왕위의 제안을 거절하는 이유는 그것이 열매를 맺는 본연의 목적을 이루지 못하게 할 것이기 때문이다. 이와 똑같이, 주님은 기드온을 왕이 되도록 일으키지 않으셨다. 오히려 주님이 그들의 왕이었고 기드온은 단지 주님의 구출 도구였을 뿐이다. 기드온은 더 많은 것을 움켜잡지 않은 채 주님의 신정(神政)적 경륜 안에서 그의 역할을 완수했다. 일단 구출이 이뤄진 다음에는 기드온이 자기 집으로 돌아갔다.

9장

가시나무(털갈매나무, 가시덤불)는 열매를 못 맺는 나무이고 불을 지피는 데만 적합하다. "가시나무"를 가리키는 히브리어 단어는 이 우화와 시편 58:9에만 나온다. "가시나무 불이 가마를 뜨겁게 하기 전에 생나무든지 불붙는 나무든지 강한 바람으로 휩쓸려가게 하소서." 시편 58편은 다윗이 하나님께 악인을 심판해달라고 기도하는 저주의 시편이다. 바로 아비멜렉과 같은 인간이다. 이 시편의 마지막 행은 요담의 저주에 담긴 목적을 밝혀준다. "진실로 땅에서 심판하시는 하나님이 계시다"(시 58:11). 가시나무의 반응은 앞의 세 과일나무들과 같지 않다. 가시나무는 왕위의 제안을 받아들이되 경고를 한다. 만일 이스라엘이 "참으로"(선한 믿음으로) 아비멜렉을 왕으로 삼았다면, 그들이 그의 그늘 아래 피하게 될 것이다. 그러나 그렇지 않다면, 불이 가시나무에서 뿜어 나와 그들을 살라버릴 것이다.

9:16-21 요담의 우화에 대한 해석이 따라온다. 열매를 맺는 세 나무에 대한 언급은 없다. 초점은 전적으로 가시나무(아비멜렉)와 레바논의 백향목(아비멜렉을 왕으로 삼은 사람들, 삿 9:6)에 있다. 요담의 해석은 세겜의 지도자들이 선한 믿음으로 행하지 않았음을 시사한다(17-18절). 그러나 요담이 재판관의 역할을 하진 않을 것이다. 요담은 우화와 그 해석을 전달한 후 그의 형제로 인해(21절) 브엘로 도망해서 주님이 판결을 내리실 것을 기다린다. 나중에는 가시나무에서 불이 뿜어 나와서 세겜 사람들과 가시나무 자체를 살라버릴 터인데, 이는 하나님이 그들의 행동을 "악하다"고 판결하신 결과다(9:56-57).

9:22 아비멜렉의 통치에 대한 기사는 여기서 시작하여 이번 장 끝까지 이어진다. 그 끝에는 그의 죽음과 그의 행동에 대한 평가가 기록되어 있다. 아비멜렉의 통치는 불과 삼 년밖에 되지 않고 요담의 저주로부터 아비멜렉의 죽음까지 이르는 짧은 기간이다. 달리 말하면, 이어지는 사건들은 이 삼 년 동안 일어난 일들이다. 여기서 '다스렸다'(ruled over)로 번역된 단어는 8:22-23과 9:2에 사용된 동사와 같지 않고, 왕권('통치하다, 왕이 되다')을 가리키는 표준적인 히브리어 동사와도 다르다. 이 특정 동사는 구약에 단 여섯 번만 나오고[민 16:13(2번); 삿 9:22; 사 32:1; 잠 8:16; 에 1:22], 여기에 사용된 것은 아비멜렉의 불법적인 통치에 대한 저자의 암묵적 평가를 반영한다.

9:23-24 주님은 아비멜렉과 세겜의 지도자들(또는 '바알들', 참고. 9:3-5 주석) 가운데 적대감을 불러일으키기 위해 양자 사이에 악한 영을 보내심으로 그들에 대한 심판을 착수하신다. "악한 영"이란 표현은 이곳과 사무엘상 16:14에만 나오는데, 후자는 때때로 '해로운 영'으로 번역된다. 이 호칭의 변형들 가운데는 "하나님이 보내신 악한[해로운] 영"과 "주님이 보내신 악한[해로운] 영"(참고. 삼상 16:15-16, 23; 18:10; 19:9)이 포함된다. 이 모든 일은

사울이 이스라엘의 왕으로서 주님께 버림 받은 후 그와 관련하여 일어난다. 아비멜렉과 사울의 경우는 모두 악한/해로운 영의 파송이 길고 일그러진 과정을 시작하여 결국 그 왕의 타락한 통치와 전투에서의 죽음으로 귀결된다. 이 경우에 악한 영을 보내신 것은 여룹바알의 아들 칠십 명이 살해되었기 때문이다. 이와 같이 주님은 그분의 백성 가운데 피를 보복하는 자로 서 계신다.

9:25-29 아비멜렉을 향한 적대감이 세겜의 지도자들로 그에 대해 복병을 배치하도록 부추긴다. 그들은 기다리는 동안 통행인을 강탈하여 그 땅을 드보라 이전의 시대처럼 억압받는 곳으로 만든다(삿 5:6-7). 하나님이 보내신 악한 영은 에벳의 아들인 가알의 형태로 구현되어 나타난다. 포도수확이 한창일 때 세겜 사람들이 가알과 더불어 이방 신(바알브릿)의 집에서 잔치를 벌인다. 그들이 포도주를 마시고 대담해져서 아비멜렉을 '욕하는'(또는 '저주하는') 것 같다. 이를 기회로 삼아 가알은, 만일 성읍 사람들이 그를 통치자로 삼을 것이라면, 자기가 기꺼이 아비멜렉을 제거하겠다고 자랑하며 권력을 잡으려고 한다.

가알은 그의 형제들과 세겜 지역으로 들어가서 금방 그 지도자들의 신뢰를 얻는다. 28절에서 가알은 그 자신을 세겜의 아버지, 즉 본래 그 성읍에 거주하던 가나안 주민들의 아버지인 하몰(창 34:2)과 동일시한다. 가알이 그의 혈통을 언급하면서 아비멜렉의 통치를 전복시키려고 하는 것은 하나의 아이러니다. 예전에 아비멜렉이 왕이 될 때 바로 그 전략을 썼기 때문이다(삿 9:1-3). 26절에 나오는 "자기 친족"(새번역)이란 말은 "그의 형제[들]"(개역개정)로 번역될 수도 있는데, 이는 이 내러티브의 초반, 즉 아비멜렉이 세겜 사람들과 제휴한 후("그의 우리 형제라", 3절) 나가서 "자기 형제"(5절)를 살해한 대목을 상기시켜준다. 이처럼 가족에 대한 충성이 타락한 모습은 나중에 이 책의 끝부분에서 베냐민 지파가 멸절될 위기에 처할 때 다시 나타난다.

9:30-33 아비멜렉이 떠난 동안에는 스불이란 사람이 성읍을 주관한 것처럼 보인다. 28절에서는 스불이 "그의 심복"이라 불리는데, 이 어구는 '그의 감독, 행정가, 리더 또는 대표'로 번역될 수도 있고 다른 사람을 대신해 특정한 자격으로 섬기도록 임명받은 사람을 일컫는다.[28] 30절에서는 스불이 "그 성읍의 통치자"(새번역)로 묘사되어 있다. '통치자'란 단어는 22절에서 아비멜렉의 통치를 묘사하려고 사용된 동사의 명사형이어서 그 둘의 관계를 강화시키고 있다. 스불은 가알의 자랑을 들은 후 아비멜렉에게 메시지를 보낸다. "가만히"(몰래)로 번역된 단어는 히브리어 성경에서 여기에만 나오고, 그 정확한 뜻은 알려져 있지 않다. 일부 해석자는 스불이 가알에게 충성하는 체하면서 아비멜렉에게 메신저를 보냈으니 이 단어가 '비겁하게'란 뜻이라고 주장해왔다. 다른 학자들은 본문이 아루마(Arumah)라는 고유명사로 수정되어야 한다고 주장하는데, 그곳이 41절에서 아비멜렉이 실제로 살고 있는 장소로 나오기 때문이라고 한다. 번역상의 모호함이 이 본문의 전반적인 뜻이나 해석에 극적인 영향을 미치지는 않는다. 하지만 나중에 스불이 아비멜렉의 군대가 매복하다 그 성읍을 향해 몰려오는 모습에 대해 가알을 속이는 장면(36절)을 보면, 스불의 행동에 기만적인 뉘앙스가 있는 듯하다.

스불은 아비멜렉에게 가알과 그의 친족이 그 성읍에 와서 주민들이 그를 대적하도록 "충동질[한다]"(새번역)는 메시지를 보낸다. 이것은 사무엘상 23:8에 나오듯이, 어떤 군대가 한 성읍을 둘러싸거나 포위하는 모습을 묘사할 때 사용되는 동사다. "사울이 모든 백성을 군사로 불러 모으고 그일라로 내려가서 다윗과 그의 사람들을 에워싸려 하더니." 이 동사의 사용은 가알과 아비멜렉 사이에 실제로 물리적 공격이 일어나기 전에 이미 전쟁이 시작되었음을 시사한다. 스불은 아비멜렉에게 그곳으로 와서 밤중에 매복하고 있으라고 조언한다. 이는 세겜의 지도자들이 꾸몄던 책략과 동

28 참고. *HALOT*, 2:960.

일한 것이다(9:25).

9:34-41 아비멜렉이 스불의 계획을 좇은 후 가알과 그의 친족을 세겜에서 쫓아낸다. 아비멜렉의 승리는 스불이 가알을 속인 행동(36절)의 도움도 받았다. 그 덕분에 가알이 그의 병력을 모으고 성공적인 방어진을 치기 전에 아비멜렉과 그의 병력이 성읍에 도착할 수 있었기 때문이다. 40절에서 "부상한"으로 번역된 단어는 '살해된'으로 번역될 수도 있은즉, 이는 참혹한 결과를 보여준다. 아비멜렉이 아루마에 거주한다는 말(41절)은 그가 어머니의 성읍에서 환영받지 못했음을 시사한다.

9:42-45 아비멜렉은 가알과 그의 친족을 세겜에서 쫓아낸 다음 그 성읍의 주민들과 전쟁을 벌인다. 본문은 이 사건이 그 다음날 일어난다고 말하는데, 이는 성읍의 사람들이 포도 수확을 계속하려고 들판으로 나가는 날을 의미한다(27절). 이는 아비멜렉에게 또 한번 매복할 수 있는 기회를 준다. 그의 병력이 세 그룹으로 나뉘고, 첫째 그룹은 성문으로 가는 길을 단절시켜 사람들이 되돌아가서 성읍에서 피난처를 찾지 못하게 한다. 둘째 그룹과 셋째 그룹은 들판에 있는 세겜 사람들을 공격해서 죽인다. 그 전투는 온종일 지속된다. 아비멜렉이 주민들을 죽이고, 성읍을 파괴하고, 그곳에 소금을 뿌린다. 이것은 그 땅을 불모지로 만들 것이며, 이는 언약에 불충실한 경우에 대한 하나님의 경고를 상기시키는 땅에 대한 저주다. "그 온 땅이 유황이 되며 소금이 되며 또 불에 타서 심지도 못하며 결실함도 없으며 거기에는 아무 풀도 나지 아니함이 옛적에 여호와께서 진노와 격분으로 멸하신 소돔과 고모라와 아드마와 스보임의 무너짐과 같음을 보고"(신 29:23).

9:46-49 사사기 9:45에는 아비멜렉이 세겜 성읍을 점령하고, 그 주민들을 죽이고, 성읍을 파괴했다고 기록되어 있었다. 이제 우리는 그 성읍이 파괴되고 주민들이 죽임을 당하는 중에 일어나는 특정한 사건으로 되돌아간

다. 히브리식 내러티브의 공통된 특징 하나는 특정한 사건에 대한 요약문으로 시작한 다음 그 사건에 대한 보다 상세한 기사를 제공하되 특별히 중요한 특징 하나에 초점을 맞춘다는 것이다. 예컨대, 창세기 1:1에는 하나님께서 보이지 않는 것(하늘)과 보이는 것(땅, 참고. 골 1:16)을 모두 창조하셨다고 기록되어 있다. 이어서 창세기 1:2-31에는 하나님께서 어떻게 육일 동안 땅(보이는 영역)을 창조하셨는지가 서술된다. 이후 창세기 2:4-25에서는 여섯째 날의 사건에 관해 더욱 자세히 들려주기 위해 다시 되돌아간다. 그래서 창세기 2장 끝에 이르면 여섯째 날의 사건들이 갈수록 더 상세하게 세 번이나 묘사되어 있다. 이와 비슷하게 여기서도 저자가 되돌아가서 사사기 9:45에 요약된 사건들에 대해 더욱 상세히 서술한다. 이 구절들의 초점은 요담이 말한 저주의 성취에 해당하는 세겜의 파멸에 있다. 그 성읍의 주민들이 기드온의 아들 칠십 명의 살해에 가담했기 때문에 불이 가시나무(아비멜렉)로부터 나와서 온통 그들을 살라버렸다(9:15, 20).

"세겜 망대에 있던 성읍 지도자들[또는 '바알들', 참고. 9:3-5 주석]"(새번역)은 아비멜렉을 왕으로 삼고 기드온의 칠십 아들들을 살해하도록 그에게 자원을 제공했던 지도자들을 말한다. "엘브릿"은 8:33과 9:4에 언급된 바알브릿의 또 다른 이름인 듯하다. '요새'(ESV, 개역개정판은 "지하 동굴")로 번역된 단어는 이 구절들에 세 번 나오고 나중에 사무엘상 13:6(여기서는 "은밀한 곳"으로 번역됨)에만 나온다. "이스라엘 사람들이 위급함을 보고 절박하여 굴과 수풀과 바위틈과 은밀한 곳과 웅덩이에 숨으며." 이 용어는 일종의 내실, 적으로부터 숨는 최후의 피난처를 가리키는 듯하다. 사사기 9:49에서는 이곳이 세겜의 망대와 연관이 있다. 아마 신전, 망대 그리고 내실 또는 요새가 그 성읍에서 다양한 예배 기능과 군사적 기능을 담당하는 단일한 복합체를 이뤘을 것이다. 성읍의 지도자들이 망대 안에 갇혀있을 때, 아비멜렉은 그 성읍의 주민들과 함께 요새를 불태워버릴 계획을 고안한다. 아비멜렉과 그의 군대는 살몬산으로 올라가서, 나뭇가지를 찍고, "약 천 명의 남녀"가 갇힌 요새를 불태우는데 그 나무를 사용한다. 살몬산의 위치는 알 수 없다. 일부 해석자는 그것이 그리심산이나 에발산을 일컫는 또 다른 이름이라고 주장했다. 이 단어는 시편 68:14에만 다시 나올 뿐이다. '살몬'은 '그늘'이나 '어둠'이란 뜻이므로, 이 구절들에 기록된 어두운 사건들의 성격을 암시할지 모른다.

9:50-55 아비멜렉이 세겜을 파멸시킨 후 왜 데베스를 공격했는지는 밝히지 않는다. 그 대신 이 단락은 사사기의 반(反)사사 또는 반(反)왕으로서 아비멜렉의 죽음의 성격에 초점을 둔다. 데베스에서의 전투는 여러 면에서 세겜에서의 전투와 비슷하다. 첫째, 아비멜렉이 그 성읍을 점령하고, 그 주민들이 성읍 망대 안에서 피난처를 찾는데, 이번에는 지붕 위에 있다. 둘째, 아비멜렉은 세겜에서 그랬듯이 그 속에 있는 성읍 주민들과 함께 망대를 불태우려고 한다. 그런데 이번에는 한 여인이 지붕에서 맷돌 윗짝을 집어던져서 아비멜렉의 머리통을 부숴버린다. 이것은 사사기에서 여인이 남자의 머리를 깨뜨린 두 번째 사건이다(참고. 4:21-22). 다시 한번 우리는 하나님의 약속, 곧 여자의 후손이 뱀의 머리를 상하게 하고 하나님의 백성을 적으로부터 구출할 것이란 약속(창 3:15)을 상기하게 된다. "두개골"(삿 9:53)을 가리키는 히브리어는 또한 예수님이 십자가에 달린 장소를 떠올리게 한다. "그들이 예수를 맡으매 예수께서 자기의 십자가를 지시고 해골(히브리 말로 골고다)이라 하는 곳에 나가시니"(요 19:17, 참고. 마 27:33; 막 15:22). 아비멜렉의 죽음에 관한 기사는 그의 두개골이 부서진 장소, 골고다의 구약판(版)이다.

반(反)사사 또는 반(反)왕으로서 아비멜렉의 죽음은 또 다른 반(反)왕적 인물인 사울과 여러 특징을 공유한다. 예컨대, 아비멜렉과 사울 둘 다 전투에서 부상을 당했으나 더욱 수치스러운 죽음을 피하기 위해 무기 드는 병사에게 자기를 죽여 달라고 한다(삼상 31:4). 블레셋 사람들은 치욕과 정복의 행위로서 사울의 두개골을 제거하여 다곤 신전에 달아놓는다(대상 10:10, 거기서 "머리"로 번역된 단어가 사사기 9:53에 나오는 "두개골"과 동일한 단어). 예수님이 골고다에서 십자가에 달릴 때 빌라도가 그의 머리 위에 붙인 명패에는 "유대인의 왕"(요 19:19)이라고 적혀 있었다. 아비멜렉과 사울은 그들의 죄 때문에 죽는 반(反)왕적인 인물들이다(삿 9:56; 대상 10:13-14). 반면에 예수님은 다윗의 후손으로 참된 왕이지만 우리로 언젠가 새 하늘과 새 땅에서 그분과 함께 다스리게 하려고 우리의 죄 때문에 죽으신다.

9:56-57 이 마지막 대목은 아비멜렉 내러티브에 대한 신학적 평가를 제공한다. 첫째, 하나님께서 그의 형제 칠십 명을 죽인 것에 대해 '아비멜렉의 죄값을 갚으셨다'고 한다. 하나님은 또한 아비멜렉을 왕으로 삼은 세겜의 죄악도 '그들의 머리로'(ESV 참고) 돌리셨다. 요담의 저주가 그대로 성취된 것이다. "아비멜렉에게서 불이 나와서 세겜 사람들과 밀로의 집을 사를 것이요 세겜 사람들과 밀로의 집에서도 불이 나와 아비멜렉을 사를 것이니라"(삿 9:20). 56절과 57절은 하나님을 그 땅에서 심판을 초래한 분으로 묘사한다. 그분이 직접 여룹바알의 아들 칠십 명의 무죄한 피를 보복하신 것이다.

응답

아비멜렉은 사사기에 나오는 반(反)사사다. 주님은 이 남자를 일으키지 않으셨고 아비멜렉이 스스로를 일으켰다. 그는 이스라엘을 적으로부터 구원하지 않는다. 오히려 그는 그로부터 이스라엘이 구원받아야 할 적이다. 그는 땅에 안식을 가져오지 않고 황폐하게 한다. 아비멜렉 내러티브는 여호수아와 그의 세대가 죽은 이후 바이러스처럼 확산되던 이스라엘의 내적 타락을 충분히 보여준다. 이 긴 이야기에서 사사기의 저자는 떡덩이 속 누룩이자 전체의 일부에 해당하는 아비멜렉과 세겜 사람들의 타락상에 대해 상당한 지면을 할애한다. 이는 "해 아래"(전 1:9, 14) 영위하는 삶의 그림, 말하자면, 주님의 왕권과 언약적인 삶을 저버리는 인생의 그림을 보여준다. 형제 살해, 배신, 전쟁 그리고 죽음 등이 이런 삶의 열매들이다. 이 기사는 장래 세대에게 경고를 주는 이야기이고, 그래서 사도 바울이 고린도전서 10:11-13에서 우리에게 이렇게 경고하는 것이다.

> 그들에게 일어난 이런 일은 본보기가 되고 또한 말세를 만난 우리를 깨우치기 위하여 기록되었느니라 그런즉 선 줄로 생각하는 자는 넘어질까 조심하라 사람이 감당할 시험 밖에는 너희가 당한 것이 없나니 오직 하나님은 미쁘사 너희가 감당하지 못할 시험 당함을 허락하지 아니하시고 시험 당할 즈음에 또한 피할 길을 내사 너희로 능히 감당하게 하시느니라.

1 아비멜렉의 뒤를 이어서 잇사갈 사람 도도의 손자 부아의 아들 돌라
가 일어나서 이스라엘을 구원하니라 그가 에브라임 산지 사밀에 거주
하면서 2 이스라엘의 사사가 된 지 이십삼 년 만에 죽으매 사밀에 장
사되었더라

1 After Abimelech there arose to save Israel Tola the son of Puah, son
of Dodo, a man of Issachar, and he lived at Shamir in the hill country of
Ephraim. 2 And he judged Israel twenty-three years. Then he died and
was buried at Shamir.

3 그 후에 길르앗 사람 야일이 일어나서 이십이 년 동안 이스라엘의
사사가 되니라 4 그에게 아들 삼십 명이 있어 어린 나귀 삼십을 탔고
성읍 삼십을 가졌는데 그 성읍들은 길르앗 땅에 있고 오늘까지 [1)]하봇
야일이라 부르더라 5 야일이 죽으매 가몬에 장사되었더라

3 After him arose Jair the Gileadite, who judged Israel twenty-two
years. 4 And he had thirty sons who rode on thirty donkeys, and they
had thirty cities, called Havvoth-jair to this day, which are in the land
of Gilead. 5 And Jair died and was buried in Kamon.

1) 야일의 동네

단락 개관

이 단락에서 우리는 두 명의 작은 사사들을 만난다. 그들은 함께 묶여 있다. 첫 번째 사사 패널(옷니엘, 에훗, 드보라/바락)에서는 에훗과 드보라/바락 사이에 삼갈밖에 등장하지 않는다. 여기에서는 기드온/아비멜렉과 입다 사이에 돌라와 야일이 등장한다. 입산, 엘론, 압돈은 입다와 삼손 사이에 세 명의 작은 사사들로 구성된 한 그룹으로 다함께 등장할 것이다. 이 그룹들을 살펴보면, 한 명에서 두 명을 거쳐 세 명으로 점차 증가하는 것을 알 수 있다. 하지만 이런 식으로 묶어놓은 이유는 알 수 없다. 여섯 명의 큰 사사들과 더불어 등장하는 여섯 명의 작은 사사들은 확실히 이스라엘의 열두 지파를 상징하지만, 이 책에서 그들을 배치한 방식은 하나의 미스터리로 남아 있다. 그들이 절정에 해당하는 인물들(드보라/바락, 입다, 삼손)을 향해 점진적으로 이끌어가고 있을 가능성은 있다. 하지만 이런 평가는 기드온을 배제시킨다. 기드온도 분명히 사사기에서 절정에 해당하는 인물인데도 말이다.

단락 개요

II. 사사들(3:7-16:31)
  B. 제2군: 세 명의 큰 사사들(6:1-16:31)
    3. 돌라(10:1-2, 작은 사사)
    4. 야일(10:3-5, 작은 사사)

주석

10:1-2 돌라는 이 책에 나오는 두 번째 작은 사사다. 그는 잇사갈 지파 출신인데 에브라임에서 살고 있다. 잇사갈의 유산은 서편 므낫세의 북쪽과 스불론의 남쪽에 자리 잡고 있고, 에브라임은 서편 므낫세의 바로 남쪽에 있다.[29] 1절은 돌라가 "이스라엘을 구원하려고" 일어난다고 말하지만, 본문은 적의 이름, 예속 기간 또는 구출의 성격을 제공하지 않는다. 돌라의 이름, 그의 아버지와 할아버지의 이름 그리고 그의 거주지에 덧붙여 본문이 기록하는 것은 그가 이십 삼년 동안 사사로 일했고 마침내 죽어서 사밀, 즉 에브라임에 장사되었다는 사실뿐이다. 돌라는 창세기 46:13, 민수기 26:23 그리고 역대상 7:1에 나오는 목록에도 실려 있다.

10:3-5 길르앗 사람 야일은 세 번째 작은 사사다. 길르앗은 요단 동편 지역으로 갓과 동편 므낫세에 걸쳐 있다. 야일은 이십 이년 동안 이스라엘의 사사로 일하고 죽어서 가몬에 장사되었다. 사사기 9:3에 나오는 사사로서의 섬김과 9:5에 나오는 그의 죽음 사이에 신기한 사실이 기록되어 있다. 그의 아들 삼십 명이 나귀 삼십 마리를 탔고 삼십 성읍을 갖고 있었다는 것이다. 이것은 후궁, 상당한 재물 그리고 길르앗에서의 큰 영향력을 의미한다. 야일은 또한 민수기 32:41에 므낫세의 아들로 기록되어 있고 삼십 성읍 내지는 마을을 점령해서 이름을 붙였다고 한다. "하봇"이란 단어는 '마을'을 뜻하는 히브리어 명사의 여성복수형이므로 하봇야일은 '야일의 마을들'이란 뜻이다(참고. 신 3:14; 수 13:30).

29 지파별 유산을 보려면 다음 책을 참고하라. Currid and Barrett, *Crossway ESV Bible Atlas*, 107, map 4.13.

응답

돌라와 야일의 간략한 기사는 어둡고 어려운 시기에 하나님께서 계속해서 그분의 백성을 구원하고 구출하시며 적절한 리더십을 공급하신다는 것을 우리에게 상기시켜준다. 또한 이 잇따르는 사사들은 하나님의 신정적인 경륜 가운데 그들의 역할이 한시적 성격을 띠고 있음을 우리에게 상기시킨다. 사사에 이어 사사가, 왕에 이어 왕이 등장하다가 마침내 궁극적 사사이자 왕이신 분이 오셔서 마지막 단번의 승리로 하나님의 백성을 구출하시되 그 승리가 영원토록 지속되는 날이 올 것이다. "그가…이제 자기를 단번에 제물로 드려 죄를 없이 하시려고 세상 끝에 나타나셨느니라"(히 9:26, 참고. 7:27; 9:12; 10:10). 바로 이분, 즉 예수님이 되돌아오실 때는 영원토록 다스리실 것이고(계 11:15), 우리도 그분과 함께 다스릴 것이다(22:5).

10:6 이스라엘 자손이 다시 여호와의 목전에 악을 행하여 바알들과 아
스다롯과 아람의 신들과 시돈의 신들과 모압의 신들과 암몬 자손의
신들과 블레셋 사람들의 신들을 섬기고 여호와를 버리고 그를 섬기지
아니하므로 7 여호와께서 이스라엘에게 진노하사 블레셋 사람들의 손
과 암몬 자손의 손에 그들을 파시매 8 그해에 그들이 요단강 저쪽 길
르앗에 있는 아모리 족속의 땅에 있는 모든 이스라엘 자손을 쳤으며
열여덟 해 동안 억압하였더라 9 암몬 자손이 또 요단을 건너서 유다와
베냐민과 에브라임 족속과 싸우므로 이스라엘의 곤고가 심하였더라

10:6 The people of Israel again did what was evil in the sight of the Lord
and served the Baals and the Ashtaroth, the gods of Syria, the gods of
Sidon, the gods of Moab, the gods of the Ammonites, and the gods
of the Philistines. And they forsook the Lord and did not serve him.
7 So the anger of the Lord was kindled against Israel, and he sold them
into the hand of the Philistines and into the hand of the Ammonites,
8 and they crushed and oppressed the people of Israel that year. For
eighteen years they oppressed all the people of Israel who were beyond

the Jordan in the land of the Amorites, which is in Gilead. 9 And the
Ammonites crossed the Jordan to fight also against Judah and against
Benjamin and against the house of Ephraim, so that Israel was severely
distressed.

10 이스라엘 자손이 여호와께 부르짖어 이르되 우리가 우리 하나님
을 버리고 바알들을 섬김으로 주께 범죄하였나이다 하니 11 여호와께
서 이스라엘 자손에게 이르시되 내가 애굽 사람과 아모리 사람과 암
몬 자손과 블레셋 사람에게서 너희를 구원하지 아니하였느냐 12 또 시
돈 사람과 아말렉 사람과 마온 사람이 너희를 압제할 때에 너희가 내
게 부르짖으므로 내가 너희를 그들의 손에서 구원하였거늘 13 너희가
나를 버리고 다른 신들을 섬기니 그러므로 내가 다시는 너희를 구원
하지 아니하리라 14 가서 너희가 택한 신들에게 부르짖어 너희의 환난
때에 그들이 너희를 구원하게 하라 하신지라 15 이스라엘 자손이 여호
와께 여쭈되 우리가 범죄하였사오니 주께서 보시기에 좋은 대로 우리
에게 행하시려니와 오직 주께 구하옵나니 오늘 우리를 건져내옵소서
하고 16 자기 가운데에서 이방 신들을 제하여 버리고 여호와를 섬기매
여호와께서 이스라엘의 곤고로 말미암아 마음에 근심하시니라
10 And the people of Israel cried out to the Lord, saying, "We have
sinned against you, because we have forsaken our God and have served
the Baals." 11 And the Lord said to the people of Israel, "Did I not save
you from the Egyptians and from the Amorites, from the Ammonites
and from the Philistines? 12 The Sidonians also, and the Amalekites
and the Maonites oppressed you, and you cried out to me, and I saved
you out of their hand. 13 Yet you have forsaken me and served other
gods; therefore I will save you no more. 14 Go and cry out to the gods
whom you have chosen; let them save you in the time of your distress."

15 And the people of Israel said to the Lord, "We have sinned; do to us
whatever seems good to you. Only please deliver us this day." 16 So
they put away the foreign gods from among them and served the Lord,
and he became impatient over the misery of Israel.

17 그때에 암몬 자손이 모여서 길르앗에 진을 쳤으므로 이스라엘 자
손도 모여서 미스바에 진을 치고 18 길르앗 백성과 방백들이 서로 이
르되 누가 먼저 나가서 암몬 자손과 싸움을 시작하랴 그가 길르앗 모
든 주민의 머리가 되리라 하니라
17 Then the Ammonites were called to arms, and they encamped in
Gilead. And the people of Israel came together, and they encamped at
Mizpah. 18 And the people, the leaders of Gilead, said one to another,
"Who is the man who will begin to fight against the Ammonites? He
shall be head over all the inhabitants of Gilead."

11:1 길르앗 사람 입다는 큰 용사였으니 기생이 길르앗에게서 낳은 아
들이었고 2 길르앗의 아내도 그의 아들들을 낳았더라 그 아내의 아들
들이 자라매 입다를 쫓아내며 그에게 이르되 너는 다른 여인의 자식
이니 우리 아버지의 집에서 기업을 잇지 못하리라 한지라 3 이에 입다
가 그의 형제들을 피하여 돕 땅에 거주하매 잡류가 그에게로 모여 와
서 그와 함께 출입하였더라
11:1 Now Jephthah the Gileadite was a mighty warrior, but he was the
son of a prostitute. Gilead was the father of Jephthah. 2 And Gilead's
wife also bore him sons. And when his wife's sons grew up, they drove
Jephthah out and said to him, "You shall not have an inheritance in our
father's house, for you are the son of another woman." 3 Then Jephthah
fled from his brothers and lived in the land of Tob, and worthless

fellows collected around Jephthah and went out with him.

4 얼마 후에 암몬 자손이 이스라엘을 치려 하니라 5 암몬 자손이 이스
라엘을 치려 할 때에 길르앗 장로들이 입다를 데려오려고 돕 땅에 가
서 6 입다에게 이르되 우리가 암몬 자손과 싸우려 하니 당신은 와서
우리의 장관이 되라 하니 7 입다가 길르앗 장로들에게 이르되 너희
가 전에 나를 미워하여 내 아버지 집에서 쫓아내지 아니하였느냐 이
제 너희가 환난을 당하였다고 어찌하여 내게 왔느냐 하니라 8 그러므
로 길르앗 장로들이 입다에게 이르되 이제 우리가 당신을 찾아온 것
은 우리와 함께 가서 암몬 자손과 싸우게 하려 함이니 그리하면 당신
이 우리 길르앗 모든 주민의 머리가 되리라 하매 9 입다가 길르앗 장
로들에게 이르되 너희가 나를 데리고 고향으로 돌아가서 암몬 자손과
싸우게 할 때에 만일 여호와께서 그들을 내게 넘겨 주시면 내가 과연
너희의 머리가 되겠느냐 하니 10 길르앗 장로들이 입다에게 이르되 여
호와는 우리 사이의 증인이시니 당신의 말대로 우리가 그렇게 행하리
이다 하니라 11 이에 입다가 길르앗 장로들과 함께 가니 백성이 그를
자기들의 머리와 장관을 삼은지라 입다가 미스바에서 자기의 말을 다
여호와 앞에 아뢰니라

4 After a time the Ammonites made war against Israel. 5 And when
the Ammonites made war against Israel, the elders of Gilead went
to bring Jephthah from the land of Tob. 6 And they said to Jephthah,
"Come and be our leader, that we may fight against the Ammonites."
7 But Jephthah said to the elders of Gilead, "Did you not hate me and
drive me out of my father's house? Why have you come to me now
when you are in distress?" 8 And the elders of Gilead said to Jephthah,
"That is why we have turned to you now, that you may go with us and
fight against the Ammonites and be our head over all the inhabitants of

Gilead." 9 Jephthah said to the elders of Gilead, "If you bring me home
again to fight against the Ammonites, and the Lord gives them over to
me, I will be your head." 10 And the elders of Gilead said to Jephthah,
"The Lord will be witness between us, if we do not do as you say."
11 So Jephthah went with the elders of Gilead, and the people made him
head and leader over them. And Jephthah spoke all his words before the
Lord at Mizpah.

12 입다가 암몬 자손의 왕에게 사자들을 보내 이르되 네가 나와 무슨
상관이 있기에 내 땅을 치러 내게 왔느냐 하니 13 암몬 자손의 왕이 입
다의 사자들에게 대답하되 이스라엘이 애굽에서 올라올 때에 아르논
에서부터 얍복과 요단까지 내 땅을 점령했기 때문이니 이제 그것을
평화롭게 돌려 달라 하니라 14 입다가 암몬 자손의 왕에게 다시 사자
들을 보내 15 그에게 이르되 입다가 이같이 말하노라 이스라엘이 모압
땅과 암몬 자손의 땅을 점령하지 아니하였느니라 16 이스라엘이 애굽
에서 올라올 때에 광야로 행하여 홍해에 이르고 가데스에 이르러서는
17 이스라엘이 사자들을 에돔 왕에게 보내어 이르기를 청하건대 나를
네 땅 가운데로 지나게 하라 하였으나 에돔 왕이 이를 듣지 아니하였
고 또 그와 같이 사람을 모압 왕에게도 보냈으나 그도 허락하지 아니
하므로 이스라엘이 가데스에 머물렀더니
12 Then Jephthah sent messengers to the king of the Ammonites and
said, "What do you have against me, that you have come to me to fight
against my land?" 13 And the king of the Ammonites answered the
messengers of Jephthah, "Because Israel on coming up from Egypt took
away my land, from the Arnon to the Jabbok and to the Jordan; now
therefore restore it peaceably." 14 Jephthah again sent messengers to the
king of the Ammonites 15 and said to him, "Thus says Jephthah: Israel

did not take away the land of Moab or the land of the Ammonites,
16 but when they came up from Egypt, Israel went through the
wilderness to the Red Sea and came to Kadesh. 17 Israel then sent
messengers to the king of Edom, saying, 'Please let us pass through
your land,' but the king of Edom would not listen. And they sent also
to the king of Moab, but he would not consent. So Israel remained at
Kadesh.

18 그 후에 광야를 지나 에돔 땅과 모압 땅을 돌아서 모압 땅의 해 뜨
는 쪽으로 들어가 아르논 저쪽에 진 쳤고 아르논은 모압의 경계이므
로 모압 지역 안에는 들어가지 아니하였으며 19 이스라엘이 헤스본
왕 곧 아모리 족속의 왕 시혼에게 사자들을 보내어 그에게 이르되 청
하건대 우리를 당신의 땅으로 지나 우리의 곳에 이르게 하라 하였으
나 20 시혼이 이스라엘을 믿지 아니하여 그의 지역으로 지나지 못하게
할 뿐 아니라 그의 모든 백성을 모아 야하스에 진 치고 이스라엘을 치
므로 21 이스라엘의 하나님 여호와께서 시혼과 그의 모든 백성을 이스
라엘의 손에 넘겨 주시매 이스라엘이 그들을 쳐서 그 땅 주민 아모리
족속의 온 땅을 점령하되 22 아르논에서부터 얍복까지와 광야에서부
터 요단까지 아모리 족속의 온 지역을 점령하였느니라 23 이스라엘의
하나님 여호와께서 이같이 아모리 족속을 자기 백성 이스라엘 앞에
서 쫓아내셨거늘 네가 그 땅을 얻고자 하는 것이 옳으냐 24 네 신 그모
스가 네게 주어 차지하게 한 것을 네가 차지하지 아니하겠느냐 우리
하나님 여호와께서 우리 앞에서 어떤 사람이든지 쫓아내시면 그것을
우리가 차지하리라 25 이제 네가 모압 왕 십볼의 아들 발락보다 더 나
은 것이 있느냐 그가 이스라엘과 더불어 다툰 일이 있었느냐 싸운 일
이 있었느냐 26 이스라엘이 헤스본과 그 마을들과 아로엘과 그 마을들
과 아르논 강가에 있는 모든 성읍에 거주한 지 삼백 년이거늘 그 동안

에 너희가 어찌하여 도로 찾지 아니하였느냐 27 내가 네게 죄를 짓지
아니하였거늘 네가 나를 쳐서 내게 악을 행하고자 하는도다 원하건대
심판하시는 여호와께서 오늘 이스라엘 자손과 암몬 자손 사이에 판결
하시옵소서 하였으나 28 암몬 자손의 왕이 입다가 사람을 보내어 말한
것을 듣지 아니하였더라

18 "Then they journeyed through the wilderness and went around the
land of Edom and the land of Moab and arrived on the east side of the
land of Moab and camped on the other side of the Arnon. But they
did not enter the territory of Moab, for the Arnon was the boundary of
Moab. 19 Israel then sent messengers to Sihon king of the Amorites,
king of Heshbon, and Israel said to him, 'Please let us pass through your
land to our country,' 20 but Sihon did not trust Israel to pass through
his territory, so Sihon gathered all his people together and encamped
at Jahaz and fought with Israel. 21 And the Lord, the God of Israel,
gave Sihon and all his people into the hand of Israel, and they defeated
them. So Israel took possession of all the land of the Amorites, who
inhabited that country. 22 And they took possession of all the territory
of the Amorites from the Arnon to the Jabbok and from the wilderness
to the Jordan. 23 So then the Lord, the God of Israel, dispossessed the
Amorites from before his people Israel; and are you to take possession
of them? 24 Will you not possess what Chemosh your god gives you to
possess? And all that the Lord our God has dispossessed before us, we
will possess. 25 Now are you any better than Balak the son of Zippor,
king of Moab? Did he ever contend against Israel, or did he ever go to
war with them? 26 While Israel lived in Heshbon and its villages, and in
Aroer and its villages, and in all the cities that are on the banks of the
Arnon, 300 years, why did you not deliver them within that time? 27 I

therefore have not sinned against you, and you do me wrong by making
war on me. The Lord, the Judge, decide this day between the people of
Israel and the people of Ammon." 28 But the king of the Ammonites did
not listen to the words of Jephthah that he sent to him.

29 이에 여호와의 영이 입다에게 임하시니 입다가 길르앗과 므낫세를
지나서 길르앗의 미스베에 이르고 길르앗의 미스베에서부터 암몬 자
손에게로 나아갈 때에 30 그가 여호와께 서원하여 이르되 주께서 과연
암몬 자손을 내 손에 넘겨 주시면 31 내가 암몬 자손에게서 평안히 돌
아올 때에 누구든지 내 집 문에서 나와서 나를 영접하는 그는 여호와
께 돌릴 것이니 내가 그를 번제물로 드리겠나이다 하니라 32 이에 입
다가 암몬 자손에게 이르러 그들과 싸우더니 여호와께서 그들을 그의
손에 넘겨 주시매 33 아로엘에서부터 민닛에 이르기까지 이십 성읍을
치고 또 아벨 그라밈까지 매우 크게 무찌르니 이에 암몬 자손이 이스
라엘 자손 앞에 항복하였더라
29 Then the Spirit of the Lord was upon Jephthah, and he passed
through Gilead and Manasseh and passed on to Mizpah of Gilead,
and from Mizpah of Gilead he passed on to the Ammonites. 30 And
Jephthah made a vow to the Lord and said, If you will give the
Ammonites into my hand, 31 then whatever[1] comes out from the doors
of my house to meet me when I return in peace from the Ammonites
shall be the Lord's, and I will offer it[2] up for a burnt offering." 32 So
Jephthah crossed over to the Ammonites to fight against them, and the
Lord gave them into his hand. 33 And he struck them from Aroer to the
neighborhood of Minnith, twenty cities, and as far as Abel-keramim,
with a great blow. So the Ammonites were subdued before the people
of Israel.

34 입다가 미스바에 있는 자기 집에 이를 때에 보라 그의 딸이 소고를
잡고 춤추며 나와서 영접하니 이는 그의 무남독녀라 35 입다가 이를
보고 자기 옷을 찢으며 이르되 어찌할꼬 내 딸이여 너는 나를 참담하
게 하는 자요 너는 나를 괴롭게 하는 자 중의 하나로다 내가 여호와를
향하여 입을 열었으니 능히 돌이키지 못하리로다 하니 36 딸이 그에게
이르되 나의 아버지여 아버지께서 여호와를 향하여 입을 여셨으니 아
버지의 입에서 낸 말씀대로 내게 행하소서 이는 여호와께서 아버지를
위하여 아버지의 대적 암몬 자손에게 원수를 갚으셨음이니이다 하니
라 37 또 그의 아버지에게 이르되 이 일만 내게 허락하사 나를 두 달만
버려 두소서 내가 내 여자 친구들과 산에 가서 나의 처녀로 죽음을 인
하여 애곡하겠나이다 하니 38 그가 이르되 가라 하고 두 달을 기한하
고 그를 보내니 그가 그 여자 친구들과 가서 산 위에서 처녀로 죽음을
인하여 애곡하고 39 두 달 만에 그의 아버지에게로 돌아온지라 그는
자기가 서원한 대로 딸에게 행하니 딸이 남자를 알지 못하였더라 이
것이 이스라엘에 관습이 되어 40 이스라엘의 딸들이 해마다 가서 길르
앗 사람 입다의 딸을 위하여 나흘씩 애곡하더라

34 Then Jephthah came to his home at Mizpah. And behold, his
daughter came out to meet him with tambourines and with dances. She
was his only child; besides her he had neither son nor daughter. 35 And
as soon as he saw her, he tore his clothes and said, "Alas, my daughter!
You have brought me very low, and you have become the cause of
great trouble to me. For I have opened my mouth to the Lord, and I
cannot take back my vow." 36 And she said to him, "My father, you
have opened your mouth to the Lord; do to me according to what has
gone out of your mouth, now that the Lord has avenged you on your
enemies, on the Ammonites." 37 So she said to her father, "Let this thing
be done for me: leave me alone two months, that I may go up and down

on the mountains and weep for my virginity, I and my companions."
38 So he said, "Go." Then he sent her away for two months, and she
departed, she and her companions, and wept for her virginity on the
mountains. 39 And at the end of two months, she returned to her father,
who did with her according to his vow that he had made. She had never
known a man, and it became a custom in Israel 40 that the daughters
of Israel went year by year to lament the daughter of Jephthah the
Gileadite four days in the year.

12:1 에브라임 사람들이 모여 북쪽으로 가서 입다에게 이르되 네가 암
몬 자손과 싸우러 건너갈 때에 어찌하여 우리를 불러 너와 함께 가게
하지 아니하였느냐 우리가 반드시 너와 네 집을 불사르리라 하니 2 입
다가 그들에게 이르되 나와 내 백성이 암몬 자손과 크게 싸울 때에 내
가 너희를 부르되 너희가 나를 그들의 손에서 구원하지 아니한 고로
3 나는 너희가 도와 주지 아니하는 것을 보고 내 목숨을 돌보지 아니
하고 건너가서 암몬 자손을 쳤더니 여호와께서 그들을 내 손에 넘겨
주셨거늘 너희가 어찌하여 오늘 내게 올라와서 나와 더불어 싸우고
자 하느냐 하니라 4 입다가 길르앗 사람을 다 모으고 에브라임과 싸웠
으며 길르앗 사람들이 에브라임을 쳐서 무찔렀으니 이는 에브라임의
말이 너희 길르앗 사람은 본래 에브라임에서 도망한 자로서 에브라임
과 므낫세 중에 있다 하였음이라 5 길르앗 사람이 에브라임 사람보다
앞서 요단강 나루턱을 장악하고 에브라임 사람의 도망하는 자가 말하
기를 청하건대 나를 건너가게 하라 하면 길르앗 사람이 그에게 묻기
를 네가 에브라임 사람이냐 하여 그가 만일 아니라 하면 6 그에게 이
르기를 쉽볼렛이라 발음하라 하여 에브라임 사람이 그렇게 바로 말하
지 못하고 십볼렛이라 발음하면 길르앗 사람이 곧 그를 잡아서 요단
강 나루턱에서 죽였더라 그때에 에브라임 사람의 죽은 자가 사만 이

천 명이었더라

12:1 The men of Ephraim were called to arms, and they crossed to
Zaphon and said to Jephthah, "Why did you cross over to fight against
the Ammonites and did not call us to go with you? We will burn your
house over you with fire." 2 And Jephthah said to them, "I and my
people had a great dispute with the Ammonites, and when I called you,
you did not save me from their hand. 3 And when I saw that you would
not save me, I took my life in my hand and crossed over against the
Ammonites, and the Lord gave them into my hand. Why then have you
come up to me this day to fight against me?" 4 Then Jephthah gathered
all the men of Gilead and fought with Ephraim. And the men of Gilead
struck Ephraim, because they said, "You are fugitives of Ephraim,
you Gileadites, in the midst of Ephraim and Manasseh." 5 And the
Gileadites captured the fords of the Jordan against the Ephraimites. And
when any of the fugitives of Ephraim said, "Let me go over," the men
of Gilead said to him, "Are you an Ephraimite?" When he said, "No,"
6 they said to him, "Then say Shibboleth," and he said, "Sibboleth," for
he could not pronounce it right. Then they seized him and slaughtered
him at the fords of the Jordan. At that time 42,000 of the Ephraimites
fell.

7 입다가 이스라엘의 사사가 된 지 육 년이라 길르앗 사람 입다가 죽으매 길르앗에 있는 그의 성읍에 장사되었더라

7 Jephthah judged Israel six years. Then Jephthah the Gileadite died andwas buried in his city in Gilead.[3]

1 Or *whoever* *2* Or *him* *3* Septuagint; Hebrew *in the cities of Gilead*

단락 개관

입다는 사사기에 나오는 다섯 번째 큰 사사다. 그의 기사는 두 명의 작은 사사들(돌라와 야일)의 기사 이후에, 그리고 세 명의 작은 사사들(입산, 엘론, 압돈)의 기사 이전에 나온다. 모두 여섯 명의 사사들이 이 단락에 빽빽하게 몰려 있다. 우리가 입다를 만날 때는 입다가 돕 땅에서 굉장한 용사가 된, 창녀의 망명한 아들로 소개되어 있다(11:1-3). 길르앗 장로들이 암몬의 압제를 받은 십팔 년을 끝내기 위해 입다를 망명지에서 데려와서 길르앗의 지도자로 삼는다. 이 시점에 암몬 사람들은 요단 동편 암몬 사람의 옛 영토에 살고 있는 이스라엘 지파들을 쫓아내려고 한다. 입다는 암몬 사람들에게 두 가지를 가르칠 것이다. 첫째, 그는 그들에게 역사적 교훈을 베풀 것이다(12-28절). 이후 그는 그들에게 전쟁 기술을 가르칠 것이다(29-33절). 입다는 그가 맺은 서원과 그 서원이 딸에게 미친 결과로 인해 가장 유명하다(또는 일부 해석자들에 따르면, 불명예스럽다).

기본적인 내용을 보면, 입다의 기사는 이스라엘의 우상숭배, 예속 그리고 회개를 상세히 다루면서 시작된다(10:6-16). 이후 길르앗의 장로들이 입다를 그들의 지도자로 삼고(11:1-11), 입다가 암손 사람을 무찌른다(12-33절). 암몬 사람을 무찌른 후 입다가 그의 서원을 지킨다(34-40절). 입다의 기사는 그 서원의 이행 이전 시기로 되돌아가서 에브라임의 반역과 내전을 기록하는 내러티브로 종결된다. 이 내러티브의 기본적인(basic) 초점으로 보면, 저자는 이스라엘의 되풀이되는 우상숭배(10:7-14), 입다의 암몬 사람과의 협상(11:12-28) 그리고 서원의 이행(11:34-40)과 관련된 상세한 내용을 제공한다.

이 기사의 저자는 입다와 이스라엘의 관계를 주님과 이스라엘의 관계와 비슷한 방식으로 묘사한다. 달리 말하면, 입다의 기사는 일종의 비유 역할을 한다. 처음에는 이스라엘이 주님을 배척했듯이 입다를 배척한다. 이후 이스라엘이 압제를 받으면 주님과 입다에게 되돌아가서 암몬 사람으로부터 구출해달라고 도움을 요청한다. 주님과 입다는 크나큰 개인적 대가를 지불하며 이스라엘을 적의 압제에서 구출하지만, 결국 백성은 금방 그들을 구출한 구원자에게 등을 돌려 반역하고 만다. 입다의 기사는 이스라엘과 주님의 언약 관계라는 하늘의 실재를 묘사하는 지상의 비유이다.

단락 개요

II. 사사들(3:7-16:31)
  B. 제2군: 세 명의 큰 사사들(6:1-16:31)
    5. 입다(10:6-12:7, 큰 사사)
      a. 이스라엘의 칠중적 우상숭배(10:6)
      b. 이스라엘의 칠중적 억압(10:7-14)
      c. 이스라엘이 회개하다(10:15-16)
      d. 입다가 길르앗의 지도자가 되다(10:17-11:11)
      e. 입다가 암몬 사람과 협상하다(11:12-28)
      f. 입다가 암몬 사람을 무찌르다(11:29-33)
      g. 입다가 그의 서원을 지키다(11:34-40)
      h. 에브라임의 반역(12:1-7)

주석

10:6 다섯 번째 큰 사사의 기사는 표준적인 서두로 시작된다. "이스라엘 자손이 다시 여호와의 목전에 악을 행하여." 그런데 표준적이지 않은 내용은, 이 구절이 묘사하는바 이스라엘이 우상숭배한 정도다. 이 목록은 이스라엘을 둘러싼 민족들에서 나오는 일곱 거짓 신들을 포함한다. 이스라엘

의 우상숭배는 임계량에 도달했고, 이는 여기에 칠중적인 거짓 신들의 목록으로 부각되어 있다. 불성실한 아내가 다수의 불법적인 파트너들과 음행하듯이 이스라엘이 이런 신들을 음란하게 따르고 있다. 이스라엘은 호세아 1-3장에 묘사되어 있는 고멜의 그림 그 자체다. 이 구절에 나오는 일곱 신들의 목록은 사사기 10:11-12장에 묘사된 주님의 신실하심과 큰 대조를 이룬다. 주님은 이집트로부터의 큰 구출을 필두로 일곱 민족의 압제에서 이스라엘을 구출하신 분이다. 이 구절의 마지막 문장은 이스라엘이 경배하지 않는 유일한 신이 바로 유일하신 참 하나님임을 분명히 한다.

10:7-9 이스라엘의 칠중적 우상숭배가 주님의 분노를 불러일으키고, 주님은 그분의 백성의 회개를 불러일으키려고 다시 한 번 이스라엘을 적의 손에 팔아넘기신다. 이 가운데 두 적국인 블레셋과 암몬이 입다(암몬 사람을 무찌르는)와 삼손(블레셋 사람을 무찌르는)의 구출을 위한 무대를 설정한다. 암몬의 압제는 하나님의 백성이 하나님께 도와달라고 부르짖기까지 십팔 년 동안 지속된다. 압제의 중심지는 요단의 동편("요단강 저쪽", 8절)에 있다. 길르앗이 그 구체적인 장소(참고. 민 32장)로 밝혀져 있는데, 이는 "길르앗 사람 입다"(삿 11:1)의 등장을 암시한다. 세 번째 작은 사사인 야일 역시 길르앗 사람으로 밝혀져 있었다(참고. 10:3-5 주석). 이와 더불어 암몬의 압제가 요단을 건너서 서쪽으로 유다와 베냐민과 에브라임까지 영향을 미쳤다고 기록되어 있다. 입다 내러티브의 끝에 이르면 에브라임 지파가 입다를 대적할 것이고, 이는 비극적인 내전을 발생시켜 에브라임 사람 4만 2천 명이 죽는 결과를 초래한다(12:1-7).

10:10 이스라엘의 회개에 관한 기사가 이 특정한 사사 내러티브에서 특별한 주목을 받는다. 이는 사사기 10:10에서 시작해서 10:16까지 줄곧 이어지고, 16절에는 이스라엘이 그들 가운데서 이방 신들을 제거하고 주님을 경배하는 쪽으로 돌아갔다고 한다. 10절에 나오는 이스라엘의 회개와 16절에 나오는 회개에 따른 행동 사이에는 이스라엘의 되풀이되는 우상

숭배의 심각성을 묘사하는 주님의 간략한 말씀이 나온다. 이스라엘이 "바알들을 섬겼다"는 진술은 6절에 언급된 모든 거짓 신들에 대한 포괄적인 언급일 뿐이다.

10:11-14 이 지점에서 주님이 어떻게 그분의 백성과 의사소통을 했는지는 알 수 없다. 우리로서는 그분이 말씀을 전달하기 위해 그들 가운데 드보라(4장)와 같은 어떤 선지자나 여선지자를 보내시는 것으로 추정할 수 있다. 그 말씀은 주님이 과거에 그분의 백성을 구출하신 한결같은 신실하심을 이야기하는 것으로 시작된다. 11-12절에서 주님은 이집트부터 시작하여 그분의 백성을 구출해낸 일곱 민족을 열거한다. 우리가 나중에 입다의 진술(11:26)로부터 알게 되는 것은 출애굽 사건과 이스라엘이 요단 동편 지역을 점령한지 삼백 년이 흘렀다는 사실이다. 이와 같이 주님은 그분의 백성이 곤경에 처했을 때 그들을 구출하신 그분의 신실하심을 보여주는 삼백 년 간의 실적을 제공하셨다. 주님의 신실하심에 대한 이 기록과 무척 대조되는 것은 13절에 나오는 이스라엘의 불성실함에 대한 진술, 즉 주님이 더 이상 그분의 백성을 구원하지 않고 그들이 경배하기로 선택한 신들에게 넘겨주겠다는 결정이다. 달리 말하면 주님이 이스라엘에게, 우상숭배의 칠중적 성격이 구출의 칠중적 성격을 다 소진했다고 알려주고 계신다. 이제는 이스라엘이 불순종의 열매를 거둘 때다. 이스라엘이 우상숭배로 초래한 결과는 이사야 42:17에 잘 표현되어 있다.

> 조각한 우상을 의지하며 부어 만든 우상을 향하여
> "너희는 우리의 신이라"[30] 하는 자는
> 물리침을 받아 크게 수치를 당하리라.

30 우상숭배의 황당함에 대한 선지자적 평가는 이사야 44:9-20을 참고하라.

10:15-16 이스라엘 백성은 또 한 번 죄를 고백하고 하나님의 뜻에 순종하겠다는 반응을 보인다. 죄를 고백한 후 이스라엘이 실제로 이런 외국 신들을 제거하고 주 하나님께 돌아와서 경배를 드린다고 기록되어 있다. 끝으로, 이 단락은 주님이 "이스라엘이 겪는 고통을 보고만 계실 수 없으셨다"(새번역)는 진술로 끝난다. "그가 보고만 계실 수 없으셨다"에 해당하는 히브리어 관용구는 어색하지만 '그의 영혼이 짧아졌다'로 번역될 수도 있다. 이와 같은 관용구가 나중에 삼손 내러티브에도 나오는데, 거기서는 들릴라가 삼손에게 그의 힘의 근원을 말해달라고 끈질기게 졸라대니까 "삼손의 마음이 번뇌하여 죽을 지경"이 되었다고 번역되어 있다(삿 16:16, 참고. 민 21:4; 슥 11:8). 이 두 번째 번역이 정의와 자비 간의 갈등, 이스라엘을 다시 구원하는 일(자비)과 그들을 그들의 죄에 넘겨주는 것(정의) 간의 내적 갈등을 잘 포착한다. 이것은 궁극적으로 십자가에서 해결된 갈등이다. 십자가에서 하나님의 정의가 죄에 대해 진노를 퍼붓고, 그분의 백성을 대신해 그 죄를 친히 짊어짐으로써 그분의 자비가 나타나기 때문이다. 이 갈등의 해결이 다름 아닌 복음의 좋은 소식이다.

10:17-18 암손 사람들이 길르앗에 진영을 치는 한편, 이스라엘 사람은 미스바에 진영을 치는데, 미스바 역시 길르앗에 있다(참고. 11:11, 29).[31] '무장하도록 소환되었다'(ESV 참고)라고 번역된 히브리어 동사는 10:10에서 이스라엘이 주님께 "부르짖[었다]"고 할 때, 그리고 10:14에서 주님이 이스라엘에게 그들이 경배하는 거짓 신들에게 도와달라고 "부르짖어[라]"고 명하실 때 사용된 동사와 똑같다. 입다 내러티브에 대한 서문에서 이 동사의 어근이 반복되는 현상은 번역 과정에서 놓칠 수 있는 중요한 진리 하나를 밝혀준다. 적이 하나님의 백성에 맞서 크게 부르짖을 때 그분의 백성이 구출받는 유일한 길은 유일하신 참 하나님께 부르짖는 것이다. 하지만 이

31 입다 내러티브에 기록된 지리적 장소에 대해서는 *Crossway ESV Bible Atlas*, 112, map 4.20을 참고하라.

번에는 주님이 이스라엘로 하여금 적으로부터 자기를 구출해달라고 그들이 경배하는 거짓 신들에게 부르짖을 기회를 허용함으로써 그 우상들을 시험대에 올리신다.

> 네가 부르짖을 때에 네가 모은 우상들에게 너를 구원하게 하라
> 그것들은 다 바람에 날려 가겠고
> 기운에 불려갈 것이로되
> 나를 의뢰하는 자는 땅을 차지하겠고
> 나의 거룩한 산을 기업으로 얻으리라.
>
> (사 57:13, 참고. 시 22:5; 107:13, 19; 142:1, 5)

이스라엘 백성은 십팔 년 동안 억압받은 후 해방될 기미가 보이지 않자 오직 주님만이 그들을 적에게서 구원하실 수 있다는 것을 깨닫는다.

이번 장은 길르앗의 지도자들이 암몬 사람과의 싸움을 시작할 누군가를 찾는 장면으로 끝난다. 이 사람을 그들이 길르앗 전체의 지도자(문자적으로는 "머리")로 삼을 것이다. 특히 길르앗과 요단 동편에 초점을 맞추는 것은 사사 내러티브들이 대체로 구출받은 지역들과 어쩌면 겹치는 지역들 및 복무 기간을 묘사하고 있음을 우리에게 상기시켜준다. 사사기의 목적은 사사들이 활동하던 기간에 대한 엄밀한 역사적·연대기적 기사가 아니라, 이스라엘이 죄에 빠지고 주님을 왕으로 모시길 거부하는 모습(이스라엘이 창조되기 이전으로 돌아가는)을 충실하게 기록하는 내러티브들을 골라내는 것이다. 하지만 부분적으로 기록된 내용이 대체로 전체에도 해당되고, 각 개별적 내러티브는 거듭해서 이스라엘 민족이 주님과 맺은 언약에 불충실한 모습을 그리고 있다. 아울러 주님의 신실하심이 이스라엘의 불충성함과 크게 대조되고 있다. 이것이 바로 성경 전체의 중요한 주제에 해당하는 주님의 한결같은 사랑의 그림이다. 신자가 항상 기억해야 할 것은 주님 스스로 백성이 저지른 죄의 형벌을 짊어지셨기 때문에 그들을 마땅히 벌을 받아야 할 죄인으로 대우하지 않으신다는 사실이다(시 25:7). "우리의 죄를

따라 우리를 처벌하지는 아니하시며 우리의 죄악을 따라 우리에게 그대로 갚지는 아니하셨으니"(시 103:10).

11:1 사사기 10:18에서 길르앗 지도자들이 "누가 먼저 나가서 암몬 자손과 싸움을 시작하랴?"는 질문을 제기했다. 사사기 11:1이 답변을 내놓는데, 입다가 바로 그 사람이다. 이 본문은 그와 관련된 중요한 배경 정보를 제공한다. 첫째, 그는 '굉장한 용사'다. 이는 긍정적인 묘사이고 길르앗 지도자들이 왜 입다가 돌아와서 암몬 사람을 무찌르는 일을 도와주길 원하는지 그 이유를 설명해준다. 구약의 다른 인물들의 특징도 이와 비슷하게 묘사되어 있다. 다윗(삼상 16:18), 사울의 아버지인 기스(삼상 9:1), 여로보암(왕상 11:28), 아람의 장군인 나아만(왕하 5장) 그리고 보아스(룻 2:1) 등이다.

둘째, 입다는 '창녀의 아들'이다. 첫 눈에는 이것이 부정적 평가로 보인다. 어쩌면 이것은 기드온이 또 다른 성읍 출신의 첩의 아들로 태어나게 한 아비멜렉의 신분을 암시할지 모른다. 그런데 보아스는 창녀 라합의 아들이었으나(마 1:5, 참고. 룻 4:21), 아무도 그를 낮추어 보지 않는다. 실은 이 사실이 보아스가 기업 무를 자의 법을 지킨 것을 더욱 놀랍게 만들고, 특히 룻이 모압 여자였기 때문에 더욱 그러하다. 이는 성경이 두드러지게 나타내는 그런 유형의 사람이다. 주님은 뜻밖의, 가능성이 가장 적은 또는 자격이 가장 없는 후보를 구해서 그분의 능력과 은혜를 알리는 것을 좋아하신다. 때로는 그것이 더 어린 형제(아벨, 이삭, 야곱, 요셉, 모세, 다윗), 불임 여성(사라, 리브가, 한나, 엘리사벳), 사랑받지 못하는 아내(레아) 또는 자격이 없는 종(모세, 다윗)이다. 성경이 어떤 등장인물을 소개하고 그 성품의 결함이나 약점을 언급할 때는 우리가 하나님께서 일하시는 장면을 목격할 준비를 갖춰야 한다(고후 12:9).

끝으로, 길르앗은 입다의 아버지였다고 기록되어 있다. 입다는 진정한 길르앗 사람이었기에 아들과 형제로서 길르앗에 속해 있었다. 이 내러티브의 저자는 길르앗의 다른 아들들을 "그의 형제들"(삿 11:3)로 묘사하고 있으나, 그의 형제들이 길르앗을 "우리 아버지"(11:2)로 부름으로써 스스로

11장

입다로부터 거리를 둔다. 이런 사실들이 다가오는 비유의 배경을 이룬다.

11:2-3 이 구절들은 계속해서 11-12장에 나올 사건들을 이해하는데 중요한 정보를 제공한다. 길르앗의 아내가 낳은 아들들이 탐욕으로 인해 입다를 길르앗 땅에서 쫓아냈다고 기록되어 있다. 그들은 유산을 창녀의 아들과 나누고 싶지 않았던 것이다. 그래서 입다가 길르앗 땅을 떠나 돕 땅에서 살았고, 거기서 "건달패들"(새번역)이 그를 따라다녔다. "건달패"로 번역된 단어는 "빈 구덩이"(창 37:24)나 "빈 항아리"(삿 7:16)에 나오는 '빈'이란 뜻이다. 사사기 9:4에서 아비멜렉이 '텅 비고 무모한 패거리'를 고용했다. 9:4이나 이곳과 같은 맥락에서는 "빈"이란 호칭을 사회적 연줄과 관련해 '무소속의' 또는 '비어있는' 것으로 이해하는 편이 최선이다. 이들은 용병이나 고용된 사람들이다. 입다가 굉장한 용사이므로 그런 작은 용사들이 그에게 모여드는 것은 이해할 만하다. 만일 누군가가 자기 가족에게 버림을 받고 멀리 쫓겨났다면, 주변에 사람이 많은 편이 안전하다. 이 내러티브가 전개됨에 따라 이스라엘 사람은 하늘에 계신 하나님을 대하는 방식으로 땅에서 입다를 대한다. 그들은 그를 버리고, 그들을 구원해달라고 그에게 부르짖고, 회개하고 그를 그들의 머리로 삼고, 결국에는 구출을 받은 뒤에 그에게 대항한다. 이 순환이 계속 이어진다. 땅에서 그런 것처럼 하늘에서도 그렇다. 입다의 내러티브는 일종의 비유이고, 이는 이스라엘의 영속적 타락을 밝히 보여주고 있다. 결국 입다가 이스라엘을 구출하는 일은 그의 유일한 자녀를 대가로 지불하게 한다. 이 기사의 비유적 성격은 우발적인 것이 아니라 저자의 의도적 설계다.

11:4-6 사사기 11:4은 우리를 10:17, 곧 암몬 사람이 싸움을 대비해 길르앗에 진영을 친 장면으로 되돌아가게 한다. 또한 사사기 11:5-6은 우리를 10:18, 곧 길르앗의 지도자들이 "먼저 나가서 암몬 자손과 싸움을 시작할 사람"을 찾고 있던 장면으로 데려간다. 본문은 길르앗 지도자들이 어떻게 입다로 결정하게 되는지 또는 그들에게 다른 대안이 있는지조차 말하지

않는다. 그들이 입다의 도움을 요청하기 위해 돕으로 간다고 기록되어 있을 뿐이다. 십팔 년에 걸친 압제 기간이 흐른 후 그들이 곤경에 처했을 때 그들이 한때 버렸던 형제에게 도움을 구하러 간 것이다. 그들은 너무도 절박한 나머지 이제 그들이 입다를 버린 것을 회개하고 그를 그들을 다스릴 지도자로 삼겠다고 약속한다. 이 비유가 계속 이어진다.

11:7-10 이 네 구절에 기록된 대화는 일종의 협상, 또는 적어도 입다가 장로들의 진정한 의도를 확인하는 수단인 듯하다. 7절과 9절에서 입다가 길르앗 장로들에게 질문하고, 8절과 10절에서 장로들이 대답한다. 입다의 첫 질문은 장로들에게 그들이 과거에 그를 학대한 사실을 상기시키려는 것으로 10:13-14에 나오는 주님을 말씀을 반영한다. "너희가 나를 버리고 다른 신들을 섬기니 그러므로 내가 다시는 너희를 구원하지 아니하리라 가서 너희가 택한 신들에게 부르짖어 너희의 환난 때에 그들이 너희를 구원하게 하라." 장로들의 반응(8절)은 10:15에 나오는 주님에 대한 이스라엘의 반응에 부합한다. "우리가 범죄하였사오니 주께서 보시기에 좋은 대로 우리에게 행하시려니와 오직 주께 구하옵나니 오늘 우리를 건져내옵소서." 입다의 두 번째 질문(9절)은 다음 둘을 연결시킨다. 구출하는 자가 곧 지도하는 자라는 것이다. 10:11-12에서는 주님이 삼백 년이란 세월에 걸쳐 그분의 백성을 일곱 번이나 구출했는데도 그 백성이 여전히 그분을 하나님과 왕으로 모시지 않는다. 이스라엘은 과연 그들이 주님을 버렸듯이 입다를 버릴 것인가? 길르앗 장로들은 너무도 절박해서 진지한 반응을 보이며 주님이 이 약속의 증인이 되도록 요청한다("주님이 우리 사이에서 듣는 분이 되리라." AV).

11:11 이 단락은 입다가 다시 길르앗에 있는 것으로 마무리된다. 이번에는 이전에 기록된 사건(11:3)을 역전시켜 백성을 다스리는 "머리와 지도자"로 등극한다. 입다가 "자기 말을 다 여호와 앞에" 아뢴다는 말은 이전의 대화(11:9-10)를 가리킨다. 입다가 11:9의 의무를 되풀이하고, 주님은 이 말을

'들으시고' 맹세와 서원의 증인 역할을 하신다. 야곱과 라반 사이에 맺어진 이와 비슷한 맹세가 수백 년 전에 이곳에서 일어났고 그 때문에 그곳 이름이 "미스바"가 된 것이다. 창세기 31장에서 라반이 하나님을 증인으로, 아무도 보지 않을 때 '살피시는' 또는 '지켜보시는' 분으로 삼는다. "라반의 말에 오늘 이 무더기가 너와 나 사이에 증거가 된다 하였으므로 그 이름을 갈르엣이라 불렀으며 또 '미스바'라 하였으니 이는 그의 말에 우리가 서로 떠나 있을 때에 여호와께서 나와 너 사이를 살피시옵소서 함이라"(창 31:48-49). 미스바는 '망루'란 뜻이므로 증인의 적합한 상징이자 미묘한 히브리어 언어유희다.

11:12-13 길르앗의 새로운 지도자이자 머리로서 입다가 암몬의 위협에 대처하기 시작한다. 바로 이런 이유로 길르앗 장로들이 돕에 망명 중이던 그를 도로 데려온 것이다. 그는 먼저 암몬 사람들과 협상을 시도한다(11:12-28). 협상의 첫 라운드는 12-13절에 나오고, 둘째 라운드는 이보다 훨씬 길다(11:14-28). 이 첫 라운드에서는 입다가 간단한 질문을 던지면서 시작한다. "우리 사이에 무엇이 잘못되었기에, 나의 영토를 침범하십니까?"(새번역). 이에 대한 답변으로 암몬 사람들은 이스라엘이 약 삼백 년 전에 이집트에서 올라올 때 그들의 땅을 불법적으로 빼앗았다고 비난한다. 암몬 사람들은 이제 그 땅을 그들에게 평화롭게 되돌려 달라고 요구하고 있다. 이어지는 답변에서 입다는 이스라엘 사람이 그 분쟁 지역의 합법적 주민이라는 입장을 제시한다. 그의 이스라엘 역사 개관은 무척 인상적이고 민수기 20-22장과 신명기 2-3장에 기록된 정보에 크게 의존하고 있다(참고. 특히 민 20:14-21; 21:13-26; 31-35; 신 2:24-3:17).

11:14-15 입다가 두 번째로 사절단을 암몬의 왕에게 보내는데, 그 목적은 이스라엘이 그 분쟁 지역을 정당하게 소유했다는 근거를 제시하고 이스라엘이 영토를 불법적으로 빼앗았다는 암몬의 주장을 반박하기 위해서다. "입다가 이같이 말하노라"는 도입 형식의 사용은 참으로 놀라운데, 이

는 성경의 선지자들이 하나님의 말씀을 소개할 때 흔히 사용하는 형식이기 때문이다. "나 주가 이렇게 말한다"(참고. 출 4:22, 새번역). 이것은 입다가 이스라엘의 사사이자 구출자로 섬기도록 주님이 도구로 삼은 인물임을 묘사하기 위한 저자의 또 다른 장치다. 입다의 논지는 15절의 끝에 나온다. "이스라엘이 모압 땅과 암몬 자손의 땅을 점령하지 아니하였느니라."

11:16-18 입다는 이스라엘의 여정, 곧 이집트에서 홍해까지, 홍해에서 가데스까지, 이후 에돔과 모압을 둘러서 광야를 통과하여 아르논의 북쪽 둑에 도착하기까지의 여정을 이야기함으로써 그의 논지를 변호하기 시작한다. 아르논강은 모압의 북쪽 경계이므로 이스라엘이 모압 땅에 들어가지 않은 것이다.[32] 이 개관은 이스라엘 백성이 주님이 그들에게 유산으로 주시지 않은 땅은 조금도 빼앗거나 점령하지 않았음을 입증한다. 모압의 역할과 그 경계는 11:25-26에 다시 나온다.

11:19-23 이 단락에서는 입다가 이스라엘이 어떻게 아모리 족속의 땅, 즉 르우벤과 갓과 동편 므낫세 지파들에게 분배된 모압 북쪽의 땅을 차지하게 되었는지를 이야기한다. 이곳은 이스라엘과 싸우려고 나왔던 아모리의 왕 시혼의 땅이었고, 그때 주님이 그들을 이스라엘의 손에 넘겨주셨다. 그래서 이스라엘이 그 땅, 곧 "아르논에서부터 얍복까지와 광야에서부터 요단까지 아모리 족속의 온 지역"(22절)을 점령했다. 이 이야기의 요점은 이 땅을 이스라엘에게 주신 분은 주님이었고(21절) 또 아모리 사람을 쫓아내신 분도 주님이었다(23절)는 것을 입증하고 확인하는 것이다. 아모리 사람의 땅은 암몬 사람의 땅과 동일하지 않았다. 예컨대, 민수기 21:24에는 이렇게 기록되어 있다. "이스라엘이 칼날로 그들을 쳐서 무찌르고 그 땅을 아르논에서부터 얍복까지 점령하여 암몬 자손에게까지 미치니 암몬 자

32 여기에 나오는 아르논강과 영토의 위치를 알려면 앞의 지도를 참고하라.

11장

손의 경계는 견고하더라"(참고. 신 2:31-36). 이스라엘은 암몬 사람의 영토를 조금도 침범하거나 점령하거나 차지하지 않았고 단지 암몬의 경계에 이르기까지 아모리 족속의 땅만 차지했을 뿐이다. 그 경계가 '견고했다'는 말은 '굳게 지켰다'는 뜻이다. 그리고 신명기 2:37에는 이스라엘 백성이 암몬 영토를 점령하는 것을 주님이 허락하지 않으셨다고 기록되어 있다. "오직 암몬 족속의 땅 얍복 강가와 산지에 있는 성읍들과 우리 하나님 여호와께서 우리가 가기를 금하신 모든 곳은 네가 가까이 하지 못하였느니라."

11:24 입다는 이제 민족들은 신이 그들에게 할당한 땅을 차지하게 된다는 신학적 논증을 펼친다(참고. 신 32:8-9). 그모스를 암몬 사람의 신으로 언급한 대목은 약간의 토론을 불러일으켜왔다. 그모스는 보통 모압 족속의 신으로 불리고(민 21:29), 밀곰이 암몬 족속의 신으로 불리곤 한다(왕상 11:5, 7, 33). 그 아래편의 입다의 논증에서 모압이 두드러지게 나오기 때문이 아닐까 생각된다. 또는 입다가 분쟁 가운데 있는 땅, 곧 이스라엘이 점령하기 전에 그모스와 연관되었던 땅을 언급하고 있을 수도 있다. 일부 해석자는 입다의 그모스 언급이 그의 편에서의 혼합주의를 의미한다고 주장한다. 하지만 이런 해석은 굳이 필요하지 않다. 입다는 그 무명의 암몬 왕이 이해할 만한 말로 논증하고 있을 뿐이다. 선지자들은 혼합주의라는 비난을 받지 않으면서 다른 신들을 자주 언급하곤 한다.

11:25-26 입다가 이스라엘이 이집트에서 나올 때 모압의 왕이었던 발락(참고. 민 22-24장; 수 24:9; 미 6:5; 계 2:14)을 언급하면서 말을 잇는다. 이것은 비교 논증이다. "네가…더 나은 것이 있느냐?" 요점은 모압 왕이 아모리 영토에 대한 이스라엘의 권리에 대해 논쟁하지 않았고 아모리 족속이 모압 족속보다 더 크지 않다는 것이다. 게다가, 암몬 족속이 예전의 아모리 지역에 대한 권리를 갖고 있었다면, 그런 권리를 내세우는데 어째서 삼백 년이나 걸렸는가?

입다는 이스라엘이 남쪽에 있던 모압의 땅이나 북쪽과 동쪽에 있던 암몬의 땅을 빼앗지 않았다고 주장했다. 이스라엘은 모압 영토를 우회했고, 아모리 족속만 처분했고, 암몬 영토는 조금도 침범하거나 점령하지 않았다. 끝으로, 이전의 어떤 암몬 왕도 지난 삼백 년 동안 이 땅에 대한 권리를 주장하지 않았다. 이 구절들은 입다의 논지에 대한 변호를 마무리짓고, 그는 이제 그의 판결을 내릴 준비가 되었다.

11:27-28 입다의 암몬 족속에 대한 입장의 결론은 세 부분으로 되어 있다. 첫째, 그는 스스로(그리고 그가 대표하는 이스라엘 역시) 잘못한 것이 전혀 없다고 선언한다. 이는 부정문으로 진술되어 있다. "내가 네게 죄를 짓지 아니하였거늘." 둘째, 그는 무명의 암몬 왕의 악행을 고소한다. "네가 나를 해치려고 쳐들어왔으니"(새번역). 여기서 "악"으로 번역된 단어는 사사기에서 이스라엘의 우상숭배를 묘사하려고 거듭 사용된 단어로서 "악"으로 번역된 단어(예. 2:11, "이스라엘 자손이 여호와의 목전에 악을 행하여 바알들을 섬기며")와 똑같다. 이 진술의 첫 부분에 나오는 "죄"란 단어와 둘째 부분에 나오는 "악"이란 단어가 연결되는 것은 저자의 의도이다. 입다의 판결 마지막 셋째 부분은 사사기에 나오는 신학적 중요 지점에 해당한다. 이것은 주님이 유일한 참 재판관[사사]이라는 선언이다. "심판하시는 여호와께서 오늘 이스라엘 자손과 암몬 자손 사이에 판결하시옵소서." '판결하다'로 번역된 동사는 사사기에 자주(17번) 나오는 '심판하다'란 동사다. 번역하면 약간 중복되는 면이 있어도 이 문장을 '주님이, [유일한 참] 재판관이 심판하실 것이다!'로 번역할 수 있다. 다시 한번, 주님이 일으키신 사사들은 그분의 구출의 도구로서 그들의 권위가 주님께 종속되어 있음을 이해한다. '구원하시는' 분은 바로 주님이다(2:18). 그분의 백성을 '다스리시는' 분도 주님이다(8:23). 유일한 참 '재판관'도 주님이다(11:27). 이 책의 메시지가 이보다 더 명백할 수는 없다. 불행하게도, 암몬 족속의 왕은 이 교훈을 배우지 못한 채 주님과 그분의 백성에게 싸움을 거는 실수를 범한다.

11:29 다음 단락(29-33절)은 입다가 재빠르게 암몬 족속을 무찌르고 서

원을 하는 장면을 기록한다. 이 단락은 주님의 영이 입다에게 임했다는 진술로 시작된다. 이 책의 둘째 서론은 "여호와께서 그들을 위하여 사사들을 세우실 때에는 그 사사와 함께 하셨고 그 사사가 사는 날 동안에는 여호와께서 그들을 대적의 손에서 구원하셨다"(2:18)고 말한다. 하나님의 임재 약속은 주님의 영이 능력을 주시는 것으로 나타나고, 그 임재는 주님이 그분의 백성을 구출하려고 정말로 입다를 일으키셨다는 사실을 강조한다. 이처럼 능력을 주시는 성령이 옷니엘(3:10), 기드온(6:34) 그리고 이제는 입다에게 임한다. 주님의 영이 임하는 것은 장차 삼손의 삶에서도 중요한 역할을 할 것이다(13:25; 14:6, 19; 15:14). 이 구절은 입다가 암몬 족속과 싸우기 위해 이용한 경로를 추적하는 것으로 마무리된다.

11:30-31 입다의 서원은 두 부분으로 이뤄져 있다. 조건(30절)과 그 결과(31절)다. 첫째 부분은 조건(조건절)이다. 주님이 정말로 암몬 족속을 그의 손에 넘겨주신다면 입다가 서원을 지킬 것이다. 이 언어는 9절에서 입다가 길르앗 장로들과 나눈 대화를 상기시킨다. "너희가 나를 데리고 고향으로 돌아가서 암몬 자손과 싸우게 할 때에 '만일 여호와께서 그들을 내게 넘겨주시면' 내가 과연 너희의 머리가 되겠느냐?" 입다의 서원의 둘째 부분은 그 결과(귀결절)이다. 입다는 주님께 "무엇이든 내 집 문에서 나와서 나를 영접하는 그것"(ESV 참고)을 번제물(제단 위에서 불로 완전히 살라진 제물)로 드리겠다고 서원한다. "무엇이든 나오는 그것"이란 절(節)은 "누구든지 나오는 그 사람"으로 번역될 수도 있다. 입다가 어떤 동물이나 무생물이 나와서 그를 영접할 것을 기대할 가능성은 별로 없다. 남자들이 전쟁에서 돌아올 때 보통 그들을 영접하려고 나왔던 사람은 여자였다(출 15:20; 삿 5:28; 삼상 18:6). 그렇다고 입다가, 암몬 사람들이 몰렉을 경배할 때 행한 것처럼(레 18:21; 20:2-5; 왕하 23:13; 렘 32:35), 혐오스러운 인신 제사(신 12:31; 18:9-12)를 드릴 생각이었다는 뜻은 아니다. 오히려, 입다가 사용한 제사의 언어는 상징적인 것으로 이해하는 편이 최선이다.[33] 구약과 신약에서 일반적으로 제사 언어는 주님께 바쳐진 무언가를 묘사하기 위해 상징적으로 사용될 수

있다. 예컨대, 시편 51:17에서는 "상하고 통회하는 심령"이 주님이 구하시는 제사다. 그리고 로마서 12:1에서 바울은 신자들에게 그들의 몸을 살아 있는 제물로, 영적 예배의 행위로 주님께 드리도록 권면한다. 아울러 이스라엘을 구출하도록 하나님의 영이 입다에게 임하는 맥락에서 그가 이 서원을 한다는 점을 기억하는 것도 중요하다. 서원의 상징적 성격과 이행에 대해서는 11:37-40 주석에도 더욱 설명되어 있다.

11:32-33 암몬 사람들과의 전투와 입다의 승리에 관한 기록은 그 묘사가 매우 짧고 일반적이다. 저자는 이어지는 구절들에 나오는 입다의 서원의 성격과 결과에 더 관심이 있는 듯하다. 본문은 입다가 암몬 사람들과 싸우고 주님이 그들을 그의 손에 넘겨주신다고 말할 뿐이다. 다시 한번, 이 본문은 사사가 적과 전투를 벌일 때 주님의 백성을 위해 주님의 영의 능력으로 승리를 거두는 분은 바로 주님임을 분명히 한다. 이 승리는 암몬 사람들에게 '큰 타격'(ESV 참고, 개역개정은 "크게 무찌르니")이라 불리고, 그들의 치욕과 이스라엘 백성에 대한 항복을 초래하는 공격이라고 한다.

11:34 입다의 서원을 유발한 조건이 충족되었다. 주님이 암몬 사람들을 입다의 손에 넘겨주셨고 입다가 평안히 집으로 돌아왔다. 이제 서원을 지킬 때가 되었다. 입다가 되돌아올 때 그의 딸이 그를 영접하려고 집에서 나온다. 이 구절의 전반부의 언어는 사사기 11:31의 첫 부분에 나오는 입다가 서원했던 언어를 끌어온다. '나오다', '영접하다'란 동사와 '집'이란 명사가 되풀이되는 것은 34절에 나오는 사건과 31절에 기록된 서원을 연결시키기 위해서다. 이제 입다의 딸이 서원한 "번제물"로 바쳐질 것이다. 이

33 입다의 서원과 그 이행을 상징적인 방식으로 다루는 책은 다음과 같다. David Marcus, *Jephthah and His Vow* (Lubbock, TX: Texas Tech Press, 1986). 다음 글도 참고하라. Solomon Landers, "Did Jephthah Kill His Daughter?," *Bible Review* 7/4 (August, 1991): 29-31. 이 견해를 지지하는 석의적 증거를 보려면 곧 출간될 다음 주석을 참고하라. Gordon P. Hugenberger's upcoming commentary on the book of Judges, ApOTC (Downers Grove, IL: IVP Academic, forthcoming).

구절의 후반부는 입다의 딸의 특별한 신분을 묘사한다. '그녀는 그의 유일한 자녀였고, 그녀 이외에는 그에게 아들도 없고 딸도 없었다'(ESV 참고). '유일한 자녀'로 번역된 단어는 구약에서 열두 번밖에 나오지 않는 형용사다. 이런 식으로 묘사된 유일한 다른 사람은 이삭이다(창 22:2, 12, 16). 이 두 사건의 맥락이 비슷한 것은 참으로 놀라울 뿐더러 의도적이기도 하다. 예컨대, 하나님께서 아브라함에게 이렇게 명하신다. "네 아들 네 사랑하는 독자 이삭을 데리고 모리아 땅으로 가서 내가 네게 일러 준 한 산 거기서 그를 번제로 드리라"(창 22:2). 이삭은 아브라함의 "독자"(유일한 아들, 이스마엘이 있음에도)로 묘사되어 있고, 아브라함은 그를 "번제물"로 드리도록 되어 있다. 이와 똑같은 언어가 사사기 11장에 나오고, 두 사건 모두 비(非)문자적인 방식으로 성취된다. 그 사건들은 하나의 비유라는 뜻이다. 입다의 이야기는 하나님과 이스라엘의 이야기이고, 하나님께서 그분의 백성을 구원하려면 언젠가 그분의 유일한 아들의 목숨을 희생시켜야 할 것이다.

11:35-36 입다는 그의 딸이 나오는 모습을 보고 슬픔과 애통함으로 반응하고, 이는 그의 옷을 찢는 행동으로 입증된다. "너는 나를 참담하게 하는"으로 번역된 동사는 입다가 암몬 사람을 무찔러서 그들이 "항복하였[다]"(11:33)는 것을 묘사할 때 사용된 동사와 동일하다. 이와 같이 암몬 사람의 패배(loss)가 입다로 하여금 그의 딸을 상실하게(loss) 만들고, 암몬 사람의 '큰 타격'(11:33)은 입다의 '큰 괴로움'이 되었다. 입다가 경험한 슬픔의 정도는 그가 주님께 한 서원을 지키겠다는 그의 헌신에 상응한다. 그런데 이보다 더 놀라운 점은 그의 딸이 아버지의 서원을 기꺼이 지키게 하겠다는 태도다. 그 딸의 자발적인 태도는 그 서원이 문자적으로 지켜졌다는 견해를 반박하는 또 하나의 근거다.

11:37-38 딸의 부탁은 그 서원의 이행의 성격을 암시한다. 그녀는 그녀의 목숨이 아니라 그녀의 처녀성에 대해 애곡할 시간을 달라고 요청한다("weep for my virginity", ESV). 그렇다, 처녀로서의 죽음이란 결혼해서 가정을

꾸릴 기회를 막을 것이다. 그러나 번제물로 죽을 것을 앞두고 결혼을 내다 보는 것은 이 상황의 심각성을 놓치는 듯이 보인다. 만일 제물로 죽는 것이 정말로 이슈였다면, 두 달을 달라는 부탁은 집에서 도망치는 유리한 출발을 제공할 것이다. 하지만 처녀성의 이슈가 37절, 38절, 39절에 명시적으로 나타난다. 죽음이나 실제적인 제사는 단 한 번도 언급되지 않는다. 그런 제사는 성경에서 분명히 금지된 혐오스러운 것일 뿐 아니라(신 12:31; 18:9-12, 참고. 왕하 3:27; 23:10; 사 57:5), 이 본문의 초점은 거듭해서 죽음이 아니라 처녀성에 맞춰져 있다. 입다의 딸이 우는 이유는 그녀가 이생에서 결코 신부가 되는 기쁨을 맛보지 못할 것이기 때문이다.

11:39 두 달 뒤에 아버지가 서원을 지키게 하려고 입다의 딸이 기꺼이 아버지에게 돌아온다. 그 이행의 성격이 이 구절의 후반부에 분리된 부연적인 절(節)로 묘사되어 있는데, 이는 "'달리 말하면', 그녀가 남자를 알지 못했다"라고 번역되어야 한다. 다시 말하건대, 이슈는 죽음이 아니라 처녀성이다. 본문은 우리에게 서원 이행의 정확한 성격을 제공하지는 않는다. 하지만 입다의 서원은 집안의 한 구성원을 주님을 섬기는 전임 사역에 드린 나머지 혼인이나 자녀 출산과 같은 가정의 일반적 의무에 드리지 않는 것으로 이뤄지는 듯하다. 이런 유형의 섬김은 구약에 나오는 문서로 입증된다(출 38:8; 삼상 1:11, 22-28; 2:22). 만일 입다가 주님께 한 서원을 지키기 위해 그의 딸을 번제물로 드리려고 그녀를 실제로 도살했다면, 아마 히브리서 저자가 그의 이름을 히브리서 11장에 기록된 위대한 믿음의 전당에 포함시키지 않았을 것이다.

11:40 11:39은 "이것이 이스라엘에 관습이 되[었다]"[34]는 진술로 마무리된다. 이 관습은 이렇게 묘사되어 있다. "해마다"(또는 '때때로') 나흘 동안 이

34 이 히브리어는 '그녀가 이스라엘에서 하나의 본보기가 되었다'로 번역될 수도 있다(Marcus, *Jephthah and His Vow*, 34).

스라엘의 딸들이 입다의 딸을 '애곡하려고' 가곤 한다. 본문은 그들이 어디로 갔는지를 알려주지 않는다. '애곡하다'(lament)로 번역된 동사의 정확한 뜻은 논쟁거리다. 이 동사가 5:11('그들이 주님의 의로운 승리를 되풀이하다')에서는 '되풀이하다'로 번역되어 있다. '되풀이하다', '이야기하다' 또는 '기념하다'라는 뉘앙스가 11장의 맥락에 잘 어울리기 때문에 이 본문은 '해마다 이스라엘의 딸들이 입다의 딸을 기념하기(또는 위로하기) 위해 나흘 동안 가곤 한다'[35]라고 번역될 수도 있다. 입다의 딸이 만일 성막에서 섬기고 있었다면, 그녀가 아버지의 서원을 지켰으므로 이스라엘의 딸들이 친절한 행동으로서 해마다 나흘 동안 그녀를 방문하려고 갔을 것이다. 이것이 여기에는 연례적 관습으로 묘사되어 있으나 계속 시행되었다는 기록이나 기사는 전혀 없다. 아마 몇 십 년이 흘러 입다의 딸이 죽은 뒤에는 그 관습이 끝났을 것이다. 그녀를 방문하거나 기념하는 일이 더 이상 필요하지 않았기 때문이다.

12:1 입다 내러티브는 에브라임의 반역과 이후의 내전에 관한 기사(12:1-6)와 공식적인 사사의 죽음 통보(12:7)로 막을 내린다. 입다가 암몬 족속을 무찌르고 이스라엘을 구출한 후, 에브라임 사람들이 갓의 영토인 사본[36]에 있는 입다를 만나려고 요단을 건너 동편으로 넘어온다. 입다의 비유가 계속 이어진다. 그는 유일한 딸을 대가로 치르면서 이스라엘을 적의 압제에서 구출했는데, 단지 (에브라임이 대표하는) 백성으로부터 불충성과 폭력의 반응만 얻게 된다. 그들의 불평은 입다가 암몬 사람과 싸울 때 에브라임이 참여하도록 그들을 부르지 않았다는 것이다. 이에 반응하여 그들이 입다를 불로 죽이겠다고 위협한다. 입다의 집에 대한 언급은 11장에 나오는 사건, 곧 입다가 그의 집에서 나와서 그를 영접할 사람과 관련해 서약을 한

35 이밖에 다른 번역 대안들을 보려면 위의 책, 35-36과 Landers, "Did Jephthah Kill His Daughter?," 42를 참고하라.

36 사본의 위치에 대해서는 Currid and Barrett, *Crossway ESV Bible Atlas*, 112, map 4.20을 참고하라.

것과 연결된다. 11장에서 입다의 집은 '큰 괴로움'과 고통을 산출했다. 12장의 이곳에서는 아마 온 집안을 포함하는 듯한 그의 집이 완전한 파멸의 위협을 받게 된다.

12:2-3 에브라임의 위협에 대한 입다의 첫 반응은 외교술이다. 이는 11:12-27에서 암몬 사람에게 사용했던 전술과 똑같다. 그는 에브라임 사람이 그 상황을 부정확하게 평가하고 있다고 주장함으로써 오해를 바로잡는다. 입다가 사실은 에브라임을 싸움으로 불렀으나 그들이 그 부름에 응답하지 않았다. 이와 같이 에브라임이 입다와 길르앗 용사들에게 잘못했던 것이다. 입다는 에브라임에게 거꾸로 불평할 수 있었으나 그 대신 주님이 적을 그의 손에 넘겨주셨다고만 말한다. 주님이 승리의 주역이란 말이 에브라임 사람들의 분노를 가라앉혀야 했는데 그렇게 하지 못한다. 따라서 내전이 일어난다. 이는 19-21장에 기록된 사건들(베냐민 지파와 싸우는 내전)의 선례이다.

12:4-6 입다와 길르앗 사람들이 에브라임 사람들과 전투에 돌입한다. 에브라임 사람은 길르앗 사람을 "에브라임에서 도망한 자"(4절)라는 별칭으로 놀린다. 하지만 길르앗 사람이 에브라임 사람을 이겨서 무너뜨린다. 길르앗 사람들은 도망하는 것을 막으려고 요단 나루턱을 장악하고 그들에게 보복한다. 이는 3:28에서 에훗이 사용했던 전술이다. 에브라임 사람들이 이제는 문자 그대로 "에브라임 사람의 도망하는 자"(5절)가 되었고, 입다가 그들을 테스트할 것이다. 요단의 나루턱에 오는 사람이 에브라임 사람인지 여부를 판단하기 위해, 그에게 히브리어 단어 "쉽볼렛"(Shibboleth)을 발음하라고 말한다. 이는 '옥수수 귀' 또는 '범람'이란 뜻이다. 그런데 이 단어의 뜻이 중요하지 않고, 중요한 것은 발음이다. 그 사람이 "십볼렛"(Sibboleth)이라고 발음하면, 그는 에브라임 사람으로 밝혀져서 죽임을 당한다. 이 방언 테스트는 기발한 아이디어로 현대의 유비에 비춰보면 충분히 이해할 수 있다. 예컨대, 아메리카, 캐나다, 잉글랜드 그리고 호주 사

이에 영어 발음이 다양하다. 미국 내에서도 지역별 방언으로 출신지를 구별할 수 있다. 그 결과, 최초의 전투와 요단의 나루턱에서 에브라임은 큰 패배를 맛보게 된다. 무려 4만 2천 명이 죽는 비극이 일어난다.

12:7 입다 내러티브는 입다가 육 년 동안 이스라엘의 사사로 일한 후 죽었다는 공식적 보도로 막을 내린다. 그의 사역 기간은 비교적 짧지만 직후에 나오는 세 명의 작은 사사들의 사역 기간(칠 년, 십 년 그리고 팔 년)과 조화를 이룬다.

응답

입다의 이야기는 이스라엘과 주님의 관계에 대한 모형 내지는 비유로서 입다와 이스라엘 간의 관계를 그리고 있다. 이스라엘이 불법적 우상숭배로 주님을 배척한 것은 입다의 형제들이 부당하게 입다를 배척한 것과 유사하다. 이스라엘이 회개하고 주님과 입다에게 되돌아오는 일은 거의 20년 동안 암몬 사람의 손에 억압을 당한 후 최후의 수단으로 일어난다. 주님과 입다 모두 주님의 영의 능력으로 암몬 사람을 무찌르고 전투에서 승리를 거둠으로써 이스라엘을 적에게서 구출한다. 끝으로, 입다가 그의 백성을 위해 승리를 거둔 후 이스라엘이 그에게 달려드는 것은 이스라엘이 다시 주님께 등을 돌리고 주변 민족들의 우상을 좇아 음행하는 것과 똑같다. 입다의 서원과 그 서원을 이행하는 헌신에 초점을 맞추는 것은 다시 한 번 주님의 모습을 그려준다. 주님은 이스라엘을 그의 백성이 되게 하겠다고 서원하셨고, 주님은 스스로 큰 대가를 치르면서도 그 서원에 완전히 신실하신 분이다. 주님은 그 언약에 신실하셔서 다시 한 번 이스라엘을 구출하시되 그들이 곧 그들의 왕이자 구원자이신 그분께 등을 돌리고 그분을 잊어버릴 것을 충분히 아시면서도 그렇게 하신다.

그러나 우리는 그 이야기의 나머지 부분도 알고 있다. 주님은 또한 먼 훗날 정해진 때에 '입다의 서원'을 지키실 것이다. 그분 역시 그분의 백성을 위해 최후의 궁극적 승리를 거두시려고 그분의 유일한 자녀를 제물로 드리실 것이다. 입다의 딸은 이생에서 신부가 되는 기쁨을 결코 경험하지 못할 것이라서 눈물을 흘린다. 하나님의 아들은 우리가 입다의 딸과 더불어 영원토록 그분의 신부가 되는 기쁨을 알게 하려고 눈물을 흘린다. 입다는 아버지가 그리스도 안에서 우리를 위해 이루신 큰 구원의 증인들, 구약에 나오는 구름 같이 둘러싼 허다한 증인들 중 하나다. 이 이야기는 그 모든 장애물을 벗어 버리고 믿음으로 주님을 붙잡도록 하는 경고의 역할을 한다. 우리는 여기에 기록된 이스라엘과 같은 변덕스러운 배신의 마음을 품고 싶지 않다. 오히려 믿음으로, 우리가 히브리서 12:1-2의 말씀을 받아들여야 한다.

12장

> 이러므로 우리에게 구름같이 둘러싼 허다한 증인들이 있으니 모든 무거운 것과 얽매이기 쉬운 죄를 벗어버리고 인내로써 우리 앞에 당한 경주를 하며 믿음의 주요 또 온전하게 하시는 이인 '예수를 바라보자' 그는 그 앞에 있는 기쁨을 위하여 십자가를 참으사 부끄러움을 개의치 아니하시더니 하나님 보좌 우편에 앉으셨느니라.

8 그 뒤를 이어 베들레헴의 입산이 이스라엘의 사사가 되었더라 9 그
가 아들 삼십 명과 딸 삼십 명을 두었더니 그가 딸들을 밖으로 시집
보냈고 아들들을 위하여는 밖에서 여자 삼십 명을 데려왔더라 그가
이스라엘의 사사가 된 지 칠 년이라 10 입산이 죽으매 베들레헴에 장
사되었더라

8 After him Ibzan of Bethlehem judged Israel. 9 He had thirty sons,
and thirty daughters he gave in marriage outside his clan, and thirty
daughters he brought in from outside for his sons. And he judged Israel
seven years. 10 Then Ibzan died and was buried at Bethlehem.

11 그 뒤를 이어 스불론 사람 엘론이 이스라엘의 사사가 되어 십 년 동
안 이스라엘을 다스렸더라 12 스불론 사람 엘론이 죽으매 스불론 땅
아얄론에 장사되었더라

11 After him Elon the Zebulunite judged Israel, and he judged Israel ten
years. 12 Then Elon the Zebulunite died and was buried at Aijalon in the
land of Zebulun.

13 그 뒤를 이어 비라돈 사람 힐렐의 아들 압돈이 이스라엘의 사사가
되었더라 14 그에게 아들 사십 명과 손자 삼십 명이 있어 어린 나귀 칠
십 마리를 탔더라 압돈이 이스라엘의 사사가 된 지 팔 년이라 15 비라
돈 사람 힐렐의 아들 압돈이 죽으매 에브라임 땅 아말렉 사람의 산지
비라돈에 장사되었더라

13 After him Abdon the son of Hillel the Pirathonite judged Israel.
14 He had forty sons and thirty grandsons, who rode on seventy
donkeys, and he judged Israel eight years. 15 Then Abdon the son of
Hillel the Pirathonite died and was buried at Pirathon in the land of
Ephraim, in the hill country of the Amalekites.

단락 개관

마지막 세 명의 작은 사사들이 다함께 모여 있는데, 이는 모종의 점진적 상승이나 절정을 표현하는 듯하다. 이 책의 첫 사사로는 삼갈이 홀로 등장했고(3:31), 이후에 돌라와 야일이 함께 나타났으며(10:1-5), 이제는 세 명의 사사들, 곧 입산과 엘론과 압돈이 나온다. 삼손이 절정을 장식하는 최후의 사사인 만큼 이 세 명을 한 그룹으로 묶은 것은 3:7에서 옷니엘과 함께 시작한 사사 이야기들의 결론으로서 삼손 기사를 읽도록 우리를 준비시켜 준다. 기본 내용을 보면, 사사기의 저자가 이 사사들의 가족과 관련된 어떤 사항들은 기록했으나 적의 억압이나 전투에서의 승리와 관련된 정보는 제공하지 않는다. 아들, 딸, 결혼, 손자 그리고 나귀 등에 대한 언급은 이 사사들이 많은 가족을 가진 부유한 사람들이었음을 보여준다.

단락 개요

II. 사사들(3:7-16:31)

B. 제2군: 세 명의 큰 사사들(6:1-16:31)

6. 입산(12:8-10, 작은 사사)

7. 엘론(12:11-12, 작은 사사)

8. 압돈(12:13-15, 작은 사사)

주석

12:8-10 입산은 유다의 베들레헴 출신이다. 야일처럼(10:4) 입산은 서른 명의 아들을 두었다. 그런데 그에게는 딸도 서른 명이나 있었다. 그는 딸들을 그의 씨족 밖의 남자들과 혼인시켜 내보내고 아들들도 그와 같은 방식으로 혼인시켜 며느리들을 데려온다. 입산은 단 칠 년 동안 이스라엘의 사사로 일한 뒤에 죽음을 맞이한다.

12:11-12 엘론의 기사는 간략하고 삼갈의 기사(3:31) 다음으로 짧다. 저자는 그의 지파가 스불론이고 그의 묘지 위치가 아얄론이란 사실만 기록한다. 엘론은 인생이 끝나기 전에 십 년 동안 이스라엘을 다스리는데, 이는 마지막 세 명의 사사들 중에 가장 긴 기간이다.

12:13-15 압돈의 기사는 가족 정보를 제공하는 것과 관련해 야일과 입산의 경우와 비슷하다. 그는 에브라임 지파와 비라돈 씨족 출신이고 힐렐의 아들이다. 삼손이 절정에 해당하는 여섯 번째 큰 사사로 등장한다면, 압돈은 절정에 해당하는 여섯 번째 작은 사사로 등장한다. 숫자가 그 이야기를

들려준다. 그는 다른 어떤 사사보다 더 많은 아들("사십 명"), 손자("삼십 명") 그리고 나귀("칠십 마리")를 갖고 있다. 이 숫자들과 세부 내용은 내러티브의 절정을 장식하기 위한 저자의 문학적 전략을 표명하는 것 같다.

응답

입산과 엘론과 압돈은 우리에게 그분의 백성을 향한 하나님의 신실하심, 즉 언약의 주님께 대한 사랑과 순종을 증진하고 적의 예속과 억압에서의 해방을 제공하는 지도자들을 일으키시는 신실하심을 상기시켜준다. 또한 이 사사들은 우리가 절정에 해당하는 최후의 사사인 삼손을 만나도록 준비시켜준다. 그들은 또한 삼손 너머에 계신 유일한 참 사사를 가리키기도 한다. "나는 또 하늘이 열려 있는 것을 보았습니다. 거기에 흰 말이 있었는데, '신실하신 분', '참되신 분'이라는 이름을 가지신 분이 그 위에 타고 계셨습니다. '그는 의로 심판하시고 싸우시는 분입니다'"(계 19:11, 새번역).

13:1 이스라엘 자손이 다시 여호와의 목전에 악을 행하였으므로 여호
와께서 그들을 사십 년 동안 블레셋 사람의 손에 넘겨 주시니라

13:1 And the people of Israel again did what was evil in the sight of the Lord, so the Lord gave them into the hand of the Philistines for forty years.

2 소라 땅에 단 지파의 가족 중에 마노아라 이름하는 자가 있더라 그
의 아내가 임신하지 못하므로 출산하지 못하더니 3 여호와의 사자가
그 여인에게 나타나서 그에게 이르시되 보라 네가 본래 임신하지 못
하므로 출산하지 못하였으나 이제 임신하여 아들을 낳으리니 4 그러
므로 너는 삼가 포도주와 독주를 마시지 말며 어떤 부정한 것도 먹지
말지니라 5 보라 네가 임신하여 아들을 낳으리니 그의 머리 위에 삭도
를 대지 말라 이 아이는 태에서 나옴으로부터 하나님께 바쳐진 나실
인이 됨이라 그가 블레셋 사람의 손에서 이스라엘을 구원하기 시작하
리라 하시니 6 이에 그 여인이 가서 그의 남편에게 말하여 이르되 하
나님의 사람이 내게 오셨는데 그의 모습이 하나님의 사자의 용모 같

아서 심히 두려우므로 어디서부터 왔는지를 내가 묻지 못하였고 그도
자기 이름을 내게 이르지 아니하였으며 7 그가 내게 이르기를 보라 네
가 임신하여 아들을 낳으리니 이제 포도주와 독주를 마시지 말며 어
떤 부정한 것도 먹지 말라 이 아이는 태에서부터 그가 죽는 날까지 하
나님께 바쳐진 나실인이 됨이라 하더이다 하니라

2 There was a certain man of Zorah, of the tribe of the Danites, whose
name was Manoah. And his wife was barren and had no children. 3 And
the angel of the Lord appeared to the woman and said to her, "Behold,
you are barren and have not borne children, but you shall conceive and
bear a son. 4 Therefore be careful and drink no wine or strong drink,
and eat nothing unclean, 5 for behold, you shall conceive and bear a
son. No razor shall come upon his head, for the child shall be a Nazirite
to God from the womb, and he shall begin to save Israel from the hand
of the Philistines." 6 Then the woman came and told her husband, "A
man of God came to me, and his appearance was like the appearance of
the angel of God, very awesome. I did not ask him where he was from,
and he did not tell me his name, 7 but he said to me, 'Behold, you shall
conceive and bear a son. So then drink no wine or strong drink, and eat
nothing unclean, for the child shall be a Nazirite to God from the womb
to the day of his death.'"

8 마노아가 여호와께 기도하여 이르되 주여 구하옵나니 주께서 보내
셨던 하나님의 사람을 우리에게 다시 오게 하사 우리가 그 낳을 아이
에게 어떻게 행할지를 우리에게 가르치게 하소서 하니 9 하나님이 마
노아의 목소리를 들으시니라 여인이 밭에 앉았을 때에 하나님의 사자
가 다시 그에게 임하였으나 그의 남편 마노아는 함께 있지 아니한지
라 10 여인이 급히 달려가서 그의 남편에게 알리어 이르되 보소서 전

일에 내게 오셨던 그 사람이 내게 나타났나이다 하매 11 마노아가 일
어나 아내를 따라가서 그 사람에게 이르러 그에게 묻되 당신이 이 여
인에게 말씀하신 그 사람이니이까 하니 이르되 내가 그로다 하니라
12 마노아가 이르되 이제 당신의 말씀대로 되기를 원하나이다 이 아
이를 어떻게 기르며 우리가 그에게 어떻게 행하리이까 13 여호와의 사
자가 마노아에게 이르되 내가 여인에게 말한 것들을 그가 다 삼가서
14 포도나무의 소산을 먹지 말며 포도주와 독주를 마시지 말며 어떤
부정한 것도 먹지 말고 내가 그에게 명령한 것은 다 지킬 것이니라 하
니라
8 Then Manoah prayed to the Lord and said, "O Lord, please let the
man of God whom you sent come again to us and teach us what we are
to do with the child who will be born." 9 And God listened to the voice
of Manoah, and the angel of God came again to the woman as she sat in
the field. But Manoah her husband was not with her. 10 So the woman
ran quickly and told her husband, "Behold, the man who came to me
the other day has appeared to me." 11 And Manoah arose and went after
his wife and came to the man and said to him, "Are you the man who
spoke to this woman?" And he said, "I am." 12 And Manoah said, "Now
when your words come true, what is to be the child's manner of life,
and what is his mission?" 13 And the angel of the Lord said to Manoah,
"Of all that I said to the woman let her be careful. 14 She may not eat
of anything that comes from the vine, neither let her drink wine or
strong drink, or eat any unclean thing. All that I commanded her let her
observe."

15 마노아가 여호와의 사자에게 말하되 구하옵나니 당신은 우리에게
머물러서 우리가 당신을 위하여 염소 새끼 하나를 준비하게 하소서

하니 16 여호와의 사자가 마노아에게 이르되 네가 비록 나를 머물게
하나 내가 네 음식을 먹지 아니하리라 번제를 준비하려거든 마땅히
여호와께 드릴지니라 하니 이는 그가 여호와의 사자인 줄을 마노아가
알지 못함이었더라 17 마노아가 또 여호와의 사자에게 말하되 당신의
이름이 무엇이니이까 당신의 말씀이 이루어질 때에 우리가 당신을 존
귀히 여기리이다 하니 18 여호와의 사자가 그에게 이르되 어찌하여 내
이름을 묻느냐 내 이름은 기묘자라 하니라 19 이에 마노아가 염소 새
끼와 소제물을 가져다가 바위 위에서 여호와께 드리매 이적이 일어난
지라 마노아와 그의 아내가 본즉 20 불꽃이 제단에서부터 하늘로 올라
가는 동시에 여호와의 사자가 제단 불꽃에 휩싸여 올라간지라 마노아
와 그의 아내가 그것을 보고 그들의 얼굴을 땅에 대고 엎드리니라

13장

15 Manoah said to the angel of the Lord, "Please let us detain you
and prepare a young goat for you." 16 And the angel of the Lord said
to Manoah, "If you detain me, I will not eat of your food. But if you
prepare a burnt offering, then offer it to the Lord." (For Manoah did
not know that he was the angel of the Lord.) 17 And Manoah said to the
angel of the Lord, "What is your name, so that, when your words come
true, we may honor you?" 18 And the angel of the Lord said to him,
"Why do you ask my name, seeing it is wonderful?" 19 So Manoah took
the young goat with the grain offering, and offered it on the rock to the
Lord, to the one who works[1] wonders, and Manoah and his wife were
watching. 20 And when the flame went up toward heaven from the altar,
the angel of the Lord went up in the flame of the altar. Now Manoah
and his wife were watching, and they fell on their faces to the ground.

21 여호와의 사자가 마노아와 그의 아내에게 다시 나타나지 아니하니
마노아가 그제야 그가 여호와의 사자인 줄 알고 22 그의 아내에게 이

르되 우리가 하나님을 보았으니 반드시 죽으리로다 하니 23 그의 아내
가 그에게 이르되 여호와께서 우리를 죽이려 하셨더라면 우리 손에서
번제와 소제를 받지 아니하셨을 것이요 이 모든 일을 보이지 아니하
셨을 것이며 이제 이런 말씀도 우리에게 이르지 아니하셨으리이다 하
였더라 24 그 여인이 아들을 낳으매 그의 이름을 삼손이라 하니라 그
아이가 자라매 여호와께서 그에게 복을 주시더니 25 소라와 에스다올
사이 마하네단에서 여호와의 영이 그를 움직이기 시작하셨더라

21 The angel of the Lord appeared no more to Manoah and to his wife.
Then Manoah knew that he was the angel of the Lord. 22 And Manoah
said to his wife, "We shall surely die, for we have seen God." 23 But his
wife said to him, "If the Lord had meant to kill us, he would not have
accepted a burnt offering and a grain offering at our hands, or shown us
all these things, or now announced to us such things as these." 24 And
the woman bore a son and called his name Samson. And the young man
grew, and the Lord blessed him. 25 And the Spirit of the Lord began to
stir him in Mahaneh-dan, between Zorah and Eshtaol.

14:1 삼손이 딤나에 내려가서 거기서 블레셋 사람의 딸들 중에서 한 여
자를 보고 2 올라와서 자기 부모에게 말하여 이르되 내가 딤나에서 블
레셋 사람의 딸들 중에서 한 여자를 보았사오니 이제 그를 맞이하여
내 아내로 삼게 하소서 하매 3 그의 부모가 그에게 이르되 네 형제들
의 딸들 중에나 내 백성 중에 어찌 여자가 없어서 네가 할례 받지 아
니한 블레셋 사람에게 가서 아내를 맞으려 하느냐 하니 삼손이 그의
아버지에게 이르되 내가 그 여자를 좋아하오니 나를 위하여 그 여자
를 데려오소서 하니라

14:1 Samson went down to Timnah, and at Timnah he saw one of the
daughters of the Philistines. 2 Then he came up and told his father and

mother, "I saw one of the daughters of the Philistines at Timnah. Now
get her for me as my wife." 3 But his father and mother said to him, "Is
there not a woman among the daughters of your relatives, or among
all our people, that you must go to take a wife from the uncircumcised
Philistines?" But Samson said to his father, "Get her for me, for she is
right in my eyes."

4 그때에 블레셋 사람이 이스라엘을 다스린 까닭에 삼손이 틈을 타서
블레셋 사람을 치려 함이었으나 그의 부모는 이 일이 여호와께로부터
나온 것인 줄은 알지 못하였더라
4 His father and mother did not know that it was from the Lord, for
he was seeking an opportunity against the Philistines. At that time the
Philistines ruled over Israel.

5 삼손이 그의 부모와 함께 딤나에 내려가 딤나의 포도원에 이른즉 젊
은 사자가 그를 보고 소리 지르는지라 6 여호와의 영이 삼손에게 강
하게 임하니 그가 손에 아무것도 없이 그 사자를 염소 새끼를 찢는 것
같이 찢었으나 그는 자기가 행한 일을 부모에게 알리지 아니하였더라
7 그가 내려가서 그 여자와 말하니 그 여자가 삼손의 눈에 들었더라
5 Then Samson went down with his father and mother to Timnah, and
they came to the vineyards of Timnah. And behold, a young lion came
toward him roaring. 6 Then the Spirit of the Lord rushed upon him, and
although he had nothing in his hand, he tore the lion in pieces as one
tears a young goat. But he did not tell his father or his mother what he
had done. 7 Then he went down and talked with the woman, and she
was right in Samson's eyes.

8 얼마 후에 삼손이 그 여자를 맞이하려고 다시 가다가 돌이켜 그 사
자의 주검을 본즉 사자의 몸에 벌 떼와 꿀이 있는지라 9 손으로 그 꿀
을 떠서 걸어가며 먹고 그의 부모에게 이르러 그들에게 그것을 드려
서 먹게 하였으나 그 꿀을 사자의 몸에서 떠왔다고는 알리지 아니하
였더라

8 After some days he returned to take her. And he turned aside to see the carcass of the lion, and behold, there was a swarm of bees in the body of the lion, and honey.
9 He scraped it out into his hands and went on, eating as he went. And he came to his father and mother and gave some to them, and they ate. But he did not tell them that he had scraped the honey from the carcass of the lion.

10 삼손의 아버지가 여자에게로 내려가매 삼손이 거기서 잔치를 베풀
었으니 청년들은 이렇게 행하는 풍속이 있음이더라 11 무리가 삼손을
보고 삼십 명을 데려와서 친구를 삼아 그와 함께 하게 한지라 12 삼손
이 그들에게 이르되 이제 내가 너희에게 수수께끼를 내리니 잔치하는
이레 동안에 너희가 그것을 풀어 내게 말하면 내가 베옷 삼십 벌과 겉
옷 삼십 벌을 너희에게 주리라 13 그러나 그것을 능히 내게 말하지 못
하면 너희가 내게 베옷 삼십 벌과 겉옷 삼십 벌을 줄지니라 하니 그들
이 이르되 네가 수수께끼를 내면 우리가 그것을 들으리라 하매 14 삼
손이 그들에게 이르되

먹는 자에게서 먹는 것이 나오고 강한 자에게서 단 것이 나왔느니라

하니라 그들이 사흘이 되도록 수수께끼를 풀지 못하였더라

10 His father went down to the woman, and Samson prepared a feast there, for so the young men used to do.
11 As soon as the people saw him, they brought thirty companions to be with him.
12 And Samson said to them, "Let me now put a riddle to you. If you can tell me what

it is, within the seven days of the feast, and find it out, then I will give
you thirty linen garments and thirty changes of clothes, 13 but if you
cannot tell me what it is, then you shall give me thirty linen garments
and thirty changes of clothes." And they said to him, "Put your riddle,
that we may hear it."
14 And he said to them,

"Out of the eater came something to eat.

Out of the strong came something sweet."

And in three days they could not solve the riddle.

14장

15 일곱째 날에 이르러 그들이 삼손의 아내에게 이르되 너는 네 남편
을 꾀어 그 수수께끼를 우리에게 알려 달라 하라 그렇지 아니하면 너
와 네 아버지의 집을 불사르리라 너희가 우리의 소유를 빼앗고자 하
여 우리를 청한 것이 아니냐 그렇지 아니하냐 하니 16 삼손의 아내가
그의 앞에서 울며 이르되 당신이 나를 미워할 뿐이요 사랑하지 아니
하는도다 우리 민족에게 수수께끼를 말하고 그 뜻을 내게 알려 주지
아니하도다 하는지라 삼손이 그에게 이르되 보라 내가 그것을 나의
부모에게도 알려 주지 아니하였거든 어찌 그대에게 알게 하리요 하였
으나 17 칠 일 동안 그들이 잔치할 때 그의 아내가 그 앞에서 울며 그
에게 강요함으로 일곱째 날에는 그가 그의 아내에게 수수께끼를 알려
주매 그의 아내가 그것을 자기 백성들에게 알려 주었더라 18 일곱째
날 해 지기 전에 성읍 사람들이 삼손에게 이르되

무엇이 꿀보다 달겠으며 무엇이 사자보다 강하겠느냐

한지라 삼손이 그들에게 이르되

너희가 내 암송아지로 밭 갈지 아니하였더라면 내 수수께끼를 능
히 풀지 못하였으리라

하니라 19 여호와의 영이 삼손에게 갑자기 임하시매 삼손이 아스글론

에 내려가서 그곳 사람 삼십 명을 쳐죽이고 노략하여 수수께끼 푼 자
들에게 옷을 주고 심히 노하여 그의 아버지의 집으로 올라갔고 20 삼
손의 아내는 삼손의 친구였던 그의 친구에게 준 바 되었더라
15 On the fourth[2] day they said to Samson's wife, "Entice your husband
to tell us what the riddle is, lest we burn you and your father's house
with fire. Have you invited us here to impoverish us?" 16 And Samson's
wife wept over him and said, "You only hate me; you do not love me.
You have put a riddle to my people, and you have not told me what
it is." And he said to her, "Behold, I have not told my father nor my
mother, and shall I tell you?" 17 She wept before him the seven days
that their feast lasted, and on the seventh day he told her, because she
pressed him hard. Then she told the riddle to her people. 18 And the men
of the city said to him on the seventh day before the sun went down,

"What is sweeter than honey?
　　What is stronger than a lion?"

And he said to them,

"If you had not plowed with my heifer,
　　you would not have found out my riddle."

19 And the Spirit of the Lord rushed upon him, and he went down to
Ashkelon and struck down thirty men of the town and took their spoil
and gave the garments to those who had told the riddle. In hot anger he
went back to his father's house. 20 And Samson's wife was given to his
companion, who had been his best man.

15:1 얼마 후 밀 거둘 때에 삼손이 염소 새끼를 가지고 그의 아내에게
로 찾아 가서 이르되 내가 방에 들어가 내 아내를 보고자 하노라 하니
장인이 들어오지 못하게 하고 2 이르되 네가 그를 심히 미워하는 줄

알고 그를 네 친구에게 주었노라 그의 동생이 그보다 더 아름답지 아
니하냐 청하노니 너는 그를 대신하여 동생을 아내로 맞이하라 하니
3 삼손이 그들에게 이르되 이번은 내가 블레셋 사람들을 해할지라도
그들에게 대하여 내게 허물이 없을 것이니라 하고 4 삼손이 가서 여우
삼백 마리를 붙들어서 그 꼬리와 꼬리를 매고 홰를 가지고 그 두 꼬
리 사이에 한 홰를 달고 5 홰에 불을 붙이고 그것을 블레셋 사람들의
곡식 밭으로 몰아 들여서 곡식 단과 아직 베지 아니한 곡식과 포도원
과 감람나무들을 사른지라 6 블레셋 사람들이 이르되 누가 이 일을 행
하였느냐 하니 사람들이 대답하되 딤나 사람의 사위 삼손이니 장인이
삼손의 아내를 빼앗아 그의 친구에게 준 까닭이라 하였더라 블레셋
사람들이 올라가서 그 여인과 그의 아버지를 불사르니라 7 삼손이 그
들에게 이르되 너희가 이같이 행하였은즉 내가 너희에게 원수를 갚고
야 말리라 하고 8 블레셋 사람들의 정강이와 넓적다리를 크게 쳐서 죽
이고 내려가서 에담 바위 틈에 머물렀더라

15:1 After some days, at the time of wheat harvest, Samson went to visit
his wife with a young goat. And he said, "I will go in to my wife in
the chamber." But her father would not allow him to go in. 2 And her
father said, "I really thought that you utterly hated her, so I gave her
to your companion. Is not her younger sister more beautiful than she?
Please take her instead." 3 And Samson said to them, "This time I shall
be innocent in regard to the Philistines, when I do them harm." 4 So
Samson went and caught 300 foxes and took torches. And he turned
them tail to tail and put a torch between each pair of tails. 5 And when
he had set fire to the torches, he let the foxes go into the standing grain
of the Philistines and set fire to the stacked grain and the standing grain,
as well as the olive orchards. 6 Then the Philistines said, "Who has
done this?" And they said, "Samson, the son-in-law of the Timnite,

because he has taken his wife and given her to his companion." And
the Philistines came up and burned her and her father with fire. 7 And
Samson said to them, "If this is what you do, I swear I will be avenged
on you, and after that I will quit." 8 And he struck them hip and thigh
with a great blow, and he went down and stayed in the cleft of the rock
of Etam.

9 이에 블레셋 사람들이 올라와 유다에 진을 치고 레히에 가득한지라
10 유다 사람들이 이르되 너희가 어찌하여 올라와서 우리를 치느냐
그들이 대답하되 우리가 올라온 것은 삼손을 결박하여 그가 우리에
게 행한 대로 그에게 행하려 함이로라 하는지라 11 유다 사람 삼천 명
이 에담 바위 틈에 내려가서 삼손에게 이르되 너는 블레셋 사람이 우
리를 다스리는 줄을 알지 못하느냐 네가 어찌하여 우리에게 이같이
행하였느냐 하니 삼손이 그들에게 이르되 그들이 내게 행한 대로 나
도 그들에게 행하였노라 하니라 12 그들이 삼손에게 이르되 우리가 너
를 결박하여 블레셋 사람의 손에 넘겨 주려고 내려왔노라 하니 삼손이
그들에게 이르되 너희가 나를 치지 아니하겠다고 내게 맹세하라 하매
13 그들이 삼손에게 말하여 이르되 아니라 우리가 다만 너를 단단히
결박하여 그들의 손에 넘겨 줄 뿐이요 우리가 결단코 너를 죽이지 아
니하리라 하고 새 밧줄 둘로 결박하고 바위 틈에서 그를 끌어내니라
14 삼손이 레히에 이르매 블레셋 사람들이 그에게로 마주 나가며 소
리 지를 때 여호와의 영이 삼손에게 갑자기 임하시매 그의 팔 위의 밧
줄이 불탄 삼과 같이 그의 결박되었던 손에서 떨어진지라 15 삼손이
나귀의 새 턱뼈를 보고 손을 내밀어 집어들고 그것으로 천 명을 죽이
고 16 이르되

나귀의 턱뼈로 한 더미, 두 더미를 쌓았음이여 나귀의 턱뼈로 내
가 천 명을 죽였도다

하니라 17 그가 말을 마치고 턱뼈를 자기 손에서 내던지고 그곳을
[1]라맛 레히라 이름하였더라

9 Then the Philistines came up and encamped in Judah and made a
raid on Lehi. 10 And the men of Judah said, "Why have you come up
against us?" They said, "We have come up to bind Samson, to do to
him as he did to us." 11 Then 3,000 men of Judah went down to the
cleft of the rock of Etam, and said to Samson, "Do you not know that
the Philistines are rulers over us? What then is this that you have done
to us?" And he said to them, "As they did to me, so have I done to
them." 12 And they said to him, "We have come down to bind you,
that we may give you into the hands of the Philistines." And Samson
said to them, "Swear to me that you will not attack me yourselves."
13 They said to him, "No; we will only bind you and give you into their
hands. We will surely not kill you." So they bound him with two new
ropes and brought him up from the rock. 14 When he came to Lehi,
the Philistines came shouting to meet him. Then the Spirit of the Lord
rushed upon him, and the ropes that were on his arms became as flax
that has caught fire, and his bonds melted off his hands. 15 And he found
a fresh jawbone of a donkey, and put out his hand and took it, and with
it he struck 1,000 men. 16 And Samson said,

"With the jawbone of a donkey,
heaps upon heaps,
with the jawbone of a donkey
have I struck down a thousand men."

17 As soon as he had finished speaking, he threw away the jawbone out of
his hand. And that place was called Ramath-lehi.[3]

15장

18 삼손이 심히 목이 말라 여호와께 부르짖어 이르되 주께서 종의 손
을 통하여 이 큰 구원을 베푸셨사오나 내가 이제 목말라 죽어서 할례
받지 못한 자들의 손에 떨어지겠나이다 하니 19 하나님이 레히에서 한
우묵한 곳을 터뜨리시니 거기서 물이 솟아나오는지라 삼손이 그것을
마시고 정신이 회복되어 소생하니 그러므로 그 샘 이름을 2)엔학고레
라 불렀으며 그 샘이 오늘까지 레히에 있더라 20 블레셋 사람의 때에
삼손이 이스라엘의 사사로 이십 년 동안 지냈더라
18 And he was very thirsty, and he called upon the Lord and said, "You
have granted this great salvation by the hand of your servant, and
shall I now die of thirst and fall into the hands of the uncircumcised?"
19 And God split open the hollow place that is at Lehi, and water came
out from it. And when he drank, his spirit returned, and he revived.
Therefore the name of it was called En-hakkore;[4] it is at Lehi to this
day. 20 And he judged Israel in the days of the Philistines twenty years.

16:1 삼손이 가사에 가서 거기서 한 기생을 보고 그에게로 들어갔더니
2 가사 사람들에게 삼손이 왔다고 알려지매 그들이 곧 그를 에워싸고
밤새도록 성문에 매복하고 밤새도록 조용히 하며 이르기를 새벽이 되
거든 그를 죽이리라 하였더라 3 삼손이 밤중까지 누워 있다가 그 밤중
에 일어나 성 문짝들과 두 문설주와 문빗장을 빼어 가지고 그것을 모
두 어깨에 메고 헤브론 앞산 꼭대기로 가니라
16:1 Samson went to Gaza, and there he saw a prostitute, and he went
in to her. 2 The Gazites were told, "Samson has come here." And they
surrounded the place and set an ambush for him all night at the gate
of the city. They kept quiet all night, saying, "Let us wait till the light
of the morning; then we will kill him." 3 But Samson lay till midnight,
and at midnight he arose and took hold of the doors of the gate of the

city and the two posts, and pulled them up, bar and all, and put them on his shoulders and carried them to the top of the hill that is in front of Hebron.

4 이후에 삼손이 소렉 골짜기의 들릴라라 이름하는 여인을 사랑하매 5
블레셋 사람의 방백들이 그 여인에게로 올라가서 그에게 이르되 삼손
을 꾀어서 무엇으로 말미암아 그 큰 힘이 생기는지 그리고 우리가 어
떻게 하면 능히 그를 결박하여 굴복하게 할 수 있을는지 알아보라 그
리하면 우리가 각각 은 천백 개씩을 네게 주리라 하니 6 들릴라가 삼
손에게 말하되 청하건대 당신의 큰 힘이 무엇으로 말미암아 생기며
어떻게 하면 능히 당신을 결박하여 굴복하게 할 수 있을는지 내게 말
하라 하니
4 After this he loved a woman in the Valley of Sorek, whose name was
Delilah. 5 And the lords of the Philistines came up to her and said to
her, "Seduce him, and see where his great strength lies, and by what
means we may overpower him, that we may bind him to humble him.
And we will each give you 1,100 pieces of silver." 6 So Delilah said to
Samson, "Please tell me where your great strength lies, and how you
might be bound, that one could subdue you."

7 삼손이 그에게 이르되 만일 마르지 아니한 새 활줄 일곱으로 나를
결박하면 내가 약해져서 다른 사람과 같으리라 8 블레셋 사람의 방백
들이 마르지 아니한 새 활줄 일곱을 여인에게로 가져오매 그가 그것
으로 삼손을 결박하고 9 이미 사람을 방 안에 매복시켰으므로 삼손에
게 말하되 삼손이여 블레셋 사람들이 당신에게 들이닥쳤느니라 하니
삼손이 그 줄들을 끊기를 불탄 삼실을 끊음 같이 하였고 그의 힘의 근
원은 알아내지 못하니라

16장

7 Samson said to her, "If they bind me with seven fresh bowstrings that
have not been dried, then I shall become weak and be like any other
man." 8 Then the lords of the Philistines brought up to her seven fresh
bowstrings that had not been dried, and she bound him with them.
9 Now she had men lying in ambush in an inner chamber. And she said
to him, "The Philistines are upon you, Samson!" But he snapped the
bowstrings, as a thread of flax snaps when it touches the fire. So the
secret of his strength was not known.

10 들릴라가 삼손에게 이르되 보라 당신이 나를 희롱하여 내게 거짓
말을 하였도다 청하건대 무엇으로 당신을 결박할 수 있을는지 이제
는 내게 말하라 하니 11 삼손이 그에게 이르되 만일 쓰지 아니한 새 밧
줄들로 나를 결박하면 내가 약해져서 다른 사람과 같으리라 하니라
12 들릴라가 새 밧줄들을 가져다가 그것들로 그를 결박하고 그에게
이르되 삼손이여 블레셋 사람이 당신에게 들이닥쳤느니라 하니 삼손
이 팔 위의 줄 끊기를 실을 끊음 같이 하였고 그때에도 사람이 방 안
에 매복하였더라
10 Then Delilah said to Samson, "Behold, you have mocked me and told
me lies. Please tell me how you might be bound." 11 And he said to her,
"If they bind me with new ropes that have not been used, then I shall
become weak and be like any other man." 12 So Delilah took new ropes
and bound him with them and said to him, "The Philistines are upon
you, Samson!" And the men lying in ambush were in an inner chamber.
But he snapped the ropes off his arms like a thread.

13 들릴라가 삼손에게 이르되 당신이 이때까지 나를 희롱하여 내게
거짓말을 하였도다 내가 무엇으로 당신을 결박할 수 있을는지 내게

말하라 하니 삼손이 그에게 이르되 그대가 만일 나의 머리털 일곱 가
닥을 베틀의 날실에 섞어 짜면 되리라 하는지라 14 들릴라가 바디로
그 머리털을 단단히 짜고 그에게 이르되 삼손이여 블레셋 사람들이
당신에게 들이닥쳤느니라 하니 삼손이 잠을 깨어 베틀의 바디와 날실
을 다 빼내니라
13 Then Delilah said to Samson, "Until now you have mocked me and
told me lies. Tell me how you might be bound." And he said to her, "If
you weave the seven locks of my head with the web and fasten it tight
with the pin, then I shall become weak and be like any other man."
14 So while he slept, Delilah took the seven locks of his head and wove
them into the web.[5] And she made them tight with the pin and said to
him, "The Philistines are upon you, Samson!" But he awoke from his
sleep and pulled away the pin, the loom, and the web.

15 들릴라가 삼손에게 이르되 당신의 마음이 내게 있지 아니하면서
당신이 어찌 나를 사랑한다 하느냐 당신이 이로써 세 번이나 나를 희
롱하고 당신의 큰 힘이 무엇으로 말미암아 생기는지를 내게 말하지
아니하였도다 하며 16 날마다 그 말로 그를 재촉하여 조르매 삼손의
마음이 번뇌하여 죽을 지경이라 17 삼손이 진심을 드러내어 그에게 이
르되 내 머리 위에는 삭도를 대지 아니하였나니 이는 내가 모태에서
부터 하나님의 나실인이 되었음이라 만일 내 머리가 밀리면 내 힘이
내게서 떠나고 나는 약해져서 다른 사람과 같으리라 하니라
15 And she said to him, "How can you say, 'I love you,' when your
heart is not with me? You have mocked me these three times, and you
have not told me where your great strength lies." 16 And when she
pressed him hard with her words day after day, and urged him, his soul
was vexed to death. 17 And he told her all his heart, and said to her, "A

razor has never come upon my head, for I have been a Nazirite to God
from my mother's womb. If my head is shaved, then my strength will
leave me, and I shall become weak and be like any other man."

18 들릴라가 삼손이 진심을 다 알려 주므로 사람을 보내어 블레셋 사
람들의 방백들을 불러 이르되 삼손이 내게 진심을 알려 주었으니 이
제 한 번만 올라오라 하니 블레셋 방백들이 손에 은을 가지고 그 여인
에게로 올라오니라 19 들릴라가 삼손에게 자기 무릎을 베고 자게 하
고 사람을 불러 그의 머리털 일곱 가닥을 밀고 괴롭게 하여 본즉 그의
힘이 없어졌더라 20 들릴라가 이르되 삼손이여 블레셋 사람이 당신에
게 들이닥쳤느니라 하니 삼손이 잠을 깨며 이르기를 내가 전과 같이
나가서 몸을 떨치리라 하였으나 여호와께서 이미 자기를 떠나신 줄을
깨닫지 못하였더라 21 블레셋 사람들이 그를 붙잡아 그의 눈을 빼고
끌고 가사에 내려가 놋 줄로 매고 그에게 옥에서 맷돌을 돌리게 하였
더라 22 그의 머리털이 밀린 후에 다시 자라기 시작하니라

18 When Delilah saw that he had told her all his heart, she sent and
called the lords of the Philistines, saying, "Come up again, for he has
told me all his heart." Then the lords of the Philistines came up to her
and brought the money in their hands. 19 She made him sleep on her
knees. And she called a man and had him shave off the seven locks
of his head. Then she began to torment him, and his strength left him.
20 And she said, "The Philistines are upon you, Samson!" And he
awoke from his sleep and said, "I will go out as at other times and
shake myself free." But he did not know that the Lord had left him.
21 And the Philistines seized him and gouged out his eyes and brought
him down to Gaza and bound him with bronze shackles. And he ground
at the mill in the prison. 22 But the hair of his head began to grow again

after it had been shaved.

23 블레셋 사람의 방백들이 이르되 우리의 신이 우리 원수 삼손을 우
리 손에 넘겨주었다 하고 다 모여 그들의 신 다곤에게 큰 제사를 드리
고 즐거워하고 24 백성들도 삼손을 보았으므로 이르되 우리의 땅을 망
쳐 놓고 우리의 많은 사람을 죽인 원수를 우리의 신이 우리 손에 넘겨
주었다 하고 자기들의 신을 찬양하며 25 그들의 마음이 즐거울 때에
이르되 삼손을 불러다가 우리를 위하여 재주를 부리게 하자 하고 옥
에서 삼손을 불러내매 삼손이 그들을 위하여 재주를 부리니라 그들이
삼손을 두 기둥 사이에 세웠더니 26 삼손이 자기 손을 붙든 소년에게
이르되 나에게 이 집을 버틴 기둥을 찾아 그것을 의지하게 하라 하니
라 27 그 집에는 남녀가 가득하니 블레셋 모든 방백들도 거기에 있고
지붕에 있는 남녀도 삼천 명 가량이라 다 삼손이 재주 부리는 것을 보
더라

23 Now the lords of the Philistines gathered to offer a great sacrifice
to Dagon their god and to rejoice, and they said, "Our god has given
Samson our enemy into our hand." 24 And when the people saw him,
they praised their god. For they said, "Our god has given our enemy
into our hand, the ravager of our country, who has killed many of us."[6]
25 And when their hearts were merry, they said, "Call Samson, that
he may entertain us." So they called Samson out of the prison, and he
entertained them. They made him stand between the pillars. 26 And
Samson said to the young man who held him by the hand, "Let me
feel the pillars on which the house rests, that I may lean against them."
27 Now the house was full of men and women. All the lords of the
Philistines were there, and on the roof there were about 3,000 men and
women, who looked on while Samson entertained.

16장

28 삼손이 여호와께 부르짖어 이르되 주 여호와여 구하옵나니 나를
생각하옵소서 하나님이여 구하옵나니 이번만 나를 강하게 하사 나의
두 눈을 뺀 블레셋 사람에게 원수를 단번에 갚게 하옵소서 하고 29 삼
손이 집을 버틴 두 기둥 가운데 하나는 왼손으로 하나는 오른손으로
껴 의지하고 30 삼손이 이르되 블레셋 사람과 함께 죽기를 원하노라
하고 힘을 다하여 몸을 굽히매 그 집이 곧 무너져 그 안에 있는 모든
방백들과 온 백성에게 덮이니 삼손이 죽을 때에 죽인 자가 살았을 때
에 죽인 자보다 더욱 많았더라 31 그의 형제와 아버지의 온 집이 다 내
려가서 그의 시체를 가지고 올라가서 소라와 에스다올 사이 그의 아
버지 마노아의 장지에 장사하니라 삼손이 이스라엘의 사사로 이십 년
동안 지냈더라

28 Then Samson called to the Lord and said, "O Lord God, please
remember me and please strengthen me only this once, O God, that I
may be avenged on the Philistines for my two eyes." 29 And Samson
grasped the two middle pillars on which the house rested, and he leaned
his weight against them, his right hand on the one and his left hand on
the other. 30 And Samson said, "Let me die with the Philistines." Then
he bowed with all his strength, and the house fell upon the lords and
upon all the people who were in it. So the dead whom he killed at his
death were more than those whom he had killed during his life. 31 Then
his brothers and all his family came down and took him and brought
him up and buried him between Zorah and Eshtaol in the tomb of
Manoah his father. He had judged Israel twenty years.

1) 턱뼈의 산 2) 부르짖은 자의 샘

1 Septuagint, Vulgate; Hebrew *Lord, and working 2* Septuagint, Syriac; Hebrew *seventh 3 Ramath-lehi* means *the hill of the jawbone 4 En-hakkore* means *the spring of him who called 5* Compare Septuagint; Hebrew lacks *and fasten it tight... into the web 6* Or *who has multiplied our slain*

단락 개관

삼손은 사사기에서 열두 번째이자 최후의 사도로서 사사 내러티브의 절정을 장식한다.[37] 그의 기사는 세 단락으로 이뤄져 있다. 먼저 그의 출생 내러티브가 나온다(13장). 다음 단락은 삼손이 딤나에서 블레셋 사람을 무찌르는 장면이다(14-15장). 이 단락은 삼손이 이스라엘의 사사로 이십 년 동안 일했다는 진술로 마무리된다(15:20). 끝으로, 삼손이 가사에서 블레셋 사람들을 무찌른다(16장). 이 단락 역시 삼손이 이스라엘의 사사로 이십 년 동안 일했다는 진술로 마무리된다(16:31). 결론 형식의 반복은 저자가 삼손 기사를 이중적 사사 내러티브의 양식에 맞추었음을 보여준다. 이에 덧붙여, 이 내러티브의 둘째와 셋째 단락에서는 삼손이 각각 다른 두 여인에게 배신을 당하고, 두 경우 모두에서 큰 개인적 손실을 겪고, 블레셋 사람들을 무찌르는 큰 승리를 두 번 거두게 된다. 이 기사들은 매우 다르긴 해도 동일한 기본 플롯, 다름 아닌 이중적인 내러티브 플롯을 공유한다.

삼손은 블레셋의 억압으로부터 이스라엘 구출을 '시작하기' 위한 투사로 태어난다. 장차 다윗이 그 구출 작업을 완수할 것이다. 태어날 때 그는 평생 나실인으로 지명된다. 모세 언약의 신정적인 경륜에 나오는 두 명의 선구자인 사무엘과 세례 요한도 마찬가지다. 삼손은 그가 사랑하는 이들에게 배신당하고 그의 백성에 의해 적의 손에 넘겨진다. 그가 이룬 힘의 위업과 적에 대한 승리는 모두 주님의 영의 능력으로 가능케 된다. 사실 그 영의 사역이 삼손과 관련해 네 번이나 언급되는데, 이는 이 책에 나오는 다른 어떤 사사보다 더 잦은 편이다. 삼손은 블레셋을 무찌르는 그의 소명에 신실하고 심지어 죽는 순간까지 그러하다. 그는 죽을 때 적에 대한 최대의 승리를 거두되 그 승리는 힘 있는 가운데 오지 않고 치욕스러운 상황에서 얻어진다. 이에 덧붙이자면, 사복음서의 저자들은 삼손의 삶을 모델

37 다음 글은 삼손을 '종말론적 사사'로 묘사한다. Robert A. Stark, "Samson-The Last Judge," *Kerux* 17/3 (December 2002): 24.

로 삼아 세례 요한의 삶을 묘사하는 듯하다.

(1) 두 기사 모두 의미심장한 출생 내러티브로 시작된다(삿 13장; 눅 1:5-25).
(2) 둘 다 어머니가 불임이다(삿 13:2; 눅 1:7).
(3) 두 인물 모두 태어나기 전에 평생 나실인으로 선언된다(삿 13:3-5; 눅 1:15).
(4) 두 인물의 출생 모두 주님의 천사가 알려준다(삿 13:3; 눅 1:11).
(5) 둘의 아버지 모두 주님의 천사가 전한 소식을 믿기 어려워한다(삿 13:16-17; 눅 1:18-20).
(6) 둘의 출생 내러티브 모두 각 인물의 사명이나 과업을 기록한다(삿 13:5; 눅 1:16-17).
(7) 삼손과 세례 요한 모두 여인(들릴라와 헤로디아의 딸)에게 배신당하고, 그 결과 죽음에 이른다(삿 16:1-22; 마 14:1-12).
(8) 두 사람 모두 그의 백성을 위해 안식을 이루는 다가올 왕의 선구자 역할을 한다(삼하 7:1; 마 11:28).

현대의 해석자들은 흔히 삼손의 삶을 이런 식으로 오늘날의 신자들에게 적용한다. 만일 하나님께서 형편없는 죄인인 삼손 같은 사람을 사용하실 수 있다면, 그분은 확실히 우리 같은 사람들을 그분의 교회를 섬기는 일에 사용하실 수 있다. 또는 부정적인 결과를 초래할 수 있는 특정한 행위들에 대해 경고하기 위해 삼손의 삶을 이용할 수도 있다. 그러나 사실상 삼손은 사사기에 나오는 모든 사사와 같이 그리스도의 한 모형이다.[38] 삼손을 비롯한 다른 사사들은 구원자들이다. 그리고 우리는 구원이 필요한 사람들이다. 우리가 만일 사사기에 나오는 누군가와 동일시되고 싶다면, 우리는 이

38 삼손을 그리스도의 한 모형으로 해석하는 초기의 견해에 대한 짧지만 유익한 개관은 다음 책을 참고하라. James L. Crenshaw, *Samson: A Secret Betrayed, a Vow Ignored* (Atlanta: John Knox, 1978), 137-141. 참고. Stark, "Samson-The Last Judge," 11-28.

스라엘 백성, 곧 주님의 구원의 은혜에도 불구하고 계속해서 주님의 목전에 악을 행하는 그 백성과 동일시되어야 한다. 말하자면, 구원자가 필요한 백성과 동일시되어야 한다는 뜻이다. 일부 독자는 삼손의 행위들이 이 장들에서 명시적 죄악으로 묘사되지 않는 것을 보고 충격을 받을지 모른다. 그는 블레셋 사람들을 학살하도록 태어난다. 이것이 주님에게서 받은 그의 특별한 소명(이스라엘 사람을 블레셋 사람으로부터 구출하는 일)이고, 그는 그의 소명에 충실하다. 히브리서의 저자도 동의하는 듯이 보인다(히 11:32-40). 한 주석가는 그것을 이런 식으로 표현한다.

> 그리스도인 독자들은 삼손의 생애(career)와 그리스도의 생애의 폭넓은 구조 간의 여러 일치점들을 거의 알아채지 않을 수 없다. 하나님의 메신저를 통한 수태 고지, 놀라운 임신, 나실인으로서의 거룩함, 성령의 선물, 자기 백성의 배척, 백성의 지도자들에 의해 넘겨짐, 그들의 손에 당한 조롱과 멸시 그리고 그 소명이 그의 죽음으로 완성되는 모습, 이 죽음으로 다곤 신을 무찌르고 언젠가 완전히 실현될 구출을 위해 토대를 놓는 것 등이다. 이런 일치점들이 너무나 많고 또 삼손이 누군가와 밀접한 관계가 있는 만큼 그가 이룬 업적을 단지 비현실적인 것으로 치부할 수 없다. 사실 이 이야기를 성경 전체의 맥락에서 읽어보면, 우리는 이곳, 가장 가능성이 희박한 장소에서 다가올 일에 대한 암시를 발견하게 된다.[39]

오늘날 우리가 삼손에 대해 품는 사고방식은 바리새인들이 예수님에 관해 생각한 방식과 비슷하다. 나쁜 여자들과 어울리고, 나쁜 사람들과 음식을 먹고, 금지된 것을 만지는 그런 인물로 생각하는 것이다. 우리는 이런

39 Barry G. Webb, *The Book of Judge*, NICOT (Grand Rapids, MI: Eerdmans, 2012), 418-419. 웹은 삼손의 삶에 일어난 사건들을 '성경 전체의 맥락에서' 해석함에도 불구하고 이 주석이 선호하는 만큼 삼손의 삶의 세부 사항에 대해 긍정적인 평가를 내리지는 않는다.

사사들을 판단할 때 무척 조심해야 한다. 다음 주석은 삼손을 성령의 능력을 받은 사사로, 지금도 우리의 눈을 우리 믿음의 창시자이자 완성자이신 예수님께 고정하도록 도움으로써(히 12:2) 하나님의 백성을 섬기는 그런 사사로 그린다.

단락 개요

II. 사사들(3:7-16:31)

B. 제2군: 세 명의 큰 사사들(6:1-16:31)

9. 삼손(13:1-16:31, 큰 사사)

a. 출생 내러티브(13:1-24)

(1) 서문(13:1)

(2) 주님의 천사가 처음 나타나다(13:2-7)

(3) 주님의 천사가 두 번째로 나타나다(13:8-23)

(4) 삼손의 출생(13:24)

b. 딤나에 있는 삼손(13:25-15:20)

(1) 삼손이 딤나에서 한 블레셋 여인을 보다(13:25-14:4)

(2) 삼손이 딤나에서 블레셋 여인과 결혼하다(14:5-20)

(3) 삼손이 딤나에서 블레셋 여인을 잃다(15:1-8)

(4) 삼손이 이스라엘에게 배신당하다(15:9-13)

(5) 삼손이 블레셋 사람들을 무찌르다(15:14-19)

(6) 첫째 결론(15:20)

c. 가사에 있는 삼손(16:1-31)

(1) 삼손이 가사에서 한 창녀를 보다(16:1-3)

(2) 삼손이 소렉 골짜기에서 한 여인을 사랑하다(16:4-22)

(3) 삼손이 블레셋 사람들을 무찌르다(16:23-30)

(4) 장사 통보(16:31a)

(5) 둘째 결론(16:31b)

주석

13장

13:1 삼손의 기사는 여섯 명의 큰 사사들에게 사용된 표준적인 서론 형식으로 말문을 연다. 옷니엘(3:7)과 기드온(6:1)의 기사는 세 명의 큰 사사들을 각각 소개하는 글의 형식으로 시작된다. "이스라엘 자손이 여호와의 목전에 악을 행하여." 나머지 사사들(에훗, 드보라/바락, 입다, 삼손)은 약간 수정된, 연속적인 소개문으로 시작된다. "이스라엘 자손이 '다시' 여호와의 목전에 악을 행하였으므로."[40]

삼손이 살던 시기에는 주님이 그분의 백성을 사십 년 동안 블레셋 사람의 손에 넘겨주신다. 이는 사사기에서 가장 긴 억압 기간이고 드보라와 바락의 시기에 받은 억압 기간의 두 배에 해당한다(이 내러티브의 또 하나의 이중적 특징이다).[41] 3:3에는 주님이 이스라엘을 시험하고 그들에게 전쟁을 가르치기 위해 그 땅에 남겨놓으신 여러 민족들 가운데 블레셋의 다섯 군주가 포함되어 있다. 다섯 군주들은 블레셋의 다섯 으뜸 성읍들에 부합하는데, 이는 가사, 가드, 아스돗, 아스글론 그리고 에그론(모두 가나안의 서쪽 해안 지방에 있다)이다.[42] 삼손은 아스글론과 딤나와 가사에서 블레셋 사람을 무찌를 테고, 골리앗은 가드 출신의 유명한 블레셋 사람이다(삼상 17:4). 첫 번째 작

40 이 책에서 사사들의 구조와 배열의 의미에 관한 설명은 서론의 '장르와 문학적 특징'을 참고하라.

41 이스라엘이 억압받은 기간은 옷니엘 이전에 팔 년, 에훗 이전에 십팔 년, 드보라와 바락 이전에 이십 년, 기드온 이전에 칠 년 그리고 입다 이전에 십팔 년이다.

은 사사인 삼갈은 소를 모는 막대기로 블레셋 사람 6백 명을 죽인 인물로 유명하고(삿 3:31), 이스라엘이 블레셋의 신(10:6), 다곤을 경배한 것으로 기록되어 있다(16:23, 참고. 삼상 5:2-7). 블레셋 사람은 사무엘, 사울 그리고 다윗의 삶에서도 중요한 역할을 담당할 것이다.

13:2 삼손의 기사는 여러 면에서 독특하다. 예컨대, 그의 출생 내러티브가 이번 장의 스물다섯 절 가운데 스물세 절에 걸쳐 있다. 성경에 나오는 출생 내러티브들은 대표적인 구속-역사적 인물들의 신원을 밝히기 위해 사용되고 다음과 같은 문학적 패턴을 따른다. 임신 못하는 어머니, 주님의 천사의 통고, 자녀의 사명, 그 소식을 믿기 어려워하는 부모의 모습, 자녀의 이름 짓기 그리고 자녀가 주님의 은총을 받는 모습 등이다. 성경에는 이런 출생 내러티브가 일곱 번 나온다. 이삭, 야곱/에서, 이스라엘의 열두 족장들, 삼손, 사무엘, 세례 요한 그리고 예수님이다.[43] 이런 유형의 내러티브는 약속된 자녀(이삭, 야곱, 열두 족장들)의 보존 또는 구출자 내지는 언약 관리인(삼손, 사무엘, 세례 요한)을 일으키는 일에 초점을 둔다. 예수님의 출생 내러티브는 일곱 번째이자 절정에 해당하는 이야기이면서 약속된 자녀와 중요한 언약 관리인을 일으키는 일을 합쳐놓은 유일한 경우다.

삼손의 출생 내러티브는 방금 언급한 표준적인 요소들 중 여럿을 담고 있고 사무엘과 세례 요한의 출생 내러티브(13:1-16:31에 대한 단락 개관 참고)와 매우 유사하다. 이 기사는 삼손 아버지의 이름, 지파 그리고 거주지로 시작한 후 그의 어머니가 임신하지 못하는 여자라고 말한다. 구약에서 불임 여성이란 주제는 종종 주님이 놀라운 일을 행하려고 하신다는 것을 암시하

42 블레셋과 블레셋 성읍들의 지리에 대해서는 Currid and Barrett, *Crossway ESV Bible Atlas*, 113-114, map 4.21 and 4.22를 참고하라.

43 삼손에 초점을 둔 채 출생 내러티브를 하나의 모형 장면으로 연구한 유익한 글을 추천한다. Benjamin J. M. Johnson, "What Type of Son is Samson? Reading Judges 13 as a Biblical Type-Scene," *JETS* 53/2 (June 2010): 269-286, 특히 286페이지에 나오는 비교 차트. 이 주석은 삼손에 대해 존슨이 주장하는 것과 똑같은 결론에 도달하진 않는다.

는데 마노아와 그의 아내가 그런 경우다. 여기서 주목할 점이 있다. 삼손 내러티브는 이스라엘의 억압이나 그들이 도와달라고 주님께 부르짖는 모습에 관한 진술을 생략하고 있다는 점이다. 블레셋의 지배가 사십 년이나 지속되고 나중에 유다 지파가 공모한 것을 감안하면, 이스라엘이 블레셋의 군주들, 신들과 더불어 행복한 상태에 있었던 것처럼 보인다. 그 백성이 죄 가운데 편해지고 그들의 예속 상태에 대해 눈이 먼 것이다. 그런즉 그분의 백성이 그들의 필요를 인식하기도 전에 주님이 삼손으로 하여금 그들을 구출하기 시작하도록 촉구하시는 것은 큰 자비가 아닐 수 없다.

13:3 "여호와의 사자"(새번역은 "주님의 천사")가 다시 한번 나타난다. 그는 사사기 2:1-5에서 이스라엘의 언약 위반을 지적하기 위해 처음 등장했다. 그는 6장에서 기드온을 불러 사명을 주기 위해 다시 나타났다. 그는 이제 삼손의 불임 어머니에게 삼손의 출생을 알려주고 삼손의 삶과 소명의 성격을 설명하기 위해 나타난다. 그 어머니의 이름은 이 기사에 나오지 않는다. 삼손 내러티브들에서 여자들이 두드러진 역할을 담당해도 이름을 밝히는 유일한 여자는 들릴라뿐이다.

13:4-5 주님의 천사가 어머니에게 포도주나 독주를 일체 마시지 말고 부정한 것도 일체 먹지 말라고 지시한다. 그 이유는 약속된 아들이 "태에서 나옴으로부터 하나님께 바쳐진 나실인"이 될 것이기 때문이다. "나실인"이란 단어는 '바쳐진' 또는 '성별된'이란 뜻이고 민수기 6:1-21에 묘사된 특별한 유형의 서원을 가리킨다. 이 특별한 서원으로 한 여자나 남자는 명시된 기간 동안 스스로를 주님께 구별시켜야 한다. 성경에는 삼손과 사무엘과 세례 요한만 평생 나실인이 된 인물들로 기록되어 있다. 구별되는 기간 동안, 서원을 한 본인은 어떤 포도주나 독주도 마실 수 없고 포도나무가 생산한 것도 일체 먹을 수 없다. 이와 더불어, 그는 머리털을 깎거나 얼굴을 면도할 수 없고 죽은 사람을 만지거나 가까이 해서도 안 된다. 주님의 천사가 5절에서 그 서원을 설명할 때는 단지 머리털을 깎는 문제만 언

급한다. 이 특정한 언급은 앞으로 16장에서 들릴라가 삼손의 서원을 위반하게 될 모습을 내다본다.

13:6-7 마노아의 아내가 남편에게 주님의 천사와 만난 것을 이야기한다. 그녀는 주님의 천사를 "하나님의 사람"으로 묘사하는데, 이는 보통 선지자와 관련된 호칭이다(예. 신 33:1; 수 14:6; 삼상 2:27; 9:6-8, 10). 이 방문객의 정체가 나중에야(삿 13:21) 드러날 것을 감안하고, 또 선지자가 그런 놀라운 통보를 할 만한 사람임을 감안하면, 이는 충분히 이해할 수 있다. 그런데 그녀는 그의 모습이 "하나님의 천사의 모습과 같아서 너무나 두려웠다"(새번역)고 말함으로써 그의 정체를 암시한다. 그녀는 그의 모습에 충격을 받은 나머지 감히 그의 이름이나 기원을 묻지 못한다. 마노아의 아내가 주님의 천사의 메시지와 그에 상응하는 지시를 정확하게 알려준다.

아내는 포도주나 독주를 마시지 말라는 지시를 받았으나, 그녀는 나실인이 아니다. 이 지시에 대한 설명은 아내의 현 상태로부터 나온다. 그녀가 이미 임신한 것이다! 13:5과 7절에는 "보라 네가 임신하여 아들을 낳으리[라]"는 동일한 진술이 나온다. 그런데 '임신하다'는 동사는 미래 시제가 아니다. 사실 그것은 히브리어로 동사가 아니라 서술 형용사의 역할을 하기 때문에 '보라, 네가 임신했고 아들을 낳으리라'고 번역될 수 있다.[44] 삼손이 모태로부터 나실인이 되므로 그 어머니도 임신 기간 동안 서원을 지켜야 하는 것이다.

마노아의 아내가 남편에게 그 소식을 전할 때 중요한 정보 하나를 더한다. 그들의 아들이 "모태로부터 하나님께 바쳐진 나실인"이 될 것이라고 이야기한 다음 그가 "죽을 때까지" 그럴 것이라고 덧붙인다. 이 간략한 언급은 16장에 기록된 그의 죽음의 의미심장함을 암시한다. 그의 서원은 그의 생애가 막을 내릴 때 비로소 마감될 것이다.

44 이에 대한 논의는 Block, *Judges, Ruth*, 401-402; Chisholm, *Commentary on Judges and Ruth*, 390-391을 참고하라.

13:8-11 임신을 못하던 아내가 이제 임신을 했고 그들의 자녀가 특별한 신분이란 소식을 들은 마노아는 주님께 "하나님의 사람"을 다시 보내셔서 이 충격적인 소식과 관련된 지시를 더욱 달라고 기도한다. 흥미롭게도, 주님의 천사가 실제로 되돌아오되 먼저 마노아의 아내에게 다가간다. 그녀는 이 출생 내러티브에서 주님의 메시지를 받는 사람이자 주님이 출현하신 사건의 특별한 성격(23절)에 관해 남편에게 알려주는 사람으로서 중요한 위치를 부여받는다. 13:3에서 이 기사의 저자는 그 메신저를 "주님의 천사," 곧 여호와의 천사임을 밝혔다. 그는 진실을 알고 있다. 그러나 부모는 10-11절에서 세 번이나 그를 "사람"이라고 부르는데, 이는 새로운 부모가 아직 그들이 말하고 있는 상대방의 정체를 모르고 있다는 사실을 암시한다. 이 점은 메신저의 정체가 드러나는 것과 마노아의 즉각적인 반응("우리가 반드시 죽으리로다." 22절)을 대비하게 해준다.

13장

13:12-14 마노아가 주님께 묻는 말을 딱딱하게 번역하면 '어린이의 재판과 그의 일이 무엇이 될 것입니까?'가 된다. '생활방식'(또는 '재판', ESV 참고)으로 번역된 단어는, 앞에서 바락이 이스라엘의 싸움을 이끌 사람임을 확인하는 일과 관련하여 이스라엘이 '재판을 받기 위해'(4:5) 드보라에게 나아갈 때 사용된 단어다. 여기서 마노아도 마찬가지다. 삼손의 아버지가 그의 아들이 가진 소명의 성격에 관해 묻고 있는 것이다. 그러므로 주님의 천사가 마노아의 질문에 답변하지 않는 것이 무척 흥미롭다. 그는 마노아에게 자기가 마노아의 아내에게 지시한 모든 것을 행하라고 명령할 뿐이다. 13절과 14절 끝에 나오는 동사들은 마노아나 그의 아내 중 어느 편이라도 가리킬 수 있다. ESV는 삼인칭 여성 단수로 번역하는 것을 선호한다(개역개정은 "그"). 주님의 천사가 마노아에게 직접 말하기 때문에 이 동사들을 이인칭 남성 단수와 함께 번역하는 것도 가능하다('네가 다 삼가서' 그리고 '네가 다 지킬 것이니라'). 동사의 형태는 히브리어로 동일하므로 어느 편으로 번역해도 상관없고 이 맥락에서 의미가 통한다.

13:15-16 13:15-21은 마노아와 그의 아내에게 아들의 출생을 알리려고 온 '하나님의 사람'의 정체가 드러나는데 초점을 둔다. 이 대목은 앞과 뒤가 방문객의 정체에 대한 마노아의 지식과 관련된 진술로 괄호처럼 묶여 있다. 16절 끝에는 "그가 여호와의 사자인 줄을 마노아가 알지 못함이었더라"고 기록되어 있다. 그리고 13:21 끝에는 "마노아가 그제야 그가 여호와의 사자인 줄 알[았다]"라고 나온다. 이 계시는 마노아가 방문객을 위해 음식을 준비하는, 이른바 손님을 대접 하는 동안에 주어진다. 주님의 천사는 음식을 거절하고 주님을 위해 번제물을 준비하라는 제안으로 대응한다. 이제 마노아가 이 제물을 만들 때 비로소 그와 그의 아내가 그동안 대화하던 상대방의 정체를 알게 될 것이다. 15-16절에서 '머물게 하다'(붙들어 두다)로 번역된 동사는 아내의 불임이라는 맥락에 잘 어울린다. 이 동사는 창세기 16:2에서 사래의 불임("여호와께서 내 출산을 허락하지 아니하셨으니")을 묘사할 때 사용되고, 창세기 20:18에서는 아비멜렉의 아내들의 불임("여호와께서 이왕에 아브라함의 아내 사라의 일로 아비멜렉의 집의 모든 태를 닫으셨음이더라")을 묘사하기 위해 사용된다. 잠언 30:16에서는 이 어원의 명사형이 "아이 배지 못하는 태"와 관련해서 사용된다. 사사기 13장의 이곳에서 이 동사가 사용된 것은 암시하는 바가 있다. 한때 아기를 갖지 못하던 아내가 더 이상 그 태가 제지되지 않기 때문에 주님의 천사가 음식으로 '붙들어 매이지' 않을 것이란 뜻이다.

13:17-18 마노아는 번제물을 준비하는 동안 방문객의 이름을 묻는다. 방문객은 그의 질문에 또 다른 질문으로 응답한다. "어찌하여 내 이름을 묻느냐?" 주님은 그분의 이름을 알려주지 않고 '그것은 놀랍다'("wonderful", 개역개정은 "기묘자")는 말로 응답할 뿐이다. 이 히브리어 단어는 구약에서 한 번 더 나온다. "이 깨달음이 내게는 너무 놀랍고"(시 139:6, 새번역). 이와 비슷한 단어(어원이 같은)가 출애굽기 15:11에서 홍해에서의 주님의 승리를 묘사하기 위해 사용되었다. "주님, 신들 가운데서 주님과 같은 분이 어디에 있겠습니까? 주님과 같이 거룩하시며, 영광스러우시며, 찬양받을 만한

위엄이 있으시며, 놀라운 기적을 일으키시는, 그런 분이 어디에 있겠습니까?"(새번역, 참고. 시 77:11, 14; 사 9:6; 25:1; 29:14). 주님의 천사는 그의 놀라운 이름을 마노아에게 드러내되 말로써가 아니라 제단에서 하늘로 올라가는 모습으로써 그렇게 한다.

13:19-21 마노아가 "바위 위에서" 번제물을 '놀라운 기적을 일으키는 분'께 바친다. 이는 저자가 사사기 13:18에 주어진 주님의 이름에 대한 묘사를 설명하는 문구다. 주님의 이름이 놀라운 것은 오직 그분만이 놀라운 기적을 일으키시기 때문이다. 이 제물과 6장에 나온 기드온의 제물 사이에는 유사점이 많다. 두 사람 모두 염소 새끼를 준비한다. 둘 다 바위 위에서 음식을 제물로 드린다. 두 경우 모두 주님의 천사가 제물의 불길을 타고 하늘로 올라간다. 주님이 불길을 타고 하늘로 올라가실 때, 기드온과 마노아는 천사의 정체가 하나님, 곧 여호와이심을 알게 되고, 두 사람 모두 죽음을 두려워하는 반응을 보인다. 끝으로, 둘 다 죽지 않을 것이라고 안심하는데, 주님이 은혜롭게도 그분의 백성을 구출하는 계획을 알려주려고 나타나셨기 때문이다. 여기서는 주님의 천사가 한시적으로 사람의 모습으로 나타났지만, 이는 성육신과 함께 나사렛 예수 안에서 영구적인 실체가 된다. "하나님이 우리와 함께 계시다"(마 1:23; 사 7:14). 그분은 하늘로 올라가셔서 되돌아오려고 기다리는 중이되 끝 날까지 각 신자 속에 거주하도록 보냄 받은 그분의 영을 통해 우리와 함께 계신다. "볼지어다 내가 세상 끝날까지 너희와 항상 함께 있으리라"(마 28:20).

13:22-23 기드온이 그랬듯이, 마노아도 주님의 존전에 들어갔기 때문에 죽음을 두려워하는 반응을 보인다. 그는 이사야 6장에 나오는 경험을 한 것이다. "화로다 나여 망하게 되었도다 나는 입술이 부정한 사람이요 나는 입술이 부정한 백성 중에 거주하면서 만군의 여호와이신 왕을 뵈었음이로다"(사 6:5). 사사기 6장에 나오는 기드온에게는 주님이 직접 안심시키는 말씀을 하신다. "너는 안심하라 두려워하지 말라 죽지 아니하리라"(삿

6:23). 하지만 마노아에게는 그의 아내가 즉석 신학 교훈으로 그의 두려움을 진정시킨다. 이 기사의 저자는 그녀를 매우 존경한다. 두 경우 모두 주님의 천사가 아내를 찾아온다. 마노아가 약속된 아들과 관련된 지시를 더 많이 요청하자 천사는 이미 그의 아내에게 준 지시를 따르라는 말로 응답한다. 이 모든 기사에 따르면 마노아의 아내는 잠언 31:10에 나오는 여인, 곧 "현숙한 여인"(또는 '탁월한 아내', '훌륭한 여자')이다. 사사기에서 그녀는 드보라와 야일처럼 그분의 백성을 구출하려는 하나님의 계획에서 자기 역할을 충실하게 수행하는 영웅적인 여인들 가운데 등장한다.

13:24 삼손의 출생 내러티브는 그의 출생 기사와 함께 논리적으로 마무리된다. 그의 탄생 이외에 세 가지 추가 사실이 기록되어 있다. 첫째, 어머니가 아들의 이름을 "삼손"이라 짓는데, 이는 그녀의 두드러진 역할을 보여주는 또 하나의 장면이다. 삼손의 이름은 명시적으로 정의된 적이 없으나 의미심장할 수 있다. 이는 '해'와 '작은'을 의미하는 히브리어 단어의 조합인 듯하다. 그래서 '작은 해'란 뜻이 된다(참고. 모압 왕 에글론의 이름에 관한 3:13-14 주석). 그의 이름은 들릴라의 이름(16장)과 정반대로 상응하는 것 같다. 그녀의 이름은 '밤'을 의미하는 히브리어인 듯해서 일종의 언어유희일 수도 있다. 삼손은 '작은 해'인 반면에 들릴라는 '밤의 여인'이다. 둘째, 그 소년이 '자랐다'(또는 '위대하게 되었다', 필자의 번역)고 말한다. 셋째, 주님이 삼손에게 복을 주셨다고 기록되어 있다. 이 복의 구체적인 성격은 진술되어 있지 않지만 말이다. 삼손의 성장과 복은 마지막 사사인 사무엘의 관한 묘사와 비슷하다(삼상 2:21; 3:19). 두 사람 모두 비슷한 출생 배경을 갖고 있고 이스라엘의 위대한 왕 다윗의 도래를 위해 길을 예비한다.

24a절에서는 삼손이 아이에 불과한데 24b절에서는 이미 젊은이가 되었다. 그는 사사로 섬기기 시작할 준비가 되었고 다음 구절에서 그렇게 하도록 주님의 부르심을 받는다.

13:25 이 구절은 삼손의 출생 기사를 마무리하는 대목이 아니라 두 번째

에피소드를 소개하는 내용이다. 이 에피소드의 배경을 이해하려면 네 가지 진술이 필요하다. 첫째, 주님이 삼손에게 딤나로 내려가도록 자극하신다(25절). 둘째, 주님이 삼손이 딤나 출신의 블레셋 여인과 혼인하도록 편성하신다(14:4). 셋째와 넷째, 주님의 영이 삼손에게 블레셋 사람을 무찌르도록 능력을 주신다(14:6, 19). 주님은 블레셋으로부터 이스라엘 구출을 '시작하기' 위해 삼손을 일으키셨다(13:5). 이 장면은 바로 그 '시작'이다.

이 단락은 주님의 주도권에 대한 진술로 시작된다. "여호와의 영이 그를 [삼손을] 움직이기 시작하셨더라." '움직이다'로 번역된 히브리어 동사는 구약에 다섯 번밖에 나오지 않는다(이 동사형은 여기에만 나온다). 세 경우에는 한 사람의 영이 꿈으로 인해 '번민'하거나 '안절부절 못한다'(창 41:8; 단 2:1, 3). 시편 77:3-4에서는 시편 저자가 "내 심령이 상하도다…내가 괴로워 말할 수 없나이다"라고 탄식한다. 네 경우는 하나같이 인간의 영이 어떤 꿈이나 모종의 고통으로 인해 괴로워하거나 안절부절 못하는 모습을 그린다. 그런데 이 경우에는 삼손이 딤나로 내려가도록 충동질하는 분은 바로 주님의 영이다.[45]

14:1-3 딤나는 북쪽의 단과 남쪽의 블레셋 사이에 있는 성읍이다. 주님의 주도 아래 삼손이 이 접경 성읍에 금방 갔다 오는데, 거기서 그의 시선을 끄는 한 블레셋 여자를 마주치게 된다. 딤나에서 돌아온 후 그는 이 소식을 부모에게 전하며 그녀를 그의 아내로 "데려오[도록]" 부탁한다. 그의 부모는 그의 백성 중에 적합한 대안과 관련된 질문으로 응답한다. 그들은 삼손이 블레셋 여자, 즉 이스라엘을 사십 년 동안 지배해온 적의 딸과 결혼하려는 모습을 보고 충격을 받았을 것이다. 사사기 14:4에 나오는 그의 반응은 2절에 나오는 그의 부탁을 반영하지만 이번에는 삼손이 그 부탁의 이유를 말한다. "그 여자는 첫눈에 내 맘에 쏙 들었습니다"(새번역). 이 진술

45 삼손 내러티브의 지리에 대해서는 Currid and Barrett, *Crossway ESV Bible Atlas*, 114, map 4.22를 참고하라.

은 여러 방식으로 해석되어 왔다. 일부 해석자는 17:6과 21:25에 나오는 후렴과 비슷하다는 이유로 이를 부정적 진술로 해석했다. "그때에는 이스라엘에 왕이 없었으므로 사람마다 자기 소견에 옳은 대로 행하였더라." 이렇게 해석한다면, 삼손이 그의 부모와 주님의 뜻을 위반하는 혼인을 요청하고 있는 셈이다. 이는 "믿지 않는 자와 멍에를 함께 매는 일"(고후 6:14)의 범주에 속할 것이다. 아울러 하나님의 백성은 '그분'이 보시기에 옳은 일을 행해야지(신 12:28) '그들'이 보기에 옳은 일을 행하면(12:8, 참고. 잠 12:15; 21:2) 안 된다. 그런데 그 다음 구절은 이런 사건들이 주님에 의해 편성된 것임을 시사하고, 그래서 우리는 삼손의 행위에 대해 지나치게 부정적인 해석을 하지 않도록 조심해야 한다. 구약의 율법은 가나안 사람과의 혼인은 금지했으나 블레셋 사람과의 혼인은 금지하지 않았다.[46] 게다가, 이런 유형의 진술은 또한 무언가가 좋거나 마음에 든다는 것을 표현하기 위해 긍정적인 방식으로 사용될 수도 있다[예. "사울의 딸 미갈이 다윗을 사랑하매 어떤 사람이 사울에게 알린지라 사울이 그 일을 좋게 여겨(또는 '그 일이 그가 보기에 옳았기에')", 삼상 18:20, 참고. 18:26; 29:6]. 사사기에 나오는 이스라엘의 영적 상태를 감안하면, 삼손이 블레셋 신부를 선택한 것은 이스라엘 민족에 대한 암묵적 정죄의 역할을 할 수 있고, 이와 동시에 삼손에게 이스라엘 사사로서의 소명을 이룰 기회를 줄 수 있다.

14:4 이 구절은 사사기 14-15장에 기록된 사건들을 이해하는데 필요한 열쇠다. 삼손의 부모는 좋은 의도로 삼손이 그의 백성에 속한 여자와 결혼하기를 바랐으나, 이 관계는 주님이 주선한 일이다. "이 일이 여호와께로부터 나[왔다]"는 절(節)은 '그녀가 여호와께로부터 나왔다'로 번역될 수도 있다. "블레셋 사람이 이스라엘을 다스[렸다]"는 마지막 진술(개역개정은 맨 앞에 나옴)은 8:23에 나오는 기드온의 진술을 상기시킨다. "내가 너희를 다

46 참고. Ryan, *Judges*, 103. 블레셋 사람들(해양 민족)의 기원에 대해서는 Currid and Barrett, *Crossway ESV Bible Atlas*, 113을 참고하라.

스리지 아니하겠고 나의 아들도 너희를 다스리지 아니할 것이요 여호와께서 너희를 다스리시리라." 이것은 저자가 당시 이스라엘의 나쁜 영적 상태를 묘사하는 또 하나의 방식이다.

14:5-6 삼손은 두 번째로 딤나에 가는데, 이번에는 그의 부모와 함께 간다. 삼손이 부모에게 이 블레셋 여자와 결혼할 가능성을 고려하도록 설득한 것처럼 보인다. 딤나의 포도원에 도착한 후 삼손은 으르렁거리는 사자를 마주친다. 이 순간 주님의 영이 삼손에게 쇄도하는 바람에 사자가 그를 찢기 전에 그가 먼저 사자를 찢을 수 있게 된다. 주님의 영이 옷니엘(3:10), 기드온(6:34), 입다(11:29)에게 그리고 이제는 삼손에게 임했다. 삼손의 큰 힘은, 흔히 그의 모습으로 그려지듯이 굉장한 체격이나 거대한 근육에서 나오는 것이 아니다. 오히려 삼손의 힘은 능력을 주시는 주님의 임재를 통해 오는 것이다. 만일 삼손의 체격이 그의 힘의 근원이었다면, 그것은 들릴라에게 자명했을 터이고, 따라서 그녀가 그의 비밀을 발견하는데 16장에 기록된 호된 시련을 겪을 필요가 없었을 것이다. 이것은 주님이 인간의 약함을 통해 그분의 강함을 드러내기 원하시는 또 하나의 실례이다(고전 1:27; 고후 12:10). 히브리서 저자는 삼손과 그의 동료들에 관해 글을 쓸 때 이렇게 표현한다. 그들은 "연약한 가운데서 강하게 되기도 한"(히 11:34) 사람들이었다. 이는 또한 우리에게 "하나님의 약하심이 사람보다 강하니라"(고전 1:25)라는 진리를 상기시켜야 한다. 삼손의 위업은 하나님의 강하심을 드러내는데 사용된 약한 그릇이 아니라 하나님의 강하심을 가리켜야 마땅하다. 끝으로, 사자와 겨룬 이 싸움은 이번 장의 대다수를 차지할 삼손의 수수께끼를 알아내는 일의 배경을 제공한다. 삼손이 그 위업을 부모에게 알리지 않는다는 사실은 또한 이후 사건들의 결과와 관련해 하나의 역할을 담당할 것이다. 어쩌면 그들의 목숨을 블레셋 사람의 위협에서 구해주기까지 하는 듯하다.

14:7 삼손은 사자를 죽인 후 그가 이전 여행 때 마주쳤던 그 블레셋 여자

와의 대화를 주도한다. 사사기 14:1에는 삼손이 그 여자를 '보았다'고만 기록되어 있으나 이번에는 그녀와 얘기를 나눈다. 그리고 그의 애초의 평가가 확증된다. 그 여자가 "삼손의 눈에 들었[다]". 이는 그의 부모에게 전달한 내용(3절)과 비슷하다. 서로 어울린다는 사실이 확증되자 혼인 준비가 시작되기에 이른다.

14:8-9 삼손이 블레셋 여자에게 결혼에 관해 얘기한 후 집에 돌아오는 것 같다. 두 번째와 세 번째 여행 사이에 얼마나 시간이 경과했는지는 말하지 않는다. 본문은 단지 후자가 "얼마 후에" 일어난다고 말할 뿐이다. 유일한 힌트는 사자의 주검, 벌떼의 존재 그리고 꿀의 생산에 대한 언급뿐이다. 사자의 주검이 바싹 마르고, 벌떼가 벌집을 짓고 키우며, 꿀을 생산하는 일이 시작되는 데는 몇 달이 걸렸을 것이다. 이만큼의 시간 경과는 삼손이 혼인을 위해 인내하며 기다렸다는 것을 시사한다. 주검에 생긴 꿀의 존재와 그가 먹으려고 일부를 옮긴다는 사실은 다가오는 수수께끼에서 일정한 역할을 담당할 것이다. 다시 한번, 삼손이 부모에게 알리지 않는다고 기록되어 있다. 그래서 삼손 이외에는 아무도 그 수수께끼 배후에 있는 사건을 직접 알지 못할 것이다.

일부 해석자는 삼손이 사자의 주검에서 꿀을 취함으로써 나실인 서원을 위반한다고 주장하면서 그 근거로 "자기의 몸을 구별하여 여호와께 드리는 모든 날 동안은 시체를 가까이 하지 말 것이요"(민 6:6)라는 제한규정을 든다. 하지만 다음 몇 가지 이유로 그 서원을 위반했을 가능성이 희박하다. 첫째, 시체를 가까이 하지 말라는 제한규정은 동물의 주검이 아니라 사람의 시체와 관련이 있다. 이 규정에 대한 설명("그의 부모 형제 자매가 죽은 때에라도 그로 말미암아 몸을 더럽히지 말 것이니", 민 6:7, 참고. 6:9)[47]이 그렇게 시사한다. 둘째, 시체를 가까이 하지 말라는 제한규정이 동물의 생명을 포함했다면, 삼손은 고기를 먹는 것이, 사무엘은 제사장으로서 제물을 바치는 것이 그리고 세례 요한은 메뚜기를 먹는 것이 금지되었을 것이다. 세 사람은 모두 평생 나실인이었고, 이는 채식주의를 요구하지 않았다. 셋째, 삼손이 사자를 죽인 것은 주님의 영의 능력으로 가능케 되었음을 우리가 상기하고, 이런 사건들은 삼손이 이스라엘을 블레셋 사람의 손에서 구출하기 시작하도록 "주님으로부터 나온 것"(삿 14:4)이다.[48] 이런 사건들은 그가 처음으로 블레셋 사람을 크게 무찌르게 되는 계기를 마련해주고, 그 자신도 큰 대가를 치르게 될 것이다.

14:10-11 혼인 계획이 계속 이어진다. 삼손의 아버지가 그 여자에게 내려가는데, 이는 더 많은 계획을 세우거나 그녀를 삼손의 아내로 데려오기 위해서일 것이다. 삼손은 당시 젊은이들의 전통을 따라 잔치를 주최하고, 딤나 사람들이 이 혼인 잔치에서 삼손을 응대하도록 들러리 서른 명을 데려온다. 일부 해석자들은 삼손이 이 잔치 자리에 있다는 것은 포도주나 독주를 금지하는 나실인의 서원(민 6:3)을 위반하는 것에 해당된다고 주장한다. "잔치"를 의미하는 히브리어 단어가 '마시다'란 동사와 어원이 같기 때문에 삼손이 그 잔치에서 제공된 포도주와 독주를 마셨음에 틀림없다는 것이다. 하지만 그랬을 가능성은 희박하다. 삼손이 잔치를 주최한다고 해서 그가 반드시 포도주를 마셔서 서원을 위반해야 하는 것은 아니다.[49] 삼손은 혼인 잔치가 며칠씩 계속되는 시대에 자랐기 때문에 평생 많은 잔치에 참석했을 터이고, 그의 서원이 그 모든 잔치에서 포도주를 마시는 것을 금했을 것이다. 이 시기에 이르면 삼손은 잘 훈련된 금주가였을 것이다.

14:12-13 혼인 잔치가 진행되는 동안 삼손이 블레셋 들러리들과 경쟁을 시작한다. 이 경쟁은 어떤 수수께끼를 푸는 것으로 되어 있다. 이기는 측이 "베옷 삼십 벌과 겉옷 삼십 벌"을 받는 시합이다. 삼손이 그 들러리들에

47 Chisholm, *Commentary on Judges and Ruth*, 406.

48 참고. Jordan, *Judges*, 247-248.

49 Chisholm, *Commentary on Judges and Ruth*, 408n103.

게 수수께끼를 풀 시간으로 일주일을 준다. 본문은 이 경쟁의 이유를 밝히지 않으므로 추측하지 않는 편이 최선이다. 하지만 우리가 확실히 알고 있는 사실이 있다. 수수께끼의 해결과 삼손의 패배가 결국 아스글론에서 블레셋 사람들을 무찌르고 나중에 딤나에서 온 많은 사람들도 무찌르게 되는 계기를 마련해준다는 사실이다.

14:14 수수께끼는 두 줄로 이뤄져 있고, 각 줄에는 세 개의 히브리어 단어가 있다.

먹는 자에게서 나왔다 먹는 것이
강한 자에게서 나왔다 단 것이

히브리어에서는 대명사, 전치사, 접속사가 다른 단어(보통은 명사나 동사)의 앞(접두사)이나 뒤(접미사)에 붙을 수 있다. 이는 시행(詩行)을 번역할 때 굉장한 유연성을 허용한다. 이 수수께끼를 히브리어로 읽어보면 각 줄의 첫째와 셋째 단어가 영어의 m에 상당하는 히브리어 철자[멤(*mem*)]로 시작되고, 각 줄의 둘째 단어는 영어의 y에 상당하는 히브리어 철자[요드(*yod*)]로 시작된다. 따라서 원어로 각 줄을 읽으면 m-y-m 패턴이 된다. 이 수수께끼는 짧으면서도 '달콤하다'. 뜻으로 보면, 이 수수께끼는 삼손이 두 번째로 딤나에 갔을 때 사자의 주검에 대해 경험한 것에서 나온다. 첫째 줄에 나오는 '먹는 자'는 둘째 줄에 나오는 '강한 자'로, 바로 사자를 말한다. 그리고 첫째 줄에 나오는 '먹는 것'은 둘째 줄에 나오는 '단 것'으로, 바로 꿀을 말한다. 이 수수께끼를 푸는 열쇠는 강한 먹는 자에게서 나오는 것으로, 먹기에도 달콤한 것이 무엇인지를 판단하는 것이다. 만일 누군가가 삼손과 사자와의 만남을 직접 알지 못한다면, 이 수수께끼는 답변하기가 거의 불가능하다. 이 때문에 삼손이 그와 사자와의 만남에 관해 부모에게 알리지 않았던 것이다.

14:15 14:14의 끝에는 삼손의 블레셋 들러리들이 사흘 동안 그 수수께끼를 풀지 못했다고 기록되어 있다. 그런데 블레셋 사람들은 패배를 시인하기보다 이제 이차적인 전술을 사용한다. 그들은 삼손의 아내에게, 만일 '넷째' 또는 '일곱째' 날이 되기 전에 그녀가 삼손에게서 해답을 얻어내어 그들에게 주지 않는다면, 그녀와 그녀의 아버지 집안을 몰살시키겠다고 협박한다. '넷째 날'로 읽는 해석은 칠십인역에서 나온 것이고, 14:14과 15절의 관계에 비춰보면 나흘 동안 일어난 일로 보는 것이 자연스럽다. 블레셋 사람들이 사흘 동안 수수께끼를 풀려고 하다가 나흘째에 삼손의 아내를 협박하는 쪽을 택하는 것이다.[50] '일곱째 날'로 읽는 해석은 14:17의 지지를 받는다. 이 구절에는 삼손의 아내가 그 수수께끼에 대해 삼손에게 칠 일이나 계속되는 잔치 기간 내내 울면서 졸라댔다고 기록되어 있기 때문이다. 그래서 일부 해석자들은 14:14에 나오는 "사흘"이 '엿새'[51]로 수정되어야 한다고 주장했다. 어느 편을 선호할지를 확실히 알기는 어렵다. 이런 경우에는 히브리어 본문을 있는 그대로 두는 편이 최선이다. 이런 차이들이 본문의 전반적 의미에 영향을 주지 않기 때문이다. 삼손의 아내는 잔치 기간 내내 수수께끼에 대해 크게 괴로워한다. 한편, 블레셋 사람들은 수수께끼를 풀 수 없어서 해답을 얻기 위해 그 아내를 죽음으로 협박한다. 이 사건들은 16장에서 들릴라가 삼손을 유혹하는 것과 상응한다. 거기서는 블레셋 사람들이 삼손만이 알고 있는 비밀을 알아내기 위해 한 여자에게 삼손을 유혹하도록 설득한다. 비밀의 발견이 삼손의 패배를 초래하지만, 그 패배가 블레셋 사람들의 패배로 변한다. 동일한 동사('유혹하다, 설득하다')가 두 경우에 다 사용되고 있다(14:15; 16:5).

14:16-17 삼손의 아내는 자기 목숨과 아버지 집안의 목숨을 잃을까봐 두

50 히브리어로 보면 '넷째'와 '일곱째'는 단 하나의 철자 차이만 있다.

51 이 둘 역시 히브리어로 철자 하나의 차이밖에 없다.

려운 나머지 그녀에 대한 삼손의 사랑을 의심하면서 수수께끼에 대한 해답을 얻어내고자 그를 회유한다. "나를 미워할 뿐이요 사랑하지 아니하는도다." 삼손은 "그녀가 계속 울면서 졸라댔기"(새번역) 때문에 할 수 없이 양보한다. 나중에 들릴라가 사용하는 전술도 똑같다. 그녀 역시 삼손의 큰 힘의 비밀을 알려내려고 "당신이 어찌 나를 사랑한다 하느냐?"(16:15)면서 삼손의 사랑을 의심하고 "끈질기게 졸라[댔다]"(16:16, 새번역). 이런 유사점들은 우발적이 아니라 의도적인 것이다. 이 기사들의 문학적 디자인은 복잡하고도 아름답다.

14:18 딤나 사람들이 일곱째 날 해가 지기 전에 삼손에게 해답을 내놓는다. "해"에 사용된 용어는 구약에서 흔한 단어가 아니며, 이곳과 욥기 9:7("그가 해를 명령하여 뜨지 못하게 하시며")에만 나온다. 그들의 대답에 대한 삼손의 반응은 속담의 성격을 갖고 있다. 수수께끼처럼 두 줄로 되어 있고 각 줄에는 세 단어가 있다. 두 줄 모두 영어의 L에 상당하는 히브리어 철자[라메드(*lamed*)]로 시작해서 영어의 Y에 상당하는 히브리어 철자(요드)로 끝난다. 뜻으로 보면, 그의 반응은 그들이 수수께끼 시합에서 거둔 승리가 불법적 방법으로 이룬 것임을 가리킨다. 누구나 다른 남자의 암송아지로 "밭 갈지" 않는 법이다!

14:19-20 삼손이 패배한 순간 주님의 영이 두 번째로 그에게 쇄도하여 블레셋의 다섯 수도 중 하나인 아스글론에 내려가서 서른 명의 블레셋 사람을 압도하는 능력을 준다. 삼손이 승리의 전리품을 들고 되돌아가서 그의 들러리들에게 내기에 건 것을 갚는다. 블레셋 사람들이 딤나에서는 이겼으나 아스글론에서는 큰 손실을 입는다. 이 내러티브의 이번 단락은 삼손이 아내의 배신에 분노한 채 그의 아버지 집으로 되돌아가는 장면으로 마친다. 이어서 그 아내는 들러리들 중 하나에게 주어진다는 언급이 나온다. 이 사건은 15장에 기록된 삼손의 네 번째와 다섯 번째의 딤나 방문을 위한 무대를 마련해준다.

15:1 "얼마 후" 삼손이 네 번째로 딤나에 내려간다. 그가 세 번째로 내려갈 때에도 시기를 나타내는 똑같은 표현이 사용되었다. "얼마 후에 삼손이 그 여자를 맞이하려고[그 여자와 혼인하려고] 다시 가다가"(14:8). 하지만 이번에는 둘이 이미 결혼한 상태이고, 삼손이 그의 아내와 함께하려고 되돌아간다. 밀 수확에 대한 언급은 앞으로 블레셋의 수확물을 파멸할 삼손의 행동을 위한 무대를 마련해준다. 그가 염소 새끼를 데리고 가서 아내의 방에 들어가길 원한다고 말한다는 사실은 앞 장에 기록된 사건에 대한 삼손의 분노(14:19)가 풀렸다는 것을 시사한다. 그의 요청이 거절된 이유를 독자는 알고 있으나 삼손은 모르고 있다(14:20).

15:2 히브리어로 처음 나오는 동사 구문은 그 여자의 아버지의 행동과 삼손에 대한 반응이 모두 성실하다는 것을 가리킨다. "나는 자네가 그 애를 몹시 미워한다고 [정말로] 생각하고"(새번역). 앞 장에 기록된 사건들, 곧 삼손이 분노한 채 떠나는 모습으로 끝나는 사건들을 감안하면, 그 아버지는 삼손을 다시는 보지 못할 것으로 생각했을 것이다. 아버지가 더 어린 딸을 내놓는다는 것은 삼손에게 행한 잘못을 기꺼이 바로잡겠다는 마음을 암시하나, 삼손은 그 제안을 받아들이지 않고, 이는 블레셋의 수확물을 파멸하는 계기가 된다. 더 어린 딸은 히브리어로 '그녀보다 더 낫다'고 묘사되어 있는데, 이는 언니보다 더 낫다는 뜻이다. 그녀가 어떤 면에서 '더 나은지'는 알려져 있지 않으나, 많은 해석자들은 신체적 아름다움과 관련이 있는 것으로 이해한다. 이 표현은 창세기 6:2에 나오는 사람의 딸들에 대한 묘사와 비슷하다. "하나님의 아들들이 사람의 딸들의 아름다움[또는 '매력적임']을 보고, 자기들이 좋아하는 모든 여자를 아내로 삼는지라." 여기서도 "아름다움"의 범주가 히브리어로 명시되어 있지 않지만 신체적 외모를 포함할 수도 있고 그렇지 않을 수도 있다. 더 어린 딸이란 주제는 또한 레아와 라헬의 기사(창 29장)를 상기시킨다.

15:3 삼손이 전(前) 장인의 제안을 거절하고 그것을 블레셋 사람들에게

큰 타격을 입힐 기회로 이용한다. 앞의 에피소드에서 블레셋 사람들은 아스글론에서 취한 삼손의 행동이 근거가 없다고 생각했을 것이다. 하지만 이번에는 그들이 이 '손해'에 대한 이유를 이해할 것이다.

15:4-5 어쩌면 이 사건이 아가서 2:15의 말씀에 영감을 주었을지 모른다.

> 우리를 위하여 여우
> 곧 포도원을 허는 작은 여우를 잡으라
> 우리의 포도원에 꽃이 피었음이라.

모든 큰 사사들 가운데 오직 삼손만 다른 용사들의 도움 없이 구출작업을 실행한다. 그는 홀로 싸운다. 아니, 이 경우에는 여우 부대의 도움을 받아 싸운다. 여우 삼백 마리를 붙잡은 것은 삼손 기사에 기록된 또 하나의 힘의 위업이며 하나님의 백성의 적에 대항하는 기발한 전술이다. 전술의 성공은 파멸에 대한 묘사에 함축되어 있고, 이는 수확된(베어 놓은) 곡식과 수확되지 않은(서 있는) 곡식, 포도원, 감람나무들까지 모두 포함한다. 한 마디로, 블레셋 사람들의 농사가 다 망한 것이다.

15:6-8 블레셋의 반응은 삼손의 전(前) 아내와 장인으로 향한다. 블레셋 사람들은 곡식과 과수원의 파괴가 삼손의 장인이 그 아내를 다른 남자에게 준 이전의 잘못이 낳은 결과임을 알게 된다. 블레셋 사람들의 행동은 예전에 삼손의 혼인 들러리들이 협박했던 내용(14:15)과 일치한다. 삼손이 딤나의 들판과 과수원에 불을 붙였듯이 그들도 그녀와 그 아버지를 불태운다. 삼손은 이 비극을 블레셋 사람들에게 큰 타격을 입히는 또 한 번의 기회로 이용한다. '너희가 이같이 행하였은즉 내가 너희에게 원수를 갚은 뒤에야 그만 두겠다'(ESV 참고). '그만두다'로 번역된 동사는 '수수께끼'를 의미하는 히브리어와 철자를 공유하므로 이 모든 사건이 어떻게 시작되었는지를 반영하는 일종의 언어유희이다. 본문은 그 싸움과 관련된 세

부사항을 하나도 제공하지 않고 단지 삼손이 "블레셋 사람들의 정강이와 넓적다리를 크게 쳐서 죽이고"라는 요약 진술만 나온다. 이 표현은 성경에서 이곳에만 나오고 그 정확한 뜻은 알 수 없다. 이는 완벽한 승리 또는 적을 이기기 위해 사용된 전술을 묘사하는 말일 수 있다(참고. 창 32:25). 만일 완곡어법으로 사용되었다면, 이는 삼손이 가장 중요한 부위를 쳤다는 뜻이다. 승리를 거둔 후 삼손이 유다 지역으로 도망해서 블레셋 사람들을 피해 "에담 바위 틈"으로 알려진 장소에 숨는다.

15:9-10 블레셋 사람들이 "올라와"[전투에 돌입한다는 표현, "올라가서"(1:1)] 유다 안에 있는 레히에 진을 친다. 블레셋 사람들이 삼손에게 당한 대로 그에게 되갚기 위해 삼손과 싸움을 벌이려고 왔다. "레히"라는 장소의 이름은 히브리어로 "턱뼈"를 의미하고 앞으로 삼손이 블레셋 용사 천 명을 죽일 방식을 가리키고 있다. 여기서 이 이름을 사용하는 것은 시간착오적(anachronic, 시간 순서가 뒤바뀜)이다. 이 이름은 다음 전투가 끝난 뒤에 붙여지기 때문이다(15:17). 삼손의 결박은 나중에 16장에서 되돌아올 주제이다. '결박하다'란 동사는 15:10-13에서 다섯 번 나오고 16:5-25에서 열두 번 더 나온다. 마지막에는 삼손의 결박과 예속이 그에게 블레셋 사람에 대한 최대의 승리를 안겨주는 계기가 될 것이다.

15:11-13 유다 사람들은 삼손과 손을 잡고 다함께 블레셋 사람들과 싸우기보다 삼손을 결박해서 그들의 공동 적에게 넘겨준다. 이 배신은 이스라엘이 갈수록 더 타락하는 모습을 보여주는 사건이다. 기드온은 주님이 그의 백성을 "다스리는"(8:23) 분이라는 단순한 진리를 선포한 바 있다. 여기서 유다 사람들의 진술은 당시 이스라엘에게 문자적 진리이자 영적인 진리에 해당한다. 하나님의 백성이 주님을 왕으로 모시길 거부했기 때문에 주님은 더 이상 그들을 다스리는 분이 아니다. 이제는 블레셋 사람들이 하나님의 백성을 "다스리[고]" 있고, 하나님의 백성은 그 군주들의 뜻에 굴복하고 있다. 사사기 15:10에서 블레셋 사람들은 그들이 "그가 우리

에게 행한 대로 그에게 행하려 함이로라"고 말했다. 이제 11절에서는 삼손이 "그들이 내게 행한 대로 나도 그들에게 행하였노라"고 말한다. 먼저 삼손이 딤나에 내려가도록 자극한 분이 주님의 영이었고(13:25), 거기서 그가 먼저 그의 아내가 될 여자를 보았고, 이것이 이후의 모든 사건을 유발했다는 사실을 기억하는 것이 중요하다. 그것은 수수께끼, 내기, 블레셋 사람들이 삼손의 "암송아지"로 밭을 간 것(14:18)과 함께 시작되었다. 그 짧은 불꽃이 붙인 불이 이제는 죽음과 파멸의 맹렬한 불길이 되었다.

15:14-17 이 단락에서 세 번째로 주님의 영이 삼손에게 쇄도해서 능력을 주어 그의 밧줄을 끊어버리고 블레셋 사람들에게 또 한 번의 큰 타격을 입히게 한다. 능력을 주시는 그 영의 임재는 우리에게, 삼손이 그런 큰 승리를 거두게 하는 것이 삼손 자신의 신체적인 힘이 아님을 상기시켜준다. 이 기적적인 사건을 설명해주는 것은 그에게 임한 영의 능력이다. 삼손은 다시금 홀로 싸우면서 나귀의 턱뼈[히. 레히(*lekhi*)]로 무려 블레셋 사람 천 명을 죽인다. 이 기사는 소 막대기로 블레셋 사람 6백 명을 무찔렀던 삼갈의 승리(3:31)를 상기시킨다. 두 사람 모두 비(非)재래식 무기로 우월한 병력을 무찌른 것이다. 삼손은 블레셋 사람들에게 승리를 거둔 뒤에 그 경사를 기념하기 위해 간단한 노래를 짓는다. 이는 홍해 승리를 거둔 후의 모세(출 15:1)와 가나안 사람들을 무찌른 후의 드보라와 바락(삿 5:1)의 전통을 따른 것이다. 그 시는 두 줄로 되어 있고 첫째 줄에는 네 단어가, 둘째 줄에는 다섯 단어가 들어있다.

> 나귀의 턱뼈로 한 더미, 두 더미…
> 　　나귀의 턱뼈로 내가 천 명을 죽였도다.

나귀의 턱뼈로 삼손이 전투에서 그들을 죽여서 사람의 더미를 만든다. 히브리어로 "나귀"와 "더미"를 의미하는 단어들은 동음이의어(同音異議語)다. 이런 식으로 삼손은 적을 전투에서 '얼간이들'로 만들었다고 그들을 조롱

한다. 그 전투를 더욱 기념하기 위해 삼손이 그곳에 "라맛 레히" 또는 '턱뼈 언덕'이란 이름을 붙인다.

15:18-19 이 단락의 마지막 장면에서 삼손은 전투로 인해 기진맥진하고 심한 갈증에 압도된다. 무장한 천 명의 용사들을 턱뼈 한 개와 주님의 영의 능력으로 무찌르는데 얼마만큼의 시간과 노력이 들었는지는 상상하기가 어렵다. 삼손은 주님의 무기가 되었고 그의 몸에 큰 신체적 타격을 입었다. 그래서 삼손이 도와달라고 "여호와께 부르짖[었다]". 삼손은 기도를 통하여 주님이 블레셋 사람들을 무찌르셨다는 것을 고백하고, 하나님이 "이 큰 구원"을 이루실 수 있다면 확실히 이 지친 용사에게 물을 공급하실 수 있다고 생각한다. 그의 판단이 정확했다. 주님이 기적을 일으켜서 삼손이 마실 수 있는 우묵한 장소를 열어 젖혀 물을 공급하셔서 그의 정신을 소생시키신다. 삼손이 전투 장소에 대해 그랬듯이 이 기적의 사건도 기념하기 위해 그 샘에 "엔학고레", 즉 "[주님께] 부르짖은 자의 샘"이란 이름을 붙인다. 바위에서 물을 공급하신 기적은 출애굽기 17장에 나오는 맛사와 므리바의 사건, 곧 주님이 이스라엘을 위해 모세가 친 바위에서 물을 공급하신 사건을 상기시킨다. 이와 비슷하게, 엘리야가 바알 선지자들을 무찌른 후(왕상 18장) 광야로 도망했다(왕상 19장). 주님은 그 여정에 지친 엘리야에게 기적적으로 물을 공급하셔서 남은 여행을 위해 그를 강건케 하셨다. 여기서 블레셋 사람을 "할례 받지 못한 자들"로 부르는 것은 이 에피소드의 초반에 나오는 삼손 부모의 판단(삿 14:3)을 상기시키면서 삼손 내러티브의 이 단락을 마무리한다.

15:20 사사기에 나오는 삼손 기사는 세 단락으로 이뤄져 있다. 그의 출생 내러티브, 딤나에서 이룬 그의 업적 그리고 가사에서 이룬 그의 업적이다. 이 구절은 두 번째 단락을 마무리하는데, 주로 딤나와 그 주변에 초점을 둔 사건들의 기록이다. 마지막인 세 번째 단락이 끝나는 대목에도 이와 비슷한 진술이 나온다. "삼손이 이스라엘의 사사로 이십 년 동안 지냈더

15장

라"(16:31). 이는 저자가 이 책의 마지막 사사이자 절정에 달하는 사사를 위해 이중적인 내러티브 기사를 작성하는 문학적 장치다.

16:1 삼손 내러티브의 마지막 단락은 삼손의 미심쩍은 성격의 두 여자와의 관계를 통해 가사(블레셋의 다섯 수도 중 하나)를 무찌르는 기사를 담고 있다. 한 여자는 창녀(16:1-3)이고 다른 여자는 들릴라다(16:4-31). 이 세 구절에서 삼손은 가사에 들어가서 한 창녀와 함께 지내고, 이후 그 성읍의 문짝들을 옮겨버린다. 이 새로운 단락은 이전 단락과 같이 시작된다. 14:1에는 삼손이 "딤나에 내려가서…한 여자를 보[았다]"고 기록되어 있다. 여기에는 "삼손이 가사에 가서 거기서 한 기생[여자]을 보았다"고 기록되어 있다. 그런데 이번에는 그 여자가 블레셋 사람의 딸들 중 하나가 아니라 창녀(기생)로 묘사되어 있다.

"그녀에게로 들어갔더니"라는 말은 삼손이 불법적 성행위에 관여하기 위해 가사에 있는 창녀에게 갔다는 뜻일 수 있다. 이런 해석은 확실히 가능하다. 이 표현은 히브리어가 성행위에 관해 말할 수 있는 방식 중 하나임이 분명하다(참고. 창 38:18; 겔 23:44; 삼하 12:24). 하지만 이 표현이 항상 성적 풍자의 뉘앙스를 지니는 것은 아니다.[52] 어쩌면 가장 좋은 실례는 사사기의 앞부분인 4:22이 아닐까 생각한다. 그것은 바락이 가나안 군대의 지휘관인 시스라를 추격하다가 야일이란 여인의 장막에 들어가는 장면이다. 이곳 16:1에 나오는 표현이 4:22에 바락과 관련하여 나오는 표현과 똑같다. '그래서 그가 그녀의 장막에 들어갔다.' 이 표현에는 '장막'을 의미하는 히브리어가 없다. 이 단어는 그 사건의 해석에 기초해 덧붙인 것이다. 그렇다면 삼손이 가사에 있는 한 창녀와 함께 지내는 이유가 그런 여자에게 기대할 만한 서비스를 받는 것이 아니라면 과연 무엇일까?

고대 세계에서 여행할 때는 여행객이 최종 목적지로 가는 도중에 어느

52 참고. Ryan, *Judges*, 119-120.

성읍이나 마을에서 밤을 보낼 수 있었다. 그는 성읍에 들어가서 성읍 광장에 앉은 채 그날 저녁을 자기 집에서 보내도록 방문객을 초대할 어떤 장로나 정직한 시민을 기다리곤 한다(예. 19:11-21). 이렇게 해서 방문객의 존재와 방문 목적이 즉시 분명해졌을 것이다. 그런데 본인이 남에게 알려지지 않은 채 성읍에 들어가길 원했다면, 자기의 진정한 의도를 숨기기 위해 창녀(아마 여인숙 주인이기도 한)와 지내는 것도 좋은 전략이었을 것이다. 예컨대, 여호수아가 여리고를 정탐하도록 두 정탐꾼을 보낼 때 그들은 창녀인 라합과 함께 지낸다.

사실 여리고 정탐꾼들의 활동과 가사에서 삼손의 활동을 연결시켜주는 요소들이 여럿 있다. 첫째, 여성 창녀에 대한 호칭이 각 기사에서 동일하다(수 2:1; 삿 16:1). 둘째, 두 기사 모두에서 남자들이 '들어가서'(동일한 동사) 그 창녀와 함께 지낸다. 그러나 아무도 여호수아 2장에 나오는 정탐꾼들이 불법적 성행위에 관여했다고 의심하지는 않는다. 셋째, 여리고와 가사의 주민들은 외국 방문객들의 존재와 의도를 알게 되어 그들을 처치하려고 계획한다(수 2:2; 삿 16:2). 넷째, 정탐꾼들과 삼손이 기억할 만한 극적인 방법으로 그 성읍에서 도피한다. 정탐꾼들은 라합의 도움으로 숨어 있다가 한밤중에 창문을 통해 도피한다(수 2:15). 삼손은 성읍 문짝들을 어깨에 메고 역시 한밤중에 도피한다(삿 16:3).[53]

여호수아 2장과 사사기 16장을 비교하면, 삼손이 가사에서 밤중에 창녀와 함께 지내는 것이 이번 장의 후반부에서 그 성읍이 파괴될 것을 내다보게 하는 저자의 방식임을 시사한다. 예전에 이스라엘 남자 두 명이 여리고에서 창녀와 함께 지내는 것이 그 성읍을 파괴하기 전에 그곳을 정탐하기 위한 것임을 우리가 알기 때문이다. 사사기 16장의 큰 맥락을 감안하면, 삼손이 가사에서 바로 그런 일을 행하는 듯이 보인다. 삼손은 좋은 시간을

16장

53 가사에서 일어난 사건들에 대한 이 견해를 지지하는 석의적 증거를 더 보려면 다음 주석을 참고하라. Gordon P. Hugenberger's upcoming commentary on the book of Judges, ApOTC (Downers Grove, IL: IVP Academic, forthcoming).

보내기 위해 가사에 있는 것이 아니다. 오히려, 그는 그 성읍을 파괴시킬 준비를 하려고 그곳을 정탐하고 있다. 이 때문에 사사기의 저자가 삼손이 가사를 떠날 때 성읍의 문짝들을 메고 간다고 신중하게 기록하는 것이다(참고. 16:3 주석). 우리가 이 내러티브의 이 부분에 접근할 때 삼손의 부모의 본보기를 통해 경고를 받는다. "삼손이 틈을 타서 블레셋 사람을 치려 함이었으나 그의 부모는 이 일이 여호와께로부터 나온 것인 줄은 알지 못하였더라"(14:4).

16:2 삼손이 거기에 있다는 것이 어떻게든지 가사에서 알려졌다. 그는 단독으로 블레셋 용사 천 명을 죽였고 그들의 한 해 수확물의 상당 부분을 파괴했다. 그는 분명히 블레셋의 수배 대상 1순위였던 인물이다. 그래서 가사 사람들은 그가 아침에 성읍을 떠나려고 할 때에 그를 죽이려고 매복했다. 매복이란 주제는 나중에 들릴라와 함께 계속 이어질 것이다(참고. 16:9, 12).

16:3 이 구절에 기록된 사건들은 참으로 놀랍다. 2절에 나오는 가사 사람들의 침묵은 3절에 나오는 저자의 침묵과 비교가 되지 않는다. 가사 사람들이 그를 죽이려고 성문에서 매복하고 있는 동안 어떻게 삼손이 성읍 문짝들을 빼어낼 수 있을까? 전투가 벌어진 것일까? 삼손이 왜 성읍 문짝들을 옮기는 것일까? 그리고 그는 어째서 그것들을 헤브론 지역으로 가져갈까? 이토록 많은 세부사항을 생략한 채 저자는 우리에게 남은 내용에 초점을 맞추도록 강요한다. 첫째, 성읍 문짝들은 보통 크고 무거우며 방어와 안전을 위한 핵심 요소의 역할을 한다. 문짝들, 기둥들 그리고 빗장은 그 무게가 수천 파운드나 되므로 한 개인이 아무런 도구도 없이 그것들을 옮기는 일은 기적적인 힘의 위업임에 틀림없다. 게다가, 가사에서 헤브론까지는 거리가 약 64킬로미터나 된다. 64킬로미터 하이킹은 참으로 인상적이다. 약 1톤짜리 나무를 메고 64킬로미터를 하이킹하는 것은 기적이다. 이 기사의 저자는 이것이 주님의 영이 가능케 한 또 하나의 힘의 위업임을 독

자가 이해하기를 바란다. 아울러 헤브론이 장차 다윗이 처음 칠년 반 동안 유다를 통치하게 될 성읍임을 아는 것도 필요하다. 따라서 이것은 장차 블레셋 사람들을 무찌르는 일을 완수하게 될 인물(삼하 5:5)을 가리키는 선구자인 셈이다.

삼손은 왜 성읍 문짝들을 메고 갈까? 고대 세계에서 성읍 문짝들은 성읍의 방어에 필수적이라서 그것들의 파괴는 성읍의 파괴를 상징했다. 예컨대, 예레미야애가 2:9은 예루살렘의 몰락에 관해 이렇게 말한다. "성문이 땅에 묻히며 빗장이 부서져 파괴되고"(참고. 렘 51:30; 암 1:5). 그러나 이것이 전부가 아니다. 이 본문에 나오는 문짝들의 진정한 의미는, 하나님께서 삼손을 통해 그 옛날 족장들에게 하신 약속에 계속 충실하시다는 점에 있다. 아브라함에게 하나님이 이렇게 약속하셨다. "내가 네게 큰 복을 주고 네 씨가 크게 번성하여 하늘의 별과 같고 바닷가의 모래와 같게 하리니 네 씨가 그 대적의 성문을 차지하리라"(창 22:17, 참고. 24:60). 그러므로 이 본문에서 삼손은 하나님의 언약 백성이 스스로 거듭 행하지 못했던 일을 그들을 위해 행하시는 하나님의 신실한 모습을 보여준다. 이번 장의 끝에 이르면 삼손이 가사에서 신전을 파괴하고 이 성읍의 파괴를 완수함으로써 사사로서 이스라엘을 블레셋 사람의 손에게 구원하기 '시작하는' 그의 소명을 성취하게 될 것이다.

16:4 "이후에"란 표현은 삼손 내러티브의 마지막 단락에서 새로운 장면이 나온다는 뜻이다. 삼손이 두 번째로 사랑에 빠진 것 같은데 이번에는 소렉 골짜기 출신의 들릴라라는 여자다.[54] 둘의 관계의 정확한 성격(미혼, 약혼, 결혼?)은 진술되어 있지 않다. 본문은 단지 삼손이 들릴라를 사랑한다고 말할 뿐이다. 나중에, 들릴라는 삼손을 배신해서 블레셋 사람에게 넘겨줄 목적으로 이 사랑을 자기 이익을 챙기는데 이용할 것이다(16:15). 여자들이

54 소렉 골짜기는 유다 지파의 영토로서 헤브론의 북쪽과 예루살렘의 남쪽에 있다. 참고. Currid and Barrett, *Crossway ESV Bible Atlas*, 114, map 4.22.

삼손 내러티브에서 두드러진 역할을 하지만 들릴라가 그 이름이 밝혀진 유일한 여자다. 그녀의 이름의 뜻은 아마 풀어놓은 또는 흔들리는 머리털과 관계가 있는 듯하고, 이는 추파를 던지는 모습을 시사할 수 있다.[55] 하지만 그녀의 이름은 삼손의 이름과 언어유희를 만들 수도 있다. 삼손의 이름은 '작은 해'란 뜻인 한편, 들릴라의 이름의 철자는 히브리어로 '밤'을 의미하는 철자를 담고 있으므로 '밤의'와 같은 것을 시사한다. 들릴라가 나중에 삼손의 눈을 멀게 하여 어둠을 초래하는 도구의 역할을 하는 만큼(16:21) 이는 어울리는 언어유희다.[56]

16:5 블레셋의 군주들이 삼손이 들릴라를 사랑한다는 사실을 알게 되고, 그들은 그녀가 만일 삼손의 힘의 수수께끼를 알아내고 그를 배신한다면 그녀에게 엄청난 돈을 주겠다고 제안한다. '꾀다'로 번역된 히브리어 동사는 14:15, 곧 딤나에 있던 삼손의 아내가 삼손의 수수께끼에 대한 해답을 알아내라는 강요를 받을 때 '꾀다'로 번역된 그 동사다. 두 기사는 여러 공통 요소들을 갖고 있다. 삼손이 한 여자와 사랑에 빠진다. 그 여자가 삼손에게 비밀을 누설하라고 꾄다(유혹한다). 여자가 블레셋 사람들에게 비밀을 알려줌으로 삼손을 배신한다. 블레셋 사람들이 삼손을 해치기 위해 비밀을 이용한다. 그리고 삼손이 궁극적으로 적을 이긴다.

만일 삼손의 힘의 비밀이 밝혀진다면, 블레셋 사람들이 그를 "굴복하게" 하려고 계획한다. 이 동사는 종종 '굴욕을 주다', '억압하다' 또는 '폭행하다'와 같은 더 강한 뉘앙스를 지니며 강간처럼 가혹한 행위까지 포함한다(참고. 창 34:2; 삼하 13:1-22; 삿 19:24-25; 애 5:11).[57]

55 *HALOT*, 1:222.

56 '밤'을 의미하는 히브리어 단어가 이전 기사(16:1-3)에 네 번 나오므로 삼손 내러티브에 속한 이 마지막 두 에피소드를 연결하는 역할을 할 수도 있다(Crenshaw, *Samson*, 18-19).

57 *HALOT*, 2:852-853.

16:6-14 다음 기사는 들릴라가 삼손의 큰 힘의 비밀을 알아내려는 세 차례의 시도들을 기록한다. 그것이 비밀이란 사실은 그 힘이 큰 근육이나 우람한 체격에서 나오지 않는다는 중요한 증거를 제공한다. 삼손의 힘의 비밀을 알아내려는 세 번의 시도 모두 다섯 부분으로 이뤄진 기본 구조를 공유한다.

(1) 들릴라가 삼손에게 그의 힘의 비밀을 누설하도록 부탁한다(6, 10, 13절).
(2) 삼손이 부정확한 답변을 준다(7, 11, 13절).
(3) 들릴라가 부정확한 절차를 수행한다(8, 12, 14절).
(4) 들릴라가 삼손에게 블레셋 사람의 매복을 알려준다(9, 12, 14절).
(5) 삼손이 스스로 들릴라의 함정에서 벗어난다(9, 12, 14절).

들릴라가 삼손의 힘의 비밀을 알아내는데 얼마만큼의 시간이 걸리는지, 또는 그 세 번의 시도에서 실제로 블레셋 사람의 매복과 마주치는지 여부는 알려져 있지 않다. 들릴라가 긴 시간 추측하는 모습을 보면, 그녀가 블레셋의 보상금을 받고 싶어 끈질기게 졸라대고 또 14장에 나오는 삼손의 아내의 모습과 일치한다는 것을 알게 된다. 후자는 수수께끼의 비밀을 알려고 혼인 잔치가 벌어지는 칠 일 내내 울었으니까 말이다. 삼손이 활줄, 새 밧줄 그리고 그의 머리털 짜기를 선택한 이유 역시 하나의 미스터리, 곧 또 하나의 수수께끼로 남아있다. 하지만 이런 선택들은 기억할 만한 세부사항을 제공한다. 활줄이나 새 밧줄로 결박하는 것은 일상생활의 맥락에서 금방 의미가 통한다. 하지만 그의 머리털 일곱 가닥을 짜는 것은 위험할 정도로 그 진실에 가까운 편이다. 들릴라는 삼손이 그녀를 속이며 거짓말하고 있다고 두 차례 불평한다(10, 13절). 이는 무척 아이러니하다. 정작 삼손을 속이고 배신하려는 자는 바로 들릴라이기 때문이다.

16:15 들릴라가 삼손의 힘의 비밀을 알아내려고 세 번 시도한 후 그녀에 대한 그의 사랑을 의심함으로써 그에게 진실을 말하도록 압력을 가한다.

이 기사에서 우리가 들릴라에 관해 알게 되는 첫 번째 사항은 삼손이 그녀를 사랑한다(16:4)는 사실이다. 그녀가 이제는 이 사랑을 시험대에 올려놓는다. 이 도발의 에피소드는 삼손의 전 아내가 사용했던 전술을 떠올린다. 그녀는 삼손이 그녀가 알고 싶은 것을 '알려주지 않았다'는 이유로 "당신은 나를 미워할 뿐이요 사랑하지 아니하는도다"하고 불평했다(14:16). 여기서도 삼손이 들릴라가 그를 배신하기 위해 알고 싶은 것을 '알려주지 않았다'는 이유로 그녀가 삼손의 사랑을 의심함으로써 그와 동일한 언어를 사용한다.

16:16-17 들릴라는 삼손의 힘의 비밀을 "날마다"(또는 '모든 날에') 가차 없이 추적한다. 그녀의 물음이 지닌 극단적 성격이 세 개의 히브리어 동사로 강조되어 있다. "재촉하여", "조르매", "마음이 번뇌하여"라는 동사들이다. "마음이 번뇌하여"로 번역된 동사 구문은 보통 '참을 수 없음'을 표현하는 히브리어 관용구이며 문자적으로 '짧아졌다'로 번역될 수 있다. 예컨대, 10:16에서 주님은 이스라엘의 우상숭배로 인한 그들의 고통에 대해 '참을 수 없게 되셨다'(그의 영혼이 '짧아졌다', 참고. 민 21:4; 슥 11:8). "마음이 번뇌하여"라는 번역이 적절한 이유는 삼손의 마음이 번뇌하여 "죽을 지경"이 되었기 때문이다. 이런 표현 방식은 요나가 자기에게 해로부터 그늘을 만들어주었던 식물의 상실에 대해 그의 분노를 표현하는 방식과 비슷하다. "하나님이 요나에게 이르시되 네가 이 박넝쿨로 말미암아 성내는 것이 어찌 옳으냐 하시니 그가 대답하되 내가 성내어 죽기까지 할지라도 옳으니이다 하니라"(욘 4:9).

들릴라의 극단적인 괴롭힘은 마침내 삼손으로 하여금 그의 비밀을 그가 사랑하는 여자에게 누설하게 만든다. "삼손이 진심을 드러내었다."(강조를 위해 16:18에 반복됨). 그의 어머니, 나실인 서원 그리고 그의 머리털에 대한 언급은 그의 출생 기사(13:5)에 나오는 요소들과 거의 일치한다. 이런 언급들과 함께 저자는 우리가 삼손 내러티브의 절정과 그의 사사의 소명이 성취되는 장면을 접하도록 준비시켜준다.

16:18-20 앞서 삼손의 힘의 비밀을 알아내려고 했던 세 번의 시도처럼 이번에도 들릴라가 똑같은 절차를 수행한다. 18절에서 그녀는 블레셋의 군주들, 곧 그녀가 마지막 배신행위를 시작할 때 정해진 보상금을 지불하는 군주들을 다시 불러낸다. '(누군가의) 무릎에 자다'(19절)란 표현은 성경에서 여기에만 나오고, 그 정확한 뜻은 알 수 없다. 이는 모종의 성행위를 의미할 수 있으나, 이런 해석은 추가 증거가 없이는 검증될 수 없다. 하지만 삼손이 자기가 사랑하는 여자를 보고 유혹을 받아왔다는 것을 우리는 분명히 알고 있다. 이는 마치 이스라엘이 주변 민족들의 신들에 의해 유혹을 받아온 것과 비슷하다. 16:5에서 블레셋 사람들이 삼손을 "굴복하게 할" 방법을 찾기 위해 들릴라에게 왔다(참고. 16:6). 19절에서 들릴라가 삼손의 힘이 떠나도록 만듦으로써 이 굴복과정(16:5에 나오는 것과 똑같은 동사 구문인데, 19절에는 "괴롭게 하여"로 번역되어 있음)을 수행하기 시작한다. 20절의 마지막 문장에서 내레이터는 주님이 그로부터 떠난 줄을 삼손이 알지 못한다고 기록함으로써 들릴라가 실제로 그의 머리를 면도해서 그의 나실인 서원을 깨트렸다는 사실을 확증한다.

16:21-22 이 장면은 삼손이 블레셋 사람에게 붙잡히고, 고문을 받고, 감옥에 갇힌다는 기록으로 막을 내린다. 삼손은 하나님의 모든 백성과 함께 "더 좋은 부활을 얻고자" 하여 "결박과 옥에 갇히는 시련"을 겪게 되었다(히 11:35-36). 내레이터는 희망이 담긴 진술로 마무리하는데, 삼손의 머리털이 다시 자라기 시작했음을 가리킴으로써 그의 힘이 되돌아올지 모른다고 암시한다.

16:23-24 교만은 패망의 선봉이다. 블레셋 사람들이 삼손의 체포와 투옥을 마음껏 즐거워하기 위해 다곤 신전에 모인다. 그들이 자랑하는 모습이 각 절에 반복되어 있다. "우리의 신", "우리 원수", "우리 손"이 그것이다. 블레셋 사람들은 그들의 성공을 그들의 신 다곤(Dagon)이 하늘과 땅의 창조자인 이스라엘의 하나님보다 우월한 덕분으로 돌린다. 그러나 그건

전혀 진실이 아니다. 저자는 이미 이런 사건들을 올바르게 해석할 렌즈를 제공한 바 있다. "삼손이 틈을 타서 블레셋 사람을 치려 함이었으나 그의 부모는 이 일이 여호와께로부터 나온 것인 줄은 알지 못하였더라"(14:4). 이 모든 사건이 주님으로부터 나온 것이었다. 삼손은 현재 주님이 원하시는 곳에 있다. 신전에서의 집회는 삼손이 블레셋 사람들에게 거두는 최대의 승리를 위해 완전한 맥락을 제공할 것이다. 삼손을 "우리의 땅을 망쳐 놓고 우리의 많은 사람을 죽인 원수"로 묘사한 것은 딤나 지역에서 일어난 14-15장의 사건들을 상기시킨다.[58]

16:25-27 블레셋 사람들은 다곤 신전에서 축제를 벌이는 동안 그들의 구경거리이자 조롱거리로 삼손을 불러내어 재주를 부리게 한다. 삼손이 정확히 어떤 유형의 재주를 부리는지는 불분명하다. 그의 행동을 묘사하려고 서로 다른 동사 두 개가 사용되고 있다. 첫째 동사는 25절의 초반과 27절 끝에 나온다. 두 경우 모두 "재주[를] 부리[다]"로 번역되어 있다. 한 사전은 그 뜻이 "재미나게 하다, 농담으로 즐겁게 하다, 익살꾼 노릇을 하다"[59]라고 한다. 이는 14-15장에 기록된 삼손의 수수께끼와 시(詩) 짓기 기술을 반영하는 행동일지 모른다. 둘째 동사는 첫째 동사의 동음이의어에 가까운 것으로서 25절의 끝에 나오고, 이것 역시 "재주를 부리니라"로 번역되어 있다. 이 동사는 이삭의 출생에 대한 기사로 잘 알려져 있는데, 그의 부모가 늙은 나이에 자녀를 갖게 될 것을 바라보며 '웃었다'고 한다(창 17:17; 18:12-15). "이삭"은 히브리어로 '웃다'란 동사의 한 형태이되 "농담하다" 또는 "재미있게 하다"를 의미할 수도 있다(참고. 창 19:14; 21:9).[60] 이제 블레셋 사람들에게 삼손이 농담거리가 되었다. 그들이 그에 대한 승리를 즐

58 주님이 다곤과 그의 신전을 조롱하시는 또 다른 예를 보려면 사무엘상 5:1-12을 참고하라.

59 *HALOT*, 3:1315.

60 같은 책, 3:1019.

거워하는 동안 그의 존재가 그들을 재미있게 만든다. 삼손은 한때 매우 무서운 사람이었으나 이제는 눈이 멀고 약한 상태라서 소년이 그의 손을 붙들고 안내해야 할 약자가 되었다. 하지만 이 약함으로 인해 삼손은 블레셋 사람들에게 최후의 일격을 가할 수 있는 위치에 서게 된다. 바로 신전 전체를 지탱하는 두 기둥 사이에 서게 된 것이다. 내레이터가 참석자들의 수와 위치를 묘사하기 위해 사사기 16:27에서 잠시 멈춘다. 그 집은 들릴라를 매수한 블레셋 군주들을 포함해 수많은 남녀로 가득 차 있다. 더구나, 약 3천 명의 남녀도 지붕 위에서 삼손을 내려다보고 있다. 그래서 신전이 파괴될 때 아마 5천 명에서 7천 명 가량 되는 사람들이 현장에 있었을 것이다.

16:28 삼손은 나귀의 턱뼈로 블레셋 용사 천 명을 죽인 후 갈증과 탈진을 극복할 수 있도록 도와달라고 주님께 부르짖었었다(참고. 15:18). 여기서는 삼손이 그의 힘을 마지막으로 한번만 되찾게 해달라고 주님께 다시 부르짖는다. 삼손이 "이번 한번만"(새번역) 힘을 달라고 간청하는 만큼 이 최후의 힘의 위업이 그의 마지막 업적이 될 것임을 알고 있다. 그는 "원수를 단번에 갚게" 해달라고 구하는데, 이는 '단번의 보복 행위로 원수를 갚다'로 번역될 수도 있다. 그리하여 '단번'의 보복 행위로 삼손은 그의 "두 눈"에 대한 원수를 갚게 될 것이다. 삼손의 머리털이 다시 자란다는 언급이 암시했듯이(16:22), 주님이 그의 기도에 응답하여 마지막 단번에 그의 힘을 회복시키실 것이다.

16:29-30 이 구절들은 사사기에서 가장 상징적인 장면 중 하나를 기록한다. 삼손의 신체 자세는 두 기둥 사이에 있고 그의 양팔은 활짝 펴진 채 죽을 준비가 된 모습인데, 이는 예수님이 그의 백성을 위해 그의 목숨을 내어주기 위해 높이 들린 모습을 상기시킨다. 이에 덧붙여, 삼손의 말("블레셋 사람과 함께 죽기를 원하노라")은 예수님이 십자가에 달린 맥락, 즉 참으로 죽어야 마땅한 사람들 사이에 달린(마 27:38) 맥락을 상기시켜준다. 삼손이

신전과 그 속에 있는 사람들을 파멸시킨 후, 저자는 삼손의 블레셋 사람에 대한 최대의 승리가 그 자신의 죽음을 통해 이뤄진다고 말한다. 우리가 이 사건들을 해석할 때 그 말을 간과하면 안 된다. 삼손의 죽음은 그의 나실인 서원의 성취에 해당한다. 이것은 처음부터 하나님의 계획이었고, 따라서 삼손의 죄나 어리석음 때문에 일어난 비극으로 생각해서는 안 된다. 주님의 천사가 그의 부모에게 나타났을 때 "이 아이는 태에서부터 '그가 죽는 날까지' 하나님께 바쳐진 나실인이 됨이라"(13:7)고 분명히 말했다. 성경에 그 출생, 생애 그리고 죽음이 각각 구속 역사를 위해 기록된 인물은 손에 꼽을 정도밖에 되지 않는다. 이삭, 야곱, 요셉, 모세, 사무엘, 세례 요한 그리고 끝으로 예수님 등이다. 그 가운데 죄가 없는 인물은 예수님뿐이지만, 이들은 은혜 언약의 다양한 섭리 가운데 신실하게 섬기는 믿음의 사람들이다. 해석자들은 종종 삼손이 이 특별한 그룹의 일원임을 간과하곤 하지만 히브리서 저자는 그렇지 않다(히 11:32).

16:31 삼손은 영예롭게 장사된다. 여기서 삼손의 어머니가 불임이었다가 기적적으로 삼손을 임신하고 낳은 후 그 불임이 지속되지 않았다는 것을 알게 된다. 삼손의 남동생들이 등장하기 때문이다. 이 형제들이 아버지의 집안과 더불어 삼손의 시체를 회수해서 소라와 에스다올 사이에 있는 아버지 마노아의 무덤에 장사지내는데, 이곳은 바로 주님이 영이 맨 처음 삼손이 사사의 소명을 이루도록 그를 자극한 장소다(13:25). 삼손 내러티브의 마지막 진술은 그가 이스라엘의 사사로 이십 년 동안 일했다고 다시 진술함으로써 이 기사를 마무리한다[참고. 15:20 주석(이전 단락에 대한 결론)].

응답

현대 주석가들 대다수는 사사기에 나오는 사사들이 이스라엘의 점진적 타락을 반영한다고 주장한다. 여호수아의 세대 이후를 기록한 사사기는 그 민족이 점진적으로 우상숭배와 부도덕의 구렁텅이에 빠지다가 마침내 악명 높은 소돔과 고모라처럼 된 것(19장)을 신중하게 연대기에 올린다. 이와 비슷한 방식으로, 사사기가 점차 타락에 빠지는 모습을 반영한다고 주장하면서 좋은 사사인 옷니엘로 시작해서 도덕적으로 가장 타락한 사사인 삼손으로 끝난다고 한다. 기드온은 믿음이 부족해서 말년에 이스라엘에게 함정과 올무가 되는 우상을 만들고 만다. 창녀의 아들인 입다는 자기 딸을 희생시킨다. 삼손의 경우에는 블레셋 여자와 결혼하고, 창녀와 잠을 자고, 어리석게도 자기를 배신하는 여자를 사랑한다. 그는 끊임없는 성욕을 가진 폭력, 분노, 복수 그리고 속임수의 남자다. 하지만 이런 해석은 사사 기사들의 취지와 신약의 증언을 놓치는 듯이 보인다.[61] 사사들은 주님이 일으키시고, 그의 성령으로 능력을 주시고, 하나님의 백성이 타락해서 초래한 억압에서 그들을 구출한 인물들이었다.

물론 이런 남자들과 여자들은 다 죄인이고 하나같이 태어날 때부터 그렇다는 것은 사실이다. 하지만 그들은 또한 언약의 관리인들이자 그리스도의 모형들로 섬기기 위해 성령의 능력을 받은 믿음의 남녀들이기도 하다. 주님은 은혜롭게도 그분의 백성이 우상숭배로 자초한 적의 억압에서 그들을 구출하기 위해 이런 사사들을 일으키신다. 이 사사들은 하나님의 백성에게 우상숭배에서 돌이키고 언약에 신실하도록 촉구하면서 자기 목숨의 위험을 무릅쓴 채 그 백성을 섬긴다. 2:16-19에 나오는 이 책의 서문에 따르면, 이런 남녀들은 이스라엘'로부터' 일으킴을 받지만 이스라엘'에게서' 구별되었다고 하는데, 그것은 노아가 세계적 타락의 시대에 그랬던

61 참고. Ryan, *Judges*, 105, 126-129.

것과 같다.

아울러 신약의 증언을 기억하는 일도 중요하다. 히브리서 11장에서 저자는 이 책에서 네 명의 사사를 선정하여 믿음의 본보기로 삼는다. 기드온, 바락, 삼손 그리고 입다이다. 대다수 해석자들은 모든 사사들 중에 이 네 명을 최악의 사사들로 간주한다. 어째서 옷니엘, 드보라 그리고 에훗을 목록에 올리지 않는 것일까? 앞에 등장하는 이 사사들은 극복해야 할 스캔들이 훨씬 적은 편이다. 하지만 히브리서 11:32-40에 기록된 사사들에 대한 묘사에 관한 한, 삼손의 생애는 그 증언과 일치하는 면에서 그들 모두를 능가한다. 삼손이야말로 "'믿음으로' 나라들을 이기기도 하며, 의를 행하기도 하며, 약속을 받기도 하며, 사자들의 입을 막기도 하며, 불의 세력을 멸하기도 하며, 칼날을 피하기도 하며, 연약한 가운데서 강하게 되기도 하며, 전쟁에 용감하게 되어, 이방 사람들의 진을 물리치기도 한"(히 11:33-34) 인물이다. 그는 또한 "더 좋은 부활을 얻고자 하여 심한 고문을 받되 구차히 풀려나기를 원하지 아니하지"(히 11:35) 않았던가? 그는 또한 "조롱과 채찍질뿐 아니라 결박과 옥에 갇히는 시련도 받지"(히 11:36) 않았는가? 그는 또한 "환난"과 "학대"를 받고, "토굴"에 숨지 않을 수 없지 않았던가(히 11:37-38)?

우리는 삼손을 어떻게 이해해야 할까? 그는 "세상이 감당하지 못하는"(히 11:38) 사람이다. 그는 그리스도 안에 있는 하나님의 구속적 은혜의 증인이고, 하나님은 우리에게 "모든 무거운 것과 얽매이기 쉬운 죄를 벗어 버리고 인내로써 우리 앞에 당한 경주를 하며 믿음의 주요 또 온전하게 하시는 이인 예수를 바라보라"(히 12:1-2)고 가르치신다. 삼손의 하나님의 백성을 위한 신실한(불완전한) 고난은 그리스도의 동일한 백성을 위한 신실한(완전한) 고난의 모형이다. 이 증언은 신자들에게 하나님의 은혜에 이렇게 반응하도록 격려하게끔 되어 있다. "자기에 대한 죄인들의 이러한 반항을 참아내신 분을 생각하십시오. 그리하면 여러분은 낙심하여 지치는 일이 없을 것입니다. 여러분은 죄와 맞서서 싸우지만, 아직 피를 흘리기까지 대항한 일은 없습니다"(히 12:3-4, 새번역). 삼손이 바로 이런 인물이 아니었는가? 그는 태어나기도 전에 평생 하나님에 의해 구별된 사람이었다. 그는 사랑하는 사람들에게 배신당하고, 적의 손에 넘겨지고, 갈증과 탈진과 고문과 투옥에 시달렸을 뿐 아니라, 사사의 소명을 이루고 하나님의 백성을 적의 손에서 구원하기 위해 하나님께 부르짖을 때 죽음까지 불사했던 인물이다.

사사기 17:1-21:25 개관

사사기의 결론

사사기의 마지막 셋째 단락은 두 편의 결론을 담고 있는데, 이는 A-B-B′-A′ 패턴(교차구조)으로 두 편의 서론을 반영한다.

(A) 이스라엘의 유산이 위기를 맞다: 땅(1:1-2:5)
(B) 이스라엘의 믿음이 위기를 맞다: 우상숭배(2:6-3:6)
(B′) 이스라엘의 믿음이 위기를 맞다: 우상숭배(17:1-18:31)
(A′) 이스라엘의 유산이 위기를 맞다: 지파(19:1-21:25)

이 구조는 주님이 거듭 자비를 베풀었음에도 이스라엘이 계속 배신하는 모습을 부각시킨다. 주님이 그분의 백성을 구출하고 그 땅에 안식을 확보하기 위해 열두 사사를 일으키신 뒤에도 이스라엘은 회개의 모습을 유지하지 못하고 가나안 사람들을 유산으로 받은 땅에서 축출하지 못한다. 이 마지막 단락에 담긴 장면들은 이스라엘의 총체적 타락을 적나라하게 보여준다. 백성은 온 마음, 영혼 또는 힘을 다해 주님을 사랑하지 않고 그 대신 끈질기게 우상숭배를 추구했다(B 단락). 그들은 이웃을 그들 자신과 같이 사랑하지 않고 오히려 소돔 사람과 살인자들이 되고 말았다(A 단락). 이 세 번째 단락의 주제는 잘 알려진 사중적인 진술에 요약되어 있고, 이는 A-B-B′-A′ 패턴을 따르되 처음과 끝이 좀 더 길고 중간은 좀 더 짧은 편이다.

(A) 그때에는 이스라엘에 왕이 없었으므로 사람마다 자기 소견에 옳은 대로 행하였더라(17:6).

(B) 그때에 이스라엘에 왕이 없었고(18:1).

(B′) 이스라엘에 왕이 없을 그때에(19:1).

(A′) 그때에 이스라엘에 왕이 없으므로 사람이 각기 자기의 소견에 옳은 대로 행하였더라(21:25).

첫째 결론은 세 장면을 포함하고, 이 장면들은 위에 나오는 요약된 진술에 의해 나눠진다. 둘째 결론 역시 세 장면을 포함하되, 이 단락에서는 요약된 진술이 수미상관구조로 알려진 문학적 장치를 사용하여 기사들의 앞과 뒤를 괄호처럼 묶어준다. 두 편의 결론은 별개의 기사들을 담고 있으나 그 기사들은 다함께 읽게 하는 방식으로 구성되어 있다. 그것들은 놀라운 특징을 많이 공유한다.[62]

(1) 두 결론 모두 한 레위인을 중심 등장인물의 하나로 담고 있다.

(2) 첫째 결론에서는 레위인이 유다 베들레헴 출신으로 에브라임 산지로 여행한다. 둘째 결론에서는 레위인이 에브라임 산지 출신으로 유다의 베들레헴으로 여행한다.

(3) 두 결론 모두 실로에 대한 언급으로 끝난다(18:31; 21:19, 21).

(4) 두 결론 모두 두 편의 요약된 진술(위를 보라)을 담고 있고, 하나는 길

62 참고. Webb, *Book of Judges*, 419-420.

고 다른 하나는 짧다(17:6; 18:1; 19:1; 21:25).

(5) 두 결론 모두 사람들이 금지되는(몰살되는) 전쟁 행위를 담고 있다: 첫째 결론에서는 라이스 성읍(단)이, 둘째 결론에서는 야베스 길르앗의 주민들과 더불어 베냐민의 성읍들이 몰살된다.

(6) 두 결론 모두 특정한 지파에서 온 6백 명의 전사들을 언급하는데, 하나는 단(18:11)에서 다른 하나는 베냐민(20:47)에서 온 전사들이다.

이 당시 이스라엘에 왕이 없었을 뿐 아니라 이 마지막 단락에는 어떤 사사도 등장하지 않는다. 신실한 리더십이 없는 상황에서 백성은 각자의 생각대로 행하도록 방치되어 있다. 이 위기가 "사람이 각기 자기의 소견에 옳은 대로 행하였더라"는 진술의 배경이 된다.

17장

17:1 에브라임 산지에 미가라 이름하는 사람이 있더니 2 그의 어머니에
게 이르되 어머니께서 은 천백을 잃어버리셨으므로 저주하시고 내 귀
에도 말씀하셨더니 보소서 그 은이 내게 있나이다 내가 그것을 가졌
나이다 하니 그의 어머니가 이르되 내 아들이 여호와께 복 받기를 원
하노라 하니라 3 미가가 은 천백을 그의 어머니에게 도로 주매 그의
어머니가 이르되 내가 내 아들을 위하여 한 신상을 새기며 한 신상을
부어 만들기 위해 내 손에서 이 은을 여호와께 거룩히 드리노라 그러
므로 내가 이제 이 은을 네게 도로 주리라 4 미가가 그 은을 그의 어머
니에게 도로 주었으므로 어머니가 그 은 이백을 가져다 은장색에게
주어 한 신상을 새기고 한 신상을 부어 만들었더니 그 신상이 미가의
집에 있더라 5 그 사람 미가에게 신당이 있으므로 그가 에봇과 드라빔
을 만들고 한 아들을 세워 그의 제사장으로 삼았더라 6 그때에는 이스
라엘에 왕이 없었으므로 사람마다 자기 소견에 옳은 대로 행하였더라
17:1 There was a man of the hill country of Ephraim, whose name was
Micah. 2 And he said to his mother, "The 1,100 pieces of silver that
were taken from you, about which you uttered a curse, and also spoke

it in my ears, behold, the silver is with me; I took it." And his mother
said, "Blessed be my son by the Lord." 3 And he restored the 1,100
pieces of silver to his mother. And his mother said, "I dedicate the
silver to the Lord from my hand for my son, to make a carved image
and a metal image. Now therefore I will restore it to you." 4 So when he
restored the money to his mother, his mother took 200 pieces of silver
and gave it to the silversmith, who made it into a carved image and a
metal image. And it was in the house of Micah. 5 And the man Micah
had a shrine, and he made an ephod and household gods, and ordained[1]
one of his sons, who became his priest. 6 In those days there was no
king in Israel. Everyone did what was right in his own eyes.

7 유다 가족에 속한 유다 베들레헴에 한 청년이 있었으니 그는 레위인
으로서 거기서 거류하였더라 8 그 사람이 거주할 곳을 찾고자 하여 그
성읍 유다 베들레헴을 떠나 가다가 에브라임 산지로 가서 미가의 집
에 이르매 9 미가가 그에게 묻되 너는 어디서부터 오느냐 하니 그가
이르되 나는 유다 베들레헴의 레위인으로서 거류할 곳을 찾으러 가노
라 하는지라 10 미가가 그에게 이르되 네가 나와 함께 거주하며 나를
위하여 아버지와 제사장이 되라 내가 해마다 은 열과 의복 한 벌과 먹
을 것을 주리라 하므로 그 레위인이 들어갔더라 11 그 레위인이 그 사
람과 함께 거주하기를 만족하게 생각했으니 이는 그 청년이 미가의
아들 중 하나 같이 됨이라 12 미가가 그 레위인을 거룩하게 구별하매
그 청년이 미가의 제사장이 되어 그 집에 있었더라 13 이에 미가가 이
르되 레위인이 내 제사장이 되었으니 이제 여호와께서 내게 복 주실
줄을 아노라 하니라

7 Now there was a young man of Bethlehem in Judah, of the family
of Judah, who was a Levite, and he sojourned there. 8 And the man

departed from the town of Bethlehem in Judah to sojourn where he
could find a place. And as he journeyed, he came to the hill country
of Ephraim to the house of Micah. 9 And Micah said to him, “Where
do you come from?” And he said to him, “I am a Levite of Bethlehem
in Judah, and I am going to sojourn where I may find a place.” 10 And
Micah said to him, “Stay with me, and be to me a father and a priest,
and I will give you ten pieces of silver a year and a suit of clothes and
your living.” And the Levite went in. 11 And the Levite was content to
dwell with the man, and the young man became to him like one of his
sons. 12 And Micah ordained the Levite, and the young man became
his priest, and was in the house of Micah. 13 Then Micah said, “Now I
know that the Lord will prosper me, because I have a Levite as priest.”

18:1 그때에 이스라엘에 왕이 없었고 단 지파는 그때에 거주할 기업의
땅을 구하는 중이었으니 이는 그들이 이스라엘 지파 중에서 그때까지
기업을 분배받지 못하였음이라 2 단 자손이 소라와 에스다올에서부
터 그들의 가족 가운데 용맹스런 다섯 사람을 보내어 땅을 정탐하고
살피게 하며 그들에게 이르되 너희는 가서 땅을 살펴보라 하매 그들
이 에브라임 산지에 가서 미가의 집에 이르러 거기서 유숙하니라 3 그
들이 미가의 집에 있을 때에 그 레위 청년의 음성을 알아듣고 그리로
돌아가서 그에게 이르되 누가 너를 이리로 인도하였으며 네가 여기서
무엇을 하며 여기서 무엇을 얻었느냐 하니 4 그가 그들에게 이르되 미
가가 이러이러하게 나를 대접하고 나를 고용하여 나를 자기의 제사장
으로 삼았느니라 하니라 5 그들이 그에게 이르되 청하건대 우리를 위
하여 하나님께 물어보아서 우리가 가는 길이 형통할는지 우리에게 알
게 하라 하니 6 그 제사장이 그들에게 이르되 평안히 가라 너희가 가
는 길은 여호와 앞에 있느니라 하니라

18:1 In those days there was no king in Israel. And in those days the
tribe of the people of Dan was seeking for itself an inheritance to dwell
in, for until then no inheritance among the tribes of Israel had fallen to
them. 2 So the people of Dan sent five able men from the whole number
of their tribe, from Zorah and from Eshtaol, to spy out the land and to
explore it. And they said to them, "Go and explore the land." And they
came to the hill country of Ephraim, to the house of Micah, and lodged
there. 3 When they were by the house of Micah, they recognized the
voice of the young Levite. And they turned aside and said to him, "Who
brought you here? What are you doing in this place? What is your
business here?" 4 And he said to them, "This is how Micah dealt with
me: he has hired me, and I have become his priest." 5 And they said to
him, "Inquire of God, please, that we may know whether the journey on
which we are setting out will succeed." 6 And the priest said to them, "Go
in peace. The journey on which you go is under the eye of the Lord."

7 이에 다섯 사람이 떠나 라이스에 이르러 거기 있는 백성을 본즉 염
려 없이 거주하며 시돈 사람들이 사는 것처럼 평온하며 안전하니 그
땅에는 부족한 것이 없으며 부를 누리며 시돈 사람들과 거리가 멀고
어떤 사람과도 상종하지 아니함이라 8 그들이 소라와 에스다올에 돌
아가서 그들의 형제들에게 이르매 형제들이 그들에게 묻되 너희가 보
기에 어떠하더냐 하니 9 이르되 일어나 그들을 치러 올라가자 우리가
그 땅을 본즉 매우 좋더라 너희는 가만히 있느냐 나아가서 그 땅 얻기
를 게을리 하지 말라 10 너희가 가면 평화로운 백성을 만날 것이요 그
땅은 넓고 그곳에는 세상에 있는 것이 하나도 부족함이 없느니라 하
나님이 그 땅을 너희 손에 넘겨 주셨느니라 하는지라

7 Then the five men departed and came to Laish and saw the people

who were there, how they lived in security, after the manner of the
Sidonians, quiet and unsuspecting, lacking[2] nothing that is in the earth
and possessing wealth, and how they were far from the Sidonians and
had no dealings with anyone. 8 And when they came to their brothers at
Zorah and Eshtaol, their brothers said to them, "What do you report?"
9 They said, "Arise, and let us go up against them, for we have seen the
land, and behold, it is very good. And will you do nothing? Do not be
slow to go, to enter in and possess the land. 10 As soon as you go, you
will come to an unsuspecting people. The land is spacious, for God has
given it into your hands, a place where there is no lack of anything that
is in the earth."

11 단 지파의 가족 중 육백 명이 무기를 지니고 소라와 에스다올에서
출발하여 12 올라가서 유다에 있는 기럇여아림에 진 치니 그러므로 그
곳 이름이 오늘까지 마하네 단이며 그곳은 기럇여아림 뒤에 있더라
13 무리가 거기서 떠나 에브라임 산지 미가의 집에 이르니라
11 So 600 men of the tribe of Dan, armed with weapons of war, set out
from Zorah and Eshtaol, 12 and went up and encamped at Kiriath-jearim
in Judah. On this account that place is called Mahaneh-dan[3] to this day;
behold, it is west of Kiriath-jearim. 13 And they passed on from there to
the hill country of Ephraim, and came to the house of Micah.

14 전에 라이스 땅을 정탐하러 갔던 다섯 사람이 그 형제들에게 말하
여 이르되 이 집에 에봇과 드라빔과 새긴 신상과 부어 만든 신상이 있
는 줄을 너희가 아느냐 그런즉 이제 너희는 마땅히 행할 것을 생각하
라 하고 15 다섯 사람이 그쪽으로 향하여 그 청년 레위 사람의 집 곧
미가의 집에 이르러 그에게 문안하고 16 단 자손 육백 명은 무기를 지

18장

니고 문 입구에 서니라 17 그 땅을 정탐하러 갔던 다섯 사람이 그리로
들어가서 새긴 신상과 에봇과 드라빔과 부어 만든 신상을 가져갈 때
에 그 제사장은 무기를 지닌 육백 명과 함께 문 입구에 섰더니 18 그
다섯 사람이 미가의 집에 들어가서 그 새긴 신상과 에봇과 드라빔과
부어 만든 신상을 가지고 나오매 그 제사장이 그들에게 묻되 너희가
무엇을 하느냐 하니 19 그들이 그에게 이르되 잠잠하라 네 손을 입에
대라 우리와 함께 가서 우리의 아버지와 제사장이 되라 네가 한 사람
의 집의 제사장이 되는 것과 이스라엘의 한 지파 한 족속의 제사장이
되는 것 중에서 어느 것이 낫겠느냐 하는지라 20 그 제사장이 마음에
기뻐하여 에봇과 드라빔과 새긴 우상을 받아 가지고 그 백성 가운데
로 들어가니라

14 Then the five men who had gone to scout out the country of Laish
said to their brothers, "Do you know that in these houses there are
an ephod, household gods, a carved image, and a metal image? Now
therefore consider what you will do." 15 And they turned aside there
and came to the house of the young Levite, at the home of Micah, and
asked him about his welfare. 16 Now the 600 men of the Danites, armed
with their weapons of war, stood by the entrance of the gate. 17 And the
five men who had gone to scout out the land went up and entered and
took the carved image, the ephod, the household gods, and the metal
image, while the priest stood by the entrance of the gate with the 600
men armed with weapons of war. 18 And when these went into Micah's
house and took the carved image, the ephod, the household gods, and
the metal image, the priest said to them, "What are you doing?" 19 And
they said to him, "Keep quiet; put your hand on your mouth and come
with us and be to us a father and a priest. Is it better for you to be priest
to the house of one man, or to be priest to a tribe and clan in Israel?"

20 And the priest's heart was glad. He took the ephod and the household
gods and the carved image and went along with the people.

21 그들이 돌이켜서 어린 아이들과 가축과 값진 물건들을 앞세우고
길을 떠나더니 22 그들이 미가의 집을 멀리 떠난 때에 미가의 이웃집
사람들이 모여서 단 자손을 따라 붙어서 23 단 자손을 부르는지라 그
들이 얼굴을 돌려 미가에게 이르되 네가 무슨 일로 이같이 모아 가지
고 왔느냐 하니 24 미가가 이르되 내가 만든 신들과 제사장을 빼앗아
갔으니 이제 내게 오히려 남은 것이 무엇이냐 너희가 어찌하여 나더
러 무슨 일이냐고 하느냐 하는지라 25 단 자손이 그에게 이르되 네 목
소리를 우리에게 들리게 하지 말라 노한 자들이 너희를 쳐서 네 생명
과 네 가족의 생명을 잃게 할까 하노라 하고 26 단 자손이 자기 길을
간지라 미가가 단 자손이 자기보다 강한 것을 보고 돌이켜 집으로 돌
아갔더라

21 So they turned and departed, putting the little ones and the livestock
and the goods in front of them. 22 When they had gone a distance from
the home of Micah, the men who were in the houses near Micah's
house were called out, and they overtook the people of Dan. 23 And they
shouted to the people of Dan, who turned around and said to Micah,
"What is the matter with you, that you come with such a company?"
24 And he said, "You take my gods that I made and the priest, and go
away, and what have I left? How then do you ask me, 'What is the
matter with you?'" 25 And the people of Dan said to him, "Do not let
your voice be heard among us, lest angry fellows fall upon you, and
you lose your life with the lives of your household." 26 Then the people
of Dan went their way. And when Micah saw that they were too strong
for him, he turned and went back to his home.

27 단 자손이 미가가 만든 것과 그 제사장을 취하여 라이스에 이르러
한가하고 걱정 없이 사는 백성을 만나 칼날로 그들을 치며 그 성읍을
불사르되 28 그들을 구원할 자가 없었으니 그 성읍이 베드르홉 가까
운 골짜기에 있어서 시돈과 거리가 멀고 상종하는 사람도 없음이었더
라 단 자손이 성읍을 세우고 거기 거주하면서 29 이스라엘에게서 태어
난 그들의 조상 단의 이름을 따라 그 성읍을 단이라 하니라 그 성읍의
본 이름은 라이스였더라 30 단 자손이 자기들을 위하여 그 새긴 신상
을 세웠고 1)모세의 손자요 게르솜의 아들인 요나단과 그의 자손은 단
지파의 제사장이 되어 그 땅 백성이 사로잡히는 날까지 이르렀더라
31 하나님의 집이 실로에 있을 동안에 미가가 만든바 새긴 신상이 단
자손에게 있었더라

27 But the people of Dan took what Micah had made, and the priest
who belonged to him, and they came to Laish, to a people quiet and
unsuspecting, and struck them with the edge of the sword and burned
the city with fire. 28 And there was no deliverer because it was far from
Sidon, and they had no dealings with anyone. It was in the valley that
belongs to Beth-rehob. Then they rebuilt the city and lived in it. 29 And
they named the city Dan, after the name of Dan their ancestor, who was
born to Israel; but the name of the city was Laish at the first. 30 And the
people of Dan set up the carved image for themselves, and Jonathan the
son of Gershom, son of Moses,[4] and his sons were priests to the tribe of
the Danites until the day of the captivity of the land. 31 So they set up
Micah's carved image that he made, as long as the house of God was at
Shiloh.

1 Hebrew *filled the hand of*; also verse 12 *2* Compare 18:10; the meaning of the Hebrew word is uncertain *3 Mahaneh-dan* means *camp of Dan* *4* Or *Manasseh*

단락 개관

첫째 결론은 세 장면을 담고 있고 각 장면의 끝에는 당시에 그 땅에 왕이 없었다는 요약문이 나온다. 에브라임 산지 출신의 미가가 각 장면에서 하나의 중심 등장인물이다. 첫 장면에서 그는 집안 신당에 예배용 물품들을 갖추고 아들 중 하나를 제사장으로 삼는다. 둘째 장면에서는 그가 유다 베들레헴 출신의 한 레위인이 그 신당에서 제사장으로 섬기도록 그를 고용해서 임명한다. 끝으로, 셋째 장면에서는 단 사람들이 북쪽으로 이주하고 미가의 예배용 물품들을 훔치고 그 레위인이 새로운 정착지에서 그 지파를 위해 제사장으로 섬기게 한다. 이 단락의 주제는 이스라엘이 우상숭배(혼합주의)를 포함해 여호와를 불법적으로 경배하는 모습이다. 이 주제는 예배 장소에 대한 언급과 대조되는 방식으로 예증된다. 이 내러티브는 미가의 신당(히브리어로 "신들의 집")에 대한 언급으로 시작된다(17:5). 그리고 실로에 있는 "하나님의 집"(the house of God)에 대한 언급으로 마무리된다(18:31). 이스라엘이 그 땅에 들어갈 때, 그 백성은 다른 신들을 경배하지 말고 또 하나님을 불법적인 방식으로 경배하지 말라는 명령을 받았다. 이 첫째 결론은 이스라엘이 첫 두 계명(출 20:3-6; 신 5:7-10)을 위반했을 뿐 아니라 다른 많은 언약 규정도 위반했다는 사실을 문서로 입증한다.

단락 개요

III. 사사기의 결론(17:1-21:25)

A. 이스라엘의 믿음이 위기를 맞다: 우상숭배(17:1-18:31)

1. 미가의 신당(17:1-7)
2. 미가의 제사장(17:8-13)
3. 단 사람들이 미가의 신당과 제사장과 함께 이주하다(18:1-31)

주석

17:1 사사기의 첫째 결론은 한 "사람"에 대한 언급으로 막을 연다. 이 사람은 에브라임 산지 출신의 미가다. 미가는 이 결론의 세 장면 모두에서 중심 등장인물의 역할을 한다. "사람"이란 히브리어 명사의 사용이 첫 장면에서 중요한 문학적 역할을 담당한다. 이 명사는 "미가"라는 고유명사와 더불어 1절과 5절에서 이 기사의 괄호 역할을 한다. 미가를 한 "사람"으로 언급하는 대목들은 그의 행위를 6절에 나오는 신학적 평가와 연결시킨다. "사람마다 자기 소견에 옳은 대로 행하였더라." 이 구절에서 "사람마다"로 번역된 단어는 1절과 5절에서 "사람"으로 번역된 단어와 똑같다. 이런 식으로 미가란 "사람"의 행위는 내레이터의 정죄를 받는 행위로서 자기가 보기에는 옳으나 주님이 보기에는 그렇지 않은 것이다. 이 첫째 결론에 담긴 세 장면 모두 누구나 자기가 보기에 옳은 짓을 행하고 있는 방식을 생생하게 보여준다.

17:2-5 첫째 장면은 미가가 어머니로부터 "은 천백"을 훔쳤다는 고백으로 막을 연다. 이는 블레셋의 군주들이 각각 들릴라가 삼손을 배신할 때

그녀에게 지불한 보상금(16:5)과 같은 액수다. 이 고백에 대한 어머니의 반응이 뜻밖이다. 그녀에게서 돈을 훔친 아들에게 축복을 선언한다. 미가가 그 은화를 어머니에게 돌려주자 그녀는 그 가운데 일부를 우상을 만드는 데 씀으로써 그것을 주님께 바치고, 그 우상은 미가의 집에 보관된다. 미가는 또 하나의 집, 곧 "신당"(5절, 또는 '신들의 집')을 갖고 있다. 미가는 우상들 및 다른 예배용 물품들로 가득한 신당을 갖고 있을 뿐 아니라 그의 아들 중 하나가 이 불법적 신당에서 제사장으로 섬기도록 그를 임명하기까지 한다. 미가의 아들은 아론의 후손이나 레위인이 아니라서 모세 언약에 따르면 제사장으로 섬기는 것이 허용되지 않는다.

첫째 결론의 큰 주제는 사사들이 통치하던 기간에 성행했던 이스라엘의 우상숭배이고, 이는 이 책의 첫 열여섯 장의 내러티브들(예. 2:11-13, 19; 3:5-7; 6:25-26, 특히 10:6-16)에 스며있는 바로 그 죄다. 이 첫 장면이 우리에게 가르치는 바가 있다. 우상숭배는 그것에 붙어 다니는 다른 죄들과 함께 일어난다는 것이다. 예컨대, 우상을 만들고 숭배하는 것은 첫 두 계명을 위반한다. 미가의 어머니는 주님(여호와)의 이름으로 아들을 축복하고 또 한 우상을 그의 이름으로 바치는데, 이는 주님의 이름을 부적절한 방식으로 사용함으로써 셋째 계명을 위반하는 행위다. 미가가 어머니의 것을 훔침으로써 어머니를 공경하지 못하는 것은 다섯째와 여덟째 계명의 위반이다. 아울러 미가가 어머니의 재산을 탐내기 때문에 은을 훔치므로 열 번째 계명을 위반했다고 주장할 수도 있다. 네 개의 짧은 구절에서 이 기사의 저자는 본래 하나님의 백성의 삶을 사적으로 또 공적으로 지배하게끔 되어 있는 열 계명 중에 적어도 여섯 계명을 위반한 장면을 문서로 입증함으로써 이스라엘이 어느 정도 타락했는지 충분히 보여준다. 피상적으로 보면, 미가와 그의 어머니가 선량한 종교적인 사람들로 비칠 수 있다. 그들은 행동을 그럴듯하게 하고 말도 그럴듯하게 한다. 그들은 주님의 이름으로 축복한다. 또한 주님께 관대하게 바친다. 이것이 바로 인간 마음의 종교적 시스템이 지닌 함정이다. 이는 그 나름대로 하나님을 예배하려고 하되 하나님의 말씀에 계시되고 언약에 규정된 것에 따라 예배하지 않는다.

17:6 이것은 사사기의 결론들에 나오는 네 차례의 요약문들 중 첫 번째다(참고. 17:1-21:25 개관). 문학적 차원에서 보면, 처음 두 요약문은 첫째 결론에 담긴 장면들 사이의 전환을 표시한다. 구속-역사적 차원에서 보면, 이 진술은 사무엘상하에 기록되어 있는 이스라엘의 군주제 출현을 내다본다. 신학적 차원에서 보면, 이 진술은 이스라엘이 주님을 왕으로 모시길 거부한다고 고발하고, 그 결과 이스라엘은 주변의 모든 민족들처럼 되는 타락의 길을 걷는다. 주님은 이스라엘의 왕, 곧 그들을 이끌고 싸움터로 나가서 적을 그의 백성의 손에 넘겨주는 분이었다. 기드온은 이스라엘이 그를 왕으로 삼고 싶어 하는 것에 반대했다. "내가 너희를 다스리지 아니하겠고 나의 아들도 너희를 다스리지 아니할 것이요 여호와께서 너희를 다스리시리라"(8:23). 주님도 훗날 사무엘상에서 백성이 왕을 요구할 때 이와 똑같은 논점을 개진하신다. "여호와께서 사무엘에게 이르시되 백성이 네게 한 말을 다 들으라 이는 그들이 너를 버림이 아니요 나를 버려 자기들의 왕이 되지 못하게 함이니라"(삼상 8:7). 이 구절에 기록된 진술의 두 부분 사이에는 분명한 인과관계가 있다. 이스라엘에 왕이 없었다. '그러므로' 사람마다 자기 소견에 옳은 대로 행했다. 이스라엘이 주님을 왕으로 모시길 거부하는 모습은 언약의 조건에 대한 불순종으로 명백히 나타나고, 이는 이스라엘의 타락과 이후 주변 민족들에 의한 억압의 원인이 된다.

17:7-9 사사기의 첫째 결론의 둘째 장면에서 우리는 유다 베들레헴 출신인 한 레위인을 소개받는다. 그는 에브라임 산지로 여행해서 일자리와 거주할 곳을 찾는다. 이 레위인은 어쩌다 미가를 만나게 되고, 미가는 그의 여행에 관해 묻는다. 사사기의 둘째 결론은 에브라임 산지에서 유다의 베들레헴으로 여행하는 한 레위인과 함께 시작되므로 그것은 여기서 일어나는 일의 정반대인 셈이다(19:1). 이런 유형의 기술적 반복은 저자가 두 결론을 연결시키는 하나의 방식이다. 각 결론은 그 자체의 독특한 메시지(우상 숭배와 유산)가 있으나, 양자는 이와 같은 다양한 문학적 장치들로 서로 연결되어 있다. 이 경우에는 두 결론 사이의 관계가 원인과 결과의 관계다. 이

스라엘의 유산이 맞는 위기(한 지파의 상실)는 우상숭배 및 거짓된 경배에 붙어 다니는 죄들이 낳은 결과다.

17:10-12 미가가 젊은 레위인에게 일거리와 숙소를 모두 제공한다. 그는 이 레위인이 그 집안에 "아버지와 제사장"으로 섬기기를 원한다. 이런 수고에 대해 미가는 그에게 돈과 의복, 음식과 숙소로 보상할 것이다. 고대 세계에서 그런 제안은 거절하기가 어려웠을 것이다. 이 맥락에서 "아버지"란 호칭은 문자적인 아버지가 아니라 '선생'을 의미한다(참고. 18:19). 이는 그 젊은 레위인이 "미가의 아들 중 하나 같이 됨이라"는 사실로 분명히 알 수 있다. 선생에게 "아버지"란 호칭을 사용하는 것은 잠언 1-9장의 지혜 전통에서 잘 알려져 있고, 엘리사는 엘리야가 불 수레를 타고 하늘로 올라갈 때 스승을 바라보며 똑같은 호칭("아버지여")을 사용한다(왕하 2:12). 이 관용구는 신약에 나오는 예수님의 가르침에도 나타난다(마 23:8-10). 결국 레위인은 미가의 제안을 받아들여 미가 집안을 위한 제사장으로 임명되었고, 따라서 미가가 짓고 또 우상들을 갖춘 신당에서 일했을 것이다. 앞의 장면에서는 미가가 그의 아들 중 하나를 집안 제사장으로 임명했는데, 그 레위인이 미가의 아들과 함께 일하는지, 아니면 그를 대체하는지는 분명치 않다. "거룩하게 구별하매"("ordained", 12절)로 번역된 히브리어 단어는 '손을 채우다'("fill the hand", '위임하다', 참고. 출 28:41; 29:9, 29, 33, 35)로 번역될 수도 있다. 이 관용구는 임명된 사람이 제사장으로 수고해서 생계 지원(그의 손을 채움)을 받을 것이라는 뜻이다.

17:13 레위인과 맺은 협정에 대한 미가의 평가는 그가 신당을 짓고, 우상을 만들고, 레위인을 고용한 동기를 무심코 드러낸다. 주님(여호와)이 그에게 잘해서 그를 번영시켜줄 것을 보장받고 싶은 것이다. 이것이 우상숭배의 핵심이다. 미가는 종교적 환경을 만들어서 그가 하나님을 조종할 수 있다고 생각하는 것이다. 언약의 조건을 따라 주님을 찾기 보다는 하나님의 은총을 불러일으키기 위해 자기 나름의 종교적 시스템을 갖추는 모습이

다. 훗날 사울이 주님의 은총을 확보하려고 제사를 지낼 때 사무엘은 이런 유형의 종교를 정죄할 것이다.

> 여호와께서 번제와 다른 제사를
> 　　그의 목소리를 청종하는 것을 좋아하심 같이 좋아하시겠나이까?
> 순종이 제사보다 낫고 듣는 것이
> 　　숫양의 기름보다 나으니
> 이는 거역하는 것은 점치는 죄와 같고
> 　　완고한 것은 사신 우상에게 절하는 죄와 같음이라. (삼상 15:22-23)

그런즉 바로 다음 장면에서 미가가 자신의 번영을 확보하려고 만들었던 시스템인 그의 우상들과 그의 제사장을 잃어버리게 되는 것은 하나의 아이러니다.

18:1 첫째 결론에서 다음 장면으로 전환되는 대목에 "그때에 이스라엘에 왕이 없었고"(참고. 17:6 주석; 17:1-21:25 개관)라는 요약문이 두 번째로 나온다. 이 장면은 요약문의 첫 어구("그때에")를 반복하면서 시작되고, 단 지파가 북쪽으로 이주하고 그 여정에서 미가와 레위인을 만나는 모습을 기록한다. 단은 야곱의 열두 아들 중 하나로서 라헬의 여종이었던 빌하가 낳은 아들이며, 빌하는 납달리도 낳았다(창 30:6; 35:25). 여호수아가 이 지파에게 분배한 영토는 유다의 북쪽, 서부 므낫세의 남쪽 그리고 에브라임의 서쪽에 있는 지중해 연안이다.[63] 그런데 단 지파는 그 영토에 살던 주민들을 쫓아낼 수 없어서 북쪽으로 이주하여 납달리의 북동쪽 지역에 있는 레셈(라이스) 성읍을 점령한 후 그 이름을 바꾼다(수 19:40-48).[64]

63 참고. Currid and Barrett, *Crossway ESV Bible Atlas*, 107, map 4.13

64 참고. 같은 책, 114-116, map 4.24.

18:2 단 지파는 분배받은 땅을 점령할 수 없기 때문에 또 다른 적합한 장소를 찾기 시작한다. 이를 위해 그들 가운데 다섯 사람을 선택하여 보내 그 땅을 탐색하게 한다. 이 사람들은 소라와 에스다올 출신인데, 이 장소는 주님이 삼손이 사사로 섬기도록 그를 자극하기 시작했을 때 언급되었던 곳이다(13:25). 이 탐색 여행 동안 다섯 사람은 어쩌다 에브라임 산지에 있는 미가의 집에 이르게 되어 거기서 한동안 머물게 된다.

18:3-6 다섯 사람은 미가와 함께 지내는 동안 그들이 이미 친숙한 그 레위인을 만난다. 미가처럼, 이 사람들도 그에게 자기네 여행의 전망에 관해 주님께 물어보도록 요청함으로써 이 거짓 제사장의 직무를 이용한다. 그 제사장은 호의적인 응답을 주는데, 그가 어떻게 또는 어째서 이런 판단에 도달하는지는 도무지 알 수 없다. 저자가 미가와 레위인을 부정적으로 평가하는 것을 감안하면, 레위인의 긍정적 응답은 단 사람들의 환심을 사려는 것으로 결론지을 수 있을 것이다. 곧 판명되듯이, 이 기사의 뒷부분에서 레위인은 스스로를 한 집안의 제사장에서 단 지파의 제사장으로 승격시킬 것이다.

18:7-10 다섯 정탐꾼들은 에브라임 산지와 미가의 집을 떠난 후 이스라엘 영토의 최북단에 있는 라이스(레셈), 곧 아무도 의심하지 않은 채 번영을 누리는 성읍에 도착한다. 그 성읍은 부유하고 무방비 상태라서 누구나 그런 상황에서 선택할 만한 그런 성읍이다. 그곳의 주민들을 제거하는 일은 쉬울 터이고 전쟁의 약탈품이 정복자를 풍요롭게 만들 것이다. 정탐꾼들이 되돌아가서 보고하고 단 사람들에게 "하나님이 그 땅을 너희 손에 넘겨주느니라"(10절)고 말하며 올라가서 그 성읍을 차지하라고 소리친다. 본인의 행동을 정당화하기 위한 그런 언어의 사용은 셋째 계명을 위반하는 모습으로 정죄되어야 마땅하다. 가벼운 또는 하찮은 방식으로 하나님의 이름이나 평판을 사용하기 때문이다. 미가의 어머니도 주님의 이름으로 우상 제작을 서원했을 때(17:3) 그런 짓을 했다. 레위인 역시 주님의 이름을

이용해서 정탐꾼들의 여정을 축복한다(18:6). 그리고 이제 단의 정탐꾼들이 백성에게 전쟁을 하라고 외칠 때 동일한 전술을 이용한다. 이 마지막 단락에서 이스라엘은 주님을 그들의 왕으로 모시길 거부하고 주님이 보기에 옳은 것이 아니라 그들이 보기에 옳은 대로 행동한다.

18:11-13 단에서 6백 명이 라이스를 차지하려고 출발했다. 이 수는 둘째 결론에서 전투하다가 도망하는 베냐민 사람들의 수와 동일하고(20:47), 이는 두 단락 간에 또 하나의 연결점을 제공한다. 단 사람들이 기럇여아림 근처에 진을 치고 그곳을 "마하네 단"('단의 진영')이라 부른다. 이곳은 주님의 영이 맨 처음 삼손을 자극했던 바로 그 장소다(13:25). 이 장소로부터 단 사람들이 미가의 집으로 되돌아간다. 미가의 집에서의 만남은 이 본문의 전반적 배분에서 상당한 주목을 받고 이 내러티브(18:14-26)의 큰 초점이 된다. 이 본문은 단에서 불법적 예배가 시작된 기원을 기록하고 있고, 이곳은 훗날 여로보암이 이스라엘 백성이 예루살렘에 있는 성전에서 예배하는 것을 막기 위해 두 금송아지 중 하나를 두는 장소가 될 것이다(왕상 12:26-30).

18:14-20 다섯 정탐꾼들은 동료 용사들에게 미가의 집에 있는 예배 용품들을 폭로하고 우상들을 취할 뿐 아니라 새 성읍에서 제사장 역할을 할 레위인을 데려 갈 계획을 추진하려고 그들의 도움을 요청한다. 정탐꾼들이 고안한 계획은 자세히 묘사되지 않고 단지 실행될 뿐이다. "그런즉 이제 너희는 마땅히 행할 것을 생각하라"(14절). 그 계획은 무력시위로 우상들과 레위인을 훔쳐서 미가가 그것들을 보유하지 못하게 막는 것으로 되어 있다. 육백 명의 무장한 용사들이 그 성읍의 문에서 경계를 서고, 다섯 정탐꾼들이 미가의 집으로부터 예배용 물품들을 옮기며 대낮에 행군해서 나간다. 레위인이 그 상황에 대해 묻자 용사들이 그를 묵살시키며 승진을 제안한다. "네가 한 사람의 집의 제사장이 되는 것과 이스라엘의 한 지파 한 족속의 제사장이 되는 것 중에서 어느 것이 낫겠느냐?"(19절). 제사장은 그 제안을 기쁘게 수용하고 그의 이전 고용주의 성읍으로부터 예배용 물

건들을 가져가는 장본인이 된다. 그 레위인은 미가의 아들처럼 되었으나(17:11) 이제는 기쁘고 즐거운 마음으로 그를 배신한다(18:20). 도둑질, 배신 그리고 우상숭배의 증가 등이 사사 시대에 만연했던 이스라엘의 영속적인 타락상을 계속 보여준다.

18:21-26 단 사람들이 훔친 물건들과 미가의 제사장과 함께 라이스를 향해 출발한다. 이에 반응하여 미가의 집 근처에 사는 사람들이 도둑질과 관련해 단 사람들을 대적하려고 불려나온다. 단 사람들이 무력의 위협과 생명의 상실을 내세워서 미가 및 그와 함께 하는 사람들을 묵살시킨다. 미가의 이웃들이 단의 용사들을 당할 수 없기 때문에 미가는 빈손으로 집에 돌아가지 않을 수 없다. 아이러니한 사실은 자기 어머니에게서 "은 천백"(17:2)를 훔친 사람이 이제는 그와 똑같은 범죄의 피해를 입는다는 것이다. 하지만 미가의 우상숭배가 낳은 진정한 비극은 18:24에서 고통스럽게 명백해진다. 그가 "[너희가] 내가 만든 신들을 빼앗[는다]"고 외친다. 미가는 그 자신의 신들을 만들었고, 그의 손으로 만든 작품을 섬겼으며, 그를 창조한 분이 아니라 그가 창조한 우상을 예배했던 것이다. 일찍이 모세는 이스라엘에게 이런 일이 일어날 것이라고 경고한 바 있다. "내가 죽은 후에 너희가 스스로 부패하여 내가 너희에게 명령한 길을 떠나 여호와의 목전에 악을 행하여 '너희의 손으로 하는 일로' 그를 격노하게 하므로 너희가 후일에 재앙을 당하리라"(신 31:29). 이런 유형의 우상숭배는 이스라엘에서 끈질기게 지속되었고 훗날 주님이 선지자 이사야를 통해 정죄하신다.

> 그 땅에는 우상도 가득하므로
> 　그들이 '자기 손으로 짓고'
> 　자기 손가락으로 만든 것을 경배하여. (사 2:8)

우상숭배의 죄는 우주를 창조하시고 인류를 흙으로 빚으신 분께 참된 경배를 드리지 않고 자신의 손으로 만든 것을 숭배하는 것이다. 주님은 이렇게 선언하셨다.

> 내가 땅을 만들고
> 　　그 위에 사람을 창조하였으며
> '내가 내 손으로' 하늘을 펴고
> 　　하늘의 모든 군대에게 명령하였노라. (사 45:12)

미가는 하나님의 섭리가 그의 집안에서 이 큰 악을 제거하도록 주선한 것을 보고 오히려 기뻐했어야 한다. 그런데 그는 그의 신들과 신들을 조종할 제사장을 잃고 나서 "내게 오히려 남은 것이 무엇이냐"고 탄식할 뿐이다. 미가는 우상숭배 때문에 하나님의 언약 백성의 일원이 되는 풍요로움, 언약적인 삶의 큰 가치를 아예 보지 못한 것이다. 주님은 그분의 백성이 주님을 예배하고 만족하기를 갈망하신다. 이런 유형의 우상숭배는 결코 만족감을 줄 수 없다. 우리를 충분히 만족시킬 수 있는 이는 오직 한 분이라고 시편 저자가 노래한다. "주께서 생명의 길을 내게 보이시리니 주의 앞에는 충만한 기쁨이 있고 주의 오른쪽에는 영원한 즐거움이 있나이다"(시 16:11).

18:27-29 단의 재정착에 관한 기사는 간략하다. 가장 기본적인 사항들만 나와 있다. 단 사람들이 라이스의 주민들을 처형하고, 그 성읍을 불로 태우고, 성읍을 다시 짓고, 그들의 조상 단의 이름을 좇아 그 성읍을 개명한다. 이와 똑같은 사건이 여호수아 19:47에 기록되어 있다. 라이스의 백성은 평온하고, 신뢰하며(의심하지 않고), 도움을 받을 수 없는 곳에 있다고 묘사되어 있다. 이는 단 사람의 행위를 비난하기 위해 포함된 사항들이다.

18:30-31 사사기 17:7에서 처음 만났던 레위인의 이름이 이제 밝혀진다. 이런 지연은 틀림없이 독자에게 충격과 놀라움을 안겨주기 위해서다. 그는 바로 "모세의 손자요 게르솜의 아들인 요나단"이다. "아들"을 의미하

는 히브리어는 보다 먼 친척을 가리킬 수도 있다. 요나단은 모세의 손자일 수 있으나 보다 먼 후손일 가능성도 있다. 어떤 쪽이든, 저자가 이 간략한 족보를 구성한 방식은 사사 시대에 우상숭배와 타락이 얼마나 빨리 이스라엘 전역에 확산되는지를 묘사하기 위한 것이다. 심지어 모세의 집안까지 확산되었음을 보여준다. 이 사실을 너무도 수치스럽게 여긴 서기관들은 히브리어 성경을 보존하고 전수하는 역할을 맡은 자들로서 모세의 이름에 있는 m(히브리어의 멤) 다음에 작은 어깨 글자 n[히브리어의 눈(*nun*)]을 넣어서 그 단어의 발음을 '므낫세'(Manasseh)[65]로 바꾸었다. 우상들, 우상숭배 그리고 불법적 제사장직은 포로로 잡혀갈 때까지 단에서 지속될 것이다. 사실 장차 분열된 왕국이 도래할 때 여로보암은 북부 지파들이 예루살렘에 있는 성전에서 예배하는 것을 막기 위해 단과 베델에 각각 금송아지를 세우게 될 것이다(왕상 12:26-30). 이러한 이스라엘의 상황은 더 나아지지 않을 것이다. 주님이 마침내 그분의 백성을 그 땅에서 추방해야 할 때까지 그들은 설상가상의 길을 걸을 뿐이다. 미가의 새긴 신상에 대한 언급은 그 우상의 원초적 제작(삿 17:3-4)을 상기시키면서 이 첫째 결론을 마무리한다. 진정한 의미로 보면, 17-18장에 기록된 사건들은 미가의 우상의 역사(歷史)로 묘사될 수 있고, 그 우상은 타락 및 그것과 접촉하는 모든 사람을 타락시키는 현상의 산물이다.

65 므낫세로의 변경은 이 레위인의 행실의 특징을 므낫세 왕의 행실에 상응하는 것으로 묘사할 수도 있다(왕하 21:1-18, 참고. block, *Juges*, *Ruth*, 512).

응답

전선지서(여호수아서, 사사기, 사무엘서, 열왕기)는 주님이 언제나 언약적 약속들에 신실하시다는 것을 보여준다(참고. 수 21:45; 왕상 8:56). 다른 한편, 이스라엘이 주님께 그리고 그들의 관계를 규제하고 유지하는 언약에 신실해지려고 버둥거리는 모습을 보여준다. 사사기의 첫째 결론은 이스라엘의 우상숭배로 예증되는 언약적 배신, 즉 유일한 참 하나님을 버리고 잊어버리는 한편 다른 신들을 좇아 음행하는 모습을 적나라하게 보여준다. 현대 세계에서의 우상숭배는 고대 세계의 우상숭배와 다른 모습을 지닐지 몰라도 그 본질과 영향은 동일하다. 우리가 우리의 손으로 만든 것을 경배할 때는 모든 것을 창조하신 분을 경배하길 그치는 것이다. 이것이 바로 우상숭배, 곧 "사람이 손으로 만든 것"(시 115:4)을 경배하는 것의 본질이다. 고대 세계에서는 그런 숭배를 위한 도관이 나무, 돌 또는 귀금속으로 만든 실제 우상의 형태를 취했다. 우상들은 거짓 신들을 상징했고 번영과 복을 확보하기 위해 접근할 수 있는 대상이었다. 뿐만 아니라, 자기에게 유리하게 신들을 조종하기 위한 수단으로 신전 매춘이나 아동 제사와 같은 부도덕한 행위를 허용하기도 했다.

이런 현실에 비춰보면, 미가가 신당을 짓고, 그 속을 우상들로 채우고, 그의 제사장으로 섬기도록 레위인을 고용한 목표는 명백하다. "이제 여호와께서 내게 복 주실 줄을 아노라"(17:13). 미가는 종교적 환경을 만드는 일에 착수하는데, 그 모든 것은 인간의 손으로 만든 작품이고 그것을 통해 그 자신의 유익을 위해 하나님을 조종할 수 있을 것으로 생각한다. 우상숭배의 어리석음은 그 무능력에 있다. 첫째 결론의 끝에 이르면 미가의 신당은 텅 비고 그의 제사장은 떠나고 없다. 그러면 그 능력이나 번영은 이제 어디에 있는가? 우상들이 그들 자신을 구원하거나 미가를 보호할 수 없었던가? 우상숭배의 무능력을 묘사하는 가장 좋은 본문 중 하나는 시편 115:5-8에 나온다.

[우상들은] 입이 있어도 말하지 못하며
눈이 있어도 보지 못하며
[우상들은] 귀가 있어도 듣지 못하며
코가 있어도 냄새 맡지 못하며
[우상들은] 손이 있어도 만지지 못하며
발이 있어도 걷지 못하며
목구멍이 있어도 작은 소리조차 내지 못하느니라
우상들을 만드는 자들과 그것을 의지하는 자들이
다 그와 같으리로다.

우상들이 능력과 번영을 주는 듯이 보일지 몰라도 실은 무력하다. 사실 우상들이 낳는 결과는 애초에 생각했던 것과 정반대다. 우상들은 능력과 번영을 증진하기보다는 그 숭배자들을 무력하고 속되게 만들기 때문이다. 한 마디로, 우상들처럼 만드는 것이다. 모든 세대와 문화는 하나같이 그 나름의 우상들이 있다. 그런 우상들은 테크놀로지, 재정, 관계, 소유물, 업적, 명성 또는 인간의 손이 만든 다른 것 등 진정한 안정이나 영구적인 안정을 제공할 수 있는 것과 연관될 수 있다. 참된 번영과 영구적인 안정을 찾을 수 있는 곳은 단 한 군데밖에 없다. 바로 은혜의 보좌 아래다.

주께서 '생명의 길'을 내게 보이시리니
주의 앞에는 '충만한 기쁨'이 있고
주의 오른쪽에는 '영원한 즐거움'이 있나이다. (시 16:11)

그런데 우리가 어떻게 이곳에 도달할 수 있을까? 유일한 참 형상이신 예수님을 따르고 예배함으로써. "그[예수]는 보이지 아니하는 하나님의 형상이시요 모든 피조물보다 먼저 나신 이시니"(골 1:15). 첫 두 계명은 다른 신들을 경배하는 것과 유일한 참 하나님을 표출하는 어떤 형상을 만드는 것도 금지함으로써 하나님의 백성을 보호하도록 되어 있었다(출 20:3-6; 신 5:7-10).

왜냐하면 유일한 참된 형상이 오고 있었고, 거짓 형상들의 숭배는 우리의 마음을 가려서 그 참된 형상의 아름다움이나 영광을 보지 못하게 하기 때문이다. 이런 이유로 우리에게 "하나님의 형상이신 그리스도의 영광을 선포하는 복음의 빛"(고후 4:4, 새번역)이 필요한 것이다. 하나님의 은혜로, 그리스도의 영광의 빛이 우리의 우상숭배의 어둠을 이겼다.

19장

19:1 이스라엘에 왕이 없을 그때에 에브라임 산지 구석에 거류하는 어
떤 레위 사람이 유다 베들레헴에서 첩을 맞이하였더니 2 그 첩이 행음
하고 남편을 떠나 유다 베들레헴 그의 아버지의 집에 돌아가서 거기
서 넉 달 동안을 지내매 3 그의 남편이 그 여자에게 다정하게 말하고
그를 데려오고자 하여 하인 한 사람과 나귀 두 마리를 데리고 그에게
로 가매 여자가 그를 인도하여 아버지의 집에 들어가니 그 여자의 아
버지가 그를 보고 기뻐하니라 4 그의 장인 곧 그 여자의 아버지가 그
를 머물게 하매 그가 삼 일 동안 그와 함께 머물며 먹고 마시며 거기
서 유숙하다가 5 넷째 날 아침에 일찍이 일어나 떠나고자 하매 그 여
자의 아버지가 그의 사위에게 이르되 떡을 조금 먹고 그대의 기력을
돋운 후에 그대의 길을 가라 하니라 6 두 사람이 앉아서 함께 먹고 마
시매 그 여자의 아버지가 그 사람에게 이르되 청하노니 이 밤을 여기
서 유숙하여 그대의 마음을 즐겁게 하라 하니 7 그 사람이 일어나서
가고자 하되 그의 장인의 간청으로 거기서 다시 유숙하더니 8 다섯째
날 아침에 일찍이 일어나 떠나고자 하매 그 여자의 아버지가 이르되
청하노니 그대의 기력을 돋우고 해가 기울도록 머물라 하므로 두 사

람이 함께 먹고 9 그 사람이 첩과 하인과 더불어 일어나 떠나고자 하
매 그의 장인 곧 그 여자의 아버지가 그에게 이르되 보라 이제 날이
저물어 가니 청하건대 이 밤도 유숙하라 보라 해가 기울었느니라 그
대는 여기서 유숙하여 그대의 마음을 즐겁게 하고 내일 일찍이 그대
의 길을 가서 그대의 집으로 돌아가라 하니

19:1 In those days, when there was no king in Israel, a certain Levite was
sojourning in the remote parts of the hill country of Ephraim, who took
to himself a concubine from Bethlehem in Judah. 2 And his concubine
was unfaithful to[1] him, and she went away from him to her father's
house at Bethlehem in Judah, and was there some four months. 3 Then
her husband arose and went after her, to speak kindly to her and bring
her back. He had with him his servant and a couple of donkeys. And
she brought him into her father's house. And when the girl's father saw
him, he came with joy to meet him. 4 And his father-in-law, the girl's
father, made him stay, and he remained with him three days. So they
ate and drank and spent the night there. 5 And on the fourth day they
arose early in the morning, and he prepared to go, but the girl's father
said to his son-in-law, "Strengthen your heart with a morsel of bread,
and after that you may go." 6 So the two of them sat and ate and drank
together. And the girl's father said to the man, "Be pleased to spend the
night, and let your heart be merry." 7 And when the man rose up to go,
his father-in-law pressed him, till he spent the night there again. 8 And
on the fifth day he arose early in the morning to depart. And the girl's
father said, "Strengthen your heart and wait until the day declines." So
they ate, both of them. 9 And when the man and his concubine and his
servant rose up to depart, his father-in-law, the girl's father, said to him,
"Behold, now the day has waned toward evening. Please, spend the

night. Behold, the day draws to its close. Lodge here and let your heart
be merry, and tomorrow you shall arise early in the morning for your
journey, and go home."

10 그 사람이 다시 밤을 지내고자 하지 아니하여 일어나서 떠나 여부
스 맞은편에 이르렀으니 여부스는 곧 예루살렘이라 안장 지운 나귀
두 마리와 첩이 그와 함께 하였더라 11 그들이 여부스에 가까이 갔을
때에 해가 지려 하는지라 종이 주인에게 이르되 청하건대 우리가 돌
이켜 여부스 사람의 이 성읍에 들어가서 유숙하십시다 하니 12 주인이
그에게 이르되 우리가 돌이켜 이스라엘 자손에게 속하지 아니한 이방
사람의 성읍으로 들어갈 것이 아니니 기브아로 나아가리라 하고 13 또
그 종에게 이르되 우리가 기브아나 라마 중 한 곳에 가서 거기서 유숙
하자 하고 14 모두 앞으로 나아가더니 베냐민에 속한 기브아에 가까이
이르러 해가 진지라 15 기브아에 가서 유숙하려고 그리로 돌아 들어가
서 성읍 넓은 거리에 앉아 있으나 그를 집으로 영접하여 유숙하게 하
는 자가 없었더라
10 But the man would not spend the night. He rose up and departed and
arrived opposite Jebus (that is, Jerusalem). He had with him a couple of
saddled donkeys, and his concubine was with him. 11 When they were
near Jebus, the day was nearly over, and the servant said to his master,
"Come now, let us turn aside to this city of the Jebusites and spend the
night in it." 12 And his master said to him, "We will not turn aside into
the city of foreigners, who do not belong to the people of Israel, but we
will pass on to Gibeah." 13 And he said to his young man, "Come and
let us draw near to one of these places and spend the night at Gibeah or
at Ramah." 14 So they passed on and went their way. And the sun went
down on them near Gibeah, which belongs to Benjamin, 15 and they

19장

turned aside there, to go in and spend the night at Gibeah. And he went in and sat down in the open square of the city, for no one took them into his house to spend the night.

16 저녁 때에 한 노인이 밭에서 일하다가 돌아오니 그 사람은 본래 에
브라임 산지 사람으로서 기브아에 거류하는 자요 그곳 사람들은 베
냐민 자손이더라 17 노인이 눈을 들어 성읍 넓은 거리에 나그네가 있
는 것을 본지라 노인이 묻되 그대는 어디로 가며 어디서 왔느냐 하니
18 그가 그에게 이르되 우리는 유다 베들레헴에서 에브라임 산지 구
석으로 가나이다 나는 그곳 사람으로서 유다 베들레헴에 갔다가 이제
여호와의 집으로 가는 중인데 나를 자기 집으로 영접하는 사람이 없
나이다 19 우리에게는 나귀들에게 먹일 짚과 여물이 있고 나와 당신의
여종과 당신의 종인 우리들과 함께 한 청년에게 먹을 양식과 포도주
가 있어 무엇이든지 부족함이 없나이다 하는지라 20 그 노인이 이르되
그대는 안심하라 그대의 쓸 것은 모두 내가 담당할 것이니 거리에서
는 유숙하지 말라 하고 21 그를 데리고 자기 집에 들어가서 나귀에게
먹이니 그들이 발을 씻고 먹고 마시니라
16 And behold, an old man was coming from his work in the field
at evening. The man was from the hill country of Ephraim, and he
was sojourning in Gibeah. The men of the place were Benjaminites.
17 And he lifted up his eyes and saw the traveler in the open square
of the city. And the old man said, "Where are you going? And where
do you come from?" 18 And he said to him, "We are passing from
Bethlehem in Judah to the remote parts of the hill country of Ephraim,
from which I come. I went to Bethlehem in Judah, and I am going to
the house of the Lord,[2] but no one has taken me into his house. 19 We
have straw and feed for our donkeys, with bread and wine for me and

your female servant and the young man with your servants. There is
no lack of anything." 20 And the old man said, "Peace be to you; I will
care for all your wants. Only, do not spend the night in the square."
21 So he brought him into his house and gave the donkeys feed. And
they washed their feet, and ate and drank.

22 그들이 마음을 즐겁게 할 때에 그 성읍의 불량배들이 그 집을 에워
싸고 문을 두들기며 집 주인 노인에게 말하여 이르되 네 집에 들어온
사람을 끌어내라 우리가 그와 관계하리라 하니 23 집 주인 그 사람이
그들에게로 나와서 이르되 아니라 내 형제들아 청하노니 이같은 악행
을 저지르지 말라 이 사람이 내 집에 들어왔으니 이런 망령된 일을 행
하지 말라 24 보라 여기 내 처녀 딸과 이 사람의 첩이 있은즉 내가 그
들을 끌어내리니 너희가 그들을 욕보이든지 너희 눈에 좋은 대로 행
하되 오직 이 사람에게는 이런 망령된 일을 행하지 말라 하나 25 무리
가 듣지 아니하므로 그 사람이 자기 첩을 붙잡아 그들에게 밖으로 끌
어내매 그들이 그 여자와 관계하였고 밤새도록 그 여자를 능욕하다가
새벽 미명에 놓은지라 26 동틀 때에 여인이 자기의 주인이 있는 그 사
람의 집 문에 이르러 엎드러져 밝기까지 거기 엎드러져 있더라
22 As they were making their hearts merry, behold, the men of the city,
worthless fellows, surrounded the house, beating on the door. And
they said to the old man, the master of the house, "Bring out the man
who came into your house, that we may know him." 23 And the man,
the master of the house, went out to them and said to them, "No, my
brothers, do not act so wickedly; since this man has come into my
house, do not do this vile thing. 24 Behold, here are my virgin daughter
and his concubine. Let me bring them out now. Violate them and do
with them what seems good to you, but against this man do not do this

19장

outrageous thing." 25 But the men would not listen to him. So the man
seized his concubine and made her go out to them. And they knew her
and abused her all night until the morning. And as the dawn began to
break, they let her go. 26 And as morning appeared, the woman came
and fell down at the door of the man's house where her master was,
until it was light.

27 그의 주인이 일찍이 일어나 집 문을 열고 떠나고자 하더니 그 여
인이 집 문에 엎드러져 있고 그의 두 손이 문지방에 있는 것을 보고
28 그에게 이르되 일어나라 우리가 떠나가자 하나 아무 대답이 없는
지라 이에 그의 시체를 나귀에 싣고 행하여 자기 곳에 돌아가서 29 그
집에 이르러서는 칼을 가지고 자기 첩의 시체를 거두어 그 마디를 찍
어 열두 덩이에 나누고 그것을 이스라엘 사방에 두루 보내매 30 그것
을 보는 자가 다 이르되 이스라엘 자손이 애굽 땅에서 올라온 날부터
오늘까지 이런 일은 일어나지도 아니하였고 보지도 못하였도다 이 일
을 생각하고 상의한 후에 말하자 하니라
27 And her master rose up in the morning, and when he opened the
doors of the house and went out to go on his way, behold, there was
his concubine lying at the door of the house, with her hands on the
threshold. 28 He said to her, "Get up, let us be going." But there was
no answer. Then he put her on the donkey, and the man rose up and
went away to his home. 29 And when he entered his house, he took a
knife, and taking hold of his concubine he divided her, limb by limb,
into twelve pieces, and sent her throughout all the territory of Israel.
30 And all who saw it said, "Such a thing has never happened or been
seen from the day that the people of Israel came up out of the land of
Egypt until this day; consider it, take counsel, and speak."

20:1 이에 모든 이스라엘 자손이 단에서부터 브엘세바까지와 길르앗
땅에서 나와서 그 회중이 일제히 미스바에서 여호와 앞에 모였으니
2 온 백성의 어른 곧 이스라엘 모든 지파의 어른들은 하나님 백성의
총회에 섰고 칼을 빼는 보병은 사십만 명이었으며 3 이스라엘 자손이
미스바에 올라간 것을 베냐민 자손이 들었더라 이스라엘 자손이 이르
되 이 악한 일이 어떻게 일어났는지 우리에게 말하라 하니 4 레위 사
람 곧 죽임을 당한 여인의 남편이 대답하여 이르되 내가 내 첩과 더불
어 베냐민에 속한 기브아에 유숙하러 갔더니 5 기브아 사람들이 나를
치러 일어나서 밤에 내가 묵고 있던 집을 에워싸고 나를 죽이려 하고
내 첩을 욕보여 그를 죽게 한지라 6 내가 내 첩의 시체를 거두어 쪼개
서 이스라엘 기업의 온 땅에 보냈나니 이는 그들이 이스라엘 중에서
음행과 망령된 일을 행하였기 때문이라 7 이스라엘 자손들아 너희가
다 여기 있은즉 너희의 의견과 방책을 낼지니라 하니라

20:1 Then all the people of Israel came out, from Dan to Beersheba,
including the land of Gilead, and the congregation assembled as one
man to the Lord at Mizpah. 2 And the chiefs of all the people, of all the
tribes of Israel, presented themselves in the assembly of the people of
God, 400,000 men on foot that drew the sword. 3 (Now the people of
Benjamin heard that the people of Israel had gone up to Mizpah.) And
the people of Israel said, “Tell us, how did this evil happen?” 4 And the
Levite, the husband of the woman who was murdered, answered and
said, “I came to Gibeah that belongs to Benjamin, I and my concubine,
to spend the night. 5 And the leaders of Gibeah rose against me and
surrounded the house against me by night. They meant to kill me, and
they violated my concubine, and she is dead. 6 So I took hold of my
concubine and cut her in pieces and sent her throughout all the country
of the inheritance of Israel, for they have committed abomination and

outrage in Israel. [7] Behold, you people of Israel, all of you, give your advice andcounsel here."

[8] 모든 백성이 일제히 일어나 이르되 우리가 한 사람도 자기 장막으
로 돌아가지 말며 한 사람도 자기 집으로 들어가지 말고 [9] 우리가 이
제 기브아 사람에게 이렇게 행하리니 곧 제비를 뽑아서 그들을 치되
[10] 우리가 이스라엘 모든 지파 중에서 백 명에 열 명, 천 명에 백 명,
만 명에 천 명을 뽑아 그 백성을 위하여 양식을 준비하고 그들에게 베
냐민의 기브아에 가서 그 무리가 이스라엘 중에서 망령된 일을 행한
대로 징계하게 하리라 하니라 [11] 이와 같이 이스라엘 모든 사람이 하
나 같이 합심하여 그 성읍을 치려고 모였더라

[8] And all the people arose as one man, saying, "None of us will go to
his tent, and none of us will return to his house. [9] But now this is what
we will do to Gibeah: we will go up against it by lot, [10] and we will take
ten men of a hundred throughout all the tribes of Israel, and a hundred
of a thousand, and a thousand of ten thousand, to bring provisions for
the people, that when they come they may repay Gibeah of Benjamin
for all the outrage that they have committed in Israel." [11] So all the men
of Israel gathered against the city, united as one man.

[12] 이스라엘 지파들이 베냐민 온 지파에 사람들을 보내어 두루 다니
며 이르기를 너희 중에서 생긴 이 악행이 어찌 됨이냐 [13] 그런즉 이제
기브아 사람들 곧 그 불량배들을 우리에게 넘겨 주어서 우리가 그들
을 죽여 이스라엘 중에서 악을 제거하여 버리게 하라 하나 베냐민 자
손이 그들의 형제 이스라엘 자손의 말을 듣지 아니하고 [14] 도리어 성
읍들로부터 기브아에 모이고 나가서 이스라엘 자손과 싸우고자 하니
라 [15] 그때에 그 성읍들로부터 나온 베냐민 자손의 수는 칼을 빼는 자

가 모두 이만 육천 명이요 그 외에 기브아 주민 중 택한 자가 칠백 명
인데 16 모든 백성 중에서 택한 칠백 명은 다 왼손잡이라 물매로 돌을
던지면 조금도 틀림이 없는 자들이더라 17 베냐민 자손 외에 이스라엘
사람으로서 칼을 빼는 자의 수는 사십만 명이니 다 전사라
12 And the tribes of Israel sent men through all the tribe of Benjamin,
saying, "What evil is this that has taken place among you? 13 Now
therefore give up the men, the worthless fellows in Gibeah, that we may
put them to death and purge evil from Israel." But the Benjaminites
would not listen to the voice of their brothers, the people of Israel.
14 Then the people of Benjamin came together out of the cities to
Gibeah to go out to battle against the people of Israel. 15 And the people
of Benjamin mustered out of their cities on that day 26,000 men who
drew the sword, besides the inhabitants of Gibeah, who mustered 700
chosen men. 16 Among all these were 700 chosen men who were left-
handed; every one could sling a stone at a hair and not miss. 17 And the
men of Israel, apart from Benjamin, mustered 400,000 men who drew
the sword; all these were men of war.

18 이스라엘 자손이 일어나 벧엘에 올라가서 하나님께 여쭈어 이르되
우리 중에 누가 먼저 올라가서 베냐민 자손과 싸우리이까 하니 여호
와께서 말씀하시되 유다가 먼저 갈지니라 하시니라
18 The people of Israel arose and went up to Bethel and inquired of God,
"Who shall go up first for us to fight against the people of Benjamin?"
And the Lord said, "Judah shall go up first."

19 이스라엘 자손이 아침에 일어나 기브아를 대하여 진을 치니라 20 이
스라엘 사람이 나가 베냐민과 싸우려고 전열을 갖추고 기브아에서 그

20장

들과 싸우고자 하매 21 베냐민 자손이 기브아에서 나와서 당일에 이스
라엘 사람 이만 이천 명을 땅에 엎드러뜨렸으나 22 이스라엘 사람들이
스스로 용기를 내어 첫날 전열을 갖추었던 곳에서 다시 전열을 갖추
니라 23 이스라엘 자손이 올라가 여호와 앞에서 저물도록 울며 여호와
께 여쭈어 이르되 내가 다시 나아가서 내 형제 베냐민 자손과 싸우리
이까 하니 여호와께서 말씀하시되 올라가서 치라 하시니라

19 Then the people of Israel rose in the morning and encamped against
Gibeah. 20 And the men of Israel went out to fight against Benjamin,
and the men of Israel drew up the battle line against them at Gibeah.
21 The people of Benjamin came out of Gibeah and destroyed on that
day 22,000 men of the Israelites. 22 But the people, the men of Israel,
took courage, and again formed the battle line in the same place where
they had formed it on the first day. 23 And the people of Israel went
up and wept before the Lord until the evening. And they inquired of
the Lord, "Shall we again draw near to fight against our brothers, the
people of Benjamin?" And the Lord said, "Go up against them."

24 그 이튿날에 이스라엘 자손이 베냐민 자손을 치러 나아가매 25 베
냐민도 그 이튿날에 기브아에서 그들을 치러 나와서 다시 이스라엘
자손 만 팔천 명을 땅에 엎드러뜨렸으니 다 칼을 빼는 자였더라 26 이
에 온 이스라엘 자손 모든 백성이 올라가 벧엘에 이르러 울며 거기서
여호와 앞에 앉아서 그날이 저물도록 금식하고 번제와 화목제를 여호
와 앞에 드리고 27 이스라엘 자손이 여호와께 물으니라 그때에는 하나
님의 언약궤가 거기 있고 28 아론의 손자인 엘르아살의 아들 비느하스
가 그 앞에 모시고 섰더라 이스라엘 자손들이 여쭈기를 우리가 다시
나아가 내 형제 베냐민 자손과 싸우리이까 말리이까 하니 여호와께서
이르시되 올라가라 내일은 내가 그를 네 손에 넘겨주리라 하시는지라

24 So the people of Israel came near against the people of Benjamin
the second day. 25 And Benjamin went against them out of Gibeah the
second day, and destroyed 18,000 men of the people of Israel. All
these were men who drew the sword. 26 Then all the people of Israel,
the whole army, went up and came to Bethel and wept. They sat there
before the Lord and fasted that day until evening, and offered burnt
offerings and peace offerings before the Lord. 27 And the people of
Israel inquired of the Lord (for the ark of the covenant of God was
there in those days, 28 and Phinehas the son of Eleazar, son of Aaron,
ministered before it in those days), saying, "Shall we go out once more
to battle against our brothers, the people of Benjamin, or shall we
cease?" And the Lord said, "Go up, for tomorrow I will give them into
your hand."

29 이스라엘이 기브아 주위에 군사를 매복하니라 30 이스라엘 자손이
셋째 날에 베냐민 자손을 치러 올라가서 전과 같이 기브아에 맞서 전
열을 갖추매 31 베냐민 자손이 나와서 백성을 맞더니 꾀임에 빠져 성
읍을 떠났더라 그들이 큰 길 곧 한쪽은 벧엘로 올라가는 길이요 한쪽
은 기브아의 들로 가는 길에서 백성을 쳐서 전과 같이 이스라엘 사람
삼십 명 가량을 죽이기 시작하며 32 베냐민 자손이 스스로 이르기를
이들이 처음과 같이 우리 앞에서 패한다 하나 이스라엘 자손은 이르
기를 우리가 도망하여 그들을 성읍에서 큰 길로 꾀어내자 하고 33 이
스라엘 사람이 모두 그들의 처소에서 일어나서 바알다말에서 전열을
갖추었고 이스라엘의 복병은 그 장소 곧 기브아 초장에서 쏟아져 나
왔더라 34 온 이스라엘 사람 중에서 택한 사람 만 명이 기브아에 이르
러 치매 싸움이 치열하나 베냐민 사람은 화가 자기에게 미친 줄을 알
지 못하였더라 35 여호와께서 이스라엘 앞에서 베냐민을 치시매 당

일에 이스라엘 자손이 베냐민 사람 이만 오천백 명을 죽였으니 다 칼
을 빼는 자였더라 36 이에 베냐민 자손이 자기가 패한 것을 깨달았으
니 이는 이스라엘 사람이 기브아에 매복한 군사를 믿고 잠깐 베냐민
사람 앞을 피하매 37 복병이 급히 나와 기브아로 돌격하고 나아가며
칼날로 온 성읍을 쳤음이더라 38 처음에 이스라엘 사람과 복병 사이
에 약속하기를 성읍에서 큰 연기가 치솟는 것으로 군호를 삼자 하고
39 이스라엘 사람은 싸우다가 물러가고 베냐민 사람은 이스라엘 사람
삼십 명가량을 쳐죽이기를 시작하며 이르기를 이들이 틀림없이 처음
싸움 같이 우리에게 패한다 하다가 40 연기 구름이 기둥같이 성읍 가
운데에서 치솟을 때에 베냐민 사람이 뒤를 돌아보매 온 성읍에 연기
가 하늘에 닿았고 41 이스라엘 사람은 돌아서는지라 베냐민 사람들이
화가 자기들에게 미친 것을 보고 심히 놀라 42 이스라엘 사람 앞에서
몸을 돌려 광야 길로 향하였으나 군사가 급히 추격하며 각 성읍에서
나온 자를 그 가운데에서 진멸하니라 43 그들이 베냐민 사람을 에워
싸고 기브아 앞 동쪽까지 추격하며 그 쉬는 곳에서 짓밟으매 44 베냐
민 중에서 엎드러진 자가 만 팔천 명이니 다 용사더라 45 그들이 몸을
돌려 광야로 도망하였으나 림몬 바위에 이르는 큰 길에서 이스라엘이
또 오천 명을 이삭 줍듯 하고 또 급히 그 뒤를 따라 기돔에 이르러 또
이천 명을 죽였으니 46 이날에 베냐민 사람으로서 칼을 빼는 자가 엎
드러진 것이 모두 이만 오천 명이니 다 용사였더라 47 베냐민 사람 육
백 명이 돌이켜 광야로 도망하여 림몬 바위에 이르러 거기에서 넉 달
동안을 지냈더라 48 이스라엘 사람이 베냐민 자손에게로 돌아와서 온
성읍과 가축과 만나는 자를 다 칼날로 치고 닥치는 성읍은 모두 다 불
살랐더라

29 So Israel set men in ambush around Gibeah. 30 And the people of
Israel went up against the people of Benjamin on the third day and set
themselves in array against Gibeah, as at other times. 31 And the people

of Benjamin went out against the people and were drawn away from the city. And as at other times they began to strike and kill some of the people in the highways, one of which goes up to Bethel and the other to Gibeah, and in the open country, about thirty men of Israel. 32 And the people of Benjamin said, "They are routed before us, as at the first." But the people of Israel said, "Let us flee and draw them away from the city to the highways." 33 And all the men of Israel rose up out of their place and set themselves in array at Baal-tamar, and the men of Israel who were in ambush rushed out of their place from Maareh-geba.[3] 34 And there came against Gibeah 10,000 chosen men out of all Israel, and the battle was hard, but the Benjaminites did not know that disaster was close upon them. 35 And the Lord defeated Benjamin before Israel, and the people of Israel destroyed 25,100 men of Benjamin that day. All these were men who drew the sword. 36 So the people of Benjamin saw that they were defeated. The men of Israel gave ground to Benjamin, because they trusted the men in ambush whom they had set against Gibeah. 37 Then the men in ambush hurried and rushed against Gibeah; the men in ambush moved out and struck all the city with the edge of the sword. 38 Now the appointed signal between the men of Israel and the men in the main ambush was that when they made a great cloud of smoke rise up out of the city 39 the men of Israel should turn in battle. Now Benjamin had begun to strike and kill about thirty men of Israel. They said, "Surely they are defeated before us, as in the first battle." 40 But when the signal began to rise out of the city in a column of smoke, the Benjaminites looked behind them, and behold, the whole of the city went up in smoke to heaven. 41 Then the men of Israel turned, and the men of Benjamin were dismayed, for they saw that disaster was close

upon them. 42 Therefore they turned their backs before the men of Israel
in the direction of the wilderness, but the battle overtook them. And
those who came out of the cities were destroying them in their midst.
43 Surrounding the Benjaminites, they pursued them and trod them
down from Nohah[4] as far as opposite Gibeah on the east. 44 Eighteen
thousand men of Benjamin fell, all of them men of valor. 45 And they
turned and fled toward the wilderness to the rock of Rimmon. Five
thousand men of them were cut down in the highways. And they were
pursued hard to Gidom, and 2,000 men of them were struck down.
46 So all who fell that day of Benjamin were 25,000 men who drew
the sword, all of them men of valor. 47 But 600 men turned and fled
toward the wilderness to the rock of Rimmon and remained at the rock
of Rimmon four months. 48 And the men of Israel turned back against
the people of Benjamin and struck them with the edge of the sword, the
city, men and beasts and all that they found. And all the towns that they
found they set on fire.

21:1 이스라엘 사람들이 미스바에서 맹세하여 이르기를 우리 중에 누
구든지 딸을 베냐민 사람에게 아내로 주지 아니하리라 하였더라 2 백
성이 벧엘에 이르러 거기서 저녁까지 하나님 앞에 앉아서 큰 소리로
울며 3 이르되 이스라엘의 하나님 여호와여 어찌하여 이스라엘에 이
런 일이 생겨서 오늘 이스라엘 중에 한 지파가 없어지게 하시나이까
하더니 4 이튿날에 백성이 일찍이 일어나 거기에 한 제단을 쌓고 번제
와 화목제를 드렸더라 5 이스라엘 자손이 이르되 이스라엘 온 지파 중
에 총회와 함께 하여 여호와 앞에 올라오지 아니한 자가 누구냐 하니
이는 그들이 크게 맹세하기를 미스바에 와서 여호와 앞에 이르지 아
니하는 자는 반드시 죽일 것이라 하였음이라 6 이스라엘 자손이 그들

의 형제 베냐민을 위하여 뉘우쳐 이르되 오늘 이스라엘 중에 한 지파
가 끊어졌도다 7 그 남은 자들에게 우리가 어떻게 하면 아내를 얻게
하리요 우리가 전에 여호와로 맹세하여 우리의 딸을 그들의 아내로
주지 아니하리라 하였도다

21:1 Now the men of Israel had sworn at Mizpah, "No one of us shall
give his daughter in marriage to Benjamin." 2 And the people came to
Bethel and sat there till evening before God, and they lifted up their
voices and wept bitterly. 3 And they said, "O Lord, the God of Israel,
why has this happened in Israel, that today there should be one tribe
lacking in Israel?" 4 And the next day the people rose early and built
there an altar and offered burnt offerings and peace offerings. 5 And
the people of Israel said, "Which of all the tribes of Israel did not
come up in the assembly to the Lord?" For they had taken a great oath
concerning him who did not come up to the Lord to Mizpah, saying, "He
shall surely be put to death." 6 And the people of Israel had compassion
for Benjamin their brother and said, "One tribe is cut off from Israel
this day. 7 What shall we do for wives for those who are left, since we
have sworn by the Lord that we will not give them any of our daughters
for wives?"

8 또 이르되 이스라엘 지파 중 미스바에 올라와서 여호와께 이르지 아
니한 자가 누구냐 하고 본즉 야베스 길르앗에서는 한 사람도 진영에
이르러 총회에 참여하지 아니하였으니 9 백성을 계수할 때에 야베스
길르앗 주민이 하나도 거기 없음을 보았음이라 10 회중이 큰 용사 만
이천 명을 그리로 보내며 그들에게 명령하여 이르되 가서 야베스 길
르앗 주민과 부녀와 어린 아이를 칼날로 치라 11 너희가 행할 일은 모
든 남자 및 남자와 잔 여자를 진멸하여 바칠 것이니라 하였더라 12 그

들이 야베스 길르앗 주민 중에서 젊은 처녀 사백 명을 얻었으니 이는
아직 남자와 동침한 일이 없어 남자를 알지 못하는 자라 그들을 실로
진영으로 데려오니 이곳은 가나안 땅이더라
8 And they said, "What one is there of the tribes of Israel that did not
come up to the Lord to Mizpah?" And behold, no one had come to
the camp from Jabesh-gilead, to the assembly. 9 For when the people
were mustered, behold, not one of the inhabitants of Jabesh-gilead was
there. 10 So the congregation sent 12,000 of their bravest men there
and commanded them, "Go and strike the inhabitants of Jabesh-gilead
with the edge of the sword; also the women and the little ones. 11 This
is what you shall do: every male and every woman that has lain with
a male you shall devote to destruction." 12 And they found among the
inhabitants of Jabesh-gilead 400 young virgins who had not known a
man by lying with him, and they brought them to the camp at Shiloh,
which is in the land of Canaan.

13 온 회중이 림몬 바위에 있는 베냐민 자손에게 사람을 보내어 평화를
공포하게 하였더니 14 그때에 베냐민이 돌아온지라 이에 이스라엘 사
람이 야베스 길르앗 여자들 중에서 살려 둔 여자들을 그들에게 주었으
나 아직도 부족하므로 15 백성들이 베냐민을 위하여 뉘우쳤으니 이는
여호와께서 이스라엘 지파들 중에 한 지파가 빠지게 하셨음이었더라
13 Then the whole congregation sent word to the people of Benjamin
who were at the rock of Rimmon and proclaimed peace to them. 14 And
Benjamin returned at that time. And they gave them the women whom
they had saved alive of the women of Jabesh-gilead, but they were
not enough for them. 15 And the people had compassion on Benjamin
because the Lord had made a breach in the tribes of Israel.

16 회중의 장로들이 이르되 베냐민의 여인이 다 멸절되었으니 이제
그 남은 자들에게 어떻게 하여야 아내를 얻게 할까 하고 17 또 이르되
베냐민 중 도망하여 살아 남은 자에게 마땅히 기업이 있어야 하리니
그리하면 이스라엘 중에 한 지파가 사라짐이 없으리라 18 그러나 우
리가 우리의 딸을 그들의 아내로 주지 못하리니 이는 이스라엘 자손
이 맹세하여 이르기를 딸을 베냐민에게 아내로 주는 자는 저주를 받
으리라 하였음이로다 하니라 19 또 이르되 보라 벧엘 북쪽 르보나 남
쪽 벧엘에서 세겜으로 올라가는 큰 길 동쪽 실로에 매년 여호와의 명
절이 있도다 하고 20 베냐민 자손에게 명령하여 이르되 가서 포도원에
숨어 21 보다가 실로의 여자들이 춤을 추러 나오거든 너희는 포도원에
서 나와서 실로의 딸 중에서 각각 하나를 붙들어 가지고 자기의 아내
로 삼아 베냐민 땅으로 돌아가라 22 만일 그의 아버지나 형제가 와서
우리에게 시비하면 우리가 그에게 말하기를 청하건대 너희는 우리에
게 은혜를 베풀어 그들을 우리에게 줄지니라 이는 우리가 전쟁할 때
에 각 사람을 위하여 그의 아내를 얻어 주지 못하였고 너희가 자의로
그들에게 준 것이 아니니 너희에게 죄가 없을 것임이니라 하겠노라
하매 23 베냐민 자손이 그같이 행하여 춤추는 여자들 중에서 자기들의
숫자대로 붙들어 아내로 삼아 자기 기업에 돌아가서 성읍들을 건축하
고 거기에 거주하였더라 24 그때에 이스라엘 자손이 그곳에서 각기 자
기의 지파, 자기의 가족에게로 돌아갔으니 곧 각기 그곳에서 나와서
자기의 기업으로 돌아갔더라

16 Then the elders of the congregation said, “What shall we do for
wives for those who are left, since the women are destroyed out of
Benjamin?” 17 And they said, “There must be an inheritance for the
survivors of Benjamin, that a tribe not be blotted out from Israel.
18 Yet we cannot give them wives from our daughters.” For the people
of Israel had sworn, “Cursed be he who gives a wife to Benjamin.”

21장

19 So they said, "Behold, there is the yearly feast of the Lord at Shiloh,
which is north of Bethel, on the east of the highway that goes up from
Bethel to Shechem, and south of Lebonah." 20 And they commanded
the people of Benjamin, saying, "Go and lie in ambush in the vineyards
21 and watch. If the daughters of Shiloh come out to dance in the
dances, then come out of the vineyards and snatch each man his wife
from the daughters of Shiloh, and go to the land of Benjamin. 22 And
when their fathers or their brothers come to complain to us, we will say
to them, 'Grant them graciously to us, because we did not take for each
man of them his wife in battle, neither did you give them to them, else
you would now be guilty.'" 23 And the people of Benjamin did so and
took their wives, according to their number, from the dancers whom
they carried off. Then they went and returned to their inheritance and
rebuilt the towns and lived in them. 24 And the people of Israel departed
from there at that time, every man to his tribe and family, and they went
out from there every man to his inheritance.

25 그때에 이스라엘에 왕이 없으므로 사람이 각기 자기의 소견에 옳은 대로 행하였더라

25 In those days there was no king in Israel. Everyone did what was
right in his own eyes.

1 Septuagint, Old Latin *became angry with* *2* Septuagint *my home*; compare verse 29 *3* Some Septuagint manuscripts *place west of Geba* *4* Septuagint; Hebrew [at their] *resting place*

단락 개관

사사기의 마지막은 앞과 뒤에 일종의 요약 진술("그때에 이스라엘에 왕이 없으므로", 19:1; 21:25)로 장식되어 있다. 이 결론은 세 장에 상응하는 세 장면 내지는 에피소드로 이뤄져 있다(참고. 단락 개요). 이 결론의 전반적 주제는 이스라엘의 유산이므로 이 책의 첫째 서론(1:1-2:5)에 상응한다. 그 서론에서 저자는 이스라엘이 주님과 맺은 언약의 조건을 위반했기 때문에 어떻게 유산으로 받은 땅을 점령하는데 실패했는지를 묘사했다(2:1-3). 이 서론은 또한 유다 지파의 상대적 성공을 부각시킨 후 그것을 베냐민 지파의 실패와 대조시켰다. 첫째 서론에 나오는 베냐민 지파에 대한 부정적 묘사는 여기서 더욱 심화되고 충분히 진화된다. 다시 한번, 베냐민 지파(부정적)와 유다 지파(긍정적) 간의 대조는 우리가 이스라엘의 군주제 출현과 최초의 두 왕들(기브아 출신의 베냐민 사람인 사울과 베들레헴 출신의 유다 사람인 다윗)을 맞이하도록 준비시켜준다. 기브아와 베들레헴 둘 다 이 내러티브 기사에서 중요한 장소로 등장한다(예. 19:1-2, 12-14, 16, 18).

이 결론에서 이스라엘의 유산이란 주제는 그 초점을 약속의 땅이 아니라 사실상 이스라엘 지파들 중 한 지파의 멸절에 맞추고 있다. 이 주제는 베냐민을 금지 대상으로 삼은 후 이스라엘이 드린 기도에 잘 요약되어 있다. "이스라엘의 하나님 여호와여 어찌하여 이스라엘에 이런 일이 생겨서 오늘 이스라엘 중에 한 지파가 없어지게 하시나이까?"(21:3). 언약의 조건에 따르면(출 23:23-33; 신 7:1-5), 이스라엘이 가나안 족속들과 그 땅의 사람들을 완전히 내쫓게 되어 있었던 것은 이스라엘이 가나안 족속의 거짓 신들을 숭배하거나 혐오스러운 행습으로 타락하지 않게 하기 위해서였다. 그러나 이스라엘은 가나안 족속들을 그 땅에서 제거하지 못했기 때문에 점점 더 그 족속들과 같이 되다가 결국은 베냐민 지파가 소돔과 고모라의 비극적 사건을 재연하기에 이른다(참고. 창 19장). 이는 이스라엘의 완전한 타락상을 보여주는 저자의 방식이다. 한때는 하나님께서 "나의 보물"(출 19:5, 새번역)이라 부르셨던 사람들이 "내 백성이 아닌" 존재가 되고 말았다.

단락 개요

III. 사사기의 결론(17:1-21:25)
B. 이스라엘의 유산이 위기를 맞다: 지파(19:1-21:25)
1. 베냐민 사람들이 소돔 사람들이 되었다(19:1-30)
2. 베냐민이 금지 대상이 되다(20:1-48)
3. 이스라엘이 베냐민의 남은 자들을 위해 아내를 찾다(21:1-25)

주석

19:1a 서두에 나오는 요약된 진술에 관한 논의는 17:1-21:25 개관과 17:6 주석을 참고하라.

19:1b 여기에 묘사된 사건들은 사사기 17:7-8에 나오는 비슷한 사건들을 상기시킨다. 거기서는 첫 요약 진술 이후에 유다 베들레헴 출신 무명의 레위인이 거기서 살다가 에브라임의 산지로 왔다. 여기서는 세 번째 요약 진술 이후에 무명의 레위인이 에브라임의 산지에 살다가 유다의 베들레헴으로 여행한다. 두 레위인의 여행 모험이 각 기사에 나오는 사건들을 유발하게 된다. 이 문학적 장치는 저자가 두 편의 결론을 연결시키는 방식 중 하나다. 이 두 결론 간의 문학적 연계성을 더 알려면 17:1-21:25 개관을 참고하라.

19:2-3 레위인이 유다의 베들레헴으로 여행하게 된 것은 처가로 되돌아갔던 외도한 아내를 도로 데려올 필요가 있기 때문이다. '외도한'("was unfaithful", 개역개정은 "행음하고")으로 번역된 히브리어 동사는 2:17, 8:27, 33

에서 '음행하다'(개역개정)으로 번역된 동사와 똑같다. 이 경우들은 하나같이 이스라엘이 우상들과 거짓 신들을 좇아 '음행하고' 따라서 주님을 버린 경우들이다. 이와 같이 외도한 아내의 행동은 이 당시에 이스라엘이 주님과 맺은 관계를 예증하고 있다. 뿐만 아니라, 레위인이 외도한 아내를 좇아가서 "그 여자에게 다정하게 말하고 그를 데려오고자" 하는 모습은 여섯 편의 큰 사사 내러티브들에서 주님이 이스라엘을 다루는 모습을 전형적으로 보여준다. 이 기사는 레위인의 아내가 어떻게 그에게 외도했는지는 기록하지 않는다. 어쩌면 그녀가 그냥 그를 버리고 혼인 언약을 저버린 채 아버지의 집으로 되돌아갔을지 모른다. 만일 그렇다면, 이 사례는 고린도전서 7:15에 나오는 혼인과 포기에 관한 바울의 가르침의 구약적 배경일 수도 있다.

19:4-10 19:3의 끝에서 레위인의 장인이 그의 사위를 보고 기뻐했다. 이 기쁨은 장기간의 대접으로 표현되었다. 처음에는 삼일 간 머물다가(4절) 넷째 날로 연장된 후(5-7절) 다섯째 날까지 연장된다(8-9절). 장인이 하루 더 묵고 가라고 강권했으나 레위인이 거절하고, 그의 일행이 다섯째 날 늦은 시간에 출발한다. 그리고 다섯째 날 늦게 출발하는 바람에 결국 여부스(훗날의 예루살렘)까지 가서 저녁에 머물 곳을 찾는다. 장인의 대접에 관한 긴 기사는 두 가지 역할을 수행한다. 첫째, 이는 장인이 특히 자기 딸의 혼인이 회복될 것을 바라보며 사위를 만나게 된 것을 정말로 기뻐하는 모습을 보여준다. 둘째, 이 내러티브의 흐름을 느리게 해서 곧 따라올 사건들과 관련해 긴장감을 조성한다. 폭풍 전의 고요함이다.

19:11-15 해가 저물고 있어서 레위인의 젊은 종이 그날 밤을 가까운 여부스(예루살렘)에서 묵자고 제안한다. 레위인의 응답이 이 장면의 핵심 구절에 해당한다. "우리가 돌이켜 이스라엘 자손에게 속하지 아니한 이방 사람의 성읍으로 들어갈 것이 아니니 기브아로 나아가리라"(12절). 당연히 레위인은 자신의 백성, 곧 "이스라엘 자손" 가운데서 쉼터를 찾기를 선호한다.

하지만 우리가 알게 될 바는 기브아에 사는 이스라엘 사람들이 여부스의 주민만큼 낯설다는 사실이다. 어쩌면 더욱 그런 듯하다.

예루살렘 성읍에 대한 언급은 사사기의 첫째 서론, 즉 주제(유산)를 공유함으로써 이 둘째 결론과 상응하는 그 서론에도 나온다. 이곳은 아도니베섹이 죽은 장소다(1:7). 하지만 더 중요한 사실은 이 성읍이 유다 지파와 베냐민 지파 간의 대조적인 모습을 부각시키는 역할을 한다는 점이다. 1:8에는 "유다 자손이 예루살렘을 쳐서 점령하여 칼날로 치고 그 성을 불살랐으며"라고 기록되어 있다. 그런데 1:21에는 "베냐민 자손은 예루살렘에 거주하는 여부스 족속을 쫓아내지 못하였으므로 여부스 족속이 베냐민 자손과 함께 오늘까지 예루살렘에 거주하니라"로 나온다. 여부스 족속과 베냐민 지파의 동거에 관한 언급은 앞으로 이 지파가 타락할 모습, 이 마지막 결론에서 완전히 드러날 타락상을 암시한다. 게다가, 이스라엘 백성이 베냐민 지파를 금지 대상으로 둘 때, 주님은 유다 지파에게 "먼저 올라가서" 전투를 이끌라고 말씀하신다(20:18). 이것은 또한 저자가 우리로 사무엘상에 나오는 군주제의 출현을 대비하게 하는 사사기의 또 하나의 사례이고, 거기서는 베냐민과 유다 간의 대조가 사울과 다윗 간의 갈등에서 절정에 도달할 것이다.

이 장면은 여행객들이 기브아에 도착해서 "성읍 광장"(19:15, 새번역)에 앉아있는 모습으로 막을 내린다. 광장은 고대 세계에서 여행객들이 한 성읍의 어떤 집안에 숙박할 곳을 찾기 위해 오는 장소다. 그러므로 그 성읍의 베냐민 사람들 중 단 한 명도 레위인과 그 동반자들에게 손님대접을 베풀지 않는다는 것은 시사하는 바가 있다. 이것은 그 성읍의 주민들이 타락했음을 가리키는 또 하나의 암시이고, 우리로 곧 닥칠 비극적 사건을 접하도록 준비시킨다.

19:16-21 다음 장면에서 밭에서 종일 일하고 돌아오던 한 노인이 어쩌다 성읍 광장에 있는 레위인과 그 동반자들을 마주친다. 이 노인은 성읍의 원주민이 아니라 그 레위인처럼(1절) 에브라임 산지에서 온 거류민이다. 아마

이런 연출 때문에 노인이 레위인에게 관대한 대접을 베풀고, 그 여행객들에게 평안과 양식과 숙소를 내놓는 것 같다. 노인은 그 성읍에서 거류민으로 살아왔기에 성읍 사람들의 도덕적 타락상을 알고 있을 것이다. 그래서 레위인에게 "광장에서 밤을 새워서는 안 되지요"(20절, 새번역)라며 경고한다. 그러나 불행하게도, 집안의 보호조차 레위인의 첩을 위해 충분한 안전을 제공하지 못할 것이다.

19:22-24 레위인의 일행이 집 주인의 대접을 즐기는 동안 성읍 남자들이 그 집을 둘러싸고, 그들이 레위인과 성교를 할 수 있도록 레위인을 데려오라고 집 주인에게 요구한다. "불량배들"로 번역된 히브리어 표현은 '사악한' 또는 '아무 짝에도 쓸모없는' 남자들로 번역될 수도 있다. 이 용어는 다른 사람을 우상숭배로 끌어들이거나(신 13:13) 가난하고 궁핍한 사람을 무시하는(15:9) 누군가를 묘사하는데 사용된다. 예컨대, 엘리의 두 아들이 "여호와를 알지 못했기"(삼상 2:12) 때문에 이런 식으로 묘사되어 있다. 잠언 16:27을 여기에 기록된 사건들에 적용할 수 있다. "불량한 자는 악을 꾀하나니 그 입술에는 맹렬한 불같은 것이 있느니라." 기브아 성읍의 남자들, 그 불량한 사내들은 정말로 레위인을 '알기' 원해서 악행을 도모했다. 여기서 '안다'는 단어는 성교를 표현하기 위해 사용되는 완곡어법이다. 예컨대, 창세기 4:1에는 이렇게 기록되어 있다. "아담이 그의 아내 하와를 '알았고', 하와가 임신하여 가인을 낳고 이르되 내가 여호와로 말미암아 득남하였다"(ESV 참고. 창 19:5; 민 31:17; 왕상 1:4도 참고하라).

이 기사의 사악함은 도무지 과장할 수 없을 정도다. 베냐민의 남자들이 어쩌다 소돔 사람이 되고 말았다! 사실 이 기사는 창세기 19장에 나오는 소돔에 관한 기사와 여러 특징을 공유하고 있다.[66]

66 이와 비슷한 비교 목록을 보려면 Block, *Judges, Ruth*, 520쪽을 참고하라.

(1) 여행객들이 저녁에 성읍에 도착한다.

(2) 집 주인이 손님들에게 성읍 광장에서 밤을 보내지 말라고 촉구한다.

(3) 집 주인은 그 성읍의 원주민이 아니라 거류민이다.

(4) 성읍의 모든 남자들이 그 집을 둘러싼다.

(5) 성읍의 남자들이 집 주인에게 동일한 요구를 한다. 유사점들이 참으로 놀랍다.

(a) 창세기 19:5: "[그들을] 이끌어 내라 우리가 그들을 상관하리라."

(b) 사사기 19:22: "네 집에 들어온 사람을 끌어내라 우리가 그와 관계하리라."

(6) 집 주인이 성읍 남자들에게 나가고 방문객들을 집 안에 남겨둔다.

(7) 집 주인이 성읍 남자들에게 이런 악행을 저지르지 말라고 간청한다. 다시금, 언어적 유사성이 놀랍다.

(a) 창세기 19:7: "청하노니 내 형제들아 이런 악을 행하지 말라."

(b) 사사기 19:23: "내 형제들아 청하노니 이 같은 악행을 저지르지 말라."

(8) 집 주인이 남자들에게 그 대신 두 여자를 내어준다.

(a) 창세기 19:8: "너희 눈에 좋을 대로 그들에게 행하고."

(b) 사사기 19:24: "너희 눈에 좋은 대로 행하되."

(9) 성읍의 남자들은 그 대신에 여자들을 원하지 않는다.

(10) 성읍의 모든 주민이 결국 파멸되고, 그 성읍은 불살라진다.

유사점들이 너무도 많아서 우리가 창세기 19장에 비추어 사사기 19장을 읽지 않을 수 없다. 이런 식으로, 이 기사의 저자는 이스라엘의 타락상을 하나님의 종말론적 심판을 받아야 마땅한 모습으로 생생하게 그린다. 기브아 사람들은 소돔과 고모라의 주민들이나 다름없다.

19:25-26 창세기 19장에서는 천사가 소돔의 남자들이 악행을 저지르지 못하도록 그들의 눈을 멀게 해서 롯과 그의 가족을 구원했다. 그런데 이곳

의 기브아 남자들에게는 그런 일이 일어나지 않는다. 오히려 집 주인이 레위인의 첩을 붙잡아서 성읍의 남자들에게 내보내고, 그 남자들은 "그 여자와 관계하였고 밤새도록 그 여자를 능욕[했다]". 이루 말할 수 없는 잔인함으로 인해 기브아의 남자들이 비난을 받을 뿐 아니라 이 여자가 밤새도록 능욕을 당하되 죽기까지 그러도록 넘겨준 그 남자도 비난을 받아야 마땅하다. 그 주인의 처녀 딸에게 무슨 일이 벌어지는지는 우리가 모른다. 그녀는 다시 언급되지 않아서다. 하지만 이스라엘의 다른 지파들이 이 성읍을 금지 대상에 둘 때 이 집안도 파멸되었을 가능성이 많다.

19:27-28 이튿날 아침 레위인은 그의 첩을 그 집의 문지방에서 발견한다. 그녀가 그에게 반응을 보이지 않자 그녀가 죽었음을 분명히 알게 된다. 이 기사의 저자는 레위인의 감정적 반응 또는 그가 이 비극에 비추어 집 주인과 주고받은 것은 제공하지 않는다. 일부 해석자는 이 기사를 차갑고 무감각한 것으로, 또는 레위인이 그 여자를 사랑하지 않거나 그녀의 안녕을 배려하지 않는 것으로 생각할지 모른다. 그러나 이 모든 사건이 어떻게 시작되었는지를 회상하면 그건 전혀 사실이 아니다. 그녀는 그에게 불륜을 저질렀으나, 그는 그녀를 좇아가서 "그 여자에게 다정하게 말하고 그를 데려오고자"(19:3) 했다. 그는 집으로 되돌아올 때 그녀를 나귀에 태웠고 여행에 필요한 양식을 공급했다. 저자가 우리에게 레위인의 감정적 반응을 제공하지 않아도 그에게 감정이 없다는 뜻은 아니다. 그는 분명히 감정이 있다. 사실 이어지는 사건들은 레위인의 상실과 그의 첩의 목숨에 대해 복수해달라는 정의에의 호소에 의해 촉발된다.

19:29-30 레위인은 기브아에서 일어난 끔찍한 사건들에 대한 반응으로 온 이스라엘에게 첩의 목숨에 대해 복수해달라고 그들을 소환한다. 기브아의 남자들이 무죄한 피를 흘렸다. 레위인은 토라의 청지기로서 무죄한 피를 흘리는 죄책과 타락상을 알 것이다. "너는 이와 같이 여호와께서 보시기에 정직한 일을 행하여 무죄한 자의 피 흘린 죄를 너희 중에서 제할지

니라"(신 21:9). 무장하라는 레위인의 요청은 첩의 죽음을 둘러싼 사건들만큼 충격적이다. 그것은 범죄의 성격과 정의의 필요성을 상징하는 하나의 사례가 된다. 그 첩의 "열두 덩이"는 이스라엘의 열두 지파를 상징하고, 레위인이 온 백성에게 기브아 사람의 악행의 증인이 되도록 요청하고 있음을 보여준다. 그 죄의 심각성은 그 첩의 절단된 사지를 보는 모든 사람의 반응으로 요약되어 있다. 오늘까지 이런 일이 이스라엘에서 일어난 적이 없었다.

20:1-2 무장하라는 레위인의 충격적인 요청에 반응하여 온 이스라엘 백성이 미스바에 모이게 된다. 그 옛날 라반과 야곱이 언약을 맺고 각자의 길을 갈 때 라반이 이 장소에 미스바라는 이름을 붙였다(창 31:49). 이곳은 또한 이스라엘이 입다의 리더십 아래 암몬 사람들에 대항할 때 모였던 장소이기도 하다(삿 10:17). 단, 브엘세바 그리고 길르앗에 대한 언급은 소환한 범위를 묘사한다. 북쪽으로는 저 멀리 단에서, 남쪽으로는 브엘세바에서 그리고 심지어는 요단 동편에 있는 길르앗 땅에서도 백성들이 소환에 응한 것이다. 미스바에서 레위인이 그의 첩의 죽음에 보복하기 위해 상비군 40만 명을 소집한다. 저자는 이 그룹을 "하나님 백성의 총회"로 묘사하는데, 이는 구약의 다른 어디에도 나오지 않는 호칭이다.

20:3-7 레위인이 하나님 백성의 총회를 향해 19장에서 일어난 사건들을 이야기한다. 그런데 그가 말하기에 앞서, 저자는 그 범죄의 성격을 '살인'(4절, "murder", 개역개정은 "죽임")으로, 즉 십계명에 사용된 그 단어로 확증한다. "살인하지 말라"(출 20:13; 신 5:17). 이것은 도덕법의 명백한 위반이자 "악한 일"(삿 20:3)로 묘사되어 있고, 이는 사사기에서 이스라엘의 행위를 "주님의 목전에서 악을 행하는" 것으로 흔히 묘사할 때 사용하는 호칭이다. 레위인은 발언할 때 기브아 사람들의 행위를 "음행"과 "망령된 일"로 묘사한다(6절). "음행"으로 번역된 히브리어는 종종 언어도단적인 성적인 죄와 연루되어 있는데(레 18:17; 19:29; 20:14; 렘 13:27; 겔 23:44), 이 단어

는 확실히 이 경우에 적용될 것이다. “망령된 일”로 번역된 단어는 맨 처음 레위인을 접대하던 집 주인이 사용했던 것이다. 즉, 그가 기브아 사람들에게 “이 같은 악행을 저지르지 말라”(삿 19:23)고 하고, 다시금 “이런 망령된 일을 행하지 말라”(19:24)고 간청할 때 사용했다. 이 단어 역시 종종 성적인 성격을 지닌 죄악된 행위와 연루되곤 한다(창 34:7; 신 22:21; 삼하 13:12; 렘 29:23). 한 사전은 이 단어가 “고의적인 죄, 신성모독”[67]의 개념을 지닌다고 한다. 저자가 불과 몇 구절에서 이런 단어들을 함께 사용한다는 것은 최대한 강한 말로 기브아 사람들의 죄를 정죄하고 있는 것이다. 레위인은 앞장의 끝에 나온 말(삿 19:30)과 비슷하게 행동을 촉구하는 말로 마무리한다.

20:8-11 레위인의 발언에 대한 반응으로서 하나님의 백성의 총회는 ‘한 사람으로’ 단결하여 레위인의 첩 살인행위에 보복하기로 헌신한다. 이때 이중적인 계획이 준비된다. 첫째, 백성이 “제비를 뽑아서” 기브아에 올라갈 것이다. 이는 주님의 지시를 받는다는 뜻이다. 둘째, 총회의 10퍼센트가 싸우러 나갈 사람들을 위해 양식을 운반하도록 임명을 받게 된다. 그것은 금방 끝날 싸움이 아닐 터이다. 그 싸움은 어느 정도의 시간이 걸릴 것이므로 총회가 이 음행과 망령된 일을 다룰 준비를 갖춘다. 종종 간과되는 사실이기에 말하건대, 현재 이스라엘에서 사십만 명이나 되는 용사들은 외도한 첩의 복수를 위해 모여 있는 것이다. 당시는 여자의 목숨을 그리 귀하게 여기지 않았던 시대인 만큼, 이스라엘 백성이 한 여자의 죽음에 대해 이런 대규모의 분노를 표시하는 모습은 마음을 감동시키다시피 한다. 이는 우리에게 남자와 여자 모두 하나님의 형상으로 창조되었다는(창 1:27) 것과 무죄한 피를 흘리는 것은 바로 그 형상을 해치는 범죄라는(9:5-6) 것을 상기시켜준다.

67 *HALOT*, 2:664.

20:12-17 베냐민 지파는 기브아 사람들을 죽이도록 이스라엘에 넘겨주는 대신 기브아의 사악한 사람들과 합류하여 이스라엘과 싸우려고 모인다. 여기서의 초점은 그 수(數)에 있다. 베냐민 지파는 기브아 주민 중에 선택된 7백 명에 더하여 2만 6천 명을 모았다. 이 기브아 용사들은 물맷돌 기술과 왼손잡이로 유명하다(16절). 사사기의 둘째 큰 사사인 에훗 역시 베냐민 지파 출신의 왼손잡이였다(3:15). "왼손잡이"란 표현은 문자적으로 '오른손이 묶인'으로 번역될 수 있다. 따라서 이 사람들은 왼손으로 싸우는 훈련을 받았을 것이며, 이는 전투에서 특별한 기술에 해당한다. 칠십인역은 이 표현을 '양손잡이'로 번역하는데, 이는 그들이 양손으로 다 싸울 수 있었다는 뜻이다. 베냐민 지파에게 그런 기술이 있어도 수적으로는 이스라엘의 다른 지파들에서 모인 40만 명의 용사에 비해 너무도 불리하다. 평균적으로, 이스라엘에서 온 용사 열다섯 명당 베냐민에서 온 용사 한 명의 비율이다.

20:18 이스라엘의 진영이 기브아에서 베냐민과 싸우기 위해 미스바에서 벧엘로 옮겨진다. 20:9에는 이스라엘이 제비뽑기로 기브아에 대항하여 올라갈 것이라고 기록되어 있다. 본문이 명시적으로 말하진 않아도 이스라엘이 주님께 여쭤보는 방법은 제비뽑기인 듯이 보인다(참고. 레 16:8; 수 18:6, 8, 10; 삼상 14:42). 주님의 응답은 명백하다. "여호와께서 말씀하시되 유다가 먼저 갈지니라." 베냐민에 맞서러 맨 처음 올라갈 지파로 주님이 유다를 선택하신 것은 이 책을 관통하는 친(親)유다/반(反)베냐민의 주제를 계속 이어간다. 이 주제는 사사기 1장에서 유다가 가나안 사람들을 대항해 맨 처음 올라가도록 선택되었을 때 시작되었다(1:1-2). 연결점은 명백하다. 베냐민 지파가 일종의 가나안 지파가 되었기에 이제 가나안 사람들이 그랬듯이 그들도 금지되어야 한다는 것이다.

20:19-23 베냐민과 싸우는 전투는 사흘에 걸쳐 벌어진다. 첫째 날(19-23절)에는 이스라엘이 큰 손실을 입는다. 둘째 날(20:24-28)에도 이스라엘이

큰 손실을 입는다. 끝으로, 셋째 날(20:29-36a)에는 베냐민이 패배한다. 주님은 베냐민 지파에 대항하는 이스라엘의 전쟁을 재가하셨고(20:18), 궁극적으로 베냐민 지파를 쓰러뜨릴 분은 바로 주님이다(20:35). 20:18과 20:35은 그 사이에 자세히 얘기되는 사건들을 보게 하는 신학적 렌즈에 해당한다. 처음 이틀의 구조는 다음과 같다. (1) 이스라엘 사람들이 베냐민과 전투를 벌인다. (2) 이스라엘이 큰 손실을 입는다. (3) 이스라엘이 하나님 앞에서 운다. (4) 이스라엘이 하나님께 여쭤본다. 그리고 (5) 주님이 그 이튿날의 전투를 재가하신다.

첫째 날에는 베냐민이 이스라엘 사람 2만 2천 명을 쓰러뜨렸다(21절). 베냐민 군대가 2만 5천 7백 명에 불과하다는 사실을 감안하면, 이는 실로 어마어마한 수다. 저자는 이스라엘이 첫째 날에 어떻게 또는 왜 그토록 큰 손실을 입었는지 설명하지 않는다. 초점은 숫자 자체에 있다. 레위인 첩의 치욕과 살인은 단 하나의 결과를 낳은 단 하나의 죄가 아니었다. 그 사건은 또한 베냐민 지파 전체의 반역을 유발했고, 이제는 수많은 이스라엘 사람이 형제들의 손에 죽게 되었다. 그런 큰 손실에도 불구하고 이스라엘 사람들은 "용기를 냈고"(22절), 주님은 그들에게 그 이튿날에 싸우러 돌아가라고 명령하신다. "여호와께서 말씀하시되 올라가서 치라"(23절).

20:24-28 둘째 날의 사건들은 첫째 날의 패턴(참고. 20:19-23 주석)을 그대로 따른다. 하지만 세부사항에 흥미로운 차이점이 몇 가지 있다. 첫째, 이스라엘은 둘째 날에 1만 8천 명의 손실을 입는다. 따라서 이틀 동안 싸우다가 죽은 이스라엘 사람 총수는 4만 명이나 되는 엄청난 수다. 이 손실을 입은 후 남은 이스라엘 사람들은 다시 벧엘로 돌아가서 주님 앞에서 운다. 그런데 이번에는 금식도 하고 제물까지 바친다. 뿐만 아니라, 비느하스와 언약궤가 이 당시에 벧엘에 있다고 기록되어 있다. 이것은 이스라엘이 주님께 여쭤보는 방식에 관한 또 하나의 암시다. 앞에서는 이스라엘이 전투를 진행하는 법을 결정하기 위해 제비뽑기를 한다고 기록되어 있었다(20:9). 이제는 우리가 벧엘의 중요성을 이해하게 된다. 그곳은 바로 언약

궤와 더불어 이스라엘을 위해 주님께 여쭤보는 대제사장이 있는 장소다. 끝으로, 주님은 다시금 셋째 날의 전투를 재가하시되 이번에는 비극적인 이틀이 지난 후 이스라엘에게 승리를 약속하신다. “올라가라 내일은 내가 그를 네 손에 넘겨주리라”(28절).

20:29-36a 셋째 날에 벌어진 전투 기사는 처음 이틀의 패턴을 따르지 않는다. 큰 차이점 하나는 이스라엘이 베냐민에 대해 배치한 복병이다. 이 기사는 “이스라엘이 기브아 주위에 군사를 매복하니라”(29절)는 글로 시작된다. 이스라엘이 이전처럼 베냐민과 전투를 벌이지만 이번에는 서른 명 가량의 손실을 입은 후 패배하는 체한다. 이스라엘 사람들이 자기네가 선택한 만 명을 매복시키기 위해 전선에게 후퇴하면서 베냐민 사람들을 기브아에서 먼 곳으로 유인한다. 이 매복에 관한 기사가 20:29-36a에는 요약만 되어 있고, 그 사건을 20:36b-46에서 훨씬 상세히 다시 들려준다. 단일한 사건을 이야기하고 다시 이야기하는 것은 히브리식 내러티브에 흔한 특징이다. 첫째 기사는 짧고 그 사건과 연관된 한두 가지 중요한 특징을 요약한다. 둘째 기사는 동일한 사건을 되풀이하되 훨씬 상세히 말하면서 그 사건의 특별한 측면에 초점을 맞춘다. 예컨대, 여섯째 날 창조의 기사(창 1:24-31)는 먼저 그날의 보다 중요한 사건들 중 일부를 요약한다. 이어서 저자는 여섯째 날의 사건들을 훨씬 상세히 되풀이하기 위해 되돌아가고 남자와 여자의 창조와 혼인 언약의 기원에 강조점을 둔다(창 2:4-25). 이와 비슷한 방식으로 베냐민의 패배에 관한 기사가 사사기 20:29-36a에 요약되어 있으나 20:36b-46에서 매복, 추격 그리고 베냐민 군대의 패배에 훨씬 주목하면서 다시 기록되어 있다.

셋째 날과 관련된 또 다른 큰 차이점은 이스라엘이 베냐민에게 2만 5천 1백 명의 손실을 입힌 채 승리한다는 사실이다. 6백 명의 용사만 빼놓고 다 죽인 것이다. 이 6백 명은 림몬 바위로 도피할 것이고(20:47) 그들의 운명은 사사기의 마지막 장에 묘사되어 있다. 대다수 주석가들은 20:35과 20:46에 기록된 죽은 베냐민 사람의 수에 약간의 차이가 있다는 것을 알아챘다. 35절은 그날에 베냐민 사람 2만 5천 1백 명이 죽었다고 말하는데 비해, 46절은 2만 5천 명만 죽었다고 말해서 백 명의 차이가 있다. 이 차이에 대해 다양한 해결책이 제시되어 왔다. 일부는 첫째 수가 정확한 계산이고 둘째 수는 일반화된 요약 진술이라고 이해한다. 하지만 저자가 이 기사에서 다른 수들에 대해 신중하고 정확하게 기록한 것을 감안하면 그럴 가능성은 별로 없다. 또 하나의 가능한 해결책은 실종된 베냐민 사람 백 명이 처음 이틀 동안의 전투에서 죽었을 것으로 보는 것이다. 이 해결책이 상당히 타당하고 본문의 온전함을 보존하긴 하지만, 처음 이틀 동안 이스라엘이 입은 손실을 감안하면 더 많은 베냐민 사람이 죽지 않은 것이 오히려 의아스럽다.[68]

끝으로, "그 당일에 이스라엘 자손이 베냐민 사람 2만 5천 1백 명을 죽였다"는 사실과 "여호와께서 이스라엘 앞에서 베냐민을 치셨다"(35절)는 사실을 나란히 놓은 것을 고려하는 일이 중요하다. 2만 5천 명이 넘는 목숨의 손실이 비극인 것은 확실하다. 그러나 그것 역시 주님이 그분의 언약 왕국을 관리하실 때 작동하는 주권적이고 섭리적인 감독 아래 있는 것이다. 그 죽음들은 죄가 유발한 타락상과 파멸을 적나라하게 보여준다. 그 죽음들은 또한 주님이 그분의 백성 가운데서 죄와 죄악된 행위를 제거하기 위해 어느 정도까지 나가실지를 보여주기도 한다.

20:36b-40 이 내러티브가 셋째 날의 매복에 대해 훨씬 상세하게 되풀이하기 위해 잠시 멈춘다. 이 첫째 장면에서 저자는 이스라엘의 복병들이 그 성읍을 취할 수 있도록 이스라엘 사람들이 어떻게 베냐민 사람들을 기브아에서 먼 곳으로 유인했는지 이야기한다. 이스라엘 사람들은 패배한 체하면서 후퇴하기 시작했다. 베냐민 사람들은 그들이 그 형제들에게 한 번 더 승리하는 날이 올 것이라고 생각했다. 하지만 이번에는 복병들이 추격

68 참고. Webb, *Book of Judges*, 493-494; Chisholm, *Commentary on Judges and Ruth*, 503-504.

하는 베냐민 사람들 배후에서 그 성읍으로 몰래 들어가서 기브아를 칼로 베고 모든 주민을 죽이고 성읍에 불을 질렀다. 불에서 나오는 연기가 이스라엘 사람들에게 그 성읍이 함락되었다는 것과 베냐민 군대가 돌아갈 피난처나 은신처가 없다는 것을 알려주는 신호였다.

20:41-46 다음 장면은 베냐민 군대의 패배를 세 단계로 묘사한다. 이스라엘 사람들이 일단 성읍의 연기를 본 뒤에는 방향을 바꾸어 베냐민 사람들과 싸우기 시작했다. 방어에서 공격으로 돌아선 것이다. 이스라엘은 기브아로 되돌아오는 베냐민의 퇴로를 차단한 다음 기브아 동쪽에서 1만 8천 명을 쓰러뜨렸다. 이후 이스라엘이 베냐민을 림몬(히. '석류'라는 뜻)의 바위까지 추격해서 5천 명을 더 죽였다. 끝으로, 이스라엘은 베냐민을 기돔까지 추격하여 마지막 2천 명을 쓰러뜨려서 그동안 죽은 베냐민 군인들의 총수가 2만 5천 명에 달했다.[69]

43절에는 이스라엘이 베냐민 사람들을 포위하고 이후 그들을 추격하여 전투로 무찔렀다고 기록되어 있다. ESV는 이 구절을 있는 그대로 잘 번역한다(개역개정도 동일함 - 옮긴이 주). 그런데, 만일 베냐민 사람들이 이스라엘 군대에 포위되어 있었다면 어떻게 도망할 수 있었는지는 상상하기가 어렵다. 하나의 가능한 해결책이 칠십인역에 나온다. 이 번역본은 '포위하다'란 뜻의 히브리어 동사를 '차단하다'로 번역한다. 달리 말하면, 베냐민이 기브아에 있던 이스라엘 복병들에게 차단되어 피신하기 위해 그 성읍으로 되돌아갈 수 없었다. 그리하여 그 용사들이 광야로 도망하지 않을 수 없었던 것이다. 칠십인역의 번역은 히브리어 본문을 약간만 바꾸면 지지를 받을 수 있다. '포위하다'로 번역된 동사는 *ktr*이고, 둘째와 셋째 철자를 교환하면 *krt*('차단하다')가 된다. 히브리어 동사 *ktt*('박살내다')도 가능한 독법으로 제

69 이 숫자와 사사기 20:35에 언급된 25,100명에 관한 논의는 20:29-36a 주석을 참고하라.

70 *HALOT*, 2:506-507; Block, *Judges*, *Ruth*, 566n358.

안되어 왔다.[70]

20:47 이 6백 명이 이제 베냐민 군대의 남은 자들이고 곧 베냐민 지파 전체의 남은 자들이 된다. 림몬 바위에서 네 달 동안 숨은 뒤에 그들은 이 책의 마지막 장 주제로 등장할 것이다.

20:48 이 구절에 기록된 사건들의 끔찍함은 도무지 과장될 수 없을 정도다. 이스라엘 사람들은 베냐민 군대를 무찌른 후 되돌아와서 베냐민 지파 전체의 성읍들과 주민들, 가축을 파멸시킨다. 베냐민이 그 행위에 있어서 가나안 사람이 되었기 때문에 그 땅의 모든 가나안 사람들과 같이 금지 대상이 되고 말았다. 이는 살아있는 모든 것의 완전한 파멸을 의미한다. 즉, 베냐민에 속한 성읍들의 완전한 파괴와 더불어 남아있는 남자들, 여자들, 어린이들 그리고 가축의 파멸을 의미하는 것이다. 이 금지 규정은 신명기 7:1-10에 나와 있고, 이 본문은 불쌍히 여기지 말라는 내용도 포함한다. 모세 언약의 조건 아래에서 그리고 (한시적이고 모형론적인) 약속의 땅의 맥락에서, 주님은 다음 말씀대로 행하신다. "그를 미워하는 자에게는 당장에 보응하여 멸하시나니 여호와는 자기를 미워하는 자에게 지체하지 아니하시고 당장에 그에게 보응하시느니라"(신 7:10). 이것은 장차 도래할 최후의 종말론적 심판의 성격을 뚜렷하게 또 놀랍게 상기시켜준다. 따라서 우리의 마음을 점검한 다음 예수 그리스도의 복음을 정말로 기뻐해야 마땅하다. 그리스도야말로 한때 주님을 미워했던 자들이 성령의 능력으로 그분을 사랑하도록 만들기 위해 우리를 대신해 금지의 저주를 받으셨기 때문이다.

21:1 무장하라는 레위인의 요청을 받고 모든 이스라엘 사람이 나와서 미스바에 모였고, 거기서 레위인이 베냐민의 기브아에서 발생했던 사건을 설명했다(20:1-3). 우리가 이제 알게 되는 것은 이스라엘 백성이 베냐민과의 전투와 관련해 주님 앞에서 두 가지 서원을 했다는 사실이다. 첫째, 어떤 이스라엘 사람도 자기 딸을 생존하는 베냐민 사람에게 아내로 주지 말

라는 것이다. 둘째, 이스라엘 백성이 레위인의 첩의 죽음을 복수하려고 일어나서 싸우지 않은 사람은 누구나 죽이겠다는 것이다(21:5). 이 서원은 하나의 문제와 기회를 동시에 만들었다. 6백 명의 베냐민 생존자들은 이스라엘에서 아내를 데려올 수 없을 터이고, 이들이 죽으면 그 지파가 결국 멸절될 것이다. 하지만 미스바 총회에 나오지 않은 사람들로부터는 아내를 얻을 수 있었다. 그런데 이스라엘은 가나안 아내를 데려오지 말라는 주님의 명령에 순종하지 못했으면서(3:5-6) 베냐민이 다른 지파 출신의 여자와 결혼하면 안 된다고 고집하는 것은 실로 통탄할 일이다. 정말로 누구나 자기가 보기에 옳은 대로 행하고 있었다.

21:2-4 이스라엘 백성이 벧엘로 돌아가서 주님 앞에서 운다. 이 모습은 처음 이틀 동안 큰 손실을 입은 뒤에 보였던 이스라엘의 반응(20:23, 26)을 상기시킨다. 하지만 이번에는 그들이 '비통하게'(또는 '큰 울음'으로) 우는 바람에 그 울음이 더욱 심해진다. 3절이 그렇게 우는 이유를 말해준다. 백성은 이제 그들 지파들 중 하나가 이스라엘에서 단절될 것을 염려하기 때문이다. 지파의 연대에 대한 강조는 이 구절에서 "이스라엘"을 세 번이나 언급하는 것과 여호와의 호칭에 "이스라엘의 하나님"을 포함시키는 것으로 부각되어 있다. 주님이 세 차례에 걸쳐 베냐민의 몰살을 재가하셨던 사실(20:18, 23, 28)을 감안하면, 이스라엘 백성이 전투하기 전에 이런 가능성을 고려하지 않았다는 것이 무척 뜻밖이다. 그럼에도 불구하고, 이에 대한 반응으로 백성이 이튿날에 제단을 쌓고 제물을 바친다(4절). 이는 분명히 적절한 반응처럼 보이지만, 사실은 곧 있을 그들의 행동을 정당화하기 위해 외적 신앙에 속한 그들의 계획에 세례를 주는 것에 불과하다.

21:5-7 7절에서 이스라엘 백성이 베냐민 지파를 위한 아내의 딜레마에 대해 말한다. 6절이 그 이유를 제공한다. "이스라엘 자손은 그들의 동기 베냐민 자손에 대하여 측은한 마음이 생겨서"(새번역). 5절은 미스바에서 결의한 두 번째 맹세를 언급하면서 그들의 딜레마에 대한 해결책을 암시한

다. 이것은 보통의 맹세가 아니라 누구든지 그 총회에 참석하지 않은 사람은 반드시 죽일 것이라는 '큰 맹세'였다. 이스라엘 사람들은 그들이 서원을 위반하지 않은 채 살아남은 베냐민 사람들을 위해 아내를 공급할 수 있게 해줄 구멍을 발견한 것 같다. 이 차선책이 차후의 사건들에 대한 배경과 맥락을 제공한다.

베냐민을 향한 이스라엘의 연민에 대한 언급은 6절과 15절에 모두 나온다. 이 연민은 마침내 야베스 길르앗의 학살과 베냐민의 아내로 삼으려고 여자들을 훔치는 일로 표현된다. 금지(거룩한 전쟁)에 관한 규정에 따르면, 금지된 사람들은 생존자가 전혀 없이 전멸시키게끔 되어 있다. 모든 남자들, 여자들 어린이들 그리고 동물까지(신 7:1-11) 말이다. 게다가, 그 규정은 "그들과 어떤 언약도 하지 말 것이요 그들을 불쌍히 여기지도 말라"(신 7:2)고 한다. 그런즉 베냐민의 남은 자들을 살려두는 것과 아내를 공급하는 것은 분명히 규정된 제재를 위반하는 일이다. 따라서 이스라엘이 연민을 잘못된 대상에 둔 것처럼 보인다. 그 백성은 림몬 바위에 피신하고 있는 생존자들을 다 죽여서 그들이 시작한 과업을 완수했어야 한다. 베냐민 지파는 훗날 군주제의 확립과 최초의 왕(다른 모든 나라와 같은 왕)의 선정에서 이스라엘에게 하나의 올무가 될 것이다(삼상 8:5, 20).

21:8-12 이스라엘 사람들이 미스바 총회에 올라오지 않은 사람들을 전멸시키는 일과 관련된 두 번째 서원의 저주를 실행함으로써 첫 번째 맹세로 생긴 문제를 해결할 계획을 고안한다. 총회에 모인 사람들을 계산해보니 야베스 길르앗의 주민들이 올라오지 않았다는 사실이 밝혀진다. 그래서 이스라엘은 이 사람들을 금지 대상에 두기로 계획하되 베냐민의 생존자들에게 아내로 줄 수 있는 젊은 처녀들은 모두 살려두기로 한다. 달리 말하면, 그들은 베냐민을 금지 대상으로 두어서 생긴 문제를 야베스 길르앗 사람들을 금지 대상으로 두어서 해결하려고 계획하는 것이다. 하지만 각 경우에 세운 금지가 완전하지 않고, 누구나 자기가 보기에 옳은 대로 행하는 땅에서 위반 위에 위반이 쌓인다. 결국에는 그들이 베냐민의 생존

자 6백 명을 위해 야베스 길르앗에서 젊은 처녀 4백 명을 모을 수 있게 된다. 부족한 2백 명의 아내들이 다음 사건의 배경과 맥락을 제공한다.

21:13-15 이스라엘 사람들이 림몬 바위로 되돌아가서 베냐민의 생존자 6백 명에게 평화 내지는 화해[히. 샬롬(*shalom*)]를 선포한다. 이 선포와 함께 야베스 길르앗에서 데려온 4백 명의 처녀들을 생존자들을 위한 아내로 준다. 그러나 자명한 사실이 서술되어 있다. "여자의 수가 모자랐다"(14절, 새번역). 이 진술은 이 책의 마지막 장면을 위한 배경과 맥락을 제공하고 또 19-21장에 걸친 사건들의 사슬에서 마지막 연결고리의 역할을 한다. 이스라엘이 평화를 제공하고 마음을 바꾼 이유가 21:15에 명시적으로 서술되어 있는데, 이는 6절을 재진술한 것이다. "주님께서 이스라엘 지파들 가운데서 한 지파가 비어 틈이 생기게 하셨으므로, 이스라엘 백성은 베냐민 지파가 딱하다는 생각이 들었다"(15절, 새번역). 다시 한번, 저자는 베냐민의 완전한 파멸을 재가하신 분이 주님이었음을 분명히 한다. 마치 가나안 족속들이 혐오스러운 행습으로 인해 그 땅에서 완전히 제거되도록 주님이 조치하신 것과 같다. 사사기에 대한 이 마지막 결론이 말하려는 요점 중 하나는 이스라엘의 점진적인 타락과 죄가 결국 그 자체의 멸망과 추방을 낳게 될 것이라는 전망이다. 베냐민의 파멸은 하나님 나라의 섭리에서 앞으로 다가올 것들에 대한 경고와 전조의 역할을 한다.

21:16-18 회중의 장로들이 "이스라엘 가운데서 한 지파가 없어지지 않[게]"(새번역) 하려고 생존자 6백 명과 처녀 4백 명 간의 차이를 메우기 위해 책략을 꾸민다. 그런데 미스바에서 결의한 맹세가 딜레마를 만든다. 이스라엘은 맹세의 저주 아래 놓이지 않고는 베냐민을 위해 '자원해서' 아내를 공급할 수 없다. 맹세에서 또 하나의 구멍을 찾아야 저주 아래 놓이지 않으면서 아내들을 공급할 수 있다.

21:19-22 그 계획은 매복과 유괴로 짜여 있다. 이는 사사기의 마지막 결

론에 나오는 두 번째 매복이다. 첫 번째 경우에는 이스라엘 군대가 기브아를 취하기 위해 매복을 했었다. 두 번째 경우에는 베냐민의 생존자들이 실로 출신의 아내들을 취하기 위해 매복을 한다. 계획은 단순하다. 실로에서 열리는 주님의 명절에 베냐민 사람들이 누워서 그 성읍에서 춤을 추면서 나오는 처녀들을 기다릴 것이다. 이후 그들이 소녀들을 유괴해서 베냐민 땅으로 달아날 것이다. 그 소녀들의 가족들이 나와서 항의하면, 이스라엘 회중의 장로들이 그 가족들을 대상으로 맹세를 위반하고 저주 아래 떨어지지 않도록 그 범죄에 양보하라고 설득할 것이다. 그 구멍은 실로의 가족들이 자기네 딸을 베냐민에게 '자원해서' 아내로 주는 것이 아니란 사실에 있다. "붙들어"(21절)로 번역된 히브리어 동사는 이곳에 한 번 그리고 시편 10:9에 두 번 나오는데, 거기서도 기만적인 매복과 악한 행위의 맥락에서 나온다. "그[악한 자]가 은밀한 곳에 엎드려 가련한 자를 잡으려고 기다리며 자기 그물을 끌어당겨 가련한 자를 잡나이다." 이 젊은 여자들은 누구나 자기가 보기에 옳은 대로 행하고 있던 당시에 악인들에게 유괴를 당하는 것이다.

레위인의 첩의 강간과 죽음은 베냐민 지파의 수많은 인명 손실과 이스라엘 사람 수만 명의 죽음을 초래했다. 이후 이 사건들이 야베스 길르앗 주민의 몰살과 처녀 사백 명의 유괴를 낳았고, 이후에는 매복해서 실로 출신의 처녀 이백 명을 유괴하는 악행으로 이끌었다. 죄 위에 죄가 쌓이고, 비극에 비극이 잇달아 발생한 것이다.

21:23-24 그 계획이 실행되었다고만 하고 과정은 묘사되어 있지 않다. 이는 저자가 일부러 정죄의 불길한 침묵을 지키는 것임에 틀림없다. 그냥 베냐민 사람들이 "그같이 행했고" 이후에 "자기들이 유산으로 얻은 땅으로 돌아가서 성읍들을 재건했다"(새번역)고 기록되어 있을 뿐이다. 이스라엘이 베냐민과 전쟁을 벌여서 파괴했던 성읍들을 다시 건축한 것이다. 19-21장의 사건들이 막을 내렸고, 저자는 이스라엘이 해산되어 "각기 자기의 기업으로", 집으로 돌아갔다고 한다. 이는 여호수아서의 결말을 떠올

린다. "백성을 보내어 각기 기업으로 돌아가게 하였더라"(수 24:28, 참고 삿 2:6). 그러나 여호수아의 시대에 대한 평가는 사사기에 나오는 이 시대에 대한 평가와 다르다. "이스라엘이 여호수아가 사는 날 동안과 여호수아 뒤에 생존한 장로들 곧 여호와께서 이스라엘을 위하여 행하신 모든 일을 아는 자들이 사는 날 동안 여호와를 섬겼더라"(수 24:31). 이에 반해 사사들의 시대에는 이스라엘이 주님을 잊어버리고 언약을 버린 채 그 땅의 신들을 섬겼다(삿 2:1-2, 11-20). 당시는 누구나 자기 보기에 옳은 대로 행했던 시대이다.

21:25 이 책은 본서의 두 편의 결론 내용과 해석을 좌우하고 통제하는 마지막 네 번째 요약 진술로 마무리된다. 이 진술의 위치와 의미에 관한 논의는 17:1-21:25 개관과 17:6 주석을 참고하라.

응답

사사기의 첫째 결론은 이스라엘의 우상숭배에 초점을 뒀다. 이 둘째 결론은 이스라엘의 우상숭배가 미친 '영향'에 초점을 둔다. 우상숭배는 단지 다른 신들을 경배하는 것에 그치지 않고, 다른 신들을 경배하는 사람들처럼 사는 모습을 지니기도 한다. 모세는 다음과 같은 말로 이스라엘에게 우상숭배의 위험을 경고한 바 있다. "네 하나님 여호와께는 네가 그와 같이 행하지 못할 것이라 그들은 여호와께서 꺼리시며 가증히 여기시는 일을 그들의 신들에게 행하여 심지어 자기들의 자녀를 불살라 그들의 신들에게 드렸느니라"(신 12:31). 사사기는 여호수아 시대부터 사무엘상에 나오는 군주제의 출현까지 우상숭배를 통한 이스라엘의 점진적 타락을 기록하고 있다. 이 마지막 장들에는 타락을 초래하는 우상숭배의 능력이 베냐민의 완전한 타락상으로 예증되어 있다. 베냐민 사람이 소돔 사람이 된 결과 베냐민의 기브아에서 레위인의 아내를 끔찍하게 강간하고 죽이는 비극을 낳은 것이다. 이 사건으로부터 이 단락의 다른 모든 사건들이 흘러나온다.

창세기 19장에 나오는 소돔의 죄악은 하나님의 심판을 불러일으켰고, 이는 장차 도래할 종말론적 심판의 모형 내지는 침입으로서 그 성읍과 주민의 완전한 멸망을 초래했다. 이와 비슷한 방식으로 하나님은 이스라엘에 의한 베냐민의 완전한 파멸을 재가하시고, 후자를 이스라엘이 유산으로 받은 땅에 사는 가나안 족속들과 똑같이 금지 대상으로 삼는다. 하지만 이스라엘이 가나안 사람들을 완전히 쫓아내지 못한 것처럼, 그들은 베냐민 지파를 전멸시키지 못한다. 이스라엘 사람들은 연민을 잘못된 대상에 두는 바람에 베냐민의 생존자 육백 명을 살려주고, 야베스 길르앗의 주민들을 학살하고 또 실로 출신의 처녀들을 훔치도록 권유함으로써 그들에게 아내들을 공급해준다. 그 당시에 이 장소에서 사는 것이 어떠했을지는 상상하기가 어렵다. 끔찍한 폭력이 판치던 무정부 시대에 이런 사건들을 목격하면 온통 소름이 돋았을 것이다. 남아있던 가나안 사람들처럼, 베냐민 지파의 보존은 군주제를 확립하는 과정에서 이스라엘 백성에게 하나의 올무가 될 것이다. 이스라엘은 주님을 그들의 왕으로 모시길 거부하고 다른 모든 나라처럼 왕을 달라고 요구할 것이다. 주님은 그들이 요구하는 것을 그대로 주실 터인데, 바로 다른 모든 나라와 같이 가나안 지파가 된 베냐민 지파 출신의 왕을 주신다. 사울의 이름도 이런 상황에서 하나의 역할을 수행한다. 그 이름은 '요구되었던 것'이란 뜻이다. 바로 이것이, 주님이 우리가 요구하는 모든 것을 다 주시지 않으시는 것에 감사할 한 가지 이유다. 그분이 우리의 요구대로 주시지 않는 것은 사랑과 자비의 행위가 아닐 수 없다.

타락을 초래하는 우상숭배의 능력은 다름 아니라 행실과 심판의 양면에서 우리를 우리가 예배하는 대상처럼 되도록 만드는 데 있다(시 115:8). 주님은 우리를 예배하는 대상을 반영하도록 창조하셨다. 하나님께서 인류를 예배하는 존재로 창조하신 만큼 우리는 예배하지 않을 수 없다. 사사기의 결론들은 우리에게 그릇된 예배에는 타락시키는 능력이 있다고 경고한다. 그런 예배는 우리의 눈을 가려서 유일한 참 하나님의 영광을 보지 못하게 한다(고후 4:4). 그러나 복음으로 인해 우리는 큰 희망을 갖고 있다. 우상숭배의 어둠에서 구속받은 사람들은 이제 점차 예수님의 형상으로 변화되는 중이고, 예배를 통해 갈수록 더 그분을 닮아가고 있다. "우리가 다 수건을 벗은 얼굴로 거울을 보는 것 같이 주의 영광을 보매 그와 같은 형상으로 변화하여 영광에서 영광에 이르니 곧 주의 영으로 말미암음이니라"(고후 3:18).

참고문헌

Block, Daniel I. *Judges, Ruth*. NAC. Nashville: B&H, 1999.

Chisholm, Robert B. Jr. *A Commentary on Judges and Ruth*. KEL. Grand Rapids, MI: Kregel, 2013.

Crenshaw, James L. *Samson: A Secret Betrayed, a Vow Ignored*. Atlanta: John Knox, 1978.

Davis, Dale Ralph. *Judges: Such a Great Salvation*. FBC. Fearn, UK: Christian Focus, 2000.

Franke, John R., ed. *Joshua, Judges, Ruth, 1–2 Samuel*. ACCS. Downers Grove, IL: InterVarsity Press, 2005.

Jordan, James B. *Judges: God's War against Humanism*. Tyler, TX: Geneva Ministries, 1985.

Judges. Prepared by Natalio Fernandez Marcos. *Biblia Hebraica Quinta*. Edited by Adrian Schenker et al. Stuttgart: Deutsche Bibelgesellschaft, 2011.

Marcus, David. *Jephthah and His Vow*. Lubbock, TX: Texas Tech Press, 1986.

Niditch, Susan. *Judges*. OTL. Louisville, KY: Westminster John Knox, 2008.

Ryan, Roger. *Judges*. Sheffield, UK: Sheffield Phoenix Press, 2007.

Schwab, George M. *Right in Their Own Eyes: The Gospel according to Judges*. Phillipsburg, NJ: P&R, 2011.

Webb, Barry G. *The Book of Judges*. NICOT. Grand Rapids, MI: Eerdmans, 2012.

———. *The Book of Judges: An Integrated Reading*. Eugene, OR: Wipf & Stock, 1987.

룻기

ESV 성경 해설 주석

메리 윌슨 한나

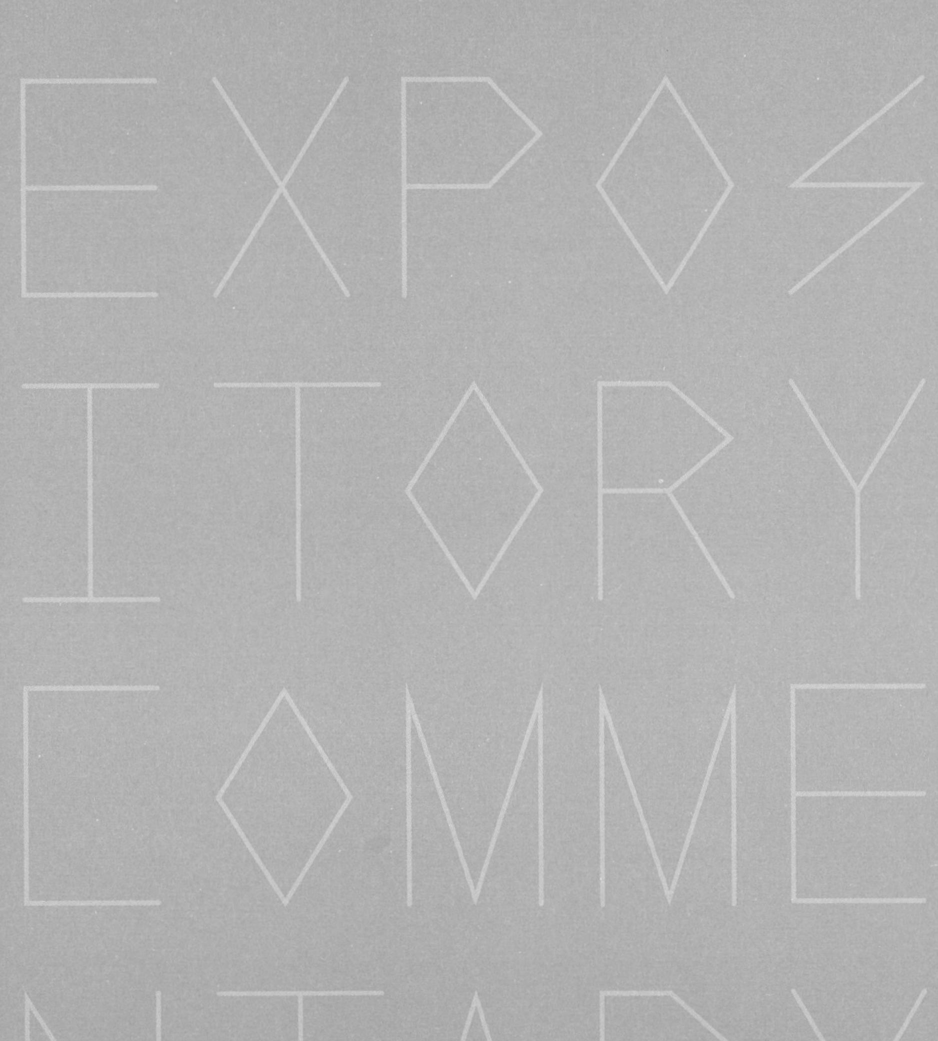

ESV Expository Commentary

Ruth

룻기 서론

개관

룻기는 영적 혼란과 도덕적 무질서로 채색된 시대에 자기 백성을 다스리는 주님의 주권을 찬양하는 책이다. 그 플롯이 "사사들이 나라를 다스리던 시대에"(1:1, 현대인의 성경) 펼쳐진다는 것은 본서가 보편적 적실성이 있음을 가리킨다. 대체로 사사기에 서술된 이스라엘 역사의 이 기간은 되풀이되는 주기를 특징으로 한다. 언약 공동체가 종종 우상숭배를 통해 언약의 주님께 반역한다. 따라서 주님은 그분의 백성을 외국의 압제자에게 넘겨주는 것으로 심판하신다. 언약 공동체는 때때로 구출해달라고 주님께 부르짖는다. 그러면 주님은 은혜를 베푸셔서 사사를 일으키신다. 구출된 뒤에 그 백성은 더욱 심하게 주님을 반역한다(예. 삿 2:10-19, 참고. 시 106:34-46).

이 주기가 반복되면서 이스라엘은 점점 더 타락한다. 사사기는 주님의 자비로운 개입과 상관없이, 그 언약 공동체가 만성적 외고집으로 말미암아 불가피하게 내리막길을 걷다 결국 잊혀져버릴 것을 예증한다. 이처럼 어두운 배경과 대조적으로, 룻기는 주님의 백성이 도덕적 타락에 빠진 듯이 보일 때에도 주님의 자비가 구원의 목적을 이뤄가는 모습을 부각시키고 있다. 주님은 그분의 백성의 방황과 환난까지 사용하셔서 그들을 축복하고 안정시키며 또 어둠 속에 앉은 이들에게 빛을 주시겠다는 약속을 이루시는 분이다(참고. 사 9:2; 눅 1:79; 고후 4:6).

보다 구체적으로 말하면, 내레이터는 과부이면서 자녀도 없어 실의에 빠진 나오미를 향한 주님의 섭리적 자비에 대해 이야기한다. 이 이야기는 주님의 신실한 종인 룻과 보아스의 충실한 사랑을 통해 텅 빈 나오미를 가득 채우시는 주님의 인자하심을 크게 다룬다. 이 책의 서문(1:1-5)은 즉각적인 안정과 장기적인 안정의 견지에서 나오미의 '텅 빈 상태'(참고. 1:21)를 생생하게 묘사한다. 기근이 베들레헴(빵집)에 닥치는 바람에 나오미의 남편 엘리멜렉은 나오미와 두 아들과 함께 유다를 떠나 모압에 이주하여 거류민 신세가 된다. 모압에서 엘리멜렉이 죽고 나중에는 모압 여자들과 결혼한 두 아들까지 죽는 비극이 나오미를 엄습한다. 나오미는 법적이고 경제적인 안정이 가족의 남성 구성원에게 달려 있는 사회에서 남편이나 아들이 없는 상황에 처하고 만다. 그녀는 그 고난을 하나님의 냉대의 증거로 해석하고 장차 회복될 전망이 없다고 포기한다(1:11-13, 20-21). 그녀가 낙담해서 텅 빈 모습이 이 플롯의 중심을 차지하는 곤경이다.

전반적으로 플롯은 기근과 죽음과 텅 빈 상태(1장)에서 잔치와 생명과 가득한 상태(2-4장)로 진행되고, 그 모든 일은 주님의 주권적인 사랑 때문에 일어난다. 제1장(場)은 나오미가 베들레헴 여자들에게 자기를 "마라"('쓰라린', 1:20)라고 부르라며 막을 내린다. 나오미의 말은 주님이 그녀를 회복시키는 무대를 설정한다. 사실 제4장(場)은 주님이 나오미에게 아기 오벳('구속자')을 주셔서 그녀의 행복을 회복시켜주셨기에 베들레헴 여자들이 주님을 찬송하는 모습으로 막을 내린다. 그런즉 이 줄거리는 제1장에 나오는 나오미의 잘못된 계산을 폭로하고 있다. 말하자면, 주님이 그녀에게 반감을 품은 게 아니라 그녀가 볼 수 있는 지평 너머 그녀에게 복 주시기 위해 열심히 일하고 계시는 것이다.

때로는 내레이터가 나오미를 회복시키는 주님의 직접적인 행동(예. 4:13)을 묘사하지만, 대부분은 주님의 자비가 그분의 순종적인 종들을 통해 중

재되는 모습으로 나타난다. 주님이 나오미의 곤경을 해결하시는 도구로 사용하는 사람들은 룻과 보아스다. 룻은 나오미의 모압인 며느리이자 과부로서 나오미가 모압에서 베들레헴으로 이주할 때 시어머니를 따라가는 여자다(1:14-17). 보아스는 나오미의 고인이 된 남편 엘리멜렉의 친척이다. 이 신실한 두 종은 자기희생적이고 언약적인 친절을 몸소 보여준다. 보아스는 룻과 결혼할 수 있는 구속의 권리를 확보하고 나오미 집안 고인의 이름을 그대로 영속시킨다. 주님이 룻에게 임신을 허락하셔서 아들 오벳을 낳고, 오벳은 나오미가 다시 한 번 영구적인 양육과 유산을 경험하게 될 상속자가 된다.

이 책의 마지막 구절들은 내러티브의 지평을 확장시켜서 처음 읽는 독자들에게 충격을 준다. 아기 오벳이 다윗 왕의 할아버지가 된다는 것이다! 주님은 온 민족이 처한 곤경의 해결을 재촉하는 방식으로(4:17b-22) 나오미의 쓰라린 곤경(1:1-4:17a)을 해결하시는 것이다. 오벳을 통해 주님이 궁극적으로 기름 부음을 받은 종 다윗을 일으키시고, 다윗을 통해 모든 언약 가족(참고. 삼하 7:11)에게 안식을 허락하신다(룻 1:9; 3:1). 그런즉 이 책의 이중적인 결말(4:13-17, 18-22)은 자기 백성을 향한 주님의 인자하심이 얼마나 믿음직한지를 잘 납득시킨다. 그분은 그들의 환난까지 이용해서 그들의 복을 배가시키신다. 이와 같이 룻기는 어둔 환경이 하나님의 임재를 가리는 듯 보일 때라도 하나님의 백성에게 그분의 주권적 은혜를 신뢰하도록 영감을 준다.

제목과 저자

이 책의 제목은 주요 등장인물 중 하나인 룻, 곧 보아스가 결혼하는 모압인 과부의 이름을 딴 것이다. 룻은 스스로를 과부인 시어머니 나오미, 나오미의 백성 그리고 그녀의 하나님께 헌신함으로써 언약적 친절함의 모범을 보여준다. 대다수 구약 내러티브가 그렇듯이, 룻기 역시 어디서도 저자를 밝히지 않는다. 역사적으로 사무엘이나 솔로몬[1]과 같이 가능한 저자들이 제안되어왔으나 저자를 확실히 밝히는 것은 불가능하다.

저작 연대와 배경

이 책은 어디서도 저작 시기를 밝히지 않는다. 이 드라마는 "사사들이 치리하던 때에"(1:1), 즉 이스라엘의 역사에서 여호수아의 죽음(주전 14세기 중엽-13세기 경) 이후와 사무엘이 사울에게 기름을 붓기(주전 11세기 중엽 경) 이전의 시대에 일어난다. 하지만 족보를 담은 에필로그가 룻과 보아스를 다윗의 증조부모라는 사실을 밝히는 만큼(4:17b-22) 이 책의 마지막 형태는 다윗이 왕으로 기름 부음을 받은(주전 1,010년경) 후에 완성된 것이 명백하다.

그런데 다윗이 기름 부음을 받은 후 어느 시점에 룻기가 집필되었을까? 가장 흔한 제안들은 군주제의 초기와 포로 이후 시대에 집중되어 있다. 전자와 관련해서는, 이 책이 다윗에 초점을 맞춘 채 마무리되기 때문에 솔로몬의 통치 기간에 저작되었을 것으로 본다.[2] 이 견해에 따르면, 저자가 다윗 조상의 정통성을 확인함으로써 다윗 왕조를 지지하는 것을 그 목표로 삼는다. 보다 구체적으로 말하자면, 룻은 인종적으로 모압 사람이지만 이스라엘의 하나님과 그분의 언약 백성을 완전히 받아들이고, 보아스는 엘리멜렉의 가장 가까운 친족이 아니지만 구속의 권리를 얻기 위해 이스라엘의 율법과 관습을 신실하게 지킨다는 것을 저자가 증명하고 있다. 다른

1 바벨론 탈무드는 사무엘이 룻기를 작성했다고 주장하지만, 사무엘은 다윗이 왕좌에 오르기 전에(삼하 2:4; 5:1-5) 죽었기 때문에(삼상 25:1) 그럴 가능성은 별로 없다. 룻기를 잠언과 아가서 사이에 두는 히브리 정경 전통은 솔로몬의 저작이란 견해를 반영하는 듯하다. 잠언과 아가에 나오는 표제가 명시적으로 솔로몬을 거명해서 그렇다.

2 예. Robert L. Hubbard Jr., *The Book of Ruth*, NICOT (Grand Rapids, MI: Eerdmans, 1988), 30-35, 37-38.

한편, 일부 학자들은 룻기의 저작 시기로 포로기 이후의 환경(아마 초기 귀환 시기)을 선호한다.[3] 이 견해에 따르면, 저자가 에스라와 느헤미야가 추진한 과도한 개혁과 외국인, 특히 모압 사람에 대한 부정적 태도에 반발하고 있다고 한다(참고. 스 9-10장; 느 13:3, 23-29).[4] 포로기 이후를 저작 시기로 잡으면 룻기 1장에서 장기간에 걸친 이주 이후에 가나안으로 '되돌아오는 것'을 강조하는 대목에 힘을 실어줄 것이다. 요컨대, 군주제 초기의 입장과 포로기 이후의 입장 모두 저자의 구체적인 계기와 목적과 관련해 흥미로운 가능성을 제시하지만, 이 문제에 관한 결론은 잠정적일 수밖에 없다. 다행스럽게도 이 책의 저작 연대와 집필계기에 대한 포괄적 지식이 그 목적의 중요한 측면들을 알아내는데 꼭 필요하지는 않다(참고. '개관' 및 '신학').

장르와 문학적 특징

룻기는 내러티브 문학이다. 성경 이야기들은 역사적 사실들을 상술하고, 매력적인 등장인물들을 개발하며, 원리들을 예증한다. 그러나 무엇보다도 그 이야기들은 하나님의 영광을 드러냄으로써 그분의 성품과 길을 나타내는 것을 목표로 삼는다(참고. 시 145:4-9). 모든 성경 내러티브는 하나같이 성경의 거대서사(metanarrative)에 기여하고, 이 서사는 일차적으로 그분의 아들, 주 예수 그리스도를 통해 그분의 백성을 구속하려는 하나님의 영원한 목적을 드러낸다. 따라서 룻기의 내레이터는 원숙한 문학적 예술성과 확실한 신학적 의제를 지닌 채 참된 역사를 묘사하고 있다.

3 예. Tamara Cohn Eskenazi and Tikvan Frymer-Kensky, *Ruth*, JPSBC (Philadelphia: Jewish Publication Society, 2011), xviii-xix.

4 룻기와 에스라-느헤미야서가 각각 다른 이슈에 초점을 두고 서로 상충되지 않는다는 것을 설득력 있게 논증하는 책을 소개한다. Peter H. W. Lau and Gregory Goswell, *Unceasing Kindness: A Biblical Theology of Ruth*, NSBT 41 (London: Apollos, 2016), 10.

룻기는 플롯 서문(1:1-5), 네 편의 주요 장면(1:6-22; 2:1-23; 3:1-18; 4:1-12), 플롯 결말(4:13-17) 그리고 족보를 담은 에필로그(4:18-22)로 구성되어 있다. 서문과 제1장은 이 드라마의 핵심적 갈등을 드러내는데, 내용인즉 나오미가 다면적으로 또 낙심한 채 텅 빈 상태로 등장하는 모습이다. 제2장에서 제4장까지와 플롯 결말은 줄거리를 진전시키고, 긴장감을 심화시키며, 절정의 전환점에 극적 긴장을 가져오고, 핵심적 갈등의 해소를 묘사한다. 족보를 담은 에필로그는 구속-역사적 견지에서 이 드라마의 의미심장함을 강조한다.

내러티브 시간으로 보면, 이야기의 배경은 약 십 년에 걸쳐있는 반면에 중심 드라마(1:6-4:17)는 약 일 년 동안 일어난다(한 수확 계절 + 약 9개월). 최종적인 족보는 이스라엘의 족장 시대부터 군주 시대까지 많은 세대에 걸쳐있다(4:18-22). 이 책의 구조는 다음과 같이 구분할 수 있다.

I. 플롯 서문: 복합적인 환난(1:1-5)
II. 제1장: 고향에 돌아가기로 결심하다(1:6-22)
III. 제2장: 보아스의 밭에서 총애를 받다(2:1-23)
IV. 제3장: 타작마당에서 위험을 감수하다(3:1-18)
V. 제4장: 베들레헴 성문에서 구속받다(4:1-12)
VI. 플롯 결말: 베들레헴에서 구속자를 통해 회복되다(4:13-17)
VII. 에필로그: 복합적인 축복(4:18-22)

이 드라마는 주로 나오미의 곤경에 초점을 맞춘다. 내레이터는 제1장과 제3장 사이에서 그녀에게 이따금 되돌아가고(참고. 1:6, 22; 2:1, 22-23; 3:1, 18) 드라마의 큰 중요성을 부여한다(4:14-17). 이 책은 복 주시고(예. 1:8-9) 심판하시는(예. 1:17) 주님의 능력을 부각시키는데, 이는 내레이터의 언약적 세계관을 분명히 보여준다. 더 나아가, 내레이터는 다양한 문학적 장치들을 이용해서 이 책의 주된 관심사를 개진하고 있다. 이를테면, 반복되는 단어와 주제(예. 룻기 1장에 나오는 '귀환' 모티브), 수미상관구조(예. 3:1과 18절에 나오는 안식의 개념), 플롯 반전(예. 3:12에 나오는 구속자의 이슈), 별도의 장면들을 묘사하는 분명한 전환(예. 2:1) 그리고 뜻밖의 결말(4:17b-22) 등이다. 내레이터가 대체로 간접 화법으로 등장인물들을 묘사하지만 그들을 묘사하는 방식은 무언가를 지시하고 있다(예. 내레이터는 '모압 여인 룻'을 거듭 언급함으로써 이 거류민의 언약적 충성의 비범한 성격을 부각시킨다). 이런 다양한 문학적 전략은 내레이터의 예술적 기술을 입증한다.

신학 및 성경 다른 본문과 그리스도와의 관련성

성경의 거대서사는 에덴동산에서 시작해 주 예수 그리스도의 인격과 사역에서 절정에 이르고 주님의 재림, 즉 그분이 구속 사역을 완성시키고 새 하늘과 새 땅을 선도하실 때 비로소 완결된다. 룻기의 내레이터는 투명하게 그 책을 방대한 성경 이야기에 매어둠으로써(참고. 1:1; 4:17b-22) 청중이 그 드라마를 성경 속 거대서사의 한 장면으로 해석하도록 이끌어준다. 이 책 바깥에서는 성경이 룻이란 인물을 "아브라함과 다윗의 자손 예수 그리스도의 계보"(마 1:1)에서 단 한 번 언급하고 있다(1:5). 룻이 아브라함과 다윗의 더 위대한 아들인 주 예수의 족보에 포함되는 것은 적합한 이유가 있다. 그녀가 하나님의 언약 백성 가운데 포함된 것은 아브라함에게 주신 하나님의 약속(창 12:3)의 부분적 성취를 상징하기 때문이고 또한 룻기가 다윗을 준비하시는 하나님의 섭리를 가리키며 그 이야기를 마무리하기 때문이다.

룻기와 성경 다른 본문 및 그리스도와의 관련성을 알려면 다음과 같은 상관성 있는 주제들을 다룰 필요가 있다.

하나님은 언약의 약속들을 지키시는 신실한 분이다

이 책은 자기 백성에게 집합적으로 또 개인적으로 주신 약속을 지키는 하나님의 신실하심을 부각시키는데, 온 "이스라엘"[5]과 언약의 자녀 개개인에게 주신 약속을 지키시는 모습을 발견할 수 있다. 이 책의 기둥들은 하나님의 언약 사역의 집합적 차원을 상기시키는 한편(1:1; 4:17b-22), 중심 드라마는 텅 빈 나오미를 가득 채우시는 주님의 개인적인 친절을 크게 다루고 있다. 내레이터는 주님이 그분의 언약 백성의 평범한 환경과 환난 가운데서 구원 목적을 자비롭게 이뤄가는 모습을 보여줌으로써 그들의 믿음이 테스트 받고 있음을 일깨워주려고 한다. 예컨대, 이스라엘에 (인간) 왕이 없던 사사 시대에 주님은 그분의 기름 부음을 받은 종인 다윗 왕을 일으켜서 "규가 유다를 떠나지 아니하[게]"(창 49:10, 참고. 17:6) 하려고 일하신다. 주님이 그분의 언약의 약속을 지키려고 쓰시는 인간 도구들 중 하나는 모압인 과부 룻, 곧 언약적 충실함의 모범을 보여주는 "현숙한 여자"(룻 3:11, 참고. 잠 31:10)이다. 한 모압 사람이 언약적 친절을 베풀고 또 받는다는 것은 아브라함의 후손을 통해 땅의 모든 족속을 축복하겠다는 주님의 약속(창 12:1-3)이 부분적으로 성취된 것을 의미한다. 이 책의 줄거리는 하나님의 백성이 제한된 관점으로 알 수 있는 바를 초월하여 그들을 친절하게 대하시는 하나님의 신실하심을 잘 묘사하고, 이로써 하나님의 백성에게 그분의 임재를 가리는 것 같은 어두운 환경에서도 그분을 신뢰하도록 요청한다.

하나님의 섭리와 인간 행위의 양립 가능성

룻기는 하나님의 섭리와 인간 행위의 양립 가능성을 잘 보여줌으로써 하나님의 백성이 인간의 책임을 약화시키지 않은 채 하나님의 주권을 인정

5 "이스라엘"에 대한 언급은 룻 2:12, 4:7(2번), 11, 14에 나온다.

하는 견해를 수용하도록 격려한다. 그분의 날개 아래 피난처를 찾는 이들을 향한 주님의 주권적 자비를 부각시키는 책에서, 예컨대, 저자는 주님의 직접적인 개입을 단 두 번만 가리킬 뿐이다(1:6; 4:13). 이런 언급들이 플롯의 처음과 끝에 나온다는 사실은 그 중간의 드라마가 전부 하나님의 은혜로운 지도와 주도권 아래 펼쳐진다는 것을 시사한다. 내레이터는 또한 그 내러티브에서 하나님의 섭리적인 관여를 미묘하게 가리키고 있는데, 이를테면, 두 과부가 "보리 추수 시작할 때에"(1:22) 베들레헴에 도착한다는 것과 룻이 "우연히" 보아스의 밭에 이르게 된다(2:3)는 것이다. 내레이터는 다양한 방식으로 하나님의 손이 그분의 백성의 평범한 환경과 결정 속에서 일하고 계심을 인식하도록 청중을 이끌어준다.

하지만 내레이터는 대체로 주님의 친절하심이 인간의 말과 행동을 통해 중재되는 모습을 그린다(예. 3:9에서 보아스에게 그녀를 보상하는 주님의 도구가 되어 달라는 룻의 부탁으로서 2:12에 나오는 보아스의 축복을 암시하는 내용). 특히 룻과 보아스는 과부가 되어 텅 빈 나오미를 가득 채우는 주님의 신실한 대리자 역할을 담당한다. 여러 지점에서 룻과 보아스는 그들 자신을 하나님의 주권적 돌봄에 의탁하고 다른 누군가의 안녕을 증진시키는 정신으로 담대하고 결정적이며 모험적인 행동을 취한다(예. 3:6-18). 사실 내레이터는 사랑의 비범한 결정(예. 보아스의 값비싼 구속 행위)과 평범하고 실용적인 자기보존의 결정(예. 친족-구속자의 구속 거절, 4:1-8, 참고. 1:14)을 생생하게 대조시킨다. 이런 인간의 결정들은 하나님의 섭리에 따라 펼쳐진다. 이 이야기는 하나님의 은혜로운 통치를 잘 보여줌으로써 그분의 백성에게 그로부터 받은 충실한 사랑을 남들에게 베풀도록 손짓한다. 이는 주님의 목적이 잘 보이지 않는 어려운 시기에도 해당된다.

언약적 친절함의 능력

룻기의 핵심 개념 하나는 언약적 친절함이다. '친절함'(또는 '인자함', loving kindness)으로 번역된 단어는 세 번 나온다. 두 번은 나오미의 입(1:8; 2:20)에서, 한 번은 보아스의 입(3:10)에서 나온다. 이 단어는 풍부한 언약적 유산을 갖고 있고 종종 주님이 그분의 구속된 백성에게 베푸시는 특별한 사랑을 묘사하는데 사용된다(참고. 출 34:6-7). 그런 언약적 친절함은 예수 그리스도의 인격과 사역에서 가장 완전하게 표현되기에 이른다. 예컨대, 주 예수님은 하나님의 백성과 너무나 동일시된 나머지 그들을 위해 스스로를 텅 비우고 그들의 죄를 용서하며 그들의 영생을 확보하기 위해 자기 목숨을 대속적 제물로 주기까지 하셨다(빌 2:6-11; 고후 8:9).

성경은 자기 백성을 향한 하나님의 인자하심을 크게 다루는 한편, 구속받은 하나님 백성에게 그분의 패턴을 좇아 친절함을 베푸는 면에서 그분을 본받도록 요구한다. 룻기는 특히 평범한 사람들이 일상생활에서 언약적 친절함을 베풀기로 헌신할 때 미치는 비범한 영향력을 묘사한다. 예컨대, 과부인 시어머니를 향한 모압 여인 룻의 충실한 사랑(3:10)은 룻의 속 깊은 헌신을 표현하고, 마침내 그녀가 언약 공동체에 포함될 것을 예시하며, 나오미의 궁극적 회복에 중요한 역할을 담당한다. 더 나아가, 과부인 룻과 나오미를 향한 보아스의 친절(참고. 2:18-22 주석)은 이 책의 핵심 곤경을 해결하는데 필수적이다. 여기서 의미심장한 사실이 있다. 이 책에서 인자함의 첫 번째 주체는 다름 아닌 주님이고("여호와께서 너희를 선대하시기를", 1:8), 이것이 룻과 보아스를 주님의 신실한 대리자들로 비춰준다는 것이다. 인간적으로 말하면, 룻과 보아스의 친절함이 없었다면 오벳이 결코 태어날 수 없었을 테고, 다윗 왕(4:17)과 다윗의 더 위대한 아들(마 1:5)도 마찬가지였을 것이다.

구속(redemption) 제도

룻기는 구속 제도의 구체적 실행을 묘사한다. 히브리어로 '구속하다', '구속자' 그리고 '구속하는'의 다양한 형태들이 스무 번 이상 나온다.[6] 구속은 핵심 갈등의 해소를 촉진하고 나오미를 향한 룻과 보아스의 인자함을 공식화하는 법적 매커니즘이다. 이 책에서 구속의 실천은 계대결혼법에 설명된 친족 원리와 묶여있다(참고. 4:3-8 주석).

구약의 구속법은 사회경제적으로 취약한 이스라엘 사람의 지원을 목표로 삼는다. '구속자'(redeemer)는 다른 무엇보다도 재정적 어려움에 빠진 집안 구성원을 위해 행동하는 가까운 남자 친척이다(참고. 레 25:23-55; 민 27:11). 보다 구체적으로 말하면, 구속법은 이스라엘 사람들 가운데 영구적인 빚을 제거하고, 각 가족의 유산을 안전하게 지키며, 언약 가족 가운데 친척의 책임을 분명히 하려고 한다. 한 친척을 구속하려면 구속자가 값을 지불해야 한다(레 25:50-52). 성경의 구속법은 자기 백성을 이집트에서 이끌어내어 그들에게 가나안 땅을 주시는 주님의 구속적 은혜를 상기시키는 동기 조항들로 가득 차 있다(예. 레 25:38). 룻기에 나오는 구체적인 실례는 장차 궁극적으로 하나님께서 예수님["은이나 금 같이 없어질 것이 아니요 오직 흠 없고 점 없는 어린양 같은 그리스도의 보배로운 피로"(벧전 1:18-19, 참고. 유 1:5) 신자들을 기꺼이 속죄하시는 그분]을 통해 자기 백성을 구속하시는 은혜를 가리킨다.

룻기 설교하기

일부 설교자는 단 한 번의 설교로 룻기 전체를 해설하길 좋아하지만, 각 장은 룻기를 네 번에 걸쳐 설교하기에 충분한 내용을 담고 있어서 풍성한 해석의 열매를 거둘 수 있다. 만일 룻기 전체를 한 번의 설교로 다 다룬다면, 설교자는 에필로그에 나오는 왕족에 대한 관심을 지나치게 강조한 나머지 이 타락한 세상에서 역경을 겪는 평범한 이스라엘 사람을 향한 하나님의 인자하심이라는 주관심사를 가리는 것을 피해야 한다. 만일 이 책을 한 장씩 다룬다면, 설교자는 룻기의 주관심사를 늘 염두에 두고 각 장이 어떻게 그 주제에 기여하는지 설명할 필요가 있다.

6 참고. 룻 2:20; 3:9, 12(2번), 13(4번); 4:1, 3, 4(5번), 6(4번), 7, 8, 14.

룻기 강해자가 내레이터의 다양한 문학적 전략들을 분별하고 또 사용하면 도움이 될 것이다. 내레이터의 방법들이 설교자의 방법에 영향을 줘야 마땅하다. 예컨대, 내레이터가 룻기의 플롯을 더 넓은 성경 줄거리 속에 두고 있는 만큼(1:1; 4:17b-22) 강해자는 룻기의 구속-역사적 배경을 조명하는 것이 중요하다. 설교자는 또한 이 드라마가 이 깨어지고 죄 많은 세상에 몸담은 평범한 인간들과 상관성이 있음을 내레이터가 어떻게 보여주는지를 다뤄야 한다. 예컨대, 배경을 이루는 대목(1:1-5)은 인간의 비참한 상태를 묘사하고 나오미 인생의 빠른 몰락을 잘 보여준다. 이 드라마가 실제 시간과 공간에서 일어나는 것임을 깊이 묵상한다면 강해자는 이런 내러티브들을 어떤 원리나 주안점으로 환원시키는 것을 피할 수 있다. 후자는 이런 장르를 설교할 때 흔히 빠지는 함정이다. 성경의 내레이터들이 분명히 원리들과 주제들을 전달하긴 하지만, 그들은 이런 원리들과 주제들이 실제 인간 경험에 구현된(또는 결여된) 모습을 생생하게 묘사함으로써 그렇게 한다. 룻기에 담긴 내러티브 전략들을 주목하면 이런 실례들을 통해 풍성한 설교를 엮어낼 수 있다.

내레이터가 나오미의 성격을 묘사하는 대목은 특별히 주목할 만하고, 다음 세 가지 면과 관련하여 특히 그러하다.

첫째, 내레이터는 나오미의 곤경을 정직하게 다루되 가혹하게 다루지는 않는다. 내레이터는 결코 나오미의 품위를 떨어뜨리지 않는다. 솔직하게 그녀의 환난(1:1-5)과 '쓰라린'이라 불리고 싶다는 호소(1:20-21)를 이야기하는데, 그녀의 고난에 대한 그녀의 절망적 해석을 반박하려고 줄거리를 구성할 때에도 그렇다. 강해자는 설교할 때 나오미의 트라우마나 절망에 공감하는 교인들을 (무심코) 얕보거나 낙담시키지 말고 오히려 온유함과 연민으로 가르치도록 (참고. 사 42:1-4; 마 12:15-21) 하나님의 도움을 구해야 한다.

둘째, 내레이터는 하나님의 주권적 은혜를 증언할 때 어디서도 나오미의 고통을 최소화하거나 그녀의 슬픔을 하찮게 여기지 않는다. 예컨대, 내레이터는 오벳이 태어났다고 해서 남편과 두 아들을 잃고 나서 나오미의 가슴에 남은 고통이 사라지는 것으로 묘사하지 않는다. 따라서 룻기의 강해자 역시 하나님의 주권적 은혜를 설명할 때 인간의 고통을 단순한 환원주의적 방식으로 다루지 않도록 조심해야 한다.

셋째, 내레이터가 하나님이 항상 이 타락한 세상에서 그분의 백성의 곤경을 그들의 생애 동안 해결하신다고 시사하는 것은 아니다. 그렇다. 하나님은 그분의 백성에게 집합적으로 또 개인적으로 신실하신 분임을 내레이터가 증언하지만 과도하게 실현된 종말론을 제기하며 그렇게 하는 것은 아니다. 예컨대, 하나님께서 룻에게 임신을 허락하시고 나오미를 회복시키시기 때문에 그분이 하늘의 이편에서 그분의 고통 받는 모든 자녀들을 회복시키거나 항상 그분의 구체적인 목적을 계시하신다는 뜻은 아니다. 사실 마지막 족보는 나오미가 회복되는 어떤 요소들이 그녀가 죽은 뒤에 펼쳐진다는 것을 확증한다. 이와 마찬가지로, 신자들은 얼굴을 맞대고 하나님을 볼 때까지는 고난의 한복판에서 하나님의 완전한 목적을 다 알 수 없을 것이다. 따라서 이 책의 결론과 에필로그를 적용할 때는 "하나님께서 나오미를 위해 행하시는 일을 (지금 여기에서) 당신을 위해서도 행하실 것이다"가 아니라 "나오미을 위해 일하시는 그 하나님께서 바로 당신을 위해 일하시는 분이다"라고 말할 필요가 있다.[7]

해석상 과제

번역하고 해석하기가 어렵거나(예. 2:7) 정확한 지시 대상이 논란거리(참고. 2:18-22 주석; 4:3-8 주석)가 되는 소수의 히브리어 본문을 제외하면, 주로 소수의 의문을 중심으로 논쟁이 벌어지곤 한다. 첫째, 엘리멜렉이 기근을 당해 그의 가족과 베들레헴을 떠나 모압으로 이주하기로 한 결정은 그의 편

7 참고. Dale Ralph Davis, *The Word Became Fresh: How to Preach from Old Testament Narrative Texts* (Fearn, UK: Christian Focus, 2006), 117.

에서의 불충실함, 경건한 지혜 또는 도덕적으로 중립적인 실용주의 중 어느 것을 표출하는가(1:1-2)? 둘째, 내레이터가 제3장에서 묘사하는 나오미의 성격은 교묘하고 무모한 책략가인가, 아니면 경건한 주도권을 쥐는 영리한 여자인가(3:1-4)? 셋째, 우리는 타작마당에서 취하는 룻의 행동을 어느 정도까지 성적이며 도발적인 행동으로 해석해야 할까(3:6-9)? 넷째, 룻이 보아스에게 청혼하는 모습은 이스라엘 역사 중 이 시대에 구속 제도와 계대 결혼이 상관성이 있다는 것을 가리키는가(3:9)? 만일 그렇다면, 이런 상관성은 당시 계대 결혼의 행습이 (신 25:5-10에 나오듯이) 죽은 남자의 형제에게뿐 아니라 보다 폭넓게 가까운 친족에게도 적용된다는 것을 암시하는가? 아래편의 주석은 이런 문제들을 보다 상세하게 다룬다.

개요

I. 서문과 제1장: 집을 떠났다가 돌아오다(1:1-22)
  A. 집을 떠나다: 텅 빈 나오미의 복합적 환난(1:1-5)
  B. 집에 돌아오다: 모압에서 베들레헴으로 오는 길에서(1:6-21)
    1. 집으로 돌아가기로 결심하다: 나오미는 집으로 돌아가기로 결심하되 며느리에게는 친정으로 돌아가도록 강권하다(1:6-14a)
    2. 함께 있기로 결심하다: 룻이 나오미, 나오미의 백성 그리고 나오미의 하나님과 함께 하다(1:14b-18)
    3. 나오미가 '쓰라린'으로 개명하기로 결심하다: 나오미가 자신의 텅 빈 상태를 하나님의 냉대로 해석하다(1:19-21)
  C. 집에 돌아오다: 나오미가 보리 수확이 시작될 때 룻과 함께

베들레헴으로 돌아오다(1:22)

II. 제2장: 보아스의 밭에서 총애를 받다(2:1-23)

A. 모압 여인 룻이 총애를 찾다(2:1-3)

B. 모압 여인 룻이 보아스의 총애를 받다(2:4-17)

1. 룻이 이삭을 줍는 동안 보아스의 총애를 받다(2:4-13)

2. 룻이 식사 시간에 보아스의 풍성한 총애를 받다(2:14-17)

C. 룻이 보아스의 총애의 증거를 제시하여 나오미의 축복을 불러오다(2:18-22)

D. 룻이 시어머니와 사는 동안 계속 총애를 받다(2:23)

III. 제3장: 타작마당에서(3:1-18)

A. 나오미가 위험한 계획으로 룻을 위한 안식을 구하다(3:1-5)

B. 룻이 타작마당에서 보아스에게 접근하다(3:6-7)

C. 룻이 보아스에게 청혼하다(3:8-9)

D. 보아스가 구속을 서약하되 곤란한 문제를 소개하다(3:10-13)

E. 보아스가 보리로 그의 구속 맹세를 보장하다(3:14-15)

F. 나오미가 룻에게 기다리도록 충고하다(3:16-18)

IV. 제4장과 플롯 결말: 베들레헴 성문에서의 해결과 그 이후(4:1-17)

A. 제4장: 보아스가 성문의 장로들 앞에서 구속 권리를 얻다(4:1-12)

1. 보아스가 친족-구속자와 장로들과의 회의를 소집하다(4:1-2)

2. 보아스가 구속 권리에 대해 친족-구속자에게 도전하다(4:3-5)

3. 친족-구속자가 구속 권리를 보아스에게 양도하다(4:11-12)
4. 보아스가 구속을 확증하고 그의 의향을 분명히 밝히다(4:9-10)
5. 증인들이 주님께 룻과 보아스에게 복주시도록 요청하다(4:11-12)

B. 플롯 결말: 주님이 룻을 통해 나오미에게 구속자를 주시다(4:13-17)

1. 주님이 보아스를 통해 룻에게 아들을 허락하시다(4:13)
2. 주님이 나오미의 구속자, 오벳을 통해 그녀에게 삶을 되돌려주신 것을 찬양하다(4:14-17)

V. 에필로그: 베레스로부터 보아스와 오벳을 거쳐 다윗에 이르는 족보(4:18-22)

1 사사들이 치리하던 때에 그 땅에 흉년이 드니라 유다 베들레헴에 한
사람이 그의 아내와 두 아들을 데리고 모압 지방에 가서 거류하였는
데 2 그 사람의 이름은 엘리멜렉이요 그의 아내의 이름은 나오미요 그
의 두 아들의 이름은 말론과 기룐이니 유다 베들레헴 에브랏 사람들
이더라 그들이 모압 지방에 들어가서 거기 살더니 3 나오미의 남편 엘
리멜렉이 죽고 나오미와 그의 두 아들이 남았으며 4 그들은 모압 여자
중에서 그들의 아내를 맞이하였는데 하나의 이름은 오르바요 하나의
이름은 룻이더라 그들이 거기에 거주한 지 십 년쯤에 5 말론과 기룐
두 사람이 다 죽고 그 여인은 두 아들과 남편의 뒤에 남았더라

1 In the days when the judges ruled there was a famine in the land,
and a man of Bethlehem in Judah went to sojourn in the country of
Moab, he and his wife and his two sons. 2 The name of the man was
Elimelech and the name of his wife Naomi, and the names of his two
sons were Mahlon and Chilion. They were Ephrathites from Bethlehem
in Judah. They went into the country of Moab and remained there. 3 But
Elimelech, the husband of Naomi, died, and she was left with her two

sons. 4 These took Moabite wives; the name of the one was Orpah and
the name of the other Ruth. They lived there about ten years, 5 and both
Mahlon and Chilion died, so that the woman was left without her two
sons and her husband.

6 그 여인이 모압 지방에서 여호와께서 자기 백성을 돌보시사 그들에
게 양식을 주셨다 함을 듣고 이에 두 며느리와 함께 일어나 모압 지방
에서 돌아오려 하여 7 있던 곳에서 나오고 두 며느리도 그와 함께 하
여 유다 땅으로 돌아오려고 길을 가다가 8 나오미가 두 며느리에게 이
르되 너희는 각기 너희 어머니의 집으로 돌아가라 너희가 죽은 자들
과 나를 선대한 것 같이 여호와께서 너희를 선대하시기를 원하며 9 여
호와께서 너희에게 허락하사 각기 남편의 집에서 위로를 받게 하시기
를 원하노라 하고 그들에게 입 맞추매 그들이 소리를 높여 울며 10 나
오미에게 이르되 아니니이다 우리는 어머니와 함께 어머니의 백성에
게로 돌아가겠나이다 하는지라 11 나오미가 이르되 내 딸들아 돌아가
라 너희가 어찌 나와 함께 가려느냐 내 태중에 너희의 남편 될 아들들
이 아직 있느냐 12 내 딸들아 되돌아 가라 나는 늙었으니 남편을 두지
못할지라 가령 내가 소망이 있다고 말한다든지 오늘 밤에 남편을 두
어 아들들을 낳는다 하더라도 13 너희가 어찌 그들이 자라기를 기다
리겠으며 어찌 남편 없이 지내겠다고 결심하겠느냐 내 딸들아 그렇지
아니하니라 여호와의 손이 나를 치셨으므로 나는 너희로 말미암아 더
욱 마음이 아프도다 하매 14 그들이 소리를 높여 다시 울더니 오르바
는 그의 시어머니에게 입 맞추되 룻은 그를 붙좇았더라

6 Then she arose with her daughters-in-law to return from the country
of Moab, for she had heard in the fields of Moab that the Lord had
visited his people and given them food. 7 So she set out from the
place where she was with her two daughters-in-law, and they went

on the way to return to the land of Judah. 8 But Naomi said to her two
daughters-in-law, "Go, return each of you to her mother's house. May
the Lord deal kindly with you, as you have dealt with the dead and with
me. 9 The Lord grant that you may find rest, each of you in the house
of her husband!" Then she kissed them, and they lifted up their voices
and wept. 10 And they said to her, "No, we will return with you to your
people." 11 But Naomi said, "Turn back, my daughters; why will you
go with me? Have I yet sons in my womb that they may become your
husbands? 12 Turn back, my daughters; go your way, for I am too old
to have a husband. If I should say I have hope, even if I should have a
husband this night and should bear sons, 13 would you therefore wait till
they were grown? Would you therefore refrain from marrying? No, my
daughters, for it is exceedingly bitter to me for your sake that the hand
of the Lord has gone out against me." 14 Then they lifted up their voices
and wept again. And Orpah kissed her mother-in-law, but Ruth clung to
her.

15 나오미가 또 이르되 보라 네 동서는 그의 백성과 그의 신들에게로
돌아가나니 너도 너의 동서를 따라 돌아가라 하니 16 룻이 이르되 내
게 어머니를 떠나며 어머니를 따르지 말고 돌아가라 강권하지 마옵소
서 어머니께서 가시는 곳에 나도 가고 어머니께서 머무시는 곳에서
나도 머물겠나이다 어머니의 백성이 나의 백성이 되고 어머니의 하나
님이 나의 하나님이 되시리니 17 어머니께서 죽으시는 곳에서 나도 죽
어 거기 묻힐 것이라 만일 내가 죽는 일 외에 어머니를 떠나면 여호와
께서 내게 벌을 내리시고 더 내리시기를 원하나이다 하는지라 18 나오
미가 룻이 자기와 함께 가기로 굳게 결심함을 보고 그에게 말하기를
그치니라

15 And she said, "See, your sister-in-law has gone back to her people
and to her gods; return after your sister-in-law." 16 But Ruth said, "Do
not urge me to leave you or to return from following you. For where
you go I will go, and where you lodge I will lodge. Your people shall
be my people, and your God my God. 17 Where you die I will die,
and there will I be buried. May the Lord do so to me and more also if
anything but death parts me from you." 18 And when Naomi saw that
she was determined to go with her, she said no more.

19 이에 그 두 사람이 베들레헴까지 갔더라 베들레헴에 이를 때에 온
성읍이 그들로 말미암아 떠들며 이르기를 이이가 [1]나오미냐 하는지
라 20 나오미가 그들에게 이르되 나를 나오미라 부르지 말고 나를 [2]마
라라 부르라 이는 전능자가 나를 심히 괴롭게 하셨음이니라 21 내가
풍족하게 나갔더니 여호와께서 내게 비어 돌아오게 하셨느니라 여호
와께서 나를 징벌하셨고 전능자가 나를 괴롭게 하셨거늘 너희가 어찌
나를 나오미라 부르느냐 하니라

19 So the two of them went on until they came to Bethlehem. And when
they came to Bethlehem, the whole town was stirred because of them.
And the women said, "Is this Naomi?" 20 She said to them, "Do not
call me Naomi;[1] call me Mara,[2] for the Almighty has dealt very bitterly
with me. 21 I went away full, and the Lord has brought me back empty.
Why call me Naomi, when the Lord has testified against me and the
Almighty has brought calamity upon me?"

22 나오미가 모압 지방에서 그의 며느리 모압 여인 룻과 함께 돌아왔
는데 그들이 보리 추수 시작할 때에 베들레헴에 이르렀더라

22 So Naomi returned, and Ruth the Moabite her daughter-in-law

with her, who returned from the country of Moab. And they came to Bethlehem at the beginning of barley harvest.

1) 희락 2) 괴로움

1 Naomi means *pleasant 2 Mara* means *bitter*

단락 개관

룻기 1장은 이 플롯의 무대 설정(1-5절)과 제1장(6-22절)으로 구성되어 있다. 이 책의 주요 등장인물 셋 중에 두 명을 크게 다룬다. 과부가 된 나오미와 나오미의 며느리로서 과부가 된 모압 여인 룻이다. 내레이터는 '이주'란 주제로 이번 장을 줄곧 엮고 있다. 엘리멜렉의 가족이 베들레헴으로부터 이주하고, 나오미는 베들레헴으로 돌아간다. 오르바는 모압에 있는 친정으로 되돌아가고, 룻은 나오미와 함께 베들레헴으로 이주한다.

서문(1-5절)은 약 십 년에 걸쳐 나오미를 괴롭히는 다양한 비극들에 대해 얘기한다. 내레이터는 한 비극에 이은 다른 비극을 연속적으로 빠르고 간결하게 다루는데, 이는 나오미의 슬픔이 지닌 복합적인 강도를 부각시킨다. 그녀는 집안의 모든 남자가 없어지는 바람에 안정, 식량 또는 유산의 관습적 수단을 모두 상실하고 만다.

주된 행동은 과부가 된 나오미가 모압의 들판에서 주님이 그분의 백성을 돌보셔서 그들에게 양식을 주셨다는 소식을 들을 때(6절) 시작된다. 따라서 그녀는 유다로 돌아가기로 결심한다. 제1장은 주로 길에서 나누는 세 과부들(나오미와 두 명의 며느리) 간의 대화로 펼쳐진다. 이 장면의 절정은 룻이 나오미에게 달라붙고(14b절) 나오미에 대한 그녀의 불굴의 충성을 말로 표현하는 대목이다. 그리고 나오미가 슬픔에 젖어 베들레헴 여자들에게 주님이 그녀를 괴롭게 하셨다고 하소연하는 대목(20-21절)도 중요하다. 그런데 제1장은 세 과부의 괴로움을 솔직하게 전달하면서도 희망의 불빛이 깜박거리는 장면으로 끝난다. 그것은 나오미와 룻이 보리 추수가 시작될 때 베들레헴에 도착한다는 대목이다(22절). 줄거리가 진행됨에 따라 이 깜박이는 불빛이 점점 커져가는 만큼, 룻기 1장은 이 책의 전반적 맥락에서 나오미를 향한 주님의 인자하심을 입증하는데 필요한 무대를 설정해준다.

단락 개요

I. 서문과 제1장: 집을 떠났다가 돌아오다(1:1-22)

A. 집을 떠나다: 텅 빈 나오미의 복합적 환난(1:1-5)

B. 집에 돌아오다: 모압에서 베들레헴으로 오는 길에서(1:6-21)

1. 집으로 돌아가기로 결심하다: 나오미는 집으로 돌아가기로 결심하되 며느리에게는 친정으로 돌아가도록 강권하다(1:6-14a)
2. 함께 있기로 결심하다: 룻이 나오미, 나오미의 백성 그리고 나오미의 하나님과 함께 하다(1:14b-18)
3. 나오미가 '쓰라린'이라 개명하기로 결심하다: 나오미가 자신의 텅 빈 상태를 하나님의 냉대로 해석하다(1:19-21)

C. 집에 돌아오다: 나오미가 보리 수확이 시작될 때 룻과 함께 베들레헴으로 돌아오다(1:22)

주석

1:1 1절의 첫 절(節)에서 내레이터가 이 드라마의 폭넓은 시간적 맥락을 밝힌다. "사사들이 치리하던 때에." 이스라엘 역사의 이 기간은 여호수아의 죽음과 사울의 즉위 사이에 해당되고 그 연대기는 대체로 사사기에 나온다(참고. 서론의 '개관'). 사사기는 이 시대의 영적 및 도덕적 분위기를 이렇게 요약한다. "그때에 이스라엘에 왕이 없으므로 사람이 각기 자기의 소견에 옳은 대로 행하였더라"(삿 21:25). 당시에는 영적 혼란과 도덕적 무질서가 만연했던 것 같다.

룻기 1:1의 둘째 절은 이 무대에 보도된 사건들을 초래하는 구체적인 계기를 알려준다. 바로 기근(흉년)이다. 약속의 땅에서 발생하는 기근은 조짐이 나쁘다. 기근은 자명한 위기를 초래할 뿐 아니라 하나님의 심판과 연계되어 있을 가능성도 있다. 모세를 통해 주님은 이스라엘의 언약적 성실함을 (그 땅의 풍성한 열매를 포함하는, 신 28:1-4) 복으로 보상하고, 언약적 불성실함을 (기근을 포함한, 28:15-68, 참고. 창 3:17-19) 저주로 심판하겠다고 약속하셨다. 내레이터가 이 특정한 기근의 기원은 설명하지 않지만, 구속 역사의 이 시점에 유다에서 발생하는 기근은 그 백성 가운데 만연된 모종의 불성실함을 암시할 수 있다. 물론 그렇다고 엘리멜렉의 가족이 반드시 그랬다고 단정할 수는 없다.

이후 렌즈의 초점이 "유다 베들레헴[의] 한 사람" 즉 아내와 두 아들과 함께 사해의 동편에 있는 "모압 지방에서 가서 거류[하려고]" 기근이 든 베들레헴을 떠나는 인물에게 맞춰진다. 모압 사람과 이스라엘 사람은 모두 데라의 후손이었으나(창 19:36-37) 그 민족 간의 상호작용은 종종 적대적인 성격을 띠었다(민 22:1-24:25; 25:1; 신 23:3-6; 삿 3:12-30). 내레이터는 엘리멜렉이 베들레헴을 떠나기로 결정한 것에 대해 명시적 평가를 내리지 않으므로 독자들이 그들 나름의 결론을 내릴 필요가 있다. 기근이 아이러니하게 "베들레헴"(빵집)에 닥친다는 사실은 그 땅에서 이상적인 언약적 생활로부터 일탈했다는 어조를 더욱 높인다. 게다가, 이스라엘 사람이 모압에 거류하려고 가나안을 떠나기로 한 결정 역시 불길한 그림자를 드리운다.

1:2-5 내레이터가 그 유다 가족의 신원을 밝히고 모압에서 정착하는 모습을 알려줌으로써(2절) 이 플롯의 무대를 계속 설정하고 있다. 내레이터는 그 가족의 개인적 이름들과 씨족을 제공한다. 그들은 "유다 베들레헴 태생으로서, 에브랏 가문 사람"(새번역)이다. 이곳은 또한 다윗 왕의 씨족이자 고향이고 조상의 영토이며, 그 중요성은 이 책의 결말이 분명히 밝히고 있다(4:17-22, 참고. 창 49:10; 삼상 17:12).

그 가족이 모압에서 거주하기 시작한 후 엘리멜렉이 죽는다. 이제 나오미는 두 아들만 '남은' 상태라서 남편의 죽음은 그녀에게 위기를 초래한다(엘리멜렉을 나오미의 남편이라 부르는 것은 그녀의 상실을 강조한다). 결국 인생은 계속 이어진다. 나오미의 두 아들이 모압 여자들과 결혼하고, 그들이 약 10년 동안 "거기에 거주[했다]". 가족이 모압에 몸담고 있는 모습이 '거류하다'(1:1)에서 '거기에 머물렀다'(2절)를 거쳐 "십 년쯤"(4절)으로 미묘하게 진화한다.

여기서 다시금 내레이터는 거주 또는 혼인에 관한 이들의 결정을 명시적으로 평가하지 않으므로 독자들이 그들 나름의 결론을 내리지 않을 수 없다. 율법은 구체적으로 모압 사람과의 혼인을 금지하진 않아도(가나안 사람과의 혼인처럼, 예. 신 7:1-3), 모압 사람이 십대에 이르기까지 여호와의 총회에 들어오는 것은 분명히 금지한다(신 23:3). 언약집단에 속하지 않는 사람과의 혼인은 주님에 대한 충성을 위협하게 된다(예. 왕상 11:4; 스 10:3; 느 13장; 시 106:35-36). 그러면 나오미의 아들들이 모압 여자들과 결혼하는 것은 언약에 불성실한 행동일까? 나오미가 그 아들들을 다르게 지도했어야 할까? 이 가족은 모압에 머물러 있어서 불성실하게 행하는 것일까? 이 플롯이 이런 문제들에 대해 모호함에도 불구하고 그 모든 일을 통해 주님의 섭리가 작동하고 있다고 분명히 밝힌다.

결국은 나오미의 '아들들'(또는 '자녀들')까지 죽는 바람에 "그 여인"은 가족 중에 남은 남자가 하나도 없이 "남았[다]". 나오미를 "그 여인"이라 부르는 것은 법적이고 경제적인 안정이 남자에게 달려있는 사회에서 남편이나 아들이 없는 거류민이 된 그녀의 취약한 상태를 강조한다. 한편, 그녀의 아들들을 '자녀들'이라 부르는 것은 어머니로서 느끼는 그녀의 고뇌를 의미한다(참고. 4:13-17 주석). 전반적으로, 이 배경은 격변의 위기로 트라우마에 빠진 한 여자를 묘사한다. 그녀는 불가항력적인 상실로 엄청난 충격을 받았고 이제는 사회경제적인 지지에 접근할 길이 없다. 그녀는 과연 어떻게 될 것인가?

1:6-7 플롯의 주된 행동은 다음 시점, 곧 나오미가 주님이 '그분의 백성을 방문하셨다'(ESV 참고, 개역개정은 "여호와께서 자기 백성을 돌보시사")는 소식에 반응하여 며느리와 함께 일어나서 집으로 돌아가기로 결심할 때 시작된다. 하나님께서 언약 백성을 방문하신다는 것은 그분의 심판(예. 출 34:7) 또는 은총(예. 창 21:1; 50:24-25; 출 4:31; 삼상 2:21)을 의미할 수 있다. 이 경우에는 주님이 은혜롭게 그분의 백성에게 추수할 비를 보내셔서 "그들에게 양식을 주셨다"[또는 '그들에게 빵을 주셨다'. 이는 '베들레헴'(빵집)과의 언어유희인 듯하다]. 이로써 주님의 친절하심이 이 플롯의 행동을 주도하는데, 이는 플롯의 결말에서도 나타날 것이다(참고. 4:13-17 주석).

돌아감의 개념이 제1장의 핵심에 놓여있고 '돌아가다'의 열두 가지 형태가 여기에 나온다[1:6, 7, 8, 10, 11, 12, 15(2번), 16, 21, 22(2번)]. '돌아가다'[히. 슈브(*shuv*)]가 제1장의 서문(6-7절)과 결말(1:21)에 이중적으로 사용되고 있다. 처음에 나오는 두 경우는 나오미 여정의 발단(모압)과 목적지(유다)를 명시한다. 제1장의 '귀환'이란 모티브는 주님과 그분의 백성이 서로를 향해 얼굴을 돌리는 것을 포함해 풍부한 성경신학적 주제를 상기시킨다. 예컨대, 신명기 30:1-10은 주님이 자비롭게 그분의 백성을 향해 돌이키시고, 이에 따라 그들이 회개하여 포로상태에서 가나안으로 돌아오고 그분께로 향할 것을 예언하기 위해 "돌아오다"를 뜻하는 히브리어 단어를 크게 다룬다[신 30:1, 2(2번), 3(2번), 8, 9, 10].[8] 룻기의 내레이터가 이 폭넓은 성경신학적 패턴을 끌어내는 듯하지만, 그렇다고 나오미가 베들레헴으로 돌아가는 것을 굳이 죄로부터 회개하는 것으로 해석할 필요는 없다. 적어도, 하나님의 자비로운 방문에 반응하여 나오미가 돌아가는 것을(주제의 차원에서) 강조하는 대목은 성경을 아는 청중에게 유다에서 행복한 반전이 나오미를 기다리고 있다는 기대감을 높여준다.

1:8-9 내레이터는 나오미의 환난(1:1-5)과 돌아가려는 결심(6-7절)을 설정한 후 내러티브의 템포를 느리게 하고 등장인물들을 발전시킨다. 제1장은 대체로 비애를 심화시키는 대화를 통해 전개된다. 예컨대, 나오미의 두 며느리에 대한 화두(8-9a절)와 그들의 반응(9b절)은 그들의 깊은 상호 사랑을 드러낸다.

나오미가 두 며느리의 재혼과 출산을 원하는 것은 특히 혼인과 자녀 출산이 여자에게 안정을 안겨주기 때문이다. 나오미가 생각하기에는 모압 여인인 오르바와 룻이 유다에서 재혼하여 자녀를 낳을 전망이 별로 없기 때문이었다. 그래서 나오미는 각 며느리에게 어머니의 집으로 "돌아가[서]" 어머니의 도움으로 재혼하라고 충고한다(참고. 창 24:28). 이어서 나오미가 그들을 축복한다.[9] 구체적으로 말하면, 나오미는 그들이 그녀와 "죽은 자들"(즉, 나오미의 아들들)을 '친절하게 대한'("선대") 것처럼 주님이 그들을 그렇게 대해주시고 재혼을 통해 '안식'("위로")을 주시기를 간구한다.[10] 적어도 부분적으로, 나오미는 오르바와 룻을 주님의 돌보심에 의탁하고 있다(참고. 1:14b-18 주석). 그녀는 주님에게 복 주실 능력이 있음을 인정한다. 비록 그녀가 곧 주님이 그녀를 개인적으로 축복하실 가능성에 대해서는 회의를

8 신명기 30장에서 마음을 강조하는 것은 주님의 종말론적 은혜를 다루는 구약 본문들(예. 렘 31:33; 겔 36:26)과 부합한다. 느헤미야가 수산에서 기도할 때 어떻게 이 신명기적 예언에 호소하는지를 주목하라(느 1:8-9). 신명기 30장에 나오는 주님과 그분의 백성의 돌이킴 간의 관계에 대한 논의는 다음 주석을 참고하라. J. G. McConville, *Deuteronomy*, ApOTC 5 (Downers Grove, IL: IVP Academic, 2002), 423-433.

9 이 책은 대체로 축복, 기도 그리고 하나님 백성의 서원을 통해 주님이 주권적으로 임재하시는 모습을 강조한다(1:8-9, 17; 2:4, 12, 20; 3:10, 13; 4:11-12, 14). 내레이터가 주님의 직접적인 개입을 명시적으로 묘사하는 대목은 두 군데밖에 없다(1:6; 4:13).

10 후자에 대해서는 3:1-5 주석을 참고하라. 전자에 대해서는, 한결같은 사랑을 보여줄 때 신적 보상이 따른다는 개념이 2:12에도 나온다.

표명하고 따라서 그녀의 며느리들을 포함해 그 운명이 그녀와 묶여있는 사람에 대해서도 그렇게 생각하지만 말이다.

나오미의 축복은 이 책에서 두 개의 중요한 주제를 도입한다. 친절함(kindness)과 안식(rest)이다. '친절하게 대하다'는 어구를 좀 더 딱딱하게 번역하면 '인자함을 행하다'가 된다. 이 책에 세 번 나오는 언약적 '친절함'에 해당하는 단어[히. 헤세드(*hesed*)]는 구약에서 종종 그분의 구속된 백성을 향한 주님의 인자하심을 묘사하는데 사용되곤 한다(참고. 서론의 '신학'). 나오미가 내다보는 '안식'은 구체적으로 새로운 혼인과 가정이 제공하는 안정과 관련이 있다. 그러나 "사사들이 치리하던 때에"(1:1) 발생해서 다윗의 족보에서 절정에 이르는 드라마에서는 '안식'이 그보다 더 큰 의미를 암시한다(참고. 4:17-22 주석). 말하자면, 과부는 남편이 제공하는 안정이 필요하고, 언약 가족 전체는 왕이 제공하는 안정이 필요하다는 것이다. 그런즉 '안식'을 향한 명시적 열망은 미묘하게 이 책의 절정에 해당하는 다윗 왕조를 위한 길을 닦아주고 있다.[11]

하지만 길을 가는 순간에는 그 과부들이 그런 "안식"의 개념을 포착하기가 힘들 것이다. 나오미가 며느리들에게 입을 맞추고 그들에게 작별 인사를 한다. 그들은 "소리를 높여 울[었다]".

1:10-14a "아니니이다 우리는 어머니와 함께 어머니의 백성에게로 돌아가겠나이다" 하고 오르바와 룻이 항의한다. 그래서 나오미가 며느리들을 향한 본래의 충고를 더욱 증폭시킨다. 나오미는 오르바와 룻을 "내 딸들"(11, 12, 13절, 참고. 2:2, 8, 22; 3:1, 10, 11, 16, 18)이라 부드럽게 부르면서 그들에게 "돌아가라"고 두 번이나 명령하고, 그들이 유다에서 맞을 암울한 전망을 역설하려고 일련의 수사적 질문들을 던진다. 나오미는 출산할 수 없는 자신의 상태를 주목하게 하고, 비록 그녀가 더 많은 아들을 임신해서

11 참고. 사무엘하 7:1, 10-11에 나오는 '안식'.

아들들과 며느리들 간에 혼인을 성사시킬지라도 새로운 아들이 성숙할 때까지 걸리는 시간 때문에 그런 계획이 수포로 돌아갈 것이라고 설명한다. 이 대목에서 나오미가 계대결혼법(신 25:5-6)을 암시하는 듯하다. 이 법은 죽은 남편의 형제가 그의 과부와 결혼하게 규정함으로써 과부를 돕기 위한 것이다. 나오미는 현재 며느리들에게 긍정적 결과를 낳을 수 있는 현명한 선택을 내리도록 설득하는 중이다.

나오미는 자기 논리를 매듭짓기 위해 "여호와의 손이 나를 치셨[다]"[12]고 선언한다. 통치자의 "손"은 종종 그의 힘과 권위를 의미한다(예. 출 7:5; 신 5:15; 삿 7:9). 때로는 주님이 그분의 팔을 뻗치거나(예. 렘 21:5) 그분의 손으로 치는(예. 신 2:15; 삿 2:15; 삼상 12:15) 대상은 바로 그분에게 속한 반역적인 백성이다. 이런 노선을 따라, 나오미는 그녀의 고난이 주님의 진노에서 나오는 것으로 해석한다(참고. 1:20-21). 그녀는 스스로가 주님이 책망하시는 표적이라서 며느리들을 부양하기에 부적합한 자라고 의심한다. 나오미의 긴급한 간청 이후 그 여자들은 다시 큰 소리로 운다(14a절, 참고. 1:9). 그들의 고뇌가 이 장면의 극적인 전환점을 위한 무대를 설정해준다.

1:14b-18 이제 며느리들이 결정하는 중요한 순간을 다룬다. 내레이터가 그들의 반응을 요약하고(14b절) 나서 상세히 설명한다(15-18절). 오르바는 나오미에게 입을 맞추고 작별 인사를 하지만(참고. 1:9) 룻은 그녀에게 달라붙는다. 예상된 오르바의 결정이 룻의 이타적인 결정의 놀라운 성격을 더욱 부각시킨다(참고. 4:1-8에 나오는 비슷한 내러티브 전략).[13]

12 주석가들은 나오미의 말의 뜻을 다양한 방식으로 해석한다. 일부는 나오미의 선언이 그녀가 기꺼이 주님과 공개적으로 소통하겠다는 자세를, 말하자면, "사사들이 치리하던 시대의 어둡고 의심스러운 배경에 비해 여호와에 대한 믿음과 확신이 밝게 빛나는 모습"을 표현한다고 주장한다. David Atkinson, *The Message of Ruth: The Wings of Refuge*, BST (Downers Grove: IL: IVP Academic, 1983), 54. 하지만 이보다 더 가능성이 많은 견해는 나오미가 깊은 고뇌에 빠진 상태에서 주님을 그녀의 적으로 생각한다는 것이다(예. Hubbard, *Book of Ruth*, 112-113).

13 참고. Daniel I. Block, *Ruth: A Discourse Analysis of the Hebrew Bible*, ZECOT (Grand Rapids, MI: Zondervan, 2015), 91.

룻은 유다에서 음울한 전망이 그녀를 기다리고 있음에도 나오미에게 '달라붙기로' 결심한다. 그처럼 달라붙는 모습은 혼인의 합일(창 2:24) 또는 이스라엘과 주님의 관계(신 10:20)와 같은 경우에 볼 수 있는 언약 관계에 대한 불굴의 헌신의 전형이다. 룻은 충성스런 사랑으로 과부인 나오미에게 달라붙음으로써 율법의 본질을 구현한다(참고. 롬 13:8-10). 사실 보아스는 룻의 나오미에 대한 헌신을 "인애"(또는 '친절함, 인자함', 3:10, 참고. 2:11)로, 베들레헴 여자들은 그것을 "사랑"(4:15)으로 부른다. 룻은 단지 나오미의 며느리(그리고 모압 여인!)에 불과할지 몰라도 룻의 나오미에 대한 친족 관계는 피보다 더 진하다.

내레이터는 전환점이 되는 이 행동을 간결하게 요약한 후(14b절) 룻의 나오미에 대한 헌신에 관해 상세히 설명한다. 나오미가 한 번 더 룻에게 호소하며 "그의 백성과 그의 신들에게로 돌아간" 그녀의 동서 오르바를 따라가라고 재촉한다. 룻이 오르바를 "따라 돌아가[야]" 한다고 말이다(15절). 나오미의 마지막 호소는 룻의 결정이 지닌 종교적 의미를 드러낸다. 룻이 그녀의 친정으로 돌아간다는 것은 모압의 영토 신(神)인 그모스(참고. 민 21:29; 삿 11:24)를 포함한 원주민의 신들에게 돌아가는 것을 의미한다.

룻은 시어머니의 긴급함과 이타적 사랑에 어울리는 그런 것으로 나오미의 호소를 다시 거절한다(16-17절). 룻이 그녀의 비타협적인 헌신을 거듭 단언하는 가운데 나오미가 룻에게 자기를 버리도록 요청하길 중단해야 한다고 주장한다. 나오미가 정착하기로 결정하는 곳이면 어디든지 룻도 정착할 것이다. 나오미의 백성과 하나님이 룻의 백성과 하나님이 될 것이다. 사실 룻의 충성은 이생 너머까지 연장된다. 나오미가 죽는 곳이면 어디든지 룻도 죽어서 묻힐 것이기 때문이다. 룻의 단호한 선언이 번영이 아닌 죽음의 이미지에서 절정에 이른다는 사실은 유다에서의 과부 거류민의 삶에 관한 나오미의 음울한 전망에 룻이 동의하고 있음을 가리키는 듯하다.[14]

14 참고. 같은 책.

룻의 마지막 말은 그녀의 진실한 결의를 훌륭하게 장식한다. 그녀가 혹시 나오미를 버린다면 자기를 벌해달라고 (그모스가 아니라) 주님께 간청하는 자기 저주형 맹세를 하는 대목이다(참고. 삼상 20:13).[15] 룻의 수그러들지 않는 결의에 결국 나오미는 설득을 당해 더 이상 말하지 않는다.

1:19-21 두 과부가 여정을 재개하여 마침내 베들레헴에 도착한다. 나오미의 귀향이 상당한 소동을 일으키는 것은 남편이나 아들들이 없이 룻과 함께 돌아오기 때문일 가능성이 많다. 텅 빈 나오미를 보고 베들레헴 여자들은 너무도 충격을 받아서 "이게 정말 나오미인가?"(새번역)하며 묻는다.

나오미는 깜짝 놀라는 반응에 그녀의 슬픔의 무게를 드러내는 방식으로 응답한다(20-21절). 그녀는 "나오미"('유쾌한', 참고. ESV 난외주)라 불리는 것을 반대하고 그 대신 그들에게 그녀를 "마라"('쓰라린', 참고. ESV 난외주)라고 불러달라고 권유한다. 나오미가 보기에는 주님[그녀가 두 번 "전능자"('the Almighty' 또는 'Shaddai', 참고. 창 17:1; 출 6:3; 욥 27:2; 시 91:1)라고 부르는 분]이 그녀를 너무도 비참하게 만들어서(참고. 룻 1:13) 그녀가 쓰라림의 화신이 된 것이다. 그녀가 '가득 찬 채로' 베들레헴을 떠났으나 주님이 그녀를 '텅 비어서' 돌아오게 하셨다. 21절에 나오는 그녀의 불평의 구조마저 주님께 버림을 받았다고 느끼고 있음을 전달한다. 히브리어를 보면 그녀가 '나'로 시작해서 '주님'으로 마무리함으로써 양자를 양쪽 극단에 둔다.[16] 나오미가 보

15 참고. 각주 9. 돈나 페터는 이렇게 설득력 있게 주장한다. "요컨대, 룻은 이스라엘 사람이 되겠다고 서약한다…룻이 유다로 이주함으로써 의도적으로 이스라엘 사람이 되고 주님을 영접한다는 사실은 고대 세계에서 자기가 이주한 땅의 신을 채택하는 사람의 전형이다. 하지만 당시에 평균적인 이스라엘 사람이 주님과 나란히 외국 신들을 채택하는 경향이 있었다는 것에 비춰보면 그녀의 행동은 이례적이다…모압 여인 룻은 여호와를 완전히 또 오로지 영접한다는 점에서 모범적인 이스라엘 사람이다. 그러나 그녀는 또한 모세의 율법을 따라 친절함을 보여주는 점에서도 모범적인 이스라엘 사람이다." Donna Petter, "Ruth," in *The Baker Illustrated Bible Commentary*, ed. Gary Burge and Andrew Hill (Grand Rapids, MI: Baker, 2012), e-book, ch 2, section C, "Ruth's Resolve and Confession(1:16-17)." 가나안 창녀였던 라합 역시 이스라엘의 하나님과 백성에게 언약에 대한 충성을 서약하고 그로써 합법적인 이스라엘 사람이 된다(수 2:9-13, 참고. 수 6:25). 의미심장한 사실은 라합이 결국 살몬과 결혼해서 보아스를 낳는다는 것이다(룻 4:21, 참고. 마 1:5-6).

16 Block, *Ruth*, 103.

기에는 주님이 그녀에게 '불리한 증언(또는 답변)을 하셨고'(ESV 참고, 개역개정은 "나를 징벌하셨고") 전능자가 그녀에게 재앙을 가져오셨으니 그녀를 '유쾌한'이라 부르는 것은 잔인한 아이러니다. 나오미가 스스로를 비참한 자라 부르고 주님의 이름을 간접적으로만 부른다는(즉, 다른 사람들과의 대화에서, 1:8-9, 13, 20-21) 사실은 그녀가 유다로 돌아오는 것이 곧 마음으로 주님께로 돌이킨다는 뜻이 아님을 암시한다.

나오미의 불평은 특히 하나님의 언약 백성 가운데 일어나는 고난의 성격 및 원인과 관련해 중요한 질문을 제기한다. 이런 의미에서 룻기는 욥기와 공통된 주제들을 공유한다. 두 책 모두 등장인물들이 쓰라린 상실과 씨름하는 모습(참고. 욥 27:2)을 그리고, 두 책의 줄거리도 그런 상실에 대한 지나치게 단순한 기계론적 견해에 도전한다. 룻기의 내레이터는 어디서도 나오미가 사별한 직접적 근원을 명시하지 않고 나오미가 생각하듯 그녀에게 불리한 주님의 증언의 결과인지 여부도 밝히지 않는다. 나오미의 환난 중 일부는 죄에 대한 주님의 징계(참고. 신 8:1-10)와 관련이 있을 수도 있고 어쩌면 이 드라마의 배경에 나오는 결정들(룻 1:1-5)과 연관될지도 모른다. 그러나 주님이 비록 나오미나 가족이 지은 특정한 죄에 반응하여 그녀를 괴롭히셨다고 할지라도, 그분은 신자들의 궁극적 유익을 위해 그들을 징계하실 뿐이다(예. 신 8:1-10). 달리 말하면, 그것은 회복적 징계이다. 더구나 그분은 마음으로 그분께 돌아오는 사람들에게 자비를 베풀겠다고 약속하신다(예. 신 30:1-10).

나오미는 언약 관계의 이런 측면, 즉 주님은 그분의 백성을 징계하되 오직 그들의 궁극적 유익을 위해 그렇게 하시고 기꺼이 회개하는 신자들을 회복시키신다는 진리를 망각한 듯하다.[17] 하지만 나오미의 상실이 그녀나

17 나오미는 주님의 주권적 능력을 분명히 인정한다. 그녀는 주님이 은혜롭게 그분의 백성을 돌보셨다는 소식을 신뢰한다(1:6). 그녀는 주님이 그녀의 며느리들에게 "안식"의 복을 주실 수 있다고 생각한다(1:8-9). 그녀는 주님이 그녀를 괴롭히기 위해 그분의 손으로 그녀를 치실 능력이 있다고 믿는다(1:13, 20-21). 그러나 그녀는 주님이 남들에게는 선을 행하실 능력이 있다고 믿지만 그녀에게 선을 행하고 싶어 하신다고는 믿지 않는다.

가족의 죄와 연관된 주님의 냉대로 인한 것이 아니라 오히려 깨어지고 타락한 세상에서 사는 것에서 유래하는 일반적인 결과일 가능성도 똑같이 존재한다. 이 경우에는 그런 상실도 주님의 주권이 미치는 범위 내에 속한다. 성경의 전반적 가르침에 따르면, 주님은 고통 받는 신자들에게 한결같은 사랑을 보여주시되 이 타락한 세상에서 잊히고 버림받았다고 느끼는 사람들에게도 그렇게 하시겠다고 약속하신다(예. 시 13편). 주님은 그분의 백성에게 환난을 당할 때 그분께 돌아오라고 부르신다. 그런데 나오미는 주님을 향해 그녀의 눈을 들고 그녀를 친절하게 대해달라고 간청하기보다는 그분의 진노의 표적이 되었다고 선언한다.

1:22 자기의 비참함을 토로하는 나오미의 모습 뒤에서 희망의 불빛이 깜박거린다. 사실 내레이터는 하나님께 버림받았다는 나오미의 생각을 온유하게 바로잡는 방식으로 제1장(1:6-22)을 정교하게 만든다. 이 장면의 구조는 나오미에게 부족한 것보다 그녀에게 있는 것을 부각시킨다. 이 드라마는 하나님의 자비(1:6)로 시작되고, 룻의 나오미에 대한 불굴의 충성에서 절정에 이르고(1:14b-17), 주님의 은혜의 두 가지 가시적 증거(22절)를 강조하면서 막을 내린다. 구체적으로 말하면, 내레이터는 나오미가 '룻과 함께'(즉, 나오미는 완전히 '텅 빈' 상태가 아니다, 1:21, 참고. 4:15), 그것도 '추수 계절'에 성공적으로 돌아온다고 알려준다. 후자는 나오미가 모압 들판에서 들었던 좋은 소식(1:6)을 확증해주고 제2장으로 순조롭게 전환시켜준다.

주님의 자비를 보여주는 구체적인 증거가 나오미의 의식을 새롭게 해주었어야 하는데 그녀의 불행을 완화시키지는 못한 듯하다. 나오미의 낙담이 그녀의 시야를 너무나 지배한 나머지 주님의 인자하심을 보여주는 이런 표징들에 감사할 수 없는 상태다. 그녀는 개인적 회복에 대한 희망을 잃어버린 채 집으로 돌아온 것 같다. 그러나 이 드라마가 앞으로 펼칠 것처럼, 절망에 빠진 나오미의 모습이 주님이 자비를 베풀어 사랑하는 딸을 새롭게 하시는 무대를 설정해준다.

응답

룻기 1장은 나오미를 중심인물로 다루는데, 그녀는 적어도 십 년 동안 복합적인 환난을 견딘 구약의 성도이다. 그래서 내레이터는 인간이 기근, 두려움, 죽음, 불의 그리고 우울 등 다양한 위기를 겪는 이 타락한 세상, 곧 에덴의 동쪽에서 영위하는 삶의 현실적 초상화를 제공한다. 충격적인 고통을 겪을 때 우리 신자들은 때때로 나오미처럼 우리의 환난을 하나님의 냉대를 받는 증거로 해석한다. 그러나 모든 시대의 신자들은 그런 회의주의와 전쟁을 벌여야 한다. 그리고 우리의 환경이 하나님을 해석하도록 하지 말고 하나님의 말씀이 우리의 환경을 해석하도록 허용해야 한다. 물론 하나님께서 때로는 그분의 자녀들을 고난 속으로 인도하고(참고. 벧전 1:6-7; 2:18-25; 약 1:2-4), 때로는 사랑의 징계의 일환으로 우리를 괴롭히시는 것이 사실이다(예. 신 8:5; 히 12:3-11). 그러나 신자들은 결코 우리의 고난을 우리에게 불리한 하나님의 증언으로 해석하면 안 된다. 단, 우리가 죄에 빠져 회개하지 않을 때를 제외하고. 심지어 그럴 때에도 하나님은 우리를 사랑하시기 때문에 우리의 죄에 대적하시는 것이다.

이런 노선을 따라, 내레이터가 사용하는 "귀환" 모티브는 에덴 동쪽의 언약적 삶의 세 가지 원리를 전달해준다. 첫째, 역경이 닥치면 하나님의 백성은 종종 집, 곧 하나님의 특별한 언약적 은혜의 맥락을 떠나고픈 유혹을 받는다(1:1-5). 기근이 베들레헴에 닥치자 엘리멜렉은 가족을 위해 약속의 땅 밖에서 거류지를 찾는다. 그는 언약 백성 가운데 계시는 주님 가까이 사는 특권을 우선시하지 않는 듯하다. 이와 비슷하게, 그리스도인들도 때로는 그리스도와 그분의 은혜의 수단 밖에서 만족을 찾곤 한다. 우리는 때때로 공동 예배에 참석하지 않거나 하나님의 말씀 또는 기도로 그분과 교통하지 않는 등 하나님 및 그분의 언약 백성과의 정기적인 친밀한 교제를 저버리곤 한다. 그리스도 안에 있는 우리의 특권을 당연시하면 결국 우리가 그분에게서 멀어져 방황하게 된다. 때로는 우리의 방황이 눈에 보이지만, 다른 때에는 외적인 종교 활동이 잠시 하나님에게서 멀어진 우리의 마음을 감추기도 한다(참고. 사 29:13).

둘째, 우리 신자들이 집을 떠날 때는 언제든지 돌아와야 한다(룻 1:6-21). 아버지 하나님은 항상 방황하는 자녀들을 위해 집으로 가는 길을 예비하신다. 나오미의 경우 주님께 돌아가는 것은 몸소 유다로 순례를 떠나는 것을 의미한다. 그녀는 주님이 그분의 백성 가운데 그분의 이름을 두시겠다고 약속하신 특별한 장소로 돌아간다. 새로운 신자들의 경우에는 하나님께 돌아간다는 것이 믿음과 회개로 그분께 돌이키는 것을 의미한다. 우리의 죄를 고백하고 그로부터 뒤돌아서는 것, 그분의 용서를 받는 것, 그분의 은혜에 의지하고 그분의 길을 걷기로 다시 헌신하는 것이다. 회개하는 신자들은 하나님의 말씀, 기도, 성례 그리고 지역 교회에서의 교제 등 하나님의 특별한 은혜의 수단을 다시 받아들인다. 게다가, 하나님은 고통 받는 자녀들을 위해 특별한 형태의 기도를 만드셨다. 바로 탄식의 기도다.[18] 이 노선을 따라 우리는 이런 소망을 품는다. 베들레헴 여자들이 나오미의 고뇌를 경청하고, 그녀와 함께 울고, 그녀에게 그들의 사랑과 지속적인 지지를 확신시켰는데, 이와 더불어 그들이 또한 그녀로 하여금 고통 받는 자녀들에게 귀를 기울이고 또 위로하시는 주님께 직접 나아가서 그녀의 불평을 아뢰도록 격려했길 바라는 것이다.

셋째, 신자들이 집으로 돌아가면, 하나님은 우리가 얼마나 멀리 방황했든지 또는 우리의 믿음이 얼마나 약하든지 상관없이(참고. 눅 15:11-32) 복으로 우리를 만나주신다(룻 1:22). 나오미는 그 자신(또는 신학)을 가다듬으려고 기다리지 않는다. 그녀는 모종의 참회를 해서 하나님의 비위를 맞추려고 애쓰지 않는다. 그녀는 모든 연약함과 절망을 안고 있는 모습 그대로 집으로 돌아간다. 그녀를 향한 주님의 태도에 대해 공개적으로 회의를 표명했

18 예컨대, 한나는 고통을 받는 중에 주님으로부터 도망하지 않고 그분께 나아가서 그녀의 영혼을 쏟아놓는다(삼상 1장). 시편 13편도 또 다른 고전적인 탄식의 예이다. 이보다 더 심오한 실례가 있다. 주 예수 그리스도는 겟세마네에서 아버지께 그분의 마음을 쏟아놓고(마 26:36-46) 갈보리에서 하나님의 버림을 받았다고 부르짖으면서도(마 27:46) 그 자신을 아버지의 자애로운 손에 맡기신다(눅 23:46; 벧전 2:23).

음에도 불구하고, 주님은 이 장면의 마지막 기사가 암시하고 제2장부터 제4장이 실증하듯이 비참해진 자녀를 축복으로 환영하신다. 여기에 결정적인 중점이 있다. 주님의 근본적인 태도는 그녀가 완전히 돌아오는 것에 달려있지 않고 그녀가 돌아오는 그분의 완전함에 달려있다는 것이다. 나오미를 하나님의 사랑하는 딸로 세우는 것은 나오미의 믿음의 속성이 아니라 그 믿음의 대상이다. 고통으로 인한 회의론조차 그녀를 주 예수 그리스도를 통한 하나님의 사랑에서 끊을 수 없다. 모든 시대의 신자들에게 적용되는 진리가 있다. 예수님이 우리의 죄를 짊어지신 것은 우리가 하나님의 의(義)가 되고 따라서 그분의 영원한 환영을 받게 하려는 것이란 진리(고후 5:21)이다. 그래서 우리는 환난을 겪을 때 하나님께 돌아가서 그분이 우리에게 부족한 것을 공급하실 것을 바라봐야 한다. 그분은 우리의 텅 빈 손을 은혜로 가득 채우신다. 언젠가 우리의 아버지는 우리를 영원한 집으로 인도하실 터인데, 그곳은 믿음(faith)이 보는 것(sight)이 되고 그리스도 안에 있는 하나님의 은혜의 구체적 증거로 인해 우리가 그분의 영구적인 은총을 확신하게 될 최후의 안식처이다. 주 예수님, 속히 오시옵소서!

1 나오미의 남편 엘리멜렉의 친족으로 [1]유력한 자가 있으니 그의 이
름은 보아스더라 2 모압 여인 룻이 나오미에게 이르되 원하건대 내가
밭으로 가서 내가 누구에게 은혜를 입으면 그를 따라서 이삭을 줍겠
나이다 하니 나오미가 그에게 이르되 내 딸아 갈지어다 하매 3 룻이
가서 베는 자를 따라 밭에서 이삭을 줍는데 우연히 엘리멜렉의 친족
보아스에게 속한 밭에 이르렀더라 4 마침 보아스가 베들레헴에서부
터 와서 베는 자들에게 이르되 여호와께서 너희와 함께 하시기를 원
하노라 하니 그들이 대답하되 여호와께서 당신에게 복 주시기를 원하
나이다 하니라 5 보아스가 베는 자들을 거느린 사환에게 이르되 이는
누구의 소녀냐 하니 6 베는 자를 거느린 사환이 대답하여 이르되 이는
나오미와 함께 모압 지방에서 돌아온 모압 소녀인데 7 그의 말이 나로
베는 자를 따라 단 사이에서 이삭을 줍게 하소서 하였고 아침부터 와
서는 잠시 집에서 쉰 외에 지금까지 계속하는 중이니이다

1 Now Naomi had a relative of her husband's, a worthy man of the clan
of Elimelech, whose name was Boaz. 2 And Ruth the Moabite said to
Naomi, "Let me go to the field and glean among the ears of grain after

him in whose sight I shall find favor." And she said to her, "Go, my
daughter." 3 So she set out and went and gleaned in the field after the
reapers, and she happened to come to the part of the field belonging
to Boaz, who was of the clan of Elimelech. 4 And behold, Boaz came
from Bethlehem. And he said to the reapers, "The Lord be with you!"
And they answered, "The Lord bless you." 5 Then Boaz said to his
young man who was in charge of the reapers, "Whose young woman
is this?" 6 And the servant who was in charge of the reapers answered,
"She is the young Moabite woman, who came back with Naomi from
the country of Moab. 7 She said, 'Please let me glean and gather among
the sheaves after the reapers.' So she came, and she has continued from
early morning until now, except for a short rest."[1]

8 보아스가 룻에게 이르되 내 딸아 들으라 이삭을 주우러 다른 밭으
로 가지 말며 여기서 떠나지 말고 나의 소녀들과 함께 있으라 9 그들
이 베는 밭을 보고 그들을 따르라 내가 그 소년들에게 명령하여 너를
건드리지 말라 하였느니라 목이 마르거든 그릇에 가서 소년들이 길어
온 것을 마실지니라 하는지라 10 룻이 엎드려 얼굴을 땅에 대고 절하
며 그에게 이르되 나는 이방 여인이거늘 당신이 어찌하여 내게 은혜
를 베푸시며 나를 돌보시나이까 하니 11 보아스가 그에게 대답하여 이
르되 네 남편이 죽은 후로 네가 시어머니에게 행한 모든 것과 네 부모
와 고국을 떠나 전에 알지 못하던 백성에게로 온 일이 내게 분명히 알
려졌느니라 12 여호와께서 네가 행한 일에 보답하시기를 원하며 이스
라엘의 하나님 여호와께서 그의 날개 아래에 보호를 받으러 온 네게
온전한 상 주시기를 원하노라 하는지라 13 룻이 이르되 내 주여 내가
당신께 은혜 입기를 원하나이다 나는 당신의 하녀 중의 하나와도 같
지 못하오나 당신이 이 하녀를 위로하시고 마음을 기쁘게 하는 말씀

을 하셨나이다 하니라
8 Then Boaz said to Ruth, "Now, listen, my daughter, do not go to glean
in another field or leave this one, but keep close to my young women.
9 Let your eyes be on the field that they are reaping, and go after them.
Have I not charged the young men not to touch you? And when you are
thirsty, go to the vessels and drink what the young men have drawn."
10 Then she fell on her face, bowing to the ground, and said to him,
"Why have I found favor in your eyes, that you should take notice of
me, since I am a foreigner?" 11 But Boaz answered her, "All that you
have done for your mother-in-law since the death of your husband has
been fully told to me, and how you left your father and mother and
your native land and came to a people that you did not know before.
12 The Lord repay you for what you have done, and a full reward be
given you by the Lord, the God of Israel, under whose wings you have
come to take refuge!" 13 Then she said, "I have found favor in your
eyes, my lord, for you have comforted me and spoken kindly to your
servant, though I am not one of your servants."

14 식사할 때에 보아스가 룻에게 이르되 이리로 와서 떡을 먹으며 네
떡 조각을 초에 찍으라 하므로 룻이 곡식 베는 자 곁에 앉으니 [2)]그가
볶은 곡식을 주매 룻이 배불리 먹고 남았더라 15 룻이 이삭을 주우러
일어날 때에 보아스가 자기 소년들에게 명령하여 이르되 그에게 곡식
단 사이에서 줍게 하고 책망하지 말며 16 또 그를 위하여 곡식 다발에
서 조금씩 뽑아 버려서 그에게 줍게 하고 꾸짖지 말라 하니라
14 And at mealtime Boaz said to her, "Come here and eat some bread
and dip your morsel in the wine." So she sat beside the reapers, and
he passed to her roasted grain. And she ate until she was satisfied, and

she had some left over. 15 When she rose to glean, Boaz instructed his
young men, saying, "Let her glean even among the sheaves, and do not
reproach her. 16 And also pull out some from the bundles for her and
leave it for her to glean, and do not rebuke her."

17 룻이 밭에서 저녁까지 줍고 그 주운 것을 떠니 보리가 한 에바쯤 되
는지라 18 그것을 가지고 성읍에 들어가서 시어머니에게 그 주운 것을
보이고 그가 배불리 먹고 남긴 것을 내어 시어머니에게 드리매 19 시
어머니가 그에게 이르되 오늘 어디서 주웠느냐 어디서 일을 하였느냐
너를 돌본 자에게 복이 있기를 원하노라 하니 룻이 누구에게서 일했
는지를 시어머니에게 알게 하여 이르되 오늘 일하게 한 사람의 이름
은 보아스니이다 하는지라 20 나오미가 자기 며느리에게 이르되 그가
여호와로부터 복 받기를 원하노라 그가 살아 있는 자와 죽은 자에게
은혜 베풀기를 그치지 아니하도다 하고 나오미가 또 그에게 이르되
그 사람은 우리와 가까우니 우리 [3)]기업을 무를 자 중의 하나이니라
하니라 21 모압 여인 룻이 이르되 그가 내게 또 이르기를 내 추수를 다
마치기까지 너는 내 소년들에게 가까이 있으라 하더이다 하니 22 나오
미가 며느리 룻에게 이르되 내 딸아 너는 그의 소녀들과 함께 나가고
다른 밭에서 사람을 만나지 아니하는 것이 좋으니라 하는지라 23 이에
룻이 보아스의 소녀들에게 가까이 있어서 보리 추수와 밀 추수를 마
치기까지 이삭을 주우며 그의 시어머니와 함께 거주하니라
17 So she gleaned in the field until evening. Then she beat out what she
had gleaned, and it was about an ephah[2] of barley. 18 And she took it up
and went into the city. Her mother-in-law saw what she had gleaned.
She also brought out and gave her what food she had left over after
being satisfied. 19 And her mother-in-law said to her, "Where did you
glean today? And where have you worked? Blessed be the man who

took notice of you." So she told her mother-in-law with whom she
had worked and said, "The man's name with whom I worked today is
Boaz." 20 And Naomi said to her daughter-in- law, "May he be blessed
by the Lord, whose kindness has not forsaken the living or the dead!"
Naomi also said to her, "The man is a close relative of ours, one of our
redeemers." 21 And Ruth the Moabite said, "Besides, he said to me,
'You shall keep close by my young men until they have finished all my
harvest.'" 22 And Naomi said to Ruth, her daughter-in-law, "It is good,
my daughter, that you go out with his young women, lest in another
field you be assaulted." 23 So she kept close to the young women of
Boaz, gleaning until the end of the barley and wheat harvests. And she
lived with her mother-in-law.

1) 부호 2) 그들이 3) 레 25:25를 보라

1 Compare Septuagint, Vulgate; the meaning of the Hebrew phrase is uncertain *2* An *ephah* was about 3/5 bushel or 22 liters

단락 개관

룻기 2장(즉, 제2장)은 주님의 날개 아래 피난하는 사람들을 향한 그분의 인자하심에 초점을 맞춘다. 내레이터는 텅 빈 나오미를 가득 채우려는 주님의 주권적 목적을 드러내 보이기 시작하고(참고. 1:20-21) 일용할 양식에 대한 그녀의 필요를 시발점으로 삼는다. 주님은 그분의 인자하심의 주요 도구이자 신실한 종인 룻과 보아스를 통해 그분의 목적을 이루신다. 제2장은 룻과 보아스의 첫 만남과 결혼 전 그들의 상호작용이 지닌 영예롭고 은혜 충만한 성격에 대해 이야기한다.

이번 장은 나오미의 집에서 시작하고 또 끝나긴 해도 보아스의 밭에서 일어나는 룻과 보아스의 상호작용을 그 중심으로 삼는다. 그러므로 내레이터가 보아스, 곧 나오미의 죽은 남편 엘리멜렉의 친척을 소개하면서 시작한다(1절). 이제 "모압 여인 룻"이 시어머니에게 밭에 나가서 이삭을 줍도록 허락해달라는 요청으로 시작되고, 그것이 성공하면 공인된 남자의 총애를 받는 것을 의미하게 된다(2절). 룻이 부지런히 찾다 "우연히" 보아스의 밭에 이르게 되고(3절) 거기서 그녀는 보아스의 굉장한 총애를 받게 된다(4-17절). 룻은 놀랄 만큼 많은 양식과 보아스의 친절에 대한 보고를 안고 나오미의 집으로 돌아가고, 이는 나오미에게 축복과 싹트는 희망을 불러일으키게 된다(18-22절). 룻의 영속적인 이삭줍기와 시어머니와의 삶에 관한 내레이터의 마지막 해설은 보아스의 과부들에 대한 꾸준한 헌신과 룻의 나오미에 대한 애틋한 헌신을 부각시킨다(23절).

단락 개요

II. 제2장: 보아스의 밭에서 총애를 받다(2:1-23)
- A. 모압 여인 룻이 총애를 찾다(2:1-3)
- B. 모압 여인 룻이 보아스의 총애를 받다(2:4-17)
  1. 룻이 이삭을 줍는 동안 보아스의 총애를 받다(2:4-13)
  2. 룻이 식사 시간에 보아스의 풍성한 총애를 받다(2:14-17)
- C. 룻이 보아스의 총애의 증거를 제시하여 나오미의 축복을 불러오다(2:18-22)
- D. 룻이 시어머니와 사는 동안 계속 총애를 받다(2:23)

주석

2:1 제2장은 보아스와 룻의 대화를 특집으로 다루기 때문에 내레이터가 보아스를 소개하면서 시작한다. 보아스는 (1) 나오미의 죽은 남편 엘리멜렉의 "친척"이고, (2) "유력한 자"[19]이며, (3) 엘리멜렉의 친족이다. 이 세 가지 사항은 기대감을 드높인다. 첫째 사항과 셋째 사항은 보아스에게 나오미를 돌볼 집안의 의무(참고. 2:18-22 주석)가 있을지 모른다는 것을, 둘째 사항은 그에게 그렇게 할 만한 능력 그리고(또는) 성품이 있다는 것을 시사하기 때문이다.

2:2-3 "모압 여인 룻"(참고. 1:2-5 주석)이 그 자신과 시어머니를 위해 양식을 획득하려고 주도권을 잡는다. 룻의 대담한 행동(참고. 2:2, 3, 7, 10, 11, 12, 17, 18, 23)이 무척 놀라운 이유는 그녀의 민족[참고. 2, 6(2번), 10, 11절], 성별(9절) 그리고 사회적 신분(13절)의 견지에서 그녀가 가진 사회적·경제적 취약성 때문이다. "내가 누구에게 은혜를 입으면 그를 따라서" 이삭을 줍겠다는 부탁은 배척당할 가능성을 전제하고 특히 이스라엘 역사에서 영적 및 도덕적 무질서를 특징으로 하는 시대(참고. 1:1)에는 더욱 그렇다.[20] 그런 위험을 무릅쓰고 룻은 용기 있는 사랑을 보여주며 나오미의 양식을 구하려고 자발적으로 발을 내딛는다.

"이삭을 줍[다]"란 단어의 다양한 형태가 제2장에 열두 번 나온다[2:2, 3, 7, 8, 15(2번), 16, 17(2번), 18, 19, 23]. 이삭줍기는 추수 후에 남은 곡식을 모으

19 이 히브리어를 보다 딱딱하게 번역하면 '가치/힘/재물/기술이 대단한 남자'이다. 분명히, 이 마지막 단어는 다양한 의미로 이해될 수 있다. 내레이터는 아마 긴장감을 조성하기 위해 이 문제를 모호하게 남겨두는 것 같다. 앞으로 펼쳐질 플롯은 보아스가 물질적인 부(참고. '부유한 사람', 삼상 9:1), 기술(참고. '능력이 있는', 왕상 11:28), 도덕적 성품(참고. '탁월한 아내', 잠 31:10, 참고. 3:10-13 주석)이 풍성하다는 것을 분명히 한다.

20 "누구에게 은혜를 입[다]"(누군가의 총애를 받다)는 표현은 종종 본인이 윗사람의 용납을 받거나 총애를 받는 것을 말한다. 이 어구가 룻기에는 세 번(2:2, 10, 13) 나오고 구약 전체에는 30번 이상 나온다(예. 창 6:8; 18:3; 39:4; 출 33:12-13; 삼상 16:22; 에 8:5; 잠 3:4).

는 것이다. 구약의 이삭줍기 율법은 주님의 언약 백성으로 하여금 가나안에서 취약한 사람들에게 인자함을 베풀게 하려는 주님의 의향을 전달하는 율법들 가운데 있다. 예컨대, 신명기 24:19-22은 농부들에게 추수 후에 남은 곡식을 모으려고 밭으로 되돌아가지 말고 그 대신 남은 곡식을 그 땅에 합법적으로 접근할 수 없는 사람들이 거두도록 허용하라고 한다. 이는 거주 외국인, 고아, 과부를 말한다(참고. 레 19:9-10; 23:22; 2:14-17 주석).

룻은 "내 딸아 갈지어다"(참고. 1:11, 12, 13)라는 나오미의 부드러운 격려를 받은 후 이삭줍기를 할 밭을 찾기 위해 단호한 행동을 취한다. 나중에 알고 보니 "[그녀가] '우연히' 엘리멜렉의 친족 보아스에게 속한 밭에 이르렀[다]". 그런 주석은 은근히 주님의 섭리적 손길이 작용한다는 것을 가리킨다. 내레이터가 이 글을 쓸 때 그의 눈이 반짝이는 모습을 상상할 수 있다. 세심한 독자/청중은 룻이 보아스이 밭에 도착하는 것을 단순한 상황이 아니라 주님의 주권적 은혜가 임하는 증거로 해석할 것임을 알기 때문이다.

2:4-7 보아스는 "유력한 자"(2:1)이자 엘리멜렉의 친족(2:1, 3)으로 소개된 만큼 그가 등장할 때는 이 플롯에 새로운 에너지를 충전한다. 히브리식 내러티브에서 흔히 볼 수 있듯이, 내레이터가 보아스의 성품을 개진하기 위해 간접 화법을 사용한다. 보아스는 주님이 밭의 일꾼들과 함께하시길 기원하며 그들에게 인사하고, 그들은 주님이 그에게 복 주시길 비는 말로 응답한다(4절).[21] 이런 상호인사는 보아스가 특히 그의 감독들 가운데 주님이 함께하시길 구함으로써 은혜로운 작업 환경을 계발하는 경건한 리더십을 갖고 있음을 보여준다.

아울러 보아스는 그의 감독들과 밭의 세부사항을 돌보는 모습으로 효과적인 리더십의 본보기도 보여준다(5-7절). 예컨대, 보아스가 낯선 사람을 알아보고 감독에게 그녀에 관해 묻는다. "저 젊은 여인은 뉘 집 아낙인

21 참고. 각주 9.

가?"(새번역. 보아스의 질문은 은근히 룻의 취약성을 환기시킨다. 이곳에 거류하는 저 여인은 베들레헴의 어떤 유력한 사람의 돌봄도 받지 못하고 있다는 뜻이다). 감독의 응답은 룻의 나오미에 대한 헌신이 이미 잘 알려진 사실임을 시사하고(6절, 참고, 2:11), 이는 룻의 사회경제적 형편도 널리 알려졌을 것임을 의미한다. 7절의 상세한 내용에 대해서는 논란이 있지만,[22] 감독의 보고는 보아스에게 결정적 행동을 취하기에 충분한 정보를 제공한다.

2:8-13 보아스가 룻을 "내 딸"(참고. 2:2)로 부르는 것은 그들의 연령 차이와 그의 부성(父性)적인 배려를 표현한다. 이주민 룻에 대한 보아스의 관심은 이 책이 언약적 신분 및 친족의 개념과 관련된 지나치게 단순한 자민족 중심주의에 도전하고 있음을 잘 보여준다. 보아스는 룻에게 다른 밭에서 이삭을 줍지 말고, 그의 밭을 떠나지 말고, 그의 밭에서 이삭을 줍는 젊은 여자들을 "바싹 따라다니[고]"(8절, 새번역),[23] 그의 밭에서 눈길을 돌리지 말라고(9절) 지시한다. 이어서 보아스는 그의 밭에서 그녀의 신체적 안전을 보장하고 그녀에게 젊은 남자들이 길어온 물로 갈증을 해소하도록 권유함으로써(9절) 룻의 부탁(2:7)을 뛰어넘는 친절을 베푼다.

룻은 너무나 놀란 나머지 겸허한 자세로 보아스의 배려와 보호에 반응한다(10절). 그녀는 그의 앞에서 엎드려 얼굴을 땅에 대고 그가 그녀를 '주목할' 정도로 '그의 총애를 받았다'며 놀라움을 표현한다(참고. 2:2). 어쨌든 그녀는 '외국인'이라 그 사회적 신분이 너무나 낮아서 그의 "하녀"('종들')[24] 축에도 끼지 못하는 존재다. 하지만 이런 비천한 사회적 신분에도 불구하고, 농부인 보아스는 그의 밭에서 공개적으로 이주민 룻을 영예롭게 한다.

22 예컨대, 감독의 보고는 룻이 서서 밭의 주인이 그녀에게 이삭을 줍도록 허락하길 기다리는 면에서 끈질기다는 것인가, 아니면 그녀가 밭에서 이삭을 줍는 면에서 끈질기다는 것인가? 참고. Jeremy Schipper, *Ruth: A New Translation with Introduction and Commentary*, AYB 7D (New Haven, CT: Yale University Press, 2016), 119-121. 스키퍼는 "7절의 마지막 네 단어(히브리어로)는 이 책에서 가장 어려운 구분과 문법에 해당한다"(120)고 말한다.

23 이는 1:14에서 룻이 나오미에게 '달라붙었을' 때 사용된 단어다(참고. 2:21, 23).

그는 그녀를 "위로[했고]" 또 그녀에게 '친절하게(또는 딱딱하게 번역하면, '마음에 닿도록', 참고. 사 40:2) 말했다'.

보아스는 그의 친절에 대한 룻의 놀람에, 그녀의 친절에 대한 그의 놀람으로 반응한다(11절). 그는 룻이 고국과 가족을 떠나 낯선 땅으로 이주함으로 나오미에게 충성을 다한 것에 대해 들었다. 따라서 그는 그녀를 축복하고 또 그녀가 "그의 날개 아래에[서] 보호[하시는]" "이스라엘의 하나님 여호와"(참고. 출 19:4; 신 32:11; 시 91:4)의 보상을 받길 바라는 마음을 말로 표현함으로써 그녀를 존귀하게 한다. 보아스는 주님을 룻의 궁극적 후원자로 높임으로써 주님의 주권적 임재를 인정한다(참고. 2:4). 보아스는 룻을 언약의 내부자로 환영하는 순간 하나님의 은혜의 메시지를 명확히 표현한다.[25]

요컨대, 룻은 보아스의 밭에서 그녀가 찾는 친절함을 발견하게 되고 보아스의 총애를 받는 것이다. 보아스는 룻의 유익을 위해 그의 능력과 영향력을 포함한 자원들의 청지기가 된다. 구체적으로 말하면, 그는 룻을 주목하고, 공개적으로 그녀의 성품을 칭찬하고, 그녀의(그녀를 통해 나오미의) 필요를 공급하고, 그녀를 보호하며, 주님께 그분의 부드러운 손길 아래 있는 그녀에게 보상을 베푸시도록 간청한다.

2:14-16 보아스가 식사 시간에 룻에게 가장 생생하게 호의를 베푼다. 그는 율법의 정신을 이루기 위해 율법의 문자(예. 신 24:19-22, 참고. 2:2-3 주석)를 넘어선다. 그는 이미 룻의 갈증을 돌본 만큼(참고. 2:9) 이제는 그녀의 굶주림을 돌본다. 그래서 이 젊은 모압인 과부에게 그의 일꾼들과 더불어 그 자신과 합류하도록 초대하고 그녀가 배불리 먹고 남을 만큼 그녀에게 볶

24 율법(예. 신 14:21)은 선천적인 이스라엘 사람과 '외국인'과 '거류민'(또는 '거주 외국인') 사이를 구별한다. 거류민은 이스라엘에서 외국인보다 더 큰 사회적 포용을 누린다. 룻은 스스로 나오미가 죽은 뒤에도 나오미의 백성이 되고 나오미의 하나님을 섬기겠다고 서약했지만, 룻은 보아스에 비해 자신의 낮은 신분을 강조하기 위해 스스로를 '외국인'이라고 부른다.

25 보아스는 언약 가족을 통해 온 세상에 복 주시는 하나님의 의제(예. 창 12:3)를 받아들인다. 신약은 갈라디아서 3:7-14과 같은 대목들을 통해 이 의제가 예수님 안에서 성취되었음을 보여준다.

은 곡식을 준다. 게다가, 그의 젊은이들에게 룻의 이삭줍기를 도와주고 고된 노동을 덜어주라고 지시한다. 곡식을 거두는 자들은 룻이 그저 남은 곡식을 줍거나 밭의 변두리에서 주울 뿐 아니라 곡식 단 사이에서도 이삭을 줍도록 허락해야 한다. 그들은 또한 그녀의 품위를 떨어뜨리거나 그녀를 질책하지 말고 곡식 다발에서 약간의 보리를 뽑아내야 한다.

보아스는 개인적 비용을 들여서 관대함을 베푼다. 그가 값비싼 손님대접을 실천하는 것은 성경의 원리에 따라 스스로를 밭의 주인이기보다 거류민-청지기로 이해하고 있음을 보여준다.[26] 보아스는 권위 있는 사람으로서 책임을 떠맡는 한편, 자신도 권위 아래 있는 사람이라는 근본적 정체성을 자각하고 주님이 그에게 맡기신 것을 언약의 우선순위에 따라 올바르게 관리할 책임에 비추어 그렇게 한다. 보아스는 그의 특권이 하나님의 과분한 은총에서 비롯되었다는 것을 알고 있다. 하나님의 관대하심이 언제나 그분의 백성의 관대함에 필요한 토대와 능력과 패턴을 제공한다.

2:17 룻은 저녁까지 이삭을 줍고 한 에바 가량의 보리를 '타작한다'(참고. 삿 6:11). 정확한 분량은 조금 논란이 있으나[27] 이와 상관없이 놀랄 만큼 많은 분량이다[참고. 룻 2:19(나오미의 반응)]. 단 하루에 얻은 이 놀라운 수확은 룻의 부지런함과 보아스의 관대함을 더욱 부각시킨다. 룻과 보아스는 나오미를 가득 채우는 주님의 도구들이 된다. 보아스의 총애는 확실히 룻의 기대를 능가하고, 다음 구절들이 보여주듯 나오미의 기대도 뛰어넘는다.

26 레위기 25:23에서 주님은 그 자신의 가나안에 대한 소유권을 주장하고, 따라서 그분의 백성은 그와 함께하는 "거류민"(또는 '거주 외국인')이라고 단언하신다. 이후 주님은 그분의 백성에게 가난한 동료 이스라엘 사람들에게 자비와 인자를 베풀라고 명하시되 특히 토지와 사람에 대한 경제적 구속과 관련된 법을 순종함으로써 그렇게 하라고 명하신다(레 25:24-55). 달리 말하면, 주님의 땅에 대한 소유권을 인정하는 것과 그분의 패턴을 좇아 그 땅에서 언약적 친절을 베푸는 것 사이에는 불가분의 관계가 있다(참고. 레 25:38, 42, 55; 신 10:17-19; 26:5-9에 나오는 동기에 관한 부분).

27 대다수는 한 에바가 약 22 리터 또는 36 리터, 무게는 약 13 킬로그램 또는 23 킬로그램이라고 추정한다. 참고. Edward F. Campbell Jr., *Ruth: A New Translation with Introduction, Notes, and Commentary*, AB 7 (New York: Doubleday, 1975), 104.

2장

2:18-22 룻이 보아스의 총애를 담은 구체적인 증거를 가지고 성읍 안에 있는 나오미의 집으로 돌아간다. 그 증거는 보리와 남은 식량이다. 아마 나오미는 룻이 실패하거나 실망할지 모른다고 우려했을 것이다. 그녀는 보리와 식량을 보는 순간 룻에게 어디서 이삭을 주웠는지 묻고 그녀를 환영한 사람을 축복한다. 룻이 그 사람의 이름은 보아스라고 말하자 나오미가 다시 기뻐하며 축복한다. "그가 여호와로부터 복 받기를 원하노라 그가 살아 있는 자와 죽은 자에게 은혜 베풀기를 그치지 아니하도다."[28] 나오미의 축복에는 모호한 점이 여럿 있는데, 이를테면 주님의 '친절하심'이나 보아스의 '친절함' 중 어느 것을 찬송하는지 불확실한 점이다.[29] 어느 편이든, 그녀의 다음 말은 빛이 그녀의 지평선에 떠오르기 시작하고 있음을 확인시켜준다. 아마 그녀는 눈동자를 반짝거리면서 이렇게 덧붙였을 것이다. 보아스는 '우리의 가까운 친척이고 우리의 구속자들 중 하나란다'(ESV 참고). 구속자(redeemer)는 가까운 남자 친척으로서 무엇보다 재정적 어려움에 처한 집안 구성원을 위해 행동할 사람이다(참고. 서론의 '신학', 레 25:23-55; 민 27:11). 율법이 사회경제적으로 취약한 사람들을 위해 그런 규정을 포함하고 있는 것은 주님의 인자하심을 보여준다. 그래서 하나님의 은혜가 보아스의 인자함보다 앞서고 또 후자에 동기를 부여한다.

끝으로, 나오미는 룻에게 그의 밭에 남아있으라고 권유한 보아스의 말을 한층 강화시켜준다. 나오미의 말은 룻의 불안한 곤경과 보아스의 손님대접의 의미심장함을 강조한다. 만일 룻이 공격을 당한다면, 어느 남자가 베들레헴의 장로들에게 그녀의 사건을 변호하겠는가? 누가 그녀를 위해 변호할 것인가? 하지만 바로 보아스가 룻을 보호한다. 특히 그의 밭을 그녀의 부지런한 노동을 위해 안전한 피난처로 삼는 것으로 그렇게 한다.

28 '친절함'(ESV 참고, 개역개정판은 "은혜", 새번역은 "자비")에 관해서는 서론의 '신학'을 참고하라.

29 참고. Frederic Bush, *Ruth-Esther*, WBC 9(Grand Rapids, MI: Zondervan, 1996), 134-136.

2:23 마지막 언급은 보아스의 영속적인 총애 및 룻의 영속적인 부지런함과 성실성(즉, 그녀는 나오미가 묵는 곳에서 묵는다. 참고. 1:16)을 부각시킨다. 이 플롯의 배경은 줄줄이 이어지는 나오미의 환난(1:1-5)을 전하지만, 이 장면의 결말은 그녀에게 양식이 줄곧 공급되는 모습을 전한다. 룻은 보리 추수와 밀 추수 시기 내내, 보아스의 밭에서 일하는 여성 일꾼들을 "바싹 따라다니[고]"(새번역, 또는 '달라붙고', 참고. 1:14; 2:8, 21) 계속 시어머니와 함께 살아간다. 따라서 보아스의 영속적인 총애가 두 과부의 생활을 안정시킨다. 룻의 생활방식에 관한 최후의 언급은 그녀의 정숙함을 가리키고, 극적인 긴장을 고조시키며(보아스가 룻과 혼인하기 위해 주도권을 잡지 않았으므로), 제3장을 설정한다.

응답

룻기는 하나님께서 약속에 따라 그분의 백성을 향해 인자를 베푸시는 것을 증명할 뿐 아니라 그분의 패턴을 좇아 서로 친절하게 대하도록 권유하기도 한다(참고. 신 10:17-19). 대다수가 자기가 보기에 옳은 것을 행하는 세상에서 하나님은 신자들을 부르셔서 그분 복 베푸는 도구가 되도록 준비시키신다(참고. 창 12:1-3). 자기 백성을 향한 하나님의 친절하심은 우리를 친절하게 만든다. 제2장은 세 가지 움직임으로 이 책의 구속-윤리적 의제를 개진시킨다.

첫째, 이 깨어지고 죄 많은 세상에서 취약한 외부인들은 친절한 손길을 찾고 있고 총애가 절박하게 필요하다(룻 2:1-3, 참고. 신 15:11; 막 14:7).[30] 사사시대와 같이 영적으로 또 도덕적으로 타락한 시대에는 의지할 곳이 없어서 생존에 필요한 외부의 구조에 의존하는 사람들이 가장 고통을 받기 마

30 "취약한 외부인들"이란 용어는 다양한 이유로 위험한 상황에 처해 있고 (직접적인 지원을 받을 수 없어서) 외부의 지원 구조에 의존하는 사람들을 가리킨다.

련이다. 약속의 땅에서조차 거기서 거류하는 과부는 말로 다할 수 없는 역경과 위험에 직면하게 된다.

둘째, 모압 여인 룻이 보아스의 총애를 받는 모습이 보여주듯이, 사회적·경제적으로 취약한 사람들은 하나님의 언약 백성 가운데서 친절한 손길을 찾을 수 있어야 마땅하다(2:4-13, 참고. 히 13:1-2, 16; 약 1:27). 사실 취약한 사람들은 신자들 가운데서 그들의 기대치를 뛰어넘는 친절을 찾아야 마땅하다(룻 2:14-17). 너무나 많은 사람이 자기가 보기에 옳은 것을 행하던 시대에 보아스는 하나님이 보시기에 옳은 일을 행한다. 보아스는 하나님의 율법을 그저 최소한으로 지키려는 사람이 아니다. 그는 선한 청지기답게 남들에게 유익을 주려고 물질적 및 비(非)물질적 자원을 기쁘게 사용하고(참고. 2:8-13 주석) 심지어 룻을 언약의 내부인으로 대우하며 환영하기까지 한다. 보아스는 그의 복들이 하나님의 과분한 은총에서 나오기에 하나님의 영광, 자신의 즐거움 그리고 이웃의 유익을 위해 사용되어야 한다는 것을 알고 있다. 그리스도인들이 그리스도 안에서 받은 하나님의 관대하심을 얼마만큼 깨달았는가는 그들이 남들에게 관대함을 얼마만큼 베푸는지로(또는 베풀지 못하는지로) 증명될 것이다. 복음을 선포하는 지역 교회들은 교인들 중에 사회적·경제적으로 위태로운 사람들을 포함해 사회에서 위험에 처한 이들에게 큰 총애를 베풀어 세상을 깜짝 놀라게 해야 마땅하다. 그런데 사회적·경제적으로 취약한 사람들이 총애를 받지 못하는 것, 심지어 지역 교회에서도 그런 것은 참으로 비극적 현실이 아닐 수 없다.

셋째, 하나님의 백성 가운데서 풍성한 친절함을 찾게 되는 취약한 외부인들의 증언은 다른 이들로 하여금 하나님께 소망을 두게 한다(2:18-23). 언약적 친절함에 헌신한 신자들은 지친 영혼들을 격려하게 된다. 룻이 나오미에게 보아스의 총애가 담긴 증거를 보여주자 나오미는 다시 소망을 품게 된다. 상실감에 빠졌던 나오미가 갑자기 복의 길에 들어선다. 이 장면의 마지막에 나오는 두 과부의 대화는 인자함이 지닌 매력적 능력을 잘 보여주고 있다.

마지막으로, 다음 세 가지 성찰적 질문은 우리 가운데서 복음적 친절을 베풀도록 자극하기 위한 것이다. 첫째, 우리는 무엇을 소유하고 있는가? 보아스는 스스로를 거류민-청지기(레 25:23-55, 참고. 시 24:1)로, 즉 하나님께서 그를 관대하게 만들려고 부유하게 하신 그런 존재로 본다(참고. 고후 9:6-11). 신자는 물질적 자산(예, 돈, 집, 양식)이든 비물질적 자산(예. 시간, 에너지, 영향력, 능력, 사회 · 경제적 특권)이든 간에 하나님께서 우리에게 위탁하신 것들의 목록을 만들어야 한다. 우리가 하나님의 영광과 이웃의 유익을 위해 사용하도록 주님께 받아 책임을 져야 할 영역들은 무엇인가? 우리가 하나님으로부터 받은 자원들을 겸손하게 파악한다면 그것들을 하나님이 원하시는 우선순위에 따라 투자할 수 있을 것이다.

둘째, 우리는 누구를 보고 있는가? 룻은 이삭을 주우러 나가서 누군가의 눈에 총애를 받고 싶어 한다(2:2). 감사하게도 보아스가 그녀의 취약한 상태를 연민의 눈빛으로 바라본다. 우리의 지역 교회는 보아스의 밭과 같아져야 한다. 그래서 취약한 사람들이 "우연히" 우리의 영역에 들어오면(3절), 그들이 목격의 대상이 되고 그리스도의 종들에게 존중을 받아서(참고. 벧전 2:17) 깜짝 놀라는 반응을 보여야 마땅하다. 우리는 겸손한 자세로 먼저는 하나님의 말씀을, 이후에 타인의 말을 경청함으로써 사랑의 눈으로 사람들을 보는 법을 배울 수 있다. 우리가 이처럼 경청하는 사람들로 성장할 수 있는 방법은 다양하다. 예컨대, 기도, 성경읽기, 친구관계 그리고 서로 협력하는 사역, 지역사회에서 사람들에게 영향을 주는 이슈들에 대해 배우기, 시민 포럼에 참여하기 등이다.

셋째, 가장 근본적인 질문은 우리가 누구를 알고 있느냐다. 그리스도인의 삶에서 모든 것은 하나님을 아는 지식과 함께 시작된다(잠 1:7). 룻기 2장에 올바르게 반응하려면 하나님을 아는 우리의 지식이 계속 늘어날 필요가 있다. 보아스의 행실은 그가 하나님에 관해 알고 있는 지식의 영향을 받은 것이다. 새 언약을 맺은 그리스도인은 하나님이 우리를 구원하신 목적을 더 많이 알고 있다. 보아스의 친절은 거꾸로 하나님이 그분의 백성을 이집트에서 구속하시고 그들에게 약속의 땅을 주신 예전의 친절하심(예. 신 4:5-8; 10:17-19; 26:1-19)을 가리키는 한편, 앞으로 그분이 다윗의 아들, 예수 그리스도를 통해 그분의 백성을 죄로부터 구속하실 미래의 친절하심(룻 4:17-22)을 가리키기도 한다. 취약한 사람들을 향한 하나님의 친절하심은 예수님의 인격과 사역을 통해 가장 선명하게 표출된다. 예수님은 우리의 다면적인 취약함(예. 마 14:14-21)을 보시고 우리의 필요를 채우기 위해 주도권을 쥐시고, 심지어 스스로 낮아져서 무방비 상태의 죄인들에게 값비싼 대접을 하는 하나님의 대리자가 되신다(빌 2:5-8).

예수님은 연약한 죄인들과 너무나 동일시되신 나머지 우리를 부유하게 하려고 스스로 가난하게 되셨다(고후 8:9). 보아스와 룻과 달리, 예수님은 우리에게 단지 빵만 주시지 않는다. 그분 자신이 우리의 빵이다(요 6:35). 그분은 대속적 희생을 통해 우리의 죄를 용서하신 만큼 우리를 잔칫상에 초대하셔서 그분의 살과 피로 우리를 대접하신다(고전 11:23-26, 참고. 계. 19:6-9). 그리스도께서 보여주신 수치스러운 취약성이나 친절보다 더한 것을 이제껏 세상은 본 적이 없다. 보아스는 "유력한 자"(2:1)다. 그러나 주 예수님은 그 누구보다 더 유력한 분이다. 그분만큼 고상하고, 온유하고, 위엄 있고, 친절한 사람은 없다. 우리는 실로 취약한 존재인 만큼 그분의 날개 아래서 늘 피난처를 찾아야 한다. 예수님은 우리를 친절하게 대하실 뿐 아니라 우리를 변화시켜서 타인을 향한 친절의 도구로 사용하실 것이다. 우리 모두 그분이 우리에게 맡기신 자원을 지혜롭게 사용하는 거류민이자 청지기가 되자. 그분의 영광을 위하여!

1 룻의 시어머니 나오미가 그에게 이르되 내 딸아 내가 너를 위하여
안식할 곳을 구하여 너를 복되게 하여야 하지 않겠느냐 2 네가 함께
하던 하녀들을 둔 보아스는 우리의 친족이 아니냐 보라 그가 오늘 밤
에 타작 마당에서 보리를 까불리라 3 그런즉 너는 목욕하고 기름을 바
르고 의복을 입고 타작마당에 내려가서 그 사람이 먹고 마시기를 다
하기까지는 그에게 보이지 말고 4 그가 누울 때에 너는 그가 눕는 곳
을 알았다가 들어가서 그의 발치 이불을 들고 거기 누우라 그가 네 할
일을 네게 알게 하리라 하니 5 룻이 시어머니에게 이르되 어머니의 말
씀대로 내가 다 행하리이다 하니라

1 Then Naomi her mother-in-law said to her, “My daughter, should I
not seek rest for you, that it may be well with you? 2 Is not Boaz our
relative, with whose young women you were? See, he is winnowing
barley tonight at the threshing floor. 3 Wash therefore and anoint
yourself, and put on your cloak and go down to the threshing floor, but
do not make yourself known to the man until he has finished eating
and drinking. 4 But when he lies down, observe the place where he lies.

Then go and uncover his feet and lie down, and he will tell you what to
do." 5 And she replied, "All that you say I will do."

6 그가 타작마당으로 내려가서 시어머니의 명령대로 다 하니라 7 보
아스가 먹고 마시고 마음이 즐거워 가서 곡식 단 더미의 끝에 눕는
지라 룻이 가만히 가서 그의 발치 이불을 들고 거기 누웠더라 8 밤중
에 그가 놀라 몸을 돌이켜 본즉 한 여인이 자기 발치에 누워 있는지라
9 이르되 네가 누구냐 하니 대답하되 나는 당신의 여종 룻이오니 당신
의 옷자락을 펴 당신의 여종을 덮으소서 이는 당신이 기업을 무를 자
가 됨이니이다 하니 10 그가 이르되 내 딸아 여호와께서 네게 복 주시
기를 원하노라 네가 가난하건 부하건 젊은 자를 따르지 아니하였으니
네가 베푼 인애가 처음보다 나중이 더하도다 11 그리고 이제 내 딸아
두려워하지 말라 내가 네 말대로 네게 다 행하리라 네가 현숙한 여자
인 줄을 나의 성읍 백성이 다 아느니라 12 참으로 나는 기업을 무를 자
이나 기업 무를 자로서 나보다 더 가까운 사람이 있으니 13 이 밤에 여
기서 머무르라 아침에 그가 기업 무를 자의 책임을 네게 이행하려 하
면 좋으니 그가 그 기업 무를 자의 책임을 행할 것이니라 만일 그가
기업 무를 자의 책임을 네게 이행하기를 기뻐하지 아니하면 여호와께
서 살아 계심을 두고 맹세하노니 내가 기업 무를 자의 책임을 네게 이
행하리라 아침까지 누워 있을지니라 하는지라

6 So she went down to the threshing floor and did just as her mother-
in-law had commanded her. 7 And when Boaz had eaten and drunk,
and his heart was merry, he went to lie down at the end of the heap of
grain. Then she came softly and uncovered his feet and lay down. 8 At
midnight the man was startled and turned over, and behold, a woman
lay at his feet! 9 He said, "Who are you?" And she answered, "I am
Ruth, your servant. Spread your wings[1] over your servant, for you are

a redeemer." 10 And he said, "May you be blessed by the Lord, my
daughter. You have made this last kindness greater than the first in
that you have not gone after young men, whether poor or rich. 11 And
now, my daughter, do not fear. I will do for you all that you ask, for all
my fellow townsmen know that you are a worthy woman. 12 And now
it is true that I am a redeemer. Yet there is a redeemer nearer than I.
13 Remain tonight, and in the morning, if he will redeem you, good; let
him do it. But if he is not willing to redeem you, then, as the Lord lives,
I will redeem you. Lie down until the morning."

14 룻이 새벽까지 그의 발치에 누웠다가 사람이 서로 알아보기 어려
울 때에 일어났으니 보아스가 말하기를 여인이 타작마당에 들어온 것
을 사람이 알지 못하여야 할 것이라 하였음이라 15 보아스가 이르되
네 겉옷을 가져다가 그것을 펴서 잡으라 하매 그것을 펴서 잡으니 보
리를 여섯 번 되어 룻에게 [1]지워 주고 성읍으로 들어가니라 16 룻이
시어머니에게 가니 그가 이르되 내 딸아 [2]어떻게 되었느냐 하니 룻이
그 사람이 자기에게 행한 것을 다 알리고 17 이르되 그가 내게 이 보리
를 여섯 번 되어 주며 이르기를 빈 손으로 네 시어머니에게 가지 말라
하더이다 하니라 18 이에 시어머니가 이르되 내 딸아 이 사건이 어떻
게 될지 알기까지 앉아 있으라 그 사람이 오늘 이 일을 성취하기 전에
는 쉬지 아니하리라 하니라
14 So she lay at his feet until the morning, but arose before one could
recognize another. And he said, "Let it not be known that the woman
came to the threshing floor." 15 And he said, "Bring the garment you
are wearing and hold it out." So she held it, and he measured out six
measures of barley and put it on her. Then she went into the city.
16 And when she came to her mother-in-law, she said, "How did you

fare, my daughter?" Then she told her all that the man had done for her, 17 saying, "These six measures of barley he gave to me, for he said to me, 'You must not go back empty-handed to your mother-in-law.'"
18 She replied, "Wait, my daughter, until you learn how the matter turns out, for the man will not rest but will settle the matter today."

1) 수리아와 라틴 번역에는, 이워 주니 그가 성으로 돌아가니라 2) 너는 누구냐
1 Compare 2:12; the word for *wings* can also mean *corners of a garment*

단락 개관

제3장에서 이 플롯은 전환점에 이른다. 이 장면은 베들레헴에 있는 나오미의 집에서 룻과 나오미가 나누는 대화로 시작하고 또 끝나는데(3:1-5, 16-18, 참고. 2:2, 19-22) 특히 타작마당에서 룻과 보아스가 나누는 대화(3:6-15, 참고. 2:8-16)를 크게 다룬다. 제3장은 계속해서 주님이 신실한 종들인 룻과 보아스의 충실한 사랑을 통해 나오미를 회복시키시는 모습을 묘사한다. 제2장은 나오미에게 당장 필요한 물질적 공급에 초점을 맞추는데 비해, 제3장은 주님이 구속(기업 무름) 제도를 통해 나오미의 필요를 장기적 공급으로 채우시는 길을 닦고 있다. 이 책에 전반적으로 나타나듯이, 주님의 주권적 은혜가 인간의 결정 및 행위와 놀라운 조화를 이루며 작동한다.

나오미가 룻의 "안식"(참고. 1:8-9), 말하자면, 룻이 영구적인 가정에서 안전하게 살 길을 확보하기 위해 위험한 계획을 나누는 모습으로 이 장면이 설정된다(3:1-5). 나오미는 며느리에게 타작마당에서 보아스와 사적인 만남을 주도하도록 지시한다. 룻은 나오미의 지시에 완전히 동의할 뿐 아니라 보아스가 깨어날 때 그에게 청혼하기까지 한다(6-9절). 구체적으로 말하면, 룻은 보아스에게 나오미에 대한 언약적 충성을 보상하고(참고. 2:12)

또 나오미를 회복시키는 주님의 도구가 되라고 요청한다. 보아스는 나오미를 향한 룻의 인자함을 칭찬하고 그녀의 간청을 존중하겠다는 마음을 표현한다(3:10-11).

그러나 보아스는 곤란한 문제를 밝힌다. 엘리멜렉과 더 가까운 친족이 구속의 권리에 대한 우선적 권한이 있다는(12-13절) 것이다. 따라서 보아스가 룻에게 그녀가 이튿날 구속될 것임을 보증하는 한편 그게 누군지는 보장할 수 없는 형편이다. 아침이 되자 그는 룻에게 보리를 주고 그녀를 나오미에게 돌려보낸다(15-17절). 이 장면은 나오미가 며느리에게 확신을 품고 기다리도록 지시하며, 보아스가 그 다음날 구속의 문제를 해결할 것이라고 일러준다(18절). 나오미의 지시는 제4장이 이야기할 결정적 해결에 대한 기대감을 높여준다.

단락 개요

III. 제3장: 타작마당에서(3:1-18)

A. 나오미가 위험한 계획으로 룻을 위한 안식을 구하다(3:1-5)

B. 룻이 타작마당에서 보아스에게 접근하다(3:6-7)

C. 룻이 보아스에게 청혼하다(3:8-9)

D. 보아스가 구속을 서약하되 곤란한 문제를 소개하다(3:10-13)

E. 보아스가 보리로 그의 구속 맹세를 보장하다(3:14-15)

F. 나오미가 룻에게 기다리도록 충고하다(3:16-18)

주석

3:1-5 룻이 처음 보아스를 만난 때(2장)로부터 타작마당에서 다시 만날 때(3장)까지는 여러 주가 흐른 것 같다. 룻과 나오미는 "보리를 거두기 시작할 무렵"(1:22, 새번역)에 베들레헴에 도착하고, 룻은 "보리 추수와 밀 추수를 마치기까지"(2:23) 보아스의 밭에서 이삭을 주웠다. 이 둘을 추수하는 일은 아마 처음부터 끝까지 약 두 달이 걸렸을 것이다. 제3장은 타작마당에 가져온 수확된 보리를 까불 때에 일어난다. 보리를 까불리는 일은 줄기를 왕겨와 짚에서 분리시키려고 쇠스랑으로 그것을 저녁 바람에 던져 올리는 것이다(3:2, 참고. 사 41:15-16).

룻의 계획이 제2장에 나오는 행동을 주도하는데(2:2) 비해, 나오미의 계획은 이 장면의 사건들을 주도하긴 하지만 그 계획을 실행할 때는 룻이 주도적 역할을 할 것이다. 나오미는 먼저 그녀의 "딸"을 위해 "안식"과 복을 구하려는 의도를 설명하는 수사적 질문을 던진다. 나오미는 그녀가 며느리를 위해 기도한 바로 그 복이 임하게 하려고 돕고자 한다(참고. 1:8-9). 나오미의 두 번째 수사적 질문은 그녀가 룻의 안정을 확보하려고 구상하는 수단을 명시한다. 다름 아니라, 룻이 여자 일꾼들과 나란히 이삭을 줍게 했던 보아스가 "우리의 친족"('나의 친족'이 아닌, 참고. 2:20)이란 사실이다. 보아스가 친족이란 말은 그 사람이 구속 권리를 행사하여 나오미의 땅을 구입할 수도 있다는 뜻이다(참고. 2:18-22 주석). 여기에 설명되지 않은 이유로 인해, 이 권리 행사는 또한 룻과 결혼하는 것을 수반한다(참고. 4:3-8 주석).

이어서 나오미가 그녀의 계획을 분명히 밝히는데, 이는 룻이 무릅쓸 여러 위험을 내포하고 있다. 룻은 혼인의 가능성을 알리기 위해 스스로를 매력적으로 꾸민 후[31] 어둠을 헤치고 남몰래 타작마당으로 내려가서 적절한 시간까지 숨어있어야 한다. 일단 보아스가 맛있는 추수 음식을 즐기고 곡

31 나오미는 룻이 말론을 위한 애도가 끝났음을 가리키길 원하는 것 같다(참고. 삼하 12:20에서 다윗이 애도가 끝났음을 알리기 위해 의복을 갈아입고 기름을 바르는 모습).

식을 지키며 잠이 들고 나면, 룻은 조용히 그에게 다가가서, 그의 발쪽에 있는 이불을 들고 발을 저녁바람에 노출시키고, 그의 발쪽에 누워 있다가, 찬 공기가 그를 깨울 때까지 기다려야 한다.[32] 보아스가 깨어나면 룻은 (나오미가 기대한) 그의 지시를 따라야 한다.

몇 가지 우선 사항들이 나오미의 전략에 집중되어 있다. 나오미는 엄마의 역할에 걸맞게(참고. 1:8) 룻이 누릴 부부간의 안정을 추구한다. 그러므로 룻과 보아스 간의 사적인 만남을 계획하고, 그 만남이 보아스가 룻과 혼인할 계기가 될 것을 바란다. 나오미의 계획은 위험을 안고 있지만 도덕적 및 공적인 불명예는 피한다. 예컨대, 룻이 보아스와 친밀하고 솔직한 대화를 나누도록 계획하지만 부적절하게 그를 만지거나(그의 이불만 만지게 한다) 그와 공개적인 담론을 주도하게 하지 않는다. 나오미는 보아스의 의로운 성품을 믿기 때문에(참고. 2:1) 그녀의 계획이 위험하긴 해도 무모하지 않고 외설스럽지도 않다.[33]

1-4절에 나오는 나오미의 성격을 해석하는 방식에 대해 모든 학자가 동의하진 않는다. 그러면 나오미의 계획은 어머니의 조종과 불경건한 실용주의를 '부정적으로' 보여주는가(참고. 창 16:1-6)? 아니면 나오미의 계획은 경건한 영리함, 즉 신실한 인간의 주도권/행위와 하나님의 섭리의 양립 가능성을 보여주는 담대한 주도성을 '긍정적으로' 보여주는가? 후자의 견해가 이 책의 전반적 맥락에 비춰보면 더 나은 듯하다. 나오미의 플롯은 그녀의 안목에 점점 더 희망이 비치는 모습을 표현한다(참고. 1:20-21에서 2:19-

32 참고. Hubbard, *Book of Ruth*, 203-204. 학자들은 내레이터가 왜 성적 행동을 의미하는 용어들, 예컨대, '알다'(즉, 성교), '들추다'(성적으로 불법적인 맥락에 사용될 수 있는 단어), "그의 발"("발"이 어떤 맥락에서는 성기를 가리킬 수 있다) 그리고 '눕다'(즉, 성교)와 같은 용어들을 사용하는지에 대해 논쟁을 벌인다. 게다가, 일반적으로 추수 계절과 특히 타작마당은 다산/풍부한 결실과 연관될 수 있다. 내레이터가 긴장을 고조시키려고 일부러 이런 생각을 떠올리는 언어를 사용할지 몰라도, 이는 결코 룻과 보아스가 불법적 성행위에 관여한다는 것을 암시하지 않는다. 사실은 정반대다. 사실 제3장은 룻과 보아스가 낭만적인 외딴 맥락에서도 올바른 예절을 지키는 모습을 크게 다룬다.

33 나오미는 보아스가 룻을 이용하지 않을 것임을 알고 있다. 룻을 밤중에 타작마당에 보내는 것이 다른 남자들의 손에는 피해를 당할 위험이 있으나 보아스의 손에는 그렇지 않다.

20을 거쳐 3:1-4로 진전되는 모습).

룻은 나오미의 지시에 순응한다. 룻은 틀림없이 스스로를 위해 "안식"을 원하는 한편, 그녀는 보아스가 분명히 인정하듯이 다른 남자를 따라다닐 수도 있었다(3:10). 룻은 시어머니를 사랑하고 부양하고픈 마음이 있었기에 보아스를 따라다니게 된다(참고. 3:10-13 주석). 이 젊은 모압 여인이 보아스에게 청혼해서 기꺼이 그녀의 평판과 안전의 위험을 무릅쓰는 모습은 자기희생적인 언약적 충성을 집중적으로 보여준다. 그녀는 온유한 태도로 나오미의 유익을 자신의 유익보다 더 중요하게 여긴다.

3:6-7 룻은 시어머니의 명령에 동의한다고 말한 후 이제 그 명령을 부지런히 따른다. 그녀는 타작마당으로 내려가서 남몰래 숨은 채 기다리고 있다. 나오미가 내다본 것처럼 보아스가 그의 추수를 즐거워한 뒤에 만족한 상태로 자리에 눕는다.[34] 이후 룻이 보아스에게 살며시 다가가서, 이불을 들어 그의 발을 저녁바람에 노출시킨 채 눕는다(참고. 3:1-5 주석). 이제 무대가 극적인 전환점을 위해 설정되었다. 어둠에 덮인 채 룻은 보아스가 깨어나길 기다린다.

3:8-9 어둡고 호젓한 곳에 숨어 있기 때문에 상대방을 잘 알아보지 못하고, 극적인 긴장이 한층 고조된다. 한밤중 가장 캄캄한 시점에 깨어난 보아스는 당황스러워 한다. 아마 차가운 바람이 발을 스쳤기 때문일 것이다. 그가 자세를 고치고 이불을 챙기는 순간 그의 발치에 누워있는 "한 여인"을 보고 더욱더 당황한다. 그는 여인에게 누군지를 밝히라고 한다.

룻은 자기가 드러나는 중요한 순간을 최대한 이용한다. 그녀는 자기가 결혼할 자격이 있음을 나타낼 뿐만 아니라 그에게 자기와 혼인해야 한다고 암시하기까지 한다. 그녀는 자기 이름("룻이오니"), 신분("당신의 여종"), 요

34 내레이터는 보아스가 추수 잔치를 즐긴 뒤에 지나치지 않고 만족할 만큼 먹고 마시는 모습을 묘사한다. 포만감을 느끼면 잠을 잘 잘 터이고, 이는 그 계획이 성공하는데 중요하다.

청("당신의 옷자락[날개]을 펴 당신의 여종을 덮으소서") 그리고 근거("당신이 기업을 무를 자가 됨이니이다")를 차례대로 말한다. 룻이 보아스에게 혼인을 통해 보호와 안정을 제공해달라고 요구하고 있는 것이다.[35] 룻은 보아스가 말한 이전의 축복(참고. 2:12)을 암시하면서 그에게 그 축복을 이루는 주님의 도구가 되어달라고 간청한다. 말하자면, 룻이 주님의 "날개" 아래 피난처를 찾은 만큼 이제는 보아스에게 주님의 대리자로서 혼인으로 그녀 위에 그의 "날개"를 펴 달라고 애원한다. 틀림없이 나오미의 영향을 받은(참고. 2:20; 3:2) 룻은 구속 제도(참고. 레 25:24-55)와 계대 결혼(참고. 4:3-8 주석; 신 25:5-10)의 저변에 깔린 친족 원리에 호소하고 있다.

3:10-13 보아스가 룻의 말을 청혼으로 인식하고 애정 어린 축복("내 딸아", 참고. 2:8-13 주석)으로 반응한다.[36] 그는 시어머니를 도우려는 그녀의 의로운 결의를 알아채고 그녀가 대체로 시어머니를 위해 그와의 혼인을 구하고 있음을 깨닫는다. 보아스의 생각에 따르면, 룻의 '최후의 친절함'(즉, 나오미를 위해 구속자와 혼인하려는 것)이 '최초의 친절함'(즉, 나오미에게 달라붙는 것, 1:14b-18 주석)보다 나오미에 대한 더 큰 언약적 충성을 입증한다. '친절함'(3:10, 개역개정은 "인애")에 해당하는 단어는 종종 '한결같은 사랑'으로 번역되는 풍부한 언약 용어다(참고. 서론의 '신학'). 보아스의 강한 성품과 일치하는 룻의 이타적 사랑은 그녀에 대한 그의 흠모를 심화시킬 뿐이다. 어떤 성품을 목격하고 그것을 흠모하려면 그에 걸맞은 성품이 필요하다.

보아스가 룻을 축복하고 칭찬한 후 그녀의 구체적인 요청에 반응한다(11절). 그는 룻을 위로하고 즉시 그녀의 간청을 존중하겠다고 약속함으로써 긴장을 완화시킨다(참고. 2:13). 보아스는 모든 베들레헴 사람이 아는바 룻

35 여기서 룻이 청혼을 하고 있다는 것은 이런 종류의 언어가 혼인 언약(겔 16:8)을 포함해 언약을 맺는 맥락에서 사용되는 다른 구절들(출 19:4; 신 32:11)의 지지를 받는다. 누군가의 "날개"(옷자락) 아래 오는 이미지는 그 사람의 공급과 보호를 받는 것을 의미한다(참고. 시 57:1; 61:4; 마 23:37).

36 각주 57을 보라.

의 의로운 성품(참고. 2:11)에 대한 반응에 해당하는 그의 결정을 실토한다. 구체적으로, 모든 성읍이 룻은 "현숙한 여자"임을 알고 있다(참고. 2:1 주석). 그래서 타작마당 설정은 룻의 숨은 모습과 은밀함을 수반하지만, 일단 그녀가 보아스의 시야에 나타나는 순간 그는 그녀의 고상한 성품에 대한 폭넓은 인식을 칭송한다.[37] 중요한 사실은 대표적인 한 히브리 정경 전통에서는 룻기가 잠언 직후에 나온다는 것이다. 잠언이 원형적인 현숙한 여자(잠 31:10, 참고. 12:4)로 끝나는 만큼 룻이 그런 여자의 전형으로 제시되는 듯하다. 잠언이 이상적인 현숙한 여인의 초상화를 그리는데 비해, 룻기는 실제 현숙한 여인의 역사를 서술하고 있는 셈이다. 그리고 언약적 의로움을 구현하고 있는 이 여자는 누구인가? 다름 아니라, 가난해진 모압인 과부다!

보아스는 룻에게 그녀의 요청을 존중하겠다고 확신시킨 다음[38] 다시 한 번 긴장을 고조시키는 곤란한 문제를 밝힌다. 고대 이스라엘에서는 친족들 가운데 어떤 질서가 누가 맨 처음 구속 권리를 사용할지를 좌우했다. 이런 과정은 특정한 유산의 권리에 대해 친족들 가운데 순서를 규정하는 최후의 유언과 증언을 사용하는 오늘날의 행습과 비슷하다. 룻과 나오미에게 곤란한 문제는 엘리멜렉과 더 가까운 친족이 엘리멜렉의 땅(그리고 구속자로서 룻과 혼인하는 것, 참고. 4:3-8 주석)과 관련된 구속의 권리를 주장하는데 우선권을 갖고 있다는 것이다.[39] 그러므로 보아스가 룻에게 그녀가 구속될 것임을 엄숙히 약속하되 자기가 그렇게 할 것을 보장할 수 없는 것이다. 보아스는 이스라엘의 율법과 관습을 존중하려고 한다(참고. 마 5:17-19).

37 '알다'의 다양한 형태들이 다섯 차례 나오는 것은 (몰)인식과 노출(룻 3:3, 4, 11, 14, 18)이란 이 장면의 모티브에 기여한다.

38 룻 3:13에 나오는 "내가"는 강조체라서 그 구절을 다음과 같이 번역할 수도 있다. '만일 그가 너를 구속하길 기뻐하지 아니하면 여호와께서 살아 계심을 두고 맹세하노니 내가 친히 너를 구속하겠다.'

39 이 반전은 여러 의문을 제기한다. 나오미는 더 가까운 이 친족에 대해 알고 있었는가? 만일 그렇다면, 그녀의 계획은 구속의 우선권을 가진 더 가까운 친족을 우회하려고 하는가? 아니면 나오미가 (보아스를 개입시켜서) 더 가까운 친족이 행동을 취하도록 강요하려고 하는가? 더 가까운 친족이 있다는 사실 때문에 보아스가 그 과부의 곤경을 해결하려고 주도권을 잡지 않은 것일까? 내레이터는 이런 의문에 답하지 않는다.

그동안, 어둠이 룻의 현존을 가리고 있는 만큼 그녀는 안전과 예법을 위해 타작마당에서 "오늘밤에 머물고" 또 "아침까지 누워 있어야" 한다.

3:14-15 룻이 보아스의 지시를 따른다. 룻과 보아스가 밤새도록 함께 머물러 있었으나 성적 정절을 지킨다.[40] 룻은 보아스의 발치에 아침까지 누워 있다가 누군가 다른 사람을 "알아볼" 수 있기 전, 즉 날이 밝기 전에 일어나서 떠난다. 예절과 에티켓을 위해 보아스가 그들의 만남을 비밀로 남겨야 한다고 강조하며 '보리 여섯 되'(또는 '보리 여섯', 히브리어 본문에는 구체적인 분량 단위가 진술되어 있지 않음)와 함께 룻을 집으로 돌려보낸다. 그가 룻에게 보리를 지워준 것은 여러 이유가 있을 것이다. 룻이 집으로 가는 길에 만나는 성읍 사람에게 그녀의 타작마당 방문을 정당화시키기 위해, 과부들에게 양식을 공급하기 위해(참고. 특히 3:17) 그리고 그의 맹세를 존중한다는 엄숙한 의도를 나타내기 위해서일 것이다. 보리는 부분적으로 다가오는 구속의 보증 수표, 곧 보증금의 역할을 한다.

3:16-18 나오미는 호기심을 품은 채 룻의 귀가를 기다리고 있다. 보리를 짊어진 룻이 집에 도착하자 나오미가 "내 딸아, 너는 누구니?"(필자의 번역, 참고. 3:9) 또는 "내 딸아, 어떻게 되었느냐?"(개역개정판, ESV)하고 묻는다. 나오미는 겉옷에 보리를 잔뜩 담은 며느리를 거의 못 알아보는 듯하다. 룻은 자기에게 일어난 일을 낱낱이 말하면서(참고. 2:18-21) 시어머니에게 "빈손으로"(참고. 1:21; 신 15:13) 가면 안 된다는 보아스의 배려도 포함시킨다.

나오미는 보아스의 설명을, 그녀의 빈손을 곧 해결해주겠다는 말로 알아듣는 듯하다. 그녀는 룻에게 구속의 문제가 어떻게 해결되는지를 알 때까지 가만히 앉아 있으라고 지시한다. 나오미의 주장인즉, 보아스가 그 문제가 마무리되는 것을 볼 때까지 "쉬지" 않을 터이므로 룻은 참고 기다려

40 내레이터는 룻 4:13에서 보아스와 룻이 결혼하여 최초로 성적 합일을 이루었다고 묘사한다.

도 좋다는 것이다.[41] 여기서 다시금 나오미는 보아스의 훌륭한 성품에 대한 그녀의 믿음을 드러낸다. 이 장면은 나오미가 룻에게 대담한 주도권을 쥐라고 지시하는 모습에서 시작하여 나오미가 룻에게 담대한 희망을 품은 채 기다리라고 지시하는 모습으로 끝나는 만큼 대칭구조가 형성된다.

응답

이번 장이 시작될 때는 나오미나 룻에게 어떤 긍정적 결과도 보장되어 있지 않다. 이와 비슷하게, 이 깨어지고 죄 많은 세상에서 살다보면 수많은 미지의 사건들 가운데 깜짝 놀랄 만한 일이 가끔 벌어진다. 때로는 최상의 계획도 실현되지 않는다(잠 19:21). 그런 맥락에서 우리가 많은 테스트에 직면하게 되고 그 가운데는 우리의 이익에 따라 사람들과 관계를 맺고픈 유혹도 들어있다. 그러나 인생의 반전 가운데서도 우리는 계속 우리 자신을 하나님의 주권적 손길에 맡기고 사랑으로 채색된 삶을 영위해야 한다. 그런 의로운 결의가 세 번째 장면에 스며있다. 사실 어둠과 긴장을 배경으로 삼는 대담한 사랑의 행동이 다음 세 가지 방식으로 밝게 빛난다.

첫째, 나오미와 룻은 그들 자신의 이익을 추구하기보다 서로의 유익을 추구한다(3:1-9). 두 과부 모두 룻과 보아스의 혼인으로부터 유익을 얻을 테지만 어느 편도 자신의 복리를 우선시하지 않는다. 각자 상대방을 위해 의로운 주도권을 쥐고, 룻의 경우에는 개인적 위험을 무릅쓰는 것을 의미한다. 그러나 룻은 불확실한 상황에 처하면서도 은밀한 밤(3장)에도 밝은 대낮에서와(1-2장) 똑같은 성품을 드러낸다. 그녀는 보아스에게 청혼할 때 그에게 자기희생적 사랑을 보여 달라고 용감하게 요청하기까지 한다. 그

41 룻 3:18에 '쉼'으로 번역된 단어는 3:1에 나오는 "안식"와 다르다. 3:1에 나오는 "안식"은 룻이 가정에서 안정을 누리는 것을 가리키는데 비해, 3:18에 나오는 '쉼'은 보아스가 그의 약속을 지킬 때까지 가만히 있길 거부하는 것을 가리킨다. 후자는 또한 '그치다'로 번역될 수도 있다.

렇게 함으로써 율법의 구속 제도와 계대 결혼을 통한 하나님의 은혜로운 공급에 스스로를 열어놓는다. 이와 마찬가지로, 계략과 위험이 난무하는 상황에서도 우리 신자들은 주 예수님께 의지하여 그분의 은혜로 그리고 그분의 본보기를 좇아 자기희생적 사랑으로 인내해야 한다(요 13:1; 벧전 2:21-25).

둘째, 보아스는 룻과 나오미에 대한 책임을 회피하거나 더 가까운 친족의 책임을 빼앗기보다는 각 당사자를 존중하는 방식으로 두 과부의 열망을 받아들인다(3:10-13). 그는 자기를 보호하는 방식(즉, 더 가까운 친족 때문에 자기의 책임을 벗어버리는 방식)으로 또는 자율적으로(즉, 자기의 것이 아닌 권리를 주장하려고 이스라엘의 율법이나 관습을 위반하는 방식으로) 행동하지 않는다. 보아스는 불편함을 피하거나 그 자신을 높이기보다는 룻을 위로하고 그녀의 궁극적 은인이신 주님을 높이려고 한다. 보아스는 부드러운 애정으로 룻에 대한 흠모를 표현하고 그녀에게 적절한 예법을 따라 그녀를 지지할 것이라고 확신시킨다. 그가 보여주는 지혜로운 온유함은 주 예수 그리스도를 통해 완전히 표현되게 되는데, 그분은 정의를 실현할 때까지 상한 갈대를 꺾지 아니하며 꺼져가는 등불을 끄지 아니하는 분이다(사 42:3; 마 12:20).

셋째, 보아스는 룻과 나오미에게 그의 성실함을 확신시키기 위해 보리 선물을 보증으로 삼아 그들에게 인자함을 베풀겠다는 맹세를 인 친다(3:14-18). 그는 그 과부들이 처한 환경 때문에 그들이 자기 방어적 두려움으로 인해 근거 없는 회의에 빠질 위험이 있음을 인식하는 듯하다. 그래서 보아스가 보리 선물로 그들을 격려하면서 그의 말이 신빙성이 있음을 확증하고자 한다. 보아스의 입증된 성품과 명백한 사랑이 나오미(와 룻)를 감동시켜서 믿음으로 또한 인내하며 기다리게 해준다. 그리하여 이 장면의 극적인 행동 이후에 두 과부는 보아스의 약속이 이뤄지기를 기다린다.

어떤 면에서는 제3장이 끝날 때 과부들이 처한 상황은 신자들이 지금 여기에서 성경 이야기의 (완성이 아닌) 극적 행동 이후에 처한 상황과 비슷하다. 말하자면, 주 예수 그리스도의 삶과 죽음과 승천으로 인해 신자들은 현재 구원의 첫 열매를 누리지만 구원의 완전한 성취를 기다려야 한다(요일 3:1-3). 우리는 '이미' 그러나 '아직'의 기간에 살고 있고 하나님께서 모든 긴장을 해소하고 그분의 모든 약속을 성취하실 주님의 재림을 바라보고 있다. 그동안 우리의 구속자는 우리에게 약속을 주셔서 우리를 격려하신다. 보아스는 보리 여섯 되로 그의 맹세를 은혜롭게 보장하지만, 주 예수님은 우리에게 성령을 주셔서 그분의 맹세를 보장하신다(고후 1:20-22). 하나님께서 주신 성령의 선물은 그분의 믿음직함을 증명하고, 우리가 우리의 유산을 완전히 소유할 때까지 그 보증금의 역할을 한다(엡 1:13-14).

더 나아가, 예수님은 그분의 교회에게 그분의 은혜에 대해 구체적 인 침으로서 성례를 허락하신다(참고. 롬 4:11). 그리스도의 인자하심을 확증하는 이런 징표들은 인생의 불확실한 현실 가운데 우리를 강건케 하고 계속해서 우리 자신을 하나님의 주권적 손길에 의탁하며 사랑의 삶을 영위하게 해준다. 우리는 그분의 말씀을 있는 그대로 받아들이고 그분이 모든 곤란한 문제를 해결하실 그 아침을 기다릴 수 있다(룻 3:18, 참고. 시 37:7). '미지의 장래를 이미 알려진 하나님께 의탁하기를 결코 두려워하지 말라'는 코리 텐 붐의 권면을 명심하자.

1 보아스가 성문으로 올라가서 거기 앉아 있더니 마침 보아스가 말
하던 기업 무를 자가 지나가는지라 보아스가 그에게 이르되 아무개
여 이리로 와서 앉으라 하니 그가 와서 앉으매 2 보아스가 그 성읍 장
로 열 명을 청하여 이르되 당신들은 여기 앉으라 하니 그들이 앉으매
3 보아스가 그 기업 무를 자에게 이르되 모압 지방에서 돌아온 나오미
가 우리 형제 엘리멜렉의 소유지를 팔려 하므로 4 내가 여기 앉은 이
들과 내 백성의 장로들 앞에서 그것을 사라고 네게 말하여 알게 하려
하였노라 만일 네가 무르려면 무르려니와 만일 네가 무르지 아니하려
거든 내게 고하여 알게 하라 네 다음은 나요 그 외에는 무를 자가 없
느니라 하니 그가 이르되 내가 무르리라 하는지라 5 보아스가 이르되
네가 나오미의 손에서 그 밭을 사는 날에 곧 죽은 자의 아내 모압 여
인 룻에게서 사서 그 죽은 자의 기업을 그의 이름으로 세워야 할지니
라 하니 6 그 기업 무를 자가 이르되 나는 내 기업에 손해가 있을까 하
여 나를 위하여 무르지 못하노니 내가 무를 것을 네가 무르라 나는 무
르지 못하겠노라 하는지라

1 Now Boaz had gone up to the gate and sat down there. And behold,
the redeemer, of whom Boaz had spoken, came by. So Boaz said, "Turn

aside, friend; sit down here." And he turned aside and sat down. 2 And
he took ten men of the elders of the city and said, "Sit down here."
So they sat down. 3 Then he said to the redeemer, "Naomi, who has
come back from the country of Moab, is selling the parcel of land that
belonged to our relative Elimelech. 4 So I thought I would tell you of it
and say, 'Buy it in the presence of those sitting here and in the presence
of the elders of my people.' If you will redeem it, redeem it. But if
you[1] will not, tell me, that I may know, for there is no one besides you
to redeem it, and I come after you." And he said, "I will redeem it."
5 Then Boaz said, "The day you buy the field from the hand of Naomi,
you also acquire Ruth[2] the Moabite, the widow of the dead, in order to
perpetuate the name of the dead in his inheritance." 6 Then the redeemer
said, "I cannot redeem it for myself, lest I impair my own inheritance.
Take my right of redemption yourself, for I cannot redeem it."

7 옛적 이스라엘 중에는 모든 것을 무르거나 교환하는 일을 확정하기
위하여 사람이 그의 신을 벗어 그의 이웃에게 주더니 이것이 이스라
엘 중에 증명하는 전례가 된지라 8 이에 그 기업 무를 자가 보아스에
게 이르되 네가 너를 위하여 사라 하고 그의 신을 벗는지라 9 보아스
가 장로들과 모든 백성에게 이르되 내가 엘리멜렉과 기룐과 말론에게
있던 모든 것을 나오미의 손에서 산 일에 너희가 오늘 증인이 되었고
10 또 말론의 아내 모압 여인 룻을 사서 나의 아내로 맞이하고 그 죽은
자의 기업을 그의 이름으로 세워 그의 이름이 그의 형제 중과 그곳 성
문에서 끊어지지 아니하게 함에 너희가 오늘 증인이 되었느니라 하니
11 성문에 있는 모든 백성과 장로들이 이르되 우리가 증인이 되나니
여호와께서 네 집에 들어가는 여인으로 이스라엘의 집을 세운 라헬과
레아 두 사람과 같게 하시고 네가 에브랏에서 유력하고 베들레헴에서

유명하게 하시기를 원하며 12 여호와께서 이 젊은 여자로 말미암아 네
게 상속자를 주사 네 집이 다말이 유다에게 낳아준 베레스의 집과 같
게 하시기를 원하노라 하니라

7 Now this was the custom in former times in Israel concerning
redeeming and exchanging: to confirm a transaction, the one drew off
his sandal and gave it to the other, and this was the manner of attesting
in Israel. 8 So when the redeemer said to Boaz, "Buy it for yourself," he
drew off his sandal. 9 Then Boaz said to the elders and all the people,
"You are witnesses this day that I have bought from the hand of Naomi
all that belonged to Elimelech and all that belonged to Chilion and to
Mahlon. 10 Also Ruth the Moabite, the widow of Mahlon, I have bought
to be my wife, to perpetuate the name of the dead in his inheritance,
that the name of the dead may not be cut off from among his brothers
and from the gate of his native place. You are witnesses this day."
11 Then all the people who were at the gate and the elders said, "We are
witnesses. May the Lord make the woman, who is coming into your
house, like Rachel and Leah, who together built up the house of Israel.
May you act worthily in Ephrathah and be renowned in Bethlehem,
12 and may your house be like the house of Perez, whom Tamar bore
to Judah, because of the offspring that the Lord will give you by this
young woman."

13 이에 보아스가 룻을 맞이하여 아내로 삼고 그에게 들어갔더니 여
호와께서 그에게 임신하게 하시므로 그가 아들을 낳은지라 14 여인들
이 나오미에게 이르되 찬송할지로다 여호와께서 오늘 네게 기업 무를
자가 없게 하지 아니하셨도다 이 아이의 이름이 이스라엘 중에 유명
하게 되기를 원하노라 15 이는 네 생명의 회복자이며 네 노년의 봉양

자라 곧 너를 사랑하며 일곱 아들보다 귀한 네 며느리가 낳은 자로다
하니라 16 나오미가 아기를 받아 품에 품고 그의 양육자가 되니 17 그
의 이웃 여인들이 그에게 이름을 지어 주되 나오미에게 아들이 태어
났다 하여 그의 이름을 오벳이라 하였는데 그는 다윗의 아버지인 이
새의 아버지였더라

13 So Boaz took Ruth, and she became his wife. And he went in to
her, and the Lord gave her conception, and she bore a son. 14 Then
the women said to Naomi, "Blessed be the Lord, who has not left
you this day without a redeemer, and may his name be renowned in
Israel! 15 He shall be to you a restorer of life and a nourisher of your
old age, for your daughter-in-law who loves you, who is more to you
than seven sons, has given birth to him." 16 Then Naomi took the child
and laid him on her lap and became his nurse. 17 And the women of
the neighborhood gave him a name, saying, "A son has been born to
Naomi." They named him Obed. He was the father of Jesse, the father
of David.

18 베레스의 계보는 이러하니라 베레스는 헤스론을 낳고 19 헤스론은
람을 낳았고 람은 암미나답을 낳았고 20 암미나답은 나손을 낳았고 나
손은 살몬을 낳았고 21 살몬은 보아스를 낳았고 보아스는 오벳을 낳았
고 22 오벳은 이새를 낳고 이새는 다윗을 낳았더라

18 Now these are the generations of Perez: Perez fathered Hezron,
19 Hezron fathered Ram, Ram fathered Amminadab, 20 Amminadab
fathered Nahshon, Nahshon fathered Salmon, 21 Salmon fathered Boaz,
Boaz fathered Obed, 22 Obed fathered Jesse, and Jesse fathered David.

1 Hebrew *he 2* Masoretic Text *you also buy it from Ruth*

단락 개관

룻기 4장은 주님이 텅 빈 나오미를 가득 채우려고 구속의 제도를 사용하심에 따라 이 플롯의 주제인 구속을 완성시킨다. 서로 연관된 세 편의 결말이 이 책을 마무리한다. 첫째, 보아스가 구속이란 법적 문제를 해결한다(1-12절). 둘째, 이는 이 플롯의 결말을 재촉한다(13-17절). 셋째, 이 플롯의 결말은 이스라엘에 왕이 없던 구속-역사적 시대를 특징짓는 핵심 긴장을 해소하는데 기여한다(18-22절, 참고. 1:1). 내레이터가 내러티브의 템포를 점진적으로 가속시키고 이 세 편의 문학적 단위들을 가로질러 내러티브 지평을 확장하는데, 어느 날 베들레헴 성문에서 일어나는 행동(4:1-12)으로부터 한 베들레헴 가정에서 아홉 달에 걸쳐 일어나는 행동(13-17절)을 거쳐 언약 가족 전체에 영향을 주는 수백 년에 걸친 행동(18-22절)으로 이어진다.

제4장(4:1-12)은 구속의 문제를 해결하는 법적 절차를 다룬다(참고. 3:12-13). 보아스가 친족-구속자(즉, 엘리멜렉의 가장 가까운 남자 친척)와 열 명의 장로를 포함하는 공식 회의를 소집한다(4:1-2). 그 친족-구속자가 처음에는 구속의 권리를 주장하지만, 일단 보아스가 그 거래는 "모압 여인 룻"과 혼인하는 것과 고인의 이름을 영구히 보존하는 것을 포함한다고 분명히 밝히자 그는 그의 권리를 보아스에게 양도한다(3-8절). 이후 보아스가 증인들 앞에서 엘레멜렉의 땅과 유산을 구속하고(9-10절), 후자는 주님이 이스라엘과 유다에 베푸신 역사적 은혜를 따라 룻과 보아스를 축복하시길 주님께 빈다(11-12절).

플롯의 결말(13-17절)은 보아스가 취한 구속 행위의 결과와 의미심장함을 확증한다. 이는 플롯의 핵심 갈등, 말하자면, 나오미의 텅 빈 상태과 하나님의 냉대를 받았다는 생각 간의 갈등의 해결을 크게 다룬다. 예전에 나오미의 주님에 대한 불평(참고. 1:19-21)을 들었던 베들레헴 여자들이 나오미에게 구속자를 주신 주님의 은혜를 찬송한다(4:14-15). 이어서 내레이터가 이 이야기를 처음 읽고 듣는 이들에게 오벳이 바로 다윗 왕의 할아버지임을 알려줌으로써 그들을 깜짝 놀라게 한다(17절).

이 가계는 이 책의 극적 행동의 주관심사를 확증하며 주님의 주권적 은혜를 밝히 드러낸다. 내레이터가 이 책의 앞과 뒤를 나오미의 비참한 십 년에 대한 기사(1:1-5)와 왕족 계보의 열 세대에 대한 기사(4:18-22)로 장식한다. 이 내러티브 틀은, 언약 가족이 도덕적 및 영적 무질서로 통제에서 벗어난 것처럼 보일 때(참고. 삿 21:25)라도 주님은 그분의 구원 목적을 진전시키고 계시다는 사실을 확증해준다. 그런즉 이 책의 최종 초점은 그분의 고난 받는 백성을 향한 주님의 인자하심, 즉 자비롭게 또 섭리에 의해 그들에게 기름 부음을 받은 자(참고. 삼하 7)를 통해 안식을 주시는 주님의 인자한 손길에 놓이고 있다.

단락 개요

IV. 제4장과 플롯 결말: 베들레헴 성문에서의 해결과 그 이후 (4:1-17)
- A. 제4장: 보아스가 성문의 장로들 앞에서 구속 권리를 얻다 (4:1-12)
  1. 보아스가 친족-구속자와 장로들과의 회의를 소집하다 (4:1-2)
  2. 보아스가 구속 권리에 대해 친족-구속자에게 도전하다 (4:3-5)
  3. 친족-구속자가 구속 권리를 보아스에게 양도하다(4:11-12)
  4. 보아스가 구속을 확증하고 그의 의향을 분명히 밝히다 (4:9-10)
  5. 증인들이 주님께 룻과 보아스에게 복 주시도록 요청하다 (4:11-12)

B. 플롯 결말: 주님이 룻을 통해 나오미에게 구속자를 주시다(4:13-17)

1. 주님이 보아스를 통해 룻에게 아들을 허락하시다(4:13)

2. 주님이 나오미의 구속자, 오벳을 통해 그녀에게 삶을 되돌려주신 것을 찬양하다(4:14-17)

V. 에필로그: 베레스로부터 보아스와 오벳을 거쳐 다윗에 이르는 족보(4:18-22)

주석

4:1-2 제4장(4:1-12)은 보아스의 의로운 결의를 크게 다룬다. 구체적으로, 이 장면은 "구속하다"의 어떤 형태가 열두 번[4:1, 3, 4(5번), 6(4번), 8] 나오는 가운데 보아스가 구속의 권리를 획득하는 모습을 자세히 얘기한다. 첫 두 구절은 보아스가 이스라엘의 율법과 관습을 존중하는 방식으로 룻에게 한 약속(참고. 3:13)을 지키기 위해 주도권을 잡는 모습을 묘사함으로써 그 행동을 설정한다. "성문"과 "장로들"에 대한 언급이 이 문단을 둘러싸고 있고(4:1-2, 11), 고대 이스라엘에서 법적인 문제는 종종 성문에서 장로들이 해결했기 때문에 이는 그 절차의 합법성을 강조하고 있다.[42] 보아스가 베들레헴 성문에 앉아 있는 것은 공식 회의를 소집하려는 의도를 알리기 위해서일 것이다. 친족-구속자(즉, 엘리멜렉의 가장 가까운 남자 친척)가 섭리에 의해 지나갈 때, 보아스가 그에게 앉으라고 권한다.[43] 이후 보아스가 정족수를 채우기 위해 열 명의 장로를 청하여 앉히는 것 같다.

42 군주제 이전의 이스라엘에서는 장로들이 사법적, 법적, 상업적 문제에서 중요한 역할을 담당하고 종종 성문에서 사건들을 해결했다(신 21:19, 22:15, 25:7; 수 20:4).

4:3-8 보아스와 그 친족-구속자의 대화는 보아스의 성실함을 잘 보여준다. 그는 친족-구속자에게 엘리멜렉의 소유지를 팔려는 나오미의 의도를 알려주고 그에게 그의 구속 권리를 주장하거나 (그 다음 차례인) 보아스에게 양도하도록 요청한다(참고. 레 25:23-28).

보아스가 그 거래를 구속의 견지에서 묘사하는 것은 나오미가 제한된 기간 동안 그 땅의 수확량에 대한 권리를 팔아서 장기적이 아닌 단기적 수입을 얻으려고 한다는 것을 암시한다(참고. 레 25:23-28).[44] 하지만 나오미의 판매는 모호한 점이 많아서 이제껏 많은 논쟁을 불러일으켜 왔다.[45] 예컨대, 과부가 된 나오미가 엘리멜렉의 땅에 대한 법적 권리를 소유한다면, 그녀는 어떻게 그 권리를 획득했을까?[46] 그리고 룻은 왜 다른 곳에서 이삭을 주웠는가(참고. 2:2)? 아마 엘리멜렉이 모압으로 떠나기 전에 그의 땅의 수확량에 대한 권리를 일정한 기간 동안 팔았고, 이제 추수가 끝날 때에 이르자 나오미가 엘리멜렉으로부터 그 땅의 수확량에 대한 권리를 구입한 사람으로부터 그 권리를 되살(구속할) 권리를 팔고 있는 중일 것이다.

그 친족-구속자가 처음에는 엘리멜렉의 토지를 구속하기로 동의하는데, 이는 극적인 긴장을 고조시킨다. 이어서 보아스가 엘리멜렉의 토지를 구속하는 일은 그의 유산을 구속하는 일을 수반할 것이라고 분명히 한다. 이는 구속자가 말론의 과부, 곧 "모압 여인 룻"을 통해 "사야" 하는데, 그

43 내레이터가 그 친족-구속자의 이름을 밝히지 않고 보아스가 그를 '친구'(또는 "아무개")로 부르도록 한다. 참고. 4:3-8 주석, Bush, *Ruth-Esther*, 232-233.

44 이스라엘에서는 땅을 영구적으로 또는 친족 바깥에 팔 수 없었지만, 땅의 사용권/수확량은 소유주의 가난을 완화시키기 위해 한시적으로 팔 수 있었다. 가난해진 소유주의 가장 가까운 친족이 땅의 수확량에 대한 권리를 구속할(되살) 권리를 보유했다. 게다가, 그 땅의 수확에 대한 모든 판매권은 "희년에 이르기까지"만(레 25:28) 지속되는 한시적인 것이었고, 희년이 되면 토지가 정당한 상속자에게 되돌아가게 되어 있었다.

45 나오미의 판매에 관한 다양한 견해들에 대한 논의는 다음 책을 참고하라. Bush, *Ruth-Esther*, 200-204, 211-215.

46 성경의 율법은 어떤 남자가 아들이 없이 죽으면 어떤 상속의 순서를 규정하지만(민 27:1-11), 명시적으로 과부가 죽은 남편의 토지를 상속받게 하는 곳은 아예 없다. 아마 나오미가 재혼하거나 죽을 때까지 그 땅의 수확량에 대한 권리를 유지했고, 그 시점이 되면 유산의 분배가 (엘리멜렉의 형제나 삼촌이 없는 경우) 엘리멜렉 씨족의 가장 가까운 남자 친척에게 넘어가게 되어 있었을 것이다.

래야 "그 죽은 자의 기업을 그의 이름으로 세우기" 위해 상속자를 낳을 수 있기 때문이다.[47] 5절에서 룻에게 적용된 상업적 언어["사서"("acquire"), 10절의 "사서"("bought")]는 이 결혼을 토지와 관련된 상업적 거래와 연관시키는 바람에 사용된 것이다.[48] 성경에 나오는 구속의 법률은 어디서도 구속자에게 죽은 친척의 과부와 혼인하도록 요구하지 않는다. 보아스는 죽은 남자 친척의 가계를 보존할 목적으로 계대 결혼에서 작동하는 친족 원리를 적용하는 듯하다(참고. 신 25:5-10).[49] 아마 그는 나오미와 룻이 알고 있는 계대 결혼 원칙에 뿌리를 박은 성경 외적 관습을 따르고 있을 것이다(참고. 룻 3:9). 그것이 아니라면 룻의 청혼(참고. 2:4-17 주석) 노선을 따라서 율법의 정신을 적용하기 위해 율법의 문자를 혁신적으로 뛰어넘고 있는 것일 터이다.[50] 아무튼, 보아스의 발언은 그 대가를 막론하고 의로움을 실현하겠다는 그의 결의를 보여준다.

비교해서 말하자면, 친정으로 되돌아가겠다는 오르바의 평범한 결정이 나오미에게 달라붙는 룻의 비범한 인자함을 부각시켜주듯이(1:14), 그 친족-구속자의 평범한 실용주의가 보아스의 비범한 의로움을 부각시켜준다. 그 친족-구속자는 그가 아는 바에 따라 거래가 엘리멜렉의 토지에 국한될 때에만 구속의 권리를 주장한다. 추정컨대 그 남자는 그 거래가 자신의 유산에 더해줄 이익과 비교적 적은 비용을 머릿속으로 계산하고 있

47 4:5에 대한 해석에서 논쟁이 되는 사항은 두 가지다. 대다수는 ESV를 좇아서 '내가 룻에게서 사야 한다'를 '당신이 룻을 사야 한다'로 수정한다. 첫째 번역문은 히브리 독법 전통과 여러 고대 판(版)들의 지지를 받고, 둘째 번역문은 불가타 성경(라틴어 역본)의 지지를 받는다. 둘 다 조금만 바꾸면 더 나은 맥락상의 의미를 지닐 수 있다.

48 참고. Campbell, *Ruth*, 147. 캠벨은 이렇게 쓴다. "('사다'는 용어에 의해) 룻의 양도가 지정된 곳에서는 그 의미가 엄밀하게 말하면 '구입하다' 또는 '지불해서 얻다'가 아니다. 오히려 그것은 '법적으로 타당한 상업적 거래의 일부로 결혼하다'로 의역될 수 있다."

49 "죽은 자"는 엘리멜렉의 아들인 말론을 가리키지만 엘리멜렉의 혈통을 염두에 두고 있는 것은 말론이 자연스럽게 엘리멜렉의 이름을 전수할 것이기 때문이다.

50 비록 보아스가 혁신적으로 이스라엘의 전통을 넘어서서 엘리멜렉의 토지의 구속을 룻과의 혼인과 연관시키긴 하지만(이는 불확실하다), 보아스의 행동은 그 친족-구속자에게 압력을 가한다. 이제 보아스가 공개적으로 두 가지 '획득'을 서로 연관시킨 만큼, 그 친족-구속자가 만일 토지와 관련된 구속 권리만 주장하고 룻을 사지 않는다면, 그는 증인들의 눈에 호의를 잃어버린 위험에 처할 것이다.

을 것이다. (그 비용은 나오미의 복리에 대해 책임지는 것을 포함할 터이다.) 그러나 비용-수익 비율은 엘리멜렉을 위해 상속자를 생산하려고 "모압 여인 룻"과 결혼하는 것이 더해지면 당연히 변하게 된다. 만일 남자 상속자가 없다면, 그 토지는 이 친족에게 넘어갔을 것이다(참고. 민 27:1-11). 반면에 남자 상속자가 태어나게 된다면, 그 토지가 그 자녀에게 되돌아갈 것이고, 따라서 이 남자는 두 과부를 지지하려고 그의 자원만 사용했을 뿐 그 자신이 얻을 장기적인 금전적 이득이 없을 것이다.[51] 그래서 친족-구속자는 그 자신의 소유지를 보존하고 친족인 엘리멜렉의 토지에는 손을 떼기로 해서 결국 구속의 권리를 양도한다. 이 구속자의 이름을 밝히지 않는 것은 아이러니하게도 죽은 친척의 이름을 보존하길 거부하는 그의 이기심 때문인 것 같다.[52]

친족-구속자가 구속 권리를 보아스에게 양도한다고 말한(6절) 뒤에 의례적으로 그런 행동을 취한다(7-8절).[53] 내레이터가 증인들 앞에서 취한 고대의 의례를 설명하는 것은 보아스의 획득이 합법적으로 이뤄졌음을 강조한다. 보아스는 공인된 구속자가 되기 위해 모든 적절한 절차와 관습을 따른다.

4:9-12 증인들을 향한 보아스의 발언과 그들의 반응이 보아스의 구속 행

51 참고. Bush, *Ruth-Esther*, 232-233.

52 참고. 각주 43. 성경의 내레이터들은 주제를 중시하는 이유로 때로는 등장인물의 이름을 밝히지 않는다. 고전적인 아이러니한 본보기는 다음과 같다. 내레이터가 바로의 이름은 기록하지 않는 반면(출 1:8) 히브리인 산파들의 이름은 확실히 기록하고 있다(출 1:15). 전자는 세상에서 매우 중요한 인물로 여겨지는데 비해 후자는 덜 중요한 인물들로 여겨지지만, 위험을 감수하는 후자의 신실함으로 인해 그들이 하나님의 백성 가운데서 존경을 받고 널리 알려졌기 때문이다. 이 친족-구속자의 이름을 밝히지 않은 것에 관한 논의는 Bush, *Ruth-Esther*, 196-197을 참고하라.

53 양도를 가리키려고 자기 신발을 벗는 행동의 의미는 불분명하다. 계대 결혼과 관련된 관습들 역시 신발을 벗는 것을 포함하지만(참고. 신 25:5-10) 신명기 25장에 나오는 이슈와 상징의 의도는 룻기 4장의 그것과 상당히 다르므로 룻기 4장에 나오는 관습의 의미를 설명하는데 도움이 되지 않는다. 주석가들은 "그의 신을 벗[다]"는 절(節)의 주어에 대해서도 논쟁을 벌인다. 주어가 엘리멜렉인가, 아니면 그 친족-구속자인가? 대다수는 그 친족-구속자가 신발을 벗은 것으로 해석하여 신발을 획득하는 자 편에서 내놓은 구입의 증거로 여긴다. Campbell, *Ruth*, 148에 나오는 논의를 참고하라.

위의 언약적 성격을 전면에 가져온다. 보아스는 먼저 장로들과 방관자들에게 구속 권리의 양도를 확증하도록 요청한다. 그 과정에서 그는 엘리멜렉의 이름을 보존하고 그 이름이 "끊어지지" 않게 하려고[참고. 삼상 24:21(다윗이 사울에게 하는 약속)] "모압 여인 룻"(참고. 5절)과 혼인하겠다는 언약적 관심을 표명한다.[54] 따라서 보아스가 언약적 충성을 전형적으로 보여준다.

장로들과 방관자들은 그 구속을 비준하고, 주님께 그분이 과거에 그분의 종들에게 베푸신 호의를 보아스와 룻에게도 보여주시길 요청함으로써 룻과 보아스에게 주님의 복이 임하길 기원한다.[55] 첫째, 그 집단이 공식적 증인의 역할을 하기로 동의한다. 둘째, "라헬과 레아"가 이스라엘의 "집"(즉, 혈통, 참고. 창 29:31-30:24)을 세우는데 많은 열매를 맺은 것처럼 룻도 보아스의 집을 세우는데 풍성한 열매를 맺게 해달라고 주님께 간구한다.[56] 증인들은 룻을 보아스의 합법적인 결혼 배우자로 보는 것이 분명하다. 셋째, 그들은 보아스가 "유력하[게]"(참고. 2:1; 3:11) 행하고 그의 고향 성읍에서 그의 씨족 가운데 "유명하게" 되기를 원한다고 말한다. 보아스가 유명해지길 바라는 그들의 열망은 엘리멜렉의 이름이 그의 '고향'에서 끊어지지 않기를 바라는 보아스의 마음을 상기시킨다. 보아스가 마침내 다윗 왕의 증조부가 되는 만큼, 보아스의 궁극적 명성은 증인들의 기대를 훨씬 능가하는 것 같다. 끝으로, 증인들이 하나같이 보아스에게 룻을 통해 자식을 주시도록 주님께 요청하는데, 그의 "집"이 다말이 시아버지인 유다를 통해 낳은 아들 베레스의 집을 본받아서 세워지게 해달라는 것이다.[57] 전반

54 참고. 각주 48. 4:10에 나오는 "사서"라는 단어는 4:5에 나오는 "사서"라는 단어와 똑같다. 참고. 4:3-8 주석.

55 참고. 각주 9.

56 라헬과 레아는 삶의 여러 시점에서 불임을 경험했고, 주님이 주권적으로 개입하셔서 그들이 임신해서 자녀들을 낳도록 하셨다(창 29:31, 35; 30:1, 9, 22).

57 룻기 1:2에 거명된 장소들과 비슷하게 증인들이 에브랏과 베들레헴과 유다를 언급하는데, 단 여기서 "유다"는 조상의 영토가 아니라 인물을 가리킨다. 유다는 다말의 남편들(유다의 아들들)이 죽은 후 다말을 위해 계대 규정을 적용하기를 거부했었다(창 38장, 참고. 마 1:3). 그러나 유다는 과부가 된 다말을 의롭게 대우하길 실패한데 반해(창 38:26), 보아스는 과부가 된 룻과 나오미를 의롭게 대우하는데 성공한다.

적으로, 증인들의 축복은 하나님의 백성 가운데 기쁨에 찬 희망을 북돋우는 언약적 친절함의 능력을 잘 보여준다.

4:13-17 내레이터가 보아스와 룻의 인자함이 낳은 결과와 그 의미심장함을 보여주는 쪽으로 전환한다. 즉각적인 결과는 이렇게 요약되어 있다. 보아스가 룻과 결혼해서 신방을 차리고, 주님이 "그[룻]에게 임신하게 하시므로 그가 아들을 낳[았다]"(참고. 창 29:31). 주님이 이 임신에 관대함을 베푸신 것이 부각되어 있고, 룻이 예전에 말론과의 관계에서 자녀가 없었음은 언급되지 않는다.

베들레헴 여자들이 이 아기의 중요성을 조명하는데 중요한 역할을 한다. 그들은 나오미의 회복을 기뻐하고, 이는 제1장에 나온 그들의 역할(참고. 1:19-21)로 인해 극적으로 해결되었다는 느낌을 고조시킨다. 그들은 주님이 나오미를 "기업 무를 자[구속자]가 없게"[58] 남겨두지 않았다고 그분을 찬송하며, 그의 이름이 이스라엘에서 유명해지길 바란다(참고. 4:11). 이 아기는 엘리멜렉의 가계를 보존한다는 의미에서 하나의 '구속자'이고, 여자들이 의기양양하게 내다보듯이, 나오미에게 생명을 되돌려주며 그녀를 봉양할 것이다.[59] 나오미가 늙었을 때 그 자녀가 할머니를 돌볼 것임을 그들이 아는 것은 그의 어머니가 "너[나오미]를 사랑하며 [나오미에게] 일곱[완전수, 예. 수 6:4] 아들보다 귀한 네 며느리" 룻이기 때문이다.[60] 이후 내레이터가 감동적인 순간을 얘기한다. 자기 "아들들"(1:5)을 잃은 나오미가 이제는 그녀의 무릎 위에 "아기"(4:16)를 안고 있는 모습이다.[61] 끝으로, 여인들이 그

58 원어에는 룻기 4:14에 나오는 '…없이 남겨두다'에 해당하는 단어가 1:3, 5에 나오는 단어와 다르긴 하지만, 개념적 중첩이 극적 해결의 어조에 기여하고 있다.

59 요셉은 이집트에서 그의 형제들과 가족을 부양하겠다는 약속을 묘사하기 위해 '봉양하다'란 단어를 사용한다(창 45:11; 47:12; 50:21).

60 룻에 대한 여인들의 평가는 제1장에 나온 나오미의 자기평가가 부정확하다는 것을 강조한다. 나오미는 베들레헴에 도착할 때 스스로를 '텅 빈' 상태(1:21)라고 말하지만 룻과 함께 되돌아왔고, 룻의 언약적 충성이 뛰어난 가치가 있는 것으로 입증될 것이었다.

아기의 이름을 지어주고 나오미에게 지니는 그의 가치를 요약한다. "나오미에게 아들이 태어났다."

내레이터는 이 아기의 신원에 관한 마지막 (충격적인) 정보 한 편을 밝힘으로써 이 드라마에 종지부를 찍는다. "[그는] 오벳이라…다윗의 아버지인 이새의 아버지였더라." 내레이터가 나오미와 다윗 왕의 연줄을 밝히기 위해 결말까지 기다림으로써 그녀의 환경에서 줄곧 작동하던 주님의 숨은 섭리를 돋보이게 한다. 인간적으로 말하면, 베들레헴에 기근이 닥쳐 엘리멜렉의 가족이 모압으로 이주하지 않았다면, 말론이 룻과 결혼한 뒤에 죽지 않았다면, 룻이 나오미에게 달라붙지 않았다면, 룻이 "우연히"(2:3) 보아스의 밭에서 이삭을 줍지 않았다면 (그리고 기타 등등) 다윗 왕도 없을 테고 그를 통해 주님이 궁극적으로 허락하시는 그 민족의 안식도 없을 것이다(참고. 신 12:10; 삼하 7:1, 11). 룻기는 다윗이 태어나기도 전에 주님이 그분의 종 나오미를 친절하게 대하셔서 그분의 종 다윗을 일으키려고 몇 세대 전에 초자연적 은혜가 작동하게 하시는 모습을 강조한다. 물론 나오미는 자기가 왕족 계보에 영입되었다는 것을 미처 알기 전에 죽어야 했지만 말이다. 그런즉 이 책의 뜻밖의 결말은 언약 가족에게 주님의 인자하심을 신뢰하도록 권하되, 비록 그들이 주님의 섭리를 인지할 수 없거나 그분이 그들의 시대에 어떻게 구원 목적을 이루실지 모를지라도 그렇게 하라고 한다.

4:18-22 내레이터가 베레스에서 다윗에 이르는 열 세대의 족보와 함께 이 책을 마무리한다. 이 선별된 족보(참고. 대상 2:4-15)는 엘리멜렉의 단절된 가계(룻 1:1-5)가 다시 이어진 것을 상징하고 보아스와 다윗을 각각 일곱 번째와 열 번째에 둠으로써 그들을 부각시킨다.[62] 더 나아가, 이 족보는 나오

61 각 경우에 나오는 히브리어 단어는 똑같다. 참고. 1:2-5 주석.

62 족보가 보아스(일곱 번째)를 영예롭게 하고 다윗(마지막 열 번째)을 칭송한다. 보아스의 일곱 번째 위치는 룻의 나오미에 대한 사랑이 일곱 아들보다 귀한 것으로 묘사한 대목(4:15)과 비슷한 방식으로 상징적으로 작동한다. 즉, 보아스와 룻이 일곱이란 수가 상징하는 전심어리고 모범적인 의로움을 잘 보여준다는 뜻이다.

미를 향한 주님의 은혜가 지닌 장기적 취지를 강조함으로써 이 플롯이 더 큰 성경의 줄거리에 뿌리박고 있음을 밝히 보여준다. 주님의 섭리로 룻과 보아스의 인자함의 영향이 나오미의 시야를 훨씬 넘어 온 이스라엘을 위해 안식을 확보하게 돕는 데까지 확장된다.

사실 그 영향은 인간 내레이터의 시야까지 훨씬 넘어 확장된다. 선지자 미가의 메시지에 따르면, 이스라엘 백성이 포로의 경험을 한 뒤에 "베들레헴 에브라다"에서 나오는 통치자가 '주님의 능력으로 서서 목축할' 것이고 주님의 백성을 위해 영구적인 평화를 확보할 날이 온다고 한다(미 5:2-5). 복음서 저자 마태가 분명히 밝히듯이, 베들레헴에서 나올 것으로 예상된 통치자는 바로 다윗의 더 위대한 후손, 주 예수 그리스도다(마 1:1-17; 2:5-6, 참고. 계 5:5). 그리스도 안에서 룻기 4:18-22의 계보가 궁극적으로 성취된다. 사사들이 다스리는 시대에 순환적인 인간 역사가 아무리 희망이 없어 보일지라도(1:1), 주님은 그분의 날개 아래 피난처를 찾는 모든 사람(2:12)을 위해 그분의 기름 부음 받은 종인 한 왕(4:22)을 일으키려고 그분의 구원 목적을 진전시키고 계신다.

응답

룻기는 구속 제도의 구체적인 실례를 제공함으로써 구속이라는 성경적 주제에 기여한다. 룻기 1-3장은 두 과부의 위태로운 곤경을 해결하는데 구속이 필요하다는 것을 설정한다. 그리고 룻기 4장은 무방비 상태의 사람을 변호하는데 구속 제도가 특히 효과적임을 보여준다. 이 장은 구속의 비용(1-8절), 언약적 성격(9-12절), 결과(13-17절) 그리고 과정(18-22절)을 분명히 보여주고 있다.

룻기 4:1-8에 나오는 발언과 행동은 구속의 비용을 가리킨다. 예컨대, 보아스와 친족-구속자의 대화는 엘리멜렉의 땅과 유산을 구속하는 일이 구속자 편에서는 결정적으로 개인적 위험을 수반한다는 점을 분명히 한다. 보아스는 무방비 상태에 처한 사람들, 곧 두 과부와 (그들의 이름을 보존할 수 없는) 고인의 대의를 증진시키기 위해 위험을 감수하고 값비싼 자기희생적 인자함을 베풀기로 한다. 이런 식으로 보아스는, 자기 백성을 구출하고 복주시기 위해 그들을 "사신" 주님(출 15:16, 참고. 갈 3:13-14)을 본받는 인물이다.[63]

룻기 4:9-12은 구속이 지닌 독특한 언약적 성격을 강조한다. 보아스는 구속의 권리를 살 때 철저히 언약적 성격을 지닌 그의 주관심사를 되풀이한다(참고. 4:5). 즉, 그는 죽은 친족의 이름이 끊어지는 것을 막기 위해 그의 이름을 보존하는 것을 목표로 삼는다. 증인들은 주님의 주권적 은혜에 뿌리박은 그 민족의 유산을 부각시키는 방식으로 보아스의 인자함에 반응한다(9-12절). 증인들이 그와 같은 역사적 노선을 따라 주님에게 룻과 보아스를 통해 기적적으로 일하시도록 간청한다.

룻기 4:13-17은 보아스와 룻의 인자함이 낳은 즉각적이고 장기적인 결과(와 의미)를 명시한다. 즉각적으로는 보아스의 구속 행위가 룻과의 혼인

63 출애굽기 15:16에 나오는 히브리어 단어는 룻기 4:5, 10에 나오는 '사다'란 단어와 똑같다. 그리고 이 단어가 주님이 그의 백성을 구출하는 모습을 묘사할 때는 '구속하다'란 단어와 비슷하다(시 74:2).

을 포함하고 아들의 출생으로 이어진다. 베들레헴 여인들은 이 아들을 나오미의 "기업 무를 자"(구속자)로 부름으로써 그가 과부인 나오미에게 의미심장한 존재임을 기뻐한다. 그들이 오벳을 통해 나오미를 위로하시는 주님의 회복적 은혜에 크게 기뻐한다. 오벳의 출생은 주님이 나오미에게 반감을 품지 않고(참고. 1:13, 20-21) 그녀를 위하는 분임을 증명하기 때문이다. 뿐만 아니라, 내레이터는 보아스와 룻의 인자함이 낳은 장기적 결과도 밝힌다. 나오미의 손자 오벳이 다윗 왕의 할아버지라는 것이다. 전반적으로 이 플롯의 결말은 이런 교훈을 시사한다. 하나님의 백성은 비록 주님이 어떻게 모든 것을 합력하여 선을 이루실지 몰라도 그분이 그렇게 하실 것을 믿어야 한다(참고. 롬 8:28).

이 책의 마지막 대목인 룻기 4:18-22에 나오는 열 세대에 걸친 족보는 구속의 과정을 보여준다. 보아스의 구속 행위로 촉발되어 이후에 펼쳐지는 행동은 이스라엘의 기름 부음 받은 왕인 다윗의 도래로 절정에 이른다. 구속의 과정이 왕관에서 절정에 도달하는 것이다. 이런 식으로, 내레이터는 나오미의 곤경에 대한 해결이 인간 왕이 없는 온 민족의 곤경(1:1, 참고. 삿 21:25)의 해결과 묶여있음을 입증한다. 그런즉 에필로그는 주님이 그분의 궁극적 구원 목적을 증진하기 위해 그분의 백성의 역경과 환난(예. 엘리멜렉 가족이 기근 때문에 모압으로 이주함)조차 이용하신다는 것을 강조한다. 그래서 다윗은 온 우주를 향해 "여호와께서 통치하신다!"고 외치라고 하는 것이다(대상 16:31, 참고. 출 15:18; 삼상 12:12).

룻기 4장은 먼 훗날에 태어날 다윗의 더 위대한 아들, 곧 하나님께서 "만유의 상속자로 세우신"(히 1:2) 주 예수 그리스도를 가리키기도 한다. 주 예수님은 신자들을 죄와 죽음에서 구속하시되 "은이나 금같이 없어질 것"이 아니라 "오직 흠 없고 점 없는 어린 양 같은 그리스도의 보배로운 피로" 그렇게 하신다(벧전 1:18-19). 그분의 값비싼 자기희생적 대속물(참고. 갈 3:13)로 인해 믿음으로 그분과 연합한 우리는 결코 끊어지지 않을 것이다. 그분이 우리에게 "양자의 영"(롬 8:15)을 주시고, 이로써 우리를 그분의 언약 가족으로 영입하시며 "하나님의 상속자요 그리스도와 함께 한 상속자"(8:17)가 되게 하겠다는 놀라운 보증을 하셨다. 예수님이 우리의 몸을 구속하고 그분의 나라를 완성하러 다시 오실 때(롬 8:23), 우리는 우리 아버지께서 그분의 아들 안에서 이루신 영원한 목적의 결과를 완전히 목격하게 되리라. 그분을 신뢰하는 우리 모두가 "그의 얼굴을 볼 터이요 그의 이름도 그들의 이마에 있으리라"(계 22:4). 그런즉 하나님께서 우리의 눈에서 모든 눈물을 닦아주실 날이 이르기까지 우리가 어떤 슬픔을 수반하고 어떤 상실을 경험하든지 간에(예. 룻 1:1-5), 우리는 그리스도 안에서 하나님이 우리를 위한 분이고(롬 8:31) 우리의 궁극적 유익과 그분의 큰 영광을 증진하기 위해 우리의 시련까지 사용하고 계심을 믿을 수 있다(예. 창 50:20; 약 1:2-4). 따라서 우리의 소망을 우리의 왕에게 두고 우리의 안식을 그분 안에서 찾는 것이다(마 11:28-12:14; 히 4:9-10).

성경구절 찾아보기

레위기

민수기

신명기

국제제자훈련원은 건강한 교회를 꿈꾸는 목회의 동반자로서 제자 삼는 사역을 중심으로 성경적 목회 모델을 제시함으로 세계 교회를 섬기는 전문 사역 기관입니다.

ESV 성경 해설 주석

사사기·룻기

초판 1쇄 인쇄 2024년 1월 2일
초판 1쇄 발행 2024년 1월 15일

지은이 마일즈 V. 반 펠트, 메리 윌슨 한나
옮긴이 홍병룡

펴낸이 오정현
펴낸곳 국제제자훈련원
등록번호 제2013-000170호(2013년 9월 25일)
주소 서울시 서초구 효령로68길 98(서초동)
전화 02) 3489-4300 **팩스** 02) 3489-4329
이메일 dmipress@sarang.org

ISBN 978-89-5731-891-1 94230
978-89-5731-889-8 94230(세트)

※ 책값은 뒤표지에 있습니다. 잘못된 책은 구입하신 곳에서 교환해드립니다.